国家自然科学基金项目(No. 41402259)
湖北省自然科学基金重点项目(No. 2013CFA110) 资助

岩土加固技术与方法

吴 立 左清军 李建锋 编著

图书在版编目(CIP)数据

岩土加固技术与方法/吴立,左清军,李建锋编著.—武汉:武汉大学出版社,2015.6

ISBN 978-7-307-15651-7

Ⅰ.岩…　Ⅱ.①吴…　②左…　③李…　Ⅲ.岩土工程—加固　Ⅳ.TU472

中国版本图书馆 CIP 数据核字(2015)第 083931 号

责任编辑:邓　瑶　黄孝莉　　　责任校对:王慧平　　　装帧设计:吴　极

出版发行:**武汉大学出版社**　(430072　武昌　珞珈山)
(电子邮件:whu_publish@163.com　网址:www.stmpress.cn)
印刷:湖北睿智印务有限公司
开本:787×1092　1/16　印张:22.5　字数:534 千字
版次:2015 年 6 月第 1 版　　2015 年 6 月第 1 次印刷
ISBN 978-7-307-15651-7　　定价:43.00 元

前　言

近年来，岩土加固技术与方法广泛应用于水电工程、公路工程、铁路工程、建筑工程、矿山工程等领域，解决了大量工程病害和工程难题，并在岩土加固基本理论、设计方法和施工工艺等方面取得了突破和创新，形成了一系列成套的岩土加固新理论、新技术和新方法。

本书编著人员在参阅大量国内外研究资料的基础上，结合多年从事岩土加固工程的实践经验，编著了本书。本书以工程应用为出发点，系统地介绍了一系列常规岩土加固技术的基本理论、设计方法和施工工艺，包括：换填加固、强夯加固、深层搅拌法加固、排水固结加固、化学加固、锚喷支护加固、格栅管棚与超前锚杆支护加固、边坡坡体加固、边坡病害工程加固、劲芯水泥土桩复合地基加固、超高压喷射注浆加固、锚杆静压加固，以及新奥法与监控量测等内容，并归纳总结了近年来新兴的岩土加固技术与方法。与其他同类书籍相比，本书既强调对加固机理的探究，又注重对工程实例的分析。因此，理论与实践并重是本书的主要特点。

本书由中国地质大学（武汉）吴立、三峡大学左清军、福建省平潭综合实验区交通与建设工程质量安全监督站李建锋编著。具体编写分工为：第1～4章由李建锋编写；第6、7、11、12、13章由吴立编写；第5、8、9、10章由左清军编写；绪论、第14章由吴立和左清军共同编写。全书由吴立、左清军统稿。博士研究生李波、袁青及硕士研究生邓星、宋万鹏、陈剑、肖润杰、杨光、韩旭、周伟参与了图形绘制、文字输入和校对工作。

本书可作为高等学校土木工程、地质工程专业的本科生和研究生教学用书，也可供从事土木工程、地质工程设计、施工、科研等方面的工程技术人员参考。

由于本书编著人员水平有限，书中难免存在错误和不当之处，竭诚希望读者不吝赐教。

本书的出版得到了国家自然科学基金项目（No. 41402259）和湖北省自然科学基金重点项目（No. 2013CFA110）的资助。

编著者

2015年1月

目　录

0 绪 论

近年来，随着城市开发与建设、矿山开采和一些大型水利水电工程建设的快速发展，我国岩土工程技术发展迅速，形成了一系列成套的、比较完善的支护与加固技术，大大促进了岩土工程技术的应用与发展，解决了大量工程实际问题。

岩体和土体是与工程建设密切相关的地质体，在工程建设过程中，需要查明建设场地岩土的性质，合理利用场地岩土作为工程建(构)筑物的地基、围岩和构成材料，有时还需要有效地改善场地岩土的工程性质，使之满足工程建设要求。

岩土加固的目的在于改善岩土的性质。从广义来讲，凡是可以改善岩土性质的工程措施都属于岩土加固的范畴。它所包含的内容是十分广泛的。由于工程对象和问题的不同，岩土加固的具体要求也不同，但总的来说，它主要用于解决以下几个方面的问题：

① 减弱岩土的渗透性；

② 改善岩土的变形性能；

③ 提高岩土的强度和稳定性。

一般来说，根据不同的工程性质和用途来确定岩土加固方法。有时，可针对某一问题而采取相应的加固措施，但某种加固方法可能同时取得综合性的效果。因此，在实际工程中，这几个方面的问题往往是相互联系的，只不过有时各有侧重而已。例如，作为大坝坝基的岩体，各种结构面的存在可能对大坝的抗滑稳定性造成不利影响，也可能因其不均匀变形或渗透水流的作用对大坝的安全造成威胁。对大坝坝基岩体进行灌浆处理，可以提高岩体的完整性和强度，并堵塞渗水通道，从而取得了综合性的加固效果。

0.1 地基加固的目的及意义 >>>

任何建筑物都离不开地球，建筑物的全部荷载都由地球的表面地层来承受，承受这些建筑物荷载的地层称为地基，与地基接触并将荷载传递给地基的结构物称为基础。正确解决工程中的地基基础问题，其根本目的在于保证工程的质量，使工程结构物能安全、正常地使用。

地基是指在土或岩层中修建建筑物时，承受建筑物全部重量的那部分土和岩层。建筑物的地基所面临的问题有以下四个方面：① 强度及稳定性问题；② 压缩及不均匀沉降问题；③ 渗漏问题；④ 液化问题。当建筑物的天然地基存在上述四类问题之一或其中几个时，即需采取地基处理措施以保证建筑物的安全与正常使用。地基与建筑物的关系极为密切，而地基问题常常是造成工程事故的主要原因。

基础是指建筑物向地基传递荷载的下部结构，它具有承上启下的作用。基础处于上部结构的荷载及地基反力的共同作用下，承受由此而产生的内力（轴力、剪力和弯矩）。此外，基础底面的反力又作为地基上的荷载，使地基土产生应力和变形。地基和基础的设计往往不可截然分割开来，基础设计时，除需保证基础结构本身具有足够的刚度外，还需选择合理的基础尺寸和布置方案，使地基的强度和变形满足规范的要求。

凡是基础直接建造在未经加固的天然土层上的地基称为天然地基。若天然地基很柔弱，不能满足地基强度和变形等要求，则要事先经过人工处理后再建造基础，这种地基加固称为地基处理。

我国地域辽阔，从沿海到内地，由山区到平原，分布着多种多样的地基土，其抗剪强度、压缩性以及透水性等因土的种类不同而可能有很大的差别，地基条件区域性较强。因此，地基基础这门学科特别复杂。随着我国经济的发展，结构物荷载的日益增大，不仅要实现选择地质条件良好的地基，而且对变形的要求也越来越严，因而原来一般可被评价为良好的地基，在特定条件下也可能非进行地基处理不可。因此，不仅要针对不同的地基条件、不同的结构物选定最合适的基础形式、尺寸和布置方案，还要善于选取最恰当的地基处理方法。

地基处理的目的是利用换填、夯实、挤密、排水、胶结、加筋和热学等方法对地基土进行加固，用以改良地基土的工程特性。

（1）提高地基的抗剪强度

地基的剪切破坏表现为：建筑物地基的承载力不变；偏心荷载及侧向土压力的作用，使结构物失稳；填土或建筑物荷载，使邻近地基产生隆起；土方开挖时边坡失稳；基坑开挖时坑底隆起。地基的剪切破坏反映了地基土的抗剪强度不足。因此，为了防止地基土发生剪切破坏，就需要采取一定措施增加地基土的抗剪强度。

（2）降低地基的压缩性

地基的压缩性表现为：建筑物的沉降和差异沉降大；填土或建筑物荷载，使地基产生固结沉降；作用于建筑物基础上的负摩擦力引起建筑物沉降；大范围的地基沉降和不均匀沉降；基坑开挖引起邻近地面沉降；降水使地基产生固结沉降。地基的压缩性反映在地基土压缩模量指标的大小上。因此，需要采取措施以提高地基土的压缩模量，借以减少地基的沉降或不均匀沉降。

（3）改善地基的透水性

地基的透水性表现为：堤坝等基础产生地基渗漏；基础开挖工程中，因土层内夹薄层粉砂或粉土而发生流砂和管涌。这些都是在地下水的运动过程中所出现的问题。为此，必须采取措施降低地基土的透水性或减小其水压力。

（4）改善地基的动力特性

地基的动力特性表现为：地震时饱和松散粉细砂（包括部分粉土）将发生液化；由于交通荷载或打桩等原因，邻近地基产生振动下沉。因此，需要采取措施防止地基液化，并改善其动力特性以提高地基的抗震性能。

(5) 改善特殊土的不良地基特性

其主要是消除或降低黄土的湿陷性和膨胀土的膨胀性等。

地基处理的对象是软弱地基和特殊土地基。《建筑地基基础设计规范》(GB 50007—2011)中规定:软弱地基是指主要由淤泥、淤泥质土、充填土、杂填土或其他高压缩性土层构成的地基。特殊土地基大部分带有地区特点,包括软土、湿陷性黄土、膨胀土、红黏土和冻土等。

0.2 地下洞室加固的目的及意义 >>>

岩土加固施工可在地下洞室内进行,如为了保证地下工程的正常使用和安全施工,对有可能失稳的围岩进行加固,保持和提高围岩的承载能力与稳定性。在地下工程中,在洞室内对围岩进行加固的方法常称为井巷支护。

在地下洞室工程中,根据现代支护理论的观点,围岩是承载的主体,一切方法、手段和措施都要以维持围岩稳定为目的。支护与围岩组成统一的复合承载体,在围岩-支护体系中,要最大限度地利用和发挥围岩的自承能力,主要依靠围岩自身维护隧洞,以便获得隧洞工程最安全、最经济的效果。

近年来,地下洞室工程病害问题日益突出,其主要病害形式为严重渗漏水,结构衬砌的腐蚀、裂损等。因此,需要将各种结构补强措施和工程防排水措施综合应用,使加固后的地下结构使用功能和安全性得以恢复。对于隧道工程,目前最新加固措施如下。

(1) 小导管超前注浆加固

小导管超前注浆加固是浅埋暗挖隧道的软弱围岩施工中非常重要的手段之一。小导管不但起到了超前管棚的作用,而且通过注浆工艺改善了围岩的自稳能力。此技术对隧道开挖防坍、防塌、控制围岩变形及地表沉降具有明显的加固作用。

(2) 回填注浆加固

隧道的回填注浆具有堵水、加固结构、改善结构受力条件和控制地层沉降等多重作用。根据回填作用部位和目的的不同,回填注浆又可分为初期支护回填注浆和二次衬砌背后回填注浆。

(3) 湿喷混凝土加固

湿喷混凝土加固具有粉尘少、回弹少、水灰比可控、一次喷射混凝土较厚等优点。其对隧道开挖产生的围岩变形有明显的抑制作用。

此外,地下结构还可以通过对隧道衬砌后围岩不密实区注浆进行加固,采用注浆补强、贴碳纤维布和型钢等手段有效抑制裂缝发展,充分利用原有衬砌的结构承载能力。新增三衬混凝土结构需进行永久加固,并进行验证,使计算后的衬砌结构满足安全系数的要求。对地下工程涉及的地下水进行防、排、截、堵综合整治,地下结构的加固以不破坏原有体系为原则。

0.3 边坡加固的目的及意义

随着人口剧增和土地资源的过度开发，边坡问题已经成为同地震和火山并列的全球性三大地质灾害(源)之一。边坡的滑塌频率远远大于地震和火山的发生频率，其造成的损失比地震和火山灾害所造成的损失大得多。因此，对导致边坡失稳的关键原因进行分析，并在此基础上找到预防与加固治理的有效技术手段十分重要。

20 世纪 80 年代，我国公路建设主要为低级道路建设，没有进行大量的高削低填工程，边坡加固技术处于相对落后水平。20 世纪 90 年代，国民经济迅速发展，公路、高速公路、铁路、隧道及城市地铁工程大量建设，滑坡、崩塌、地面沉降、地面塌陷等治理工程不断优化，边坡加固技术发展进入核心时期。跨入 21 世纪后，新型的高架桥、高铁、地下商场等重大工程的成功建设，将边坡加固技术推上了新的台阶。

边坡加固主要可以分为两类：支挡工程、护坡工程。

(1) 支挡工程

《铁路路基支挡结构设计规范》(TB 10025—2006)将边坡加固支挡工程分为重力式挡土墙、衡重式挡土墙、卸荷板、悬臂式挡土墙、扶壁式挡土墙、锚杆挡土墙、锚碇板挡土墙、加筋土挡土墙、抗滑桩、桩板式挡土墙、土钉墙、预应力锚索等。

(2) 护坡工程

护坡坡体加固主要是指锚杆喷射混凝土、拱式网格防护、预制块铺砌防护、干(浆)砌片(块)石防护、植草防护等。

随着工程建设的迅速发展，岩土加固技术的应用领域必将不断扩大，但同时，现有的加固技术也将无法满足不断发展的工程实践的要求。因此，应大力推进岩土加固技术理论研究和工程实践的发展与创新，更好地为工程服务。此外，岩土加固的各种方法都具有自身的特点，因此在选择加固方法时，应综合考虑工程的实际情况，对施工条件、加固效果、安全性及经济性等各个方面进行深入分析。

独立思考

0-1 岩土加固主要解决哪几个基本问题？

0-2 建筑物地基所面临的工程问题主要有哪些？地基加固的目的和意义是什么？

0-3 常见的地下洞室加固措施有哪些？

0-4 边坡加固的类型包括哪些？

1 换填加固

1.1 概 述

当软弱土地基的承载能力和变形满足不了建筑物的要求，而软弱土层的厚度又不是很大时，将基础底面以下处理范围内软弱土层的部分或全部挖去，然后分层换填强度较大的砂(碎石、素土、灰土、高炉干渣、粉煤灰)或其他性能稳定、无侵蚀性的材料，并压(夯、振)实至要求的密实度为止，这种地基处理的方法称为换填法。它还包括低洼地域筑高(平整场地)或堆填筑高(道路地基)。

机械碾压、重锤夯实、平板振动可根据压(夯、振)实垫层的不同机具选用。这些施工方法不但可处理回填层，而且可加固地基表层土。

按回填材料不同，垫层可分为：砂垫层、碎石垫层、素土垫层、灰土垫层、二灰垫层、干渣垫层和粉煤灰垫层等。

《建筑地基处理技术规范》(JGJ 79—2012)规定：换填法适用于淤泥、淤泥质土、湿陷性黄土、素填土、杂填土地基及暗塘等的浅层处理，其适用范围见表1-1。

表1-1 垫层的适用范围

垫层类型		适用范围
砂(砂石、碎石)垫层		多用于中小型建筑工程的浜、塘、沟等的局部处理，适用于一般饱和、非饱和的软弱土和水下黄土地基处理，不宜用于湿陷性黄土地基，也不宜用于大面积堆载、密集基础和动力基础的软土地基处理，还不宜用于有地下水，且流速快、流量大的地基处理，不宜用粉细砂做垫层
土垫层	素土垫层	适用于中小型工程及大面积回填、湿陷性黄土地基处理
	灰土或二灰垫层	适用于中小型工程，尤其适用于湿陷性黄土地基处理
粉煤灰垫层		用于厂房、机场、港区陆域和堆场等大、中、小工程的大面积填筑，在地下水位以下时，其强度降低幅度在30%左右
干渣垫层		用于中小型建筑工程，尤其适用于地坪、堆场等工程大面积的地基处理和场地平整，铁路、道路地基处理等。但对于受酸性或碱性废水影响的地基不得用干渣地基

虽然不同材料的垫层，其应力分布稍有差异，但根据实验结果分析，其极限承载能力还

是比较接近的；通过沉降观测资料发现，不同材料垫层的特点基本相似，故可将各材料的垫层设计都近似地按砂垫层的计算方法进行计算。当对湿陷性黄土、膨胀土、季节性冻土等某些特殊土采用换土垫层处理时，为了消除地基土的湿陷性、膨胀性和冻胀性，在设计时需考虑和解决问题的关键也应有所不同。

大面积填土产生的大范围地面荷载影响深度较大，地基土的压缩变形量大，沉降延续时间长，与换填法浅层处理地基的特点不同，因而进行大面积填土地基的设计和施工时，地面堆载应力求平衡，避免大量、迅速、集中堆载，并根据使用要求、堆载特点、结构类型和地质条件确定允许堆载的大小和范围。堆载不宜压在基础上，应在基础施工前不少于三个月完成大面积填土。

通常基坑开挖后，利用分层回填压实，虽也可处理较深的软弱土层，但经常由于地下水位而需要采取降水措施；坑壁放坡占地面积大或需要基坑支护；施工土方量大、弃土多等因素而使处理费用增高、工期拖长。因此，换填法的处理深度通常宜控制在 3 m 以内，但也不宜小于 0.5 m，因为垫层太薄，换土垫层的作用就不显著。

在国外，也有将换填法归属于"压实"的地基处理范畴。"压实"可认为是由于排除空气而使孔隙减小，因此它不同于"固结"，"固结"是由于排除孔隙水而使孔隙体积减小。换填后将土层压实，就增加了土的抗剪强度，降低了渗透性和压缩性，减弱了液化势，并增加了抗冲刷能力。

1.2 压实原理 >>>

当黏性土的土样含水量较小，其粒间引力较大，在一定的外部压实功能作用下，还不能有效地克服引力而使土粒产生相对移动时，压实效果就比较差。当增大土样含水量时，结合水膜逐渐增厚，减小了引力，土粒在相同压实功能条件下易于移动而挤密，所以压实效果较好。但当土样含水量增大到一定程度后，孔隙中就出现了自由水，结合水膜的扩大作用不大，因此引力的减小就显著，此时自由水填充在孔隙中，从而产生了阻止土粒移动的作用，使压实效果又趋于下降。因此，在设计时要选择一个"最优含水量"，这就是土的压实原理。

在工程实践中，对垫层的碾压质量进行检验时，要求能获得填土的最大干密度 ρ_{dmax}，其最大干密度可用室内击实试验确定。在标准的击实方法条件下，对于不同含水量的土样，可得到不同的干密度 ρ_d，从而绘制干密度 ρ_d 和制备含水量 w 的关系曲线。在曲线上，ρ_d 的峰值即为最大干密度 ρ_{dmax}，与之相对应的制备含水量为最优含水量 w_{op}。如图 1-1 所示，图中理论曲线高于实际曲线是由于理论曲线是在假定土中空气全部排出，孔隙完全被水所占据的条件下导出的，但事实上，空气不可能完全排出，因此实际的干密度就比理论值小。

上述分析是对某一特定压实功能而言的，如果改变压实功能，则曲线的基本形态不变，但曲线位置却发生移动，当增大压实功能时，最大干密度增大，最优含水量却减小，如图 1-2 所示。亦即压实功能越大，则越容易克服粒间引力，因此在较大含水量下可达更大的密实程度。

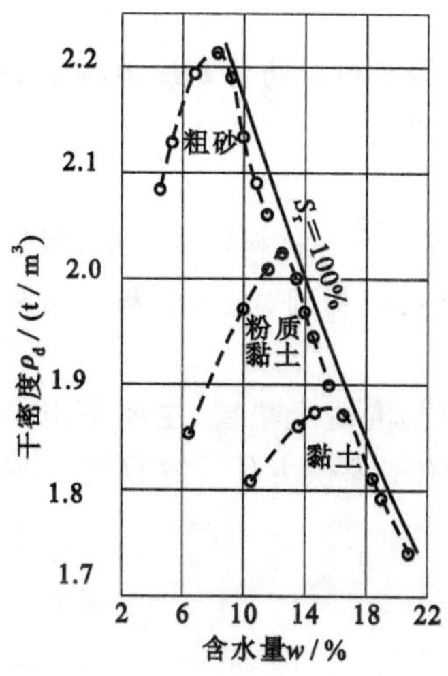

图 1-1 砂土和黏土的击实试验曲线

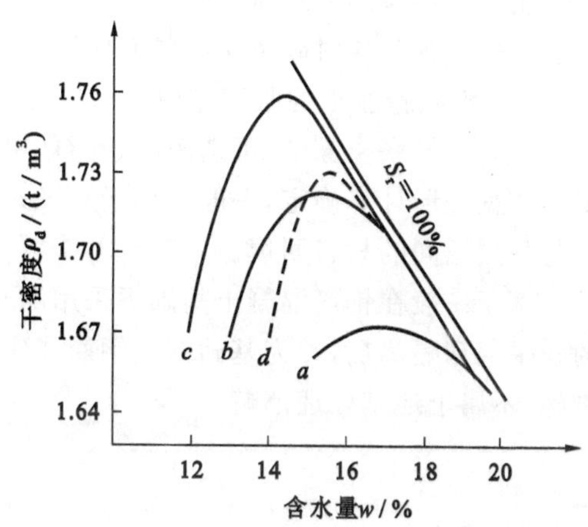

图 1-2 不同压实功能下土体干密度和含水率的关系曲线

a—碾压 6 遍；b—碾压 12 遍；c—碾压 24 遍；

d—室内击实试验；S_r—饱和度

相同的压实功能对不同土料的压实效果并不完全相同，黏粒含量愈多的土，土粒间的引力就愈大，只有在比较大的含水量时，才能达到最大干密度的压实状态，如图 1-1 所示。

击实试验是用锤击方法使土的密度增加，以模拟现场压实土的室内试验。实际上，击实试验的土样在有侧限的击实筒内，不可能发生侧向位移，力作用在有限体积的整个土体上，且夯实均匀，在最优含水量状态下可获得最大干密度。而现场施工的土料、土块大小不一，含水量和铺填厚度又很难控制均匀，实际压实土的均质性差。因此，现场土的压实，应以压实系数 λ_c（土的控制干密度 ρ_d 与最大干密度 ρ_{dmax} 之比）和施工含水量（以最优含水量 w_{op} 控制）来进行检验。

垫层的作用主要有以下几方面。

(1) 提高地基承载能力

浅基础的地基承载能力与持力层的抗剪强度有关。如果以抗剪强度较高的砂或其他填筑材料代替上部软弱土层，就可以减少这部分的沉降量，提高地基的承载能力，避免地基破坏。

(2) 减少沉降量

地基浅层部分沉降量在总沉降量中所占的比例一般是比较大的。以条形基础为例，在相对于基础宽度的深度范围内的沉降量约占总沉降量的 50%。由于砂垫层或其他垫层对应力的扩散作用，作用在下卧层土上的压力较小，这样也会相应减少下卧土的沉降量。

(3) 加速软弱土层的排水固结

建筑物的不透水基础直接与软弱土层相接触时，在荷载的作用下，软弱土层地基中的水被迫绕基础两侧排出，因而使基础底下的软弱土不易固结，形成较大的孔隙水压力，还可能因地基强度降低而发生塑性破坏。砂垫层和砂石垫层等垫层材料透水性大，软弱土层受压后，垫层作为良好的排水面，可以使基础下面的孔隙水压力迅速消除，加速垫层下软弱土层的固结和提高其强度，避免地基土发生塑性破坏。

(4) 防止冻胀

由于粗颗粒的垫层材料孔隙大,不易产生毛细管现象,因此可以防止寒冷地区土中结冰所造成的冻胀。这时砂垫层的底面应满足当地冻结深度的要求。

(5) 消除膨胀土的胀缩作用

为防止膨胀土冻结,可选用砂、碎石、块石、煤渣、二灰或灰土等材料作为垫层,但垫层厚度应依据变形计算确定,一般不小于0.3 m,且垫层宽度应大于基础宽度,而基础的两侧宜用与垫层相同的材料回填。

至于一般在钢筋混凝土基础下采用的0.1~0.3 cm厚的混凝土垫层,主要是用作基础的找平层和隔离层,并为基础绑扎钢筋和建立木模等工序施工提供方便。这仅是一种施工措施,不属于地基处理范畴。

1.3 垫层设计 >>>

(1) 砂(或砂石、碎石)垫层设计

对砂垫层进行设计时,既要求有足够的厚度以置换可能被剪切破坏的软弱土层,又要求有足够的宽度,以防止砂垫层向两侧挤出。

① 垫层厚度的确定。

垫层厚度Z(图1-3)应根据垫层底部下卧土层的承载力确定,并符合下式要求:

$$p_Z + p_{cZ} \leqslant f_{aZ} \tag{1-1}$$

式中 p_Z——垫层底面处的附加应力设计值,kPa;

p_{cZ}——垫层底面处土的自重压力标准值,kPa;

f_{aZ}——经深度修正后垫层底面处土层的地基承载力设计值,kPa。

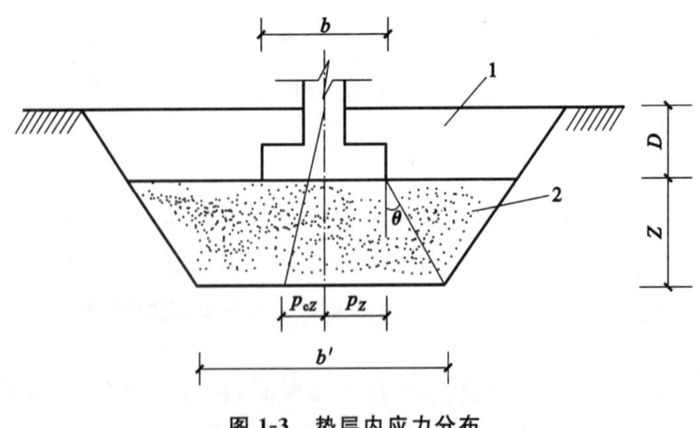

图1-3 垫层内应力分布

1—回填土;2—砂垫层

垫层底面处的附加应力值p_Z可按压力扩散角进行简化计算:

条形基础

$$p_Z = \frac{b(p - p_c)}{b + 2Z\tan\theta} \tag{1-2}$$

矩形基础

$$p_Z = \frac{b \cdot l(p - p_c)}{(b + 2Z\tan\theta)(l + 2Z\tan\theta)} \tag{1-3}$$

式中 b——矩形基础或条形基础底面的宽度,m;

l——矩形基础底面的长度,m;

p——基础底面压力的设计值,kPa;

p_c——基础底面处土的自重压力标准值,kPa;

Z——基础底面下垫层的厚度,m;

θ——垫层的压力扩散角,(°),可按表 1-2 采用。

表 1-2 **压力扩散角 θ**

换填材料 / Z/b	中砂、粗砂、砾砂、圆砾、角砾卵石、碎石/(°)	黏性土和粉土 ($8<I_P<24$)/(°)	灰土/(°)
0.25	20	6	30
≥0.50	30	23	30

注:1. I_P 为塑性指数;

2. 当 $Z/b<0.25$ 时,除灰土仍取 $\theta=30°$ 外,其余材料均取 $\theta=0°$;

3. 当 $0.25<Z/b<0.5$ 时,θ 值可按内插法求得。

具体计算时,一般先可根据垫层的承载力确定基础厚度,再根据下卧土层的承载力确定垫层的厚度。可先假设一个垫层的厚度,然后按式(1-1)进行验算,直至满足要求为止。

② 垫层宽度的确定。

垫层的底面宽度应以满足基础底面应力扩散和防止垫层向两侧挤出为原则进行设计。关于宽度计算,目前还缺乏可靠的方法。一般可按下式计算或根据当地经验确定:

$$b' \geqslant b + 2Z\tan\theta \tag{1-4}$$

式中 b'——垫层底面宽度,m;

θ——垫层的压力扩散角,(°),可按表 1-2 采用,当 $Z/b<0.25$ 时,仍按 $Z/b=0.25$ 取值。

垫层顶面每边宜比基础底面大 0.3 m,或从垫层顶面两侧向上按当地开挖基坑经验的要求放坡,整片垫层的宽度可根据施工的要求适当加宽。

③ 垫层承载力的确定。

垫层的承载力宜通过现场试验确定,当无试验资料时,可按表 1-3 选用,并应验算下卧层的承载力。

④ 沉降计算。

对于重要的建筑或垫层下存在软弱下卧层的建筑,还应进行地基变形计算。建筑物基础沉降等于垫层自身的变形量 S_1 与下卧土层的变形量 S_2 之和。

对超出原地面标高的垫层或换填材料的密度大于天然土层密度的垫层,宜早换填并考虑其附加的荷载对建造的建筑物及邻近建筑物的影响。

表 1-3 各种垫层的承载力

施工方法	换填材料类别	压实系数 λ_c	承载力标准值 f_k/kPa
碾压或振动	碎石、卵石	0.94～0.97	200～300
	砂夹石(其中碎石、卵石占全重的 30%～50%)		200～250
	土夹石(其中碎石、卵石占全重的 30%～50%)		150～200
	中砂、粗砂、砾砂		150～200
	黏性土和粉土($8<I_P<14$)		130～180
	灰土	0.93～0.95	200～250
重锤夯实	土或灰土	0.93～0.95	150～200

(2) 素土(或灰土、二灰)垫层设计

素土垫层(简称土垫层)或灰土垫层(石灰与土的体积比一般为 2∶8 或 3∶7)在湿陷性黄土地区使用较为广泛,这是一种以土治土的处理湿陷性黄土地基的传统方法,处理厚度一般为 1～3 m。通过处理基底下的部分湿陷性土层,可达到减小地基的总湿陷量,并控制未处理土层湿陷量的处理效果。

素土垫层或灰土垫层可分为局部垫层和整体垫层。当仅要求消除基底下处理土层的湿陷性时,宜采用素土垫层;除上述要求外,还要求提高土的承载力或水稳性能时,宜采用灰土垫层。

局部垫层一般设置在矩形(或方形)基础或条形基础底面下,主要用于消除地基的部分湿陷量,并提高地基承载力。根据工程实践经验,在局部垫层的平面处理范围内,每边超过基础底边的宽度,可按下式计算确定,并不应小于其厚度的一半。即使地基处理后,地面水仍可从垫层侧向渗入下部未处理的湿陷性土层而引起湿陷,故对有防水要求的建筑物不得采用。

$$b' = b + 2Z\tan\theta + a \tag{1-5}$$

式中 a——考虑施工机具影响而增设的附加宽度,一般取 $a=0.2$ m;

θ——垫层的压力扩散角,一般为 22°～30°,素土垫层取最小值,灰土垫层或二灰垫层取大值。

整片垫层一般设置在整个建(构)筑物(跨度大的工业厂房除外)的平面范围内,每边超出建筑物外墙基础外缘的宽度不应小于垫层厚度,并不得小于 2 m。整片垫层的作用是消除被处理土层的湿陷量,以及防止生产和生活用水从垫层上部渗入下部未经处理的湿陷性土层。

(3) 粉煤灰垫层设计

粉煤灰是燃煤电厂的工业废弃物。实践证明,粉煤灰是一种良好的地基处理材料,具有良好的物理、力学性能,能满足工程设计的技术要求。

粉煤灰类似于砂质粉土,其垫层厚度的计算方法可参照砂垫层厚度计算,粉煤灰垫层的压力扩散角$\theta=22°$。

粉煤灰的最大干密度 ρ_{dmax} 和最优含水量 w_{op},在设计、施工前应按《土工试验方法标准》(GB/T 50123—1999)中的击实试验法确定。

粉煤灰的内摩擦角 φ、黏聚力 c、压缩模量 E_s、渗透系数 k 随粉煤灰的材质和压实密度的不同而不同，应通过室内试验确定。当无试验资料时，上海地区提出的经验数值可供参考：当 $\lambda_c=0.90\sim0.95$ 时，$\varphi=23°\sim30°$，$c=5\sim30$ kPa，$E_s=8\sim20$ MPa，$k=9\times10^{-5}\sim2\times10^{-4}$ cm/s。

粉煤灰压实垫层具有遇水后强度降低的特点，上海地区填充垫层的经验值是：对压实系数 $\lambda_c=0.90\sim0.95$ 的浸水垫层，其承载力标准值可采用 120～200 kPa，但仍应满足软弱下卧层的强度与地基变形要求；当 $\lambda_c>0.90$ 时，其应可抵抗设防烈度为 7 度的地震液化。粉煤灰压实垫层不发生液化的标准贯入击数 N 值（未经钻杆修正）可参考表 1-4。

表 1-4 **粉煤灰垫层不发生液化的标准贯入击数 N 值**

垫层厚度 Z/m	N 值
≤5	≥8
5～8	≥10

注：上表适用于抗震设防烈度为 7 度的地震情况，考虑近、远震。

(4) 干渣垫层设计

干渣也称高炉重矿渣，简称矿渣。它是高炉冶炼生铁过程中所产生的液体废渣经自然冷却而形成的。干渣具有原料足、造价低、节约天然资源（砂石料）等优点。在冶金系统中，其作为回填材料得以广泛运用并获得成功，但相关研究还不够系统，其特性在混凝土领域中还未进行过较为深入的分析。中冶集团武汉冶金建筑研究所提出了“高炉重矿渣地基压实的试验研究”报告，指出干渣的特性如下。

① 稳定性。

干渣能否在回填土工程中推广应用的前提之一，在于它是否具有足够的结构稳定性。衡量稳定性时主要观察干渣在生产、施工和使用时是否会发生硅酸盐分解，石灰分解和氧化铁、氧化锰分解。高炉重矿渣的化学成分随铁矿石来源的不同而不同，一般高炉重矿渣的主要成分是 CaO、SiO_2、Al_2O_3、MgO 和 Fe_2O_3 等。国内各钢铁厂高炉重矿渣的化学成分含量大致接近，但宝钢集团有限公司的高炉重矿渣成分含量相对稳定，尤其是 CaO 含量小于 45%，大大减小了裂胀分解的可能性。

② 松散密度。

根据《混凝土用高炉重矿渣碎石》(YBJ 4178—2008)规定，高炉重矿渣的强度可用松散密度指标表示，尤其分级干渣松散密度应不小于 1.1 t/m³。经试验结果分析，松散密度与粒径组合有关，粒径小则小，粒径大则大，但粒径较小（粒径范围为 0～8 mm）的矿渣砂，其密度可达 1.4 t/m³。

③ 变形模量。

一般工程不论是分级矿渣还是不分级矿渣（混合矿渣），压实后的变形模量都大于或等于砂、碎石等垫层的变形模量值。通常采用 10～20 t 平碾，压 10～12 遍后用振动器振实，振动时间为 45 s，铺渣厚度为 200 mm，或振动时间为 60 s，铺渣厚度为 250 mm，压实后的矿渣垫层（分级或不分级）的变形模量 E_0 可达 35 MPa 以上。

高炉重矿渣在力学性质上最显著的特点是:若垫层压实符合标准,则荷载与变形关系具有直线变形体的一系列特点。如压实不佳,强度不足,会引起显著的非线性变形。因此,设计人员应先了解干渣的组成部分、级配、软弱颗粒含量和松散密度;再根据场地条件与施工机械条件,确定合理的施工方法和选择各种设计计算参数。

干渣垫层的厚度和宽度可按砂垫层的计算方法确定,其承载力 f 和变形模量 E_0 宜通过现场试验确定。当无试验资料时,可按表 1-5 选用,且应满足软弱下卧层的强度和变形要求。

表 1-5 **干渣垫层的承载力 f 和变形模量 E_0 的参考值**

<table>
<tr><th>施工设备</th><th>干渣类型</th><th>压实指标</th><th>f/kPa</th><th>E_0/MPa</th></tr>
<tr><td rowspan="2">平板式振动器</td><td>分级干渣
混合干渣</td><td rowspan="6">密实(同一点前、后两次的压陷差不大于 2 mm)</td><td>300</td><td>30</td></tr>
<tr><td>原状干渣</td><td>250</td><td>25</td></tr>
<tr><td rowspan="2">8～12 t 压路机</td><td>分级干渣
混合干渣</td><td>400</td><td>40</td></tr>
<tr><td>原状干渣</td><td>300</td><td>30</td></tr>
<tr><td rowspan="2">2～4 t 振动压路机</td><td>分级干渣
混合干渣</td><td>400</td><td>40</td></tr>
<tr><td>原状干渣</td><td>300</td><td>30</td></tr>
</table>

1.4 垫层施工 >>>

(1) 按密度方法分类

① 机械碾压法。

机械碾压法是采用各种压实机械(表 1-6)来压实地基土的方法。此法常用于基坑底面积宽大、开挖土方量较大的工程。

表 1-6 **垫层的每层铺填厚度及压实遍数**

施工设备	每层铺填厚度/mm	每层压实遍数
平碾(8～12 t)	200～300	6～8
羊足碾(5～16 t)	200～350	8～16
蛙式碾(200 kg)	200～250	3～4
振动碾(8～15 t)	600～1300	6～8
振动压实机(2 t,振动力为 98 kN)	1200～1500	10
插入式振动器	200～500	
平板式振动器	150～250	

在工程实践中，对垫层碾压质量进行检验时，要求获得填土最大干密度。其关键在于施工时控制每层的铺设厚度和最优含水量，其最大干密度和最优含水量宜采用击实试验确定。为了将室内击实试验的结果应用于设计和施工，必须研究室内击实试验和现场碾压的关系（图 1-2）。所有施工参数（如施工机械、铺填厚度、碾压遍数与填筑含水量等）都必须由土工试验确定。在施工现场相应的压实功能下，由于施工现场条件毕竟与室内试验不同，因而施工现场应对压实遍数与施工含水量进行控制。在不同的场合，铺填厚度与压实遍数也可按表 1-6 选用。

② 重锤夯实法。

重锤夯实法是用起重机将夯锤提升到某一高度，然后自由落锤，不断重复夯击以加固地基的方法。重锤夯实法一般适用于地下水距地表 0.8 m 以上稍湿的黏性土、砂土、湿陷性黄土、杂填土和分层填土。

重锤夯实法的主要设备为起重机械、夯锤、钢丝绳和吊钩。当直接用钢丝绳悬吊夯锤时，吊车的起重能力应大于夯锤重量的 3 倍。采用脱钩夯锤时，起重能力应大于夯锤重量的 1.5 倍。

夯锤宜采用圆台形，如图 1-4 所示，锤重宜大于 2 t，锤底面单位静压力宜为 15～20 kPa。夯锤落距宜大于 4 m。

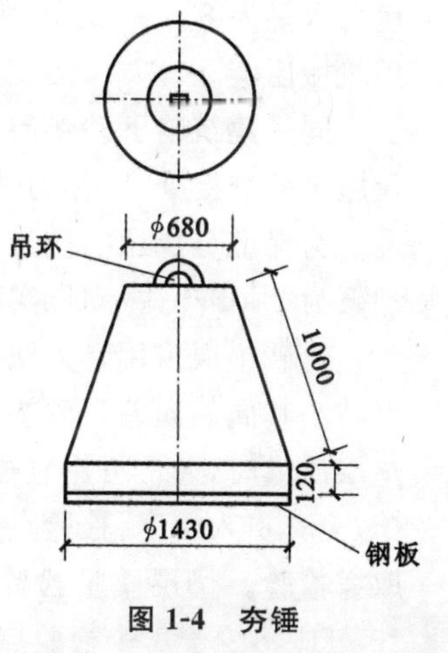

图 1-4 夯锤

重锤夯实法宜按一夯挨一夯的顺序进行。在独立柱基基坑内，宜按先外后里的夯击顺序夯击。同一基坑的底面积标高不同时，应按先深后浅的顺序逐层夯实。累计夯击次数为 10～20 次，最后两击平均夯沉量，对砂土不应超过 5～10 mm，对细粒土不应超过 10～20 m。

重锤夯实的现场试验应确定最少夯击遍数、最后平均夯沉量和有效夯实深度等。一般重锤夯实的有效夯实深度可达 1 m 左右，并可消除 1.0～1.5 m 厚土层的湿陷性。

③ 平板振动法。

平板振动法是使用振动压实机（图 1-5）来处理无黏性土或黏粒含量少、透水性较好的松散杂填土地基的一种方法。

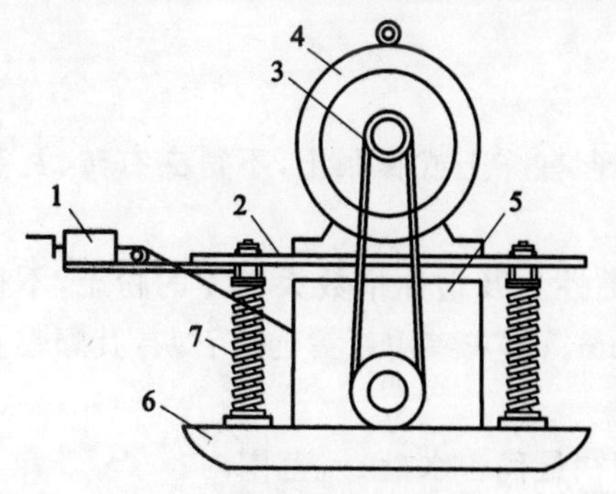

图 1-5 振动压实机示意图

1—操纵机械；2—减振架；3—槽轮；4—电动机；5—振动器；6—振动板；7—弹簧减震器

振动压实机的工作原理是由电动机带动两个偏心块以相同速度反向转动而产生很大的垂直振动力。这种振动压实机的频率为 1160～1180 r/min，一般振动时间越长，效果越好，但振动时间超过某一值后，振动引起的下沉基本稳定，再继续振动就不能起到进一步压实的作用。因此，施工前应进行试振，得出稳定下沉量和时间的关系。对主要由炉渣、碎砖、瓦块组成的建筑垃圾，振动时间在 1 min 以上；对含炉灰等的细粒填土，振动时间为 3～5 min，有效夯实深度为 1.2～1.5 m。

振实范围应从基础边缘放出 0.6 m 左右，先振基槽两边，后振中间，其振动的标准是以振动压实机原地振实不再继续下沉为合格，并辅以轻便触探试验检验其均匀性及影响深度。振实后，地基承载力宜通过现场荷载试验确定。一般经振实的杂填土地基承载力可达 100～120 kPa。

(2) 按垫层材料分类

① 砂(或砂石)垫层。

砂垫层材料应选用级配良好的中粗砂，含泥量不超过 3%，并应除去树皮、草皮等杂质。若用细砂，应掺入 30%～50%的碎石，碎石最大粒径不宜大于 50 mm，并通过试验确定虚铺厚度、振捣遍数、振动器功率等技术参数。

开挖基坑时，应避免扰动坑底土层，可保留 200 mm 厚土层暂不挖去，待铺砂前再挖至设计标高，如有浮土必须清除。当坑底为饱和软土时，需在与土面接触处铺一层细砂起反滤作用，其厚度不计入砂垫层设计厚度内。

砂垫层一般可采用振动碾或振动压实机等压密，其压实效果、分层铺填厚度、压实遍数、最优含水量等应根据具体施工方法及施工机具通过现场试验确定，也可根据施工方法的不同控制最优含水量。用平板式振动器时，最优含水量为 15%～20%；用平碾及蛙式碾时，最优含水量为 8%～12%；用插入式振动器时，宜将饱和的碎石、卵石或矿渣充分洒水湿透后用机械压实。

同一建筑物下砂垫层设计厚度不同时，顶面标高应相同，厚度不同的砂垫层搭接处或分段施工的交接处，应作为踏步或斜坡，加强捣实，并酌情增加质量检查点。

为保证分层压实质量，应控制机械碾压速度，一般平碾为 2 km/h，羊足碾为 3 km/h，振动碾为 2 km/h，振动压实机为 0.5 km/h。

对砂垫层可用环刀法或钢筋贯入法检验质量。采用环刀法时，容积不应小于 200 cm^3，以减小其偶然误差。砂垫层干密度控制标准：中砂为 1.6 t/m^3，粗砂为 1.7 t/m^3。检验砂垫层质量时，通常可用直径为 20 mm、长 1.25 m 的平头钢筋，垂直距离砂面 0.7 m，自由下落，测其贯入深度，检验点的间距应小于 4 m。对砂石垫层可设置纯砂检验点，再按环刀法取样检验。垫层质量检验点，对大基坑每 50～100 m^2 不少于 1 个检验点，对基槽每 10～20 m应不少于 1 个检验点，每个单独柱基础应不少于 1 个检验点。

对重锤夯实的质量进行检验时，除按试夯要求检查施工记录外，总夯沉量还不应小于试夯总夯沉量的 90%。

② 素土(或灰土、二灰)垫层。

素土土料中有机质含量不得超过 5%，也不得含有冻土或膨胀土，不得夹有砖、瓦和石块等渗水材料，碎石粒径不得大于 50 mm。

灰土的体积比宜为 2∶8 或 3∶7。土料宜用黏性土及塑性指数大于 4 的粉土，不得含有松软杂质，并应过筛，其颗粒直径不得大于 15 mm。石灰宜用新鲜的消石灰，其颗粒直径不得大于 5 mm。

素土(或灰土、二灰)材料的施工含水量宜控制在最优含水量 w_{op} 范围内。

素土(或灰土等)垫层分段施工时，不得在柱基、墙角及承重窗间墙下接缝。上、下两层的缝距不得小于500 mm。灰土应拌和均匀，当日铺填夯压，压实后 3 d 内不得被水浸泡。

地质垫层质量的压实系数应符合：ⓐ 当垫层厚度不大于 3 m 时，$\lambda_c \geqslant 0.93$；ⓑ 当垫层厚度大于 3 m 时，$\lambda_c \geqslant 0.95$。

素土(或灰土等)可用环刀法或钢筋贯入法检验垫层质量。垫层的质量检验必须分层进行,每夯压完一层,应检验该层的平均压实系数。当压实系数符合设计要求后,才能铺填土层。当采用环刀法取样时,取样点应位于每层的 2/3 深度处,取样数量不应少于下列规定的数量:ⓐ 整个垫层,每 100 m^2 每层 3 处;ⓑ 矩形(或方形)基础底面下的垫层,每层 2 处;ⓒ 条形(包括管道)基础底面下的垫层,每 30 m 长每层 2 处。

③ 粉煤灰垫层。

粉煤灰垫层可采用分层压实法,压实可用压路机和振动压实机、平板式振动器、蛙式碾。机具选用应按工程性质、设计要求和工程地质条件等确定。

对过湿粉煤灰应沥干装运,装运时其含水量以 15%～25%为宜。底层粉煤灰宜选用较粗的粉煤灰,并使含水量稍低于最优含水量。

施工压实参数(ρ_{max}、w_{op})可由室内击实试验确定。压实系数一般可取 0.9～0.95,根据工程性质、施工机具、地质条件等因素确定。

虚铺厚度、碾压遍数应通过现场小型试验确定。当无试验资料时,可使铺筑厚度为 200～300 mm,碾压后的压实厚度为 150～200 mm。施工压实含水量可控制在 $w_{op}\pm 4\%$范围内。

粉煤灰垫层的分层施工质量检验标准为压实系数 $\lambda_c \geqslant 0.90$,根据试验资料可用环刀法或钢筋贯入法进行检测。大中型工程测点布置要求为:环刀法按每 100～400 m^3 布置 3 个测点,钢筋贯入法按每 20～50 m^2 布置 1 个测点。

④ 干渣垫层。

干渣垫层材料可根据工程的具体条件选用分级干渣、混合干渣或原状干渣。小面积垫层一般用8～40 mm与 40～60 mm 的分级干渣,或 0～60 mm 的混合干渣;大面积铺垫时,可采用混合干渣或原状干渣,原状干渣最大粒径不大于 200 mm 或不大于碾压分层虚铺厚度的 2/3。

用于垫层的干渣技术条件应符合下列规定:稳定性合格,松散密度不小于 1.1 t/m^3,泥土与有机质含量不大于 5%。对于一般场地平整,干渣质量可不受上述指标限制。

干渣垫层施工采用分层压实法。小面积施工宜采用平板式振动器振实,电动机功率大于 1.5 kW,每层虚铺厚度为 200～250 mm,振捣遍数由试验确定,以达到设计密实度为准。大面积施工应采用 8～12 t 压路机,每层虚铺厚度不大于 300 mm;也可采用振动压实机碾压,碾压遍数均可由现场试验确定。

干渣垫层的分层施工检验质量应达到表面坚实、平整、无明显软陷,压陷差小于 2 mm。

1.5 工程实例 >>>

(1) 施工概述

南水北调中线一期工程总干渠陶岔渠首—沙河南淅川段淅川-1 标段位于河南省淅川

县，渠段起点桩号为K0+300，终点桩号为K8+400，总长8.1 km。该标段主要建筑物包括明渠和建筑物。张河倒虹吸工程管身均采用双联4孔，单孔采用尺寸为3.6 m×3.6 m(宽×高)的现浇普通钢筋混凝土结构，张河排水倒虹吸由上游渐变段、上游连接段、洞身段、下游连接段、下游渐变段组成，上、下游连接段及上游渐变段长13.0 m，下游渐变段长15.3 m。底板以下采用水泥掺量为10%、厚60 cm的换填土。

(2) 碾压试验

进行现场碾压试验前，在三角洲取土区现场取土料，运送至第三方实验室进行击实试验。通过击实试验确定该类填筑土料的最大干密度为1.63 g/cm^3，最优含水量为22.6%，液限为46.2%，塑限为22.6%，塑性指数为23.6，黏粒含量为27.0%，压实度不小于0.98。

① 碾压试验的目的。

现场碾压试验的目的：通过现场拌和试验，确定施工中合适的碎土、拌制、碾压等施工机具，为换填土(水泥掺量为10%)能用于张河倒虹吸底板以下部位的填筑提供依据；为渠堤填筑选择满足设计要求的、合理的碾压技术参数(铺土厚度、碾压遍数等)，以核实土料设计填筑标准的合理性；验证所选用压实机械的可靠性，并验证取土、卸料、平整、碾压等施工方法的正确性，以指导张河倒虹吸基底换填土施工。

② 试验场地。

土碾压试验区选定在三角洲弃渣场内，场地长25 m、宽24 m。为确保试验场地基础平整、坚实，在规划的场地范围内对原基础清表30 cm后，用20 t自行式振动平碾碾压6遍，经取样检测其压实度大于0.95。在试验场地上铺厚为20～30 cm的土找平，用20 t自行式振动平碾静压2遍、振压6遍后，填土不再下沉，取样检测其压实度均大于0.98。因此，场地可用于碾压试验。在压实、找平的基础上，按照碾压试验场地平面布置(图1-6)的要求，用白灰线放出试验场地。试验场地共分为9个试验区，每个试验区的范围为5 m×6 m，试验区碾压遍数为4遍、6遍、8遍，铺土厚度为30 cm、35 cm、40 cm，每个试验区对应不同的碾压遍数或铺土厚度。不同碾压遍数、同一铺土厚度、同一含水量的试验区为一个试验区组合。

③ 铺土碾压。

a. 人工配合推土机按照不同的铺土厚度(30 cm、35 cm、40 cm)平土，铺料前在基面上布置高程测量点，然后按照要求进行卸料，由推土机进行摊铺，平地机整平，并测量每层铺料的顶部高程，观测沉降点和干密度测定点位置，测量其高程，计算实际铺料厚度，每层碾压完成后，在进行下一层铺料前应在其表面做好拉毛工作。

b. 凸块振动碾均采用前进、后退全振法碾压，前进、后退一个来回按碾压2遍计，碾压速度为2～3 km/h。碾压时检查振动碾的运转状况，对试验块的涌土、表面龟裂及压后剪切破坏现象进行记录，并观察压实土层底部有无虚土层，上、下层面结合是否完好，并做好记录。

c. 碾压机械行走方向平行于轴线，相邻作业面的碾压界面必须搭接，碾压搭接宽度为20～30 cm。采用YZ20型振动碾静压2遍，然后振压4遍、6遍或8遍。

d. 沉降量观测。每个试验区从中心部位向四周布置方格网点，采用水准仪测量每层填料松铺、振动碾压后的沉降量。

e. 测量不同振动碾压遍数取样点的高程，并采用环刀法检测试样干密度。

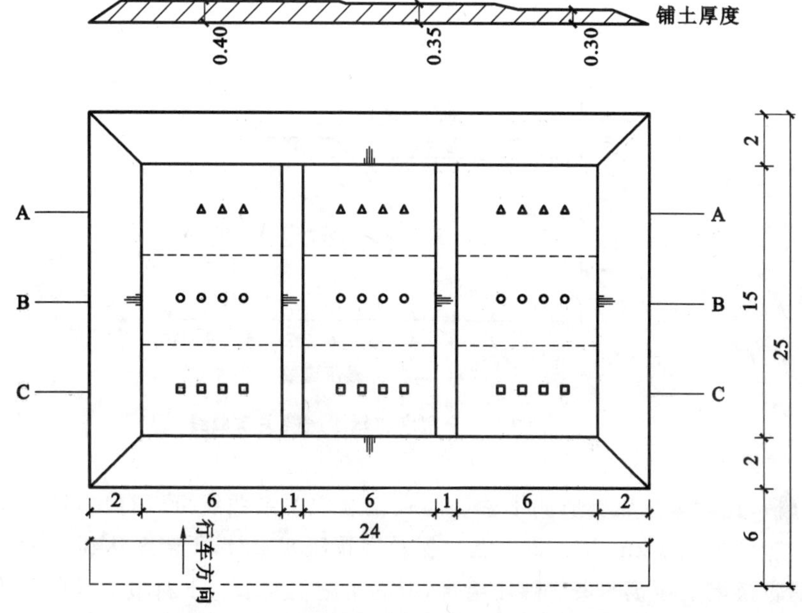

图 1-6 碾压试验场地规划平面布置图(单位:m)

注:▲为振动碾 4 遍取样点;○ 为振动碾 6 遍取样点;□为振动碾 8 遍取样点。

f. 做 EDTA 滴定试验,检测水泥含量。

④ 碾压试验结果。

试验组合碾压完成后,经计算:a. 铺土厚度为 30 cm、碾压 4 遍试验区,碾压后铺土厚度为 27.1 cm,平均干密度为 1.57 g/cm³,平均含水量为 20.9%,压实度为 0.966;b. 铺土厚度为 30 cm、碾压 6 遍试验区,碾压后铺土厚度为 25.8 cm,平均干密度为 1.61 g/cm³,平均含水量为 21.5%,压实度为 0.985;c. 铺土厚度为 30 cm、碾压 8 遍试验区,碾压后铺土厚度为 25.4 cm,平均干密度为 1.61 g/cm³,平均含水量为 21.5%,压实度为 0.989;d. 铺土厚度为 35 cm、碾压 4 遍试验区,碾压后铺土厚度为 31.8 cm,平均干密度为 1.56 g/cm³,平均含水量为 21.8%,压实度为 0.957;e. 铺土厚度为 35 cm、碾压 6 遍试验区,碾压后铺土厚度为 30.2 cm,平均干密度为 1.60 g/cm³,平均含水量为 21.7%,压实度为 0.979;f. 铺土厚度为 35 cm、碾压 8 遍试验区,碾压后铺土厚度为 29.9 cm,平均干密度为 1.62 g/cm³,平均含水量为 21.6%,压实度为 0.994;g. 铺土厚度为 40 cm、碾压 4 遍试验区,碾压后铺土厚度为 37.4 cm,平均干密度为 1.56 g/cm³,平均含水量为 22.2%,压实度为 0.958;h. 铺土厚度为 40 cm、碾压 6 遍试验区,碾压后铺土厚度为 36.1 cm,平均干密度为1.59 g/cm³,平均含水量为 22.2%,压实度为 0.977;i. 铺土厚度为 40 cm、碾压 8 遍试验区,碾压后铺土厚度为 35.7 cm,平均干密度为 1.60 g/cm³,平均含水量为 22.9%,压实度为 0.983。干密度和碾压遍数关系曲线,见图 1-7。

⑤ EDTA 滴定试验结果。

实验室提供的 EDTA 室内滴定标准曲线显示,水泥掺量为 10%时,EDTA 的体积为 70.5 mL。试验共取样 3 组采用 EDTA 滴定试验检测水泥含量,滴定结果分别为72.3 mL、74.1 mL、72.7 mL,3 组试样 EDTA 体积均大于标准 EDTA 的体积,表明水泥掺量符合要求。

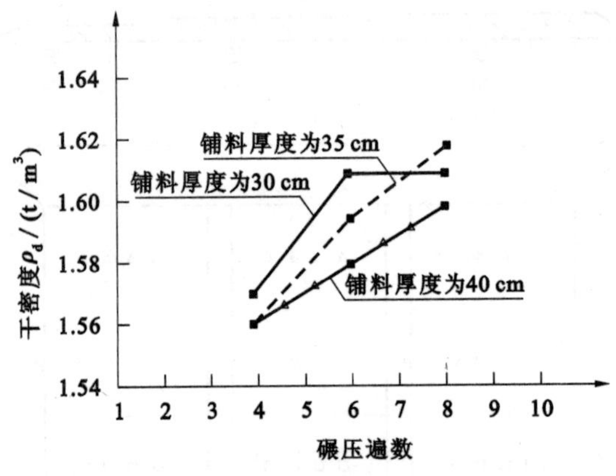

图 1-7 干密度和碾压遍数关系曲线

(3) 结果分析

经分析、比较碾压试验所测干密度和碾压遍数关系曲线可以得出，铺土厚度为 30 cm，采用行进速度为 2.4 km/h 的 20 t 凸块振动碾碾压 8 遍时，干密度达到 1.61 g/cm^3，为张河倒虹吸基底换填土填筑的最优碾压组合，能满足施工要求。土料最大粒径不大于 10 cm，土料含水量为 20.4%～23.0%，能满足施工要求。现场观察碾压试验情况，无弹簧、涌土、光面、表面龟裂、剪切破坏现象；采用水准仪严格控制铺土厚度；经检查上、下层土结合良好，无明显分层现象。

说明：本章的工程实例源自论文《南水北调张河倒虹吸基底换填土碾压试验研究》(王国新，侯少华，王洪彦等.人民黄河，2012，34(8)：137-138)。

独立思考

1-1 简述换填加固的适用范围。

1-2 土的压实原理是什么？垫层的作用主要有哪些？

1-3 砂(或砂石、碎石)垫层设计主要包括哪几个方面？

1-4 垫层材料分为哪几类？不同类型的垫层施工时应注意哪些方面？

2 强夯加固

2.1 强夯法的产生及发展 >>>

强夯法又称动力固结法(dynamic consolidation method)或动力压实法(dynamic compaction method)。它是用起重设备将重锤(一般质量为 10～40 t)起吊到一定高度(一般为 10～40 m),然后让其自由下落,冲击地面的压实方法。利用其冲击过程中产生的强大应力波,使地基土中的孔隙体积缩小,孔隙水压力急剧上升。这一过程中,砂土会局部液化,黏性土在夯点周围产生辐射状的铅直裂隙,使孔隙水顺利逸出,从而可以提高地基土的承载力,降低压缩性,改善砂土的液化条件,还可以消除湿陷性黄土的湿陷性等。

强夯法处理地基起源于法国,是 20 世纪 60 年代末由法国 Menard 公司首先创造使用的,最初用来加固滨海填土地基。由于其经济、简便,而且加固效果显著,因此迅速在世界各国得到大规模的推广和应用。我国于 1978 年首次由交通部第一航务工程局科研所及其协作单位在天津新港进行了强夯法的试验和试用研究,此后又在河北等地进行了多次试验研究,对可液化砂土和粉质黏土地基都取得了较好的加固效果,并于 1979 年 6 月正式用于工程施工。经过多年的实际工程应用和试验研究,总结出一套适合我国建筑工程情况的强夯加固工艺,填补了我国地基加固领域的一项空白。近些年来,我国一些单位通过现场和室内试验,从宏观和微观机理方面对强夯法进行了研究分析,取得了不少经验,在理论研究方面也取得了可喜的成绩。

强夯法加固地基一般是在天然含水量状态下进行的。它要求地基土体的渗透系数不能太小,以利于孔隙水压力的消散和土体颗粒的移动,使土体达到密实状态。在创始之初,强夯法仅用于加固碎石土和砂土地基。国外对强夯法的适用范围有比较一致的看法,Smoltczyk 在第八届欧洲土力学及基础工程学术会议上的深层加固总结报告中指出,强夯法只适用于塑性指数 $I_P \leqslant 10$ 的土。但近几十年来,随着人们对强夯法的施工技术和加固机理的深入认识,通过对强夯法技术进行改进,该方法已能广泛地应用于碎石土、砂土、低饱和度的粉土与黏性土、湿陷性黄土、杂填土和素填土等地基的处理,国外甚至曾用强夯置换法处理过泥炭、有机质粉土等地基。我国于 20 世纪 80 年代中期曾用强夯法处理填海地基获得成功,并在沿海地区推广应用,为我国广大沿海地区进行大规模"填海造地"提供了经济有效的地基处理方法和经验。近些年来,通过将强夯法与其他一些地基加固方法相结合,其应用范围更加广泛。对饱和度较高的黏性土,尤其是淤泥和淤泥质土地基,除了用强夯置换法外，将强夯与袋装砂井或塑料排水板堆载预压法相结合进行综合处理已有成功的实例。虽然其加固效果有时并不理想，但随着人们对其加固机理和施工方法的进一步研究，其发展前景还是十分广阔的。

2.2 强夯法的特性 >>>

强夯法自发明以来，不断在工程中得到应用，它具有以下特点。

① 适用于各类土层。

其可以用于加固各类砂性土、粉土、一般黏性土、黄土、人工填土，特别适宜加固一般处理方法难以加固的大块碎石类土以及建筑、生活垃圾或工业废料组成的杂填土，结合其他技术措施也可用于加固软土地基。

② 应用范围广泛。

其可以应用于工业工厂、民用建筑、设备基础、油罐、公路、铁路、桥梁、机场跑道、港口码头等地基加固。

③ 加固效果显著。

地基经强夯处理后，可以明显提高地基承载力和压缩模量，增加干容重，减小孔隙比，降低压缩系数，增加场地均匀性，消除湿陷性、膨胀性，防止振动液化。地基经强夯加固处理后，除含水量过高的软黏土外，一般都可以在夯后就投入使用。

④ 有效加固深度。

结合国内外的工程情况，强夯法加固深度一般均可达 6～8 m。

⑤ 施工机具简单。

强夯机具主要为履带式起重机。当起重能力有限时，可以辅以龙门式起落架或其他设备，加上自动脱钩装置。当机械设备施工困难时，还可以因地制宜地采用打桩机、桅杆等简易设备。

⑥ 节省材料。

进行一般的强夯处理时，对原状土施加夯击能量，无须添加其他建筑材料，从而节约了建筑材料的购置、运输、打入地下的费用，大大缩短了施工周期。当有特殊要求时，可以辅以砂井、挤密碎石工艺配合强夯施工，其加固效果比单一工艺好许多，处理也比单一砂井、挤密碎石法要少，费用较低。

⑦ 节省工程造价。

由于强夯工艺无须建筑材料，节省了建筑材料的购置、运输、制作费用；除消耗少量油料外，没有其他消耗，因此工艺造价低廉。20 世纪 90 年代初施工的北京乙烯工程挤密碎石方案造价在200 元/m^2 以上，强夯法仅需 25 元/m^2；茂名 30 万吨乙烯工程，回填地基原采用分层碾压，没有达到应有的加固效果，如采用挤密碎石桩加工费用在 250 元/m^2 以上，强夯工艺仅需 30～50 元/m^2，且加固效果更好。

⑧ 施工快捷。

如果工艺合适，强夯工艺无须进行建筑材料制作，其施工周期最短，特别是对粗颗粒非饱和土的强夯周期更短，一般与挤密碎石桩、分层碾压、灌注桩方案相比更为快捷，因此间接经济效益更为显著。这对设计人员提出了更高要求，地基处理方案中时间效益更为突出，施工快捷是方案可行与否的重要要求。

2.3 强夯加固机理 >>>

强夯法自从由法国 Menard 公司创用后，经过二三十年的应用与发展，已适用于加固从砾石到黏性土的多种地基土。其由于具有效果显著、设备简单、施工方便、适用范围广、经济易行和节省材料等优点，应用相当广泛。关于强夯法加固地基的机理，目前国内外的看法还不一致，但一方面应该区分宏观机理和微观机理，另一方面应该对饱和土与非饱和土加以区分，而对饱和土中黏性土与无黏性土也应该加以区分。另外，对特殊性土，如湿陷性黄土，则应该考虑它的特殊性。同时，应该考虑强夯施工工艺，即单击夯击能量、单位面积平均夯击能、夯击数、夯击遍数等。

(1) 夯击能传递机理

由强夯产生的冲击波按其传播和对土作用的特性可分为体波和面波。体波包括纵波(P 波)和横波(S 波)，从夯击点沿着一个半球波阵面径向向地基深处传播，对地基土可起到压缩和剪切作用，可能引起地基土的压密固结。面波(R 波)从夯击点沿地表传播，随距离的增加衰减比体波快得多，对地基土不起加固作用，其竖向分量反而对表层土起松动作用。

根据波的传播特性，瑞利波携带大约 2/3 的能量，以夯坑为中心沿地表向四周传播，使周围介质产生振动，对地基压密没有效果；而其余的能量则由剪切波和压缩波携带向地下传播，当这部分能量释放在需要加固的土层上时，土体就得以加固，如图 2-1 和图 2-2 所示。

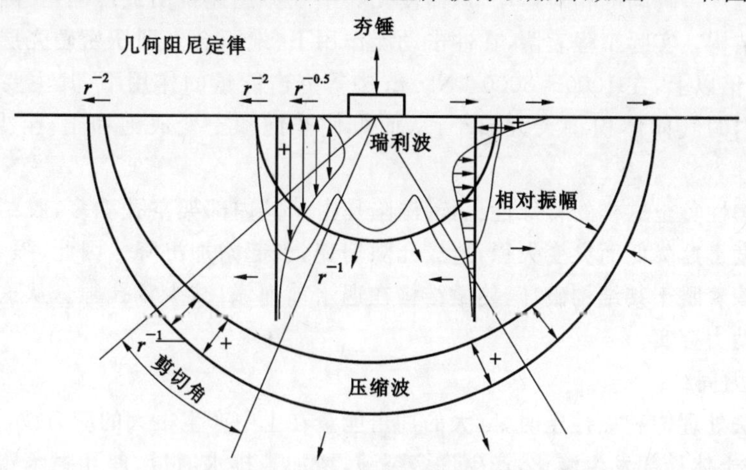

图 2-1 重锤夯击时在地基中产生的波场

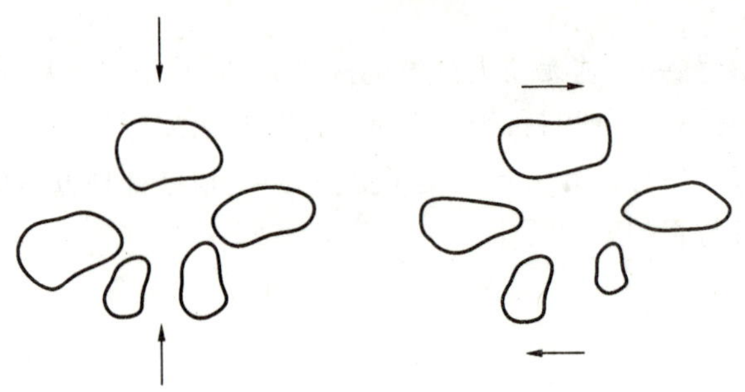

图 2-2 振动波对土的加固效果

地基土一般为不均匀的层状结构，土体中的孔隙被空气、水或是其他液体所填充。当波在成层地基中传播遇到一种弹性介质和另一种弹性介质的分界面时，入射波能量的一部分将反射回先前的弹性介质，另一部分能量则传播到第二种介质中。当反射波回到地表又被重锤挡住再次被反射入土体，遇到分界面后又一次发射回地面，因此在一个很短的时间内，波多次反射，这就意味着夯击能量不断损失。这正是在相同夯击能作用下，单一均质土层的加固效果要好于多层非均质土的原因。另外，反射回来的波能则使地表土层变松，这也是强夯中局部地表隆起的原因。因此，强夯的效果，即在地基中沿深度常形成性质不同的三个区：地基表层形成松动区；松动区下面某一深度，受到体波的作用，使土层发生沉降和土体的压密，形成加固区；加固区下面冲击波逐渐衰减，不足以使土发生塑性变形，对地基不起加固作用，称为弹性区。

(2) 强夯法的加固机理

目前，强夯法加固地基的机理，从加固原理与作用来看，可分为动力夯实、动力固结、动力置换 3 种情况。其共同特点是：破坏土的天然结构，达到新的稳定状态。

① 动力夯实。

在非饱和土，特别是孔隙多、颗粒粗大的土中，高能量的夯击对土的作用不同于机械碾压、振动压实和重锤夯实。巨大的夯击能量所产生的冲击波和动应力在土中传播，使颗粒破碎或使颗粒产生瞬间的相对运动，从而使孔隙中气体迅速排出或压缩，孔隙体积减小，形成较密实的结构。实际工程表明，在冲击动能作用下，地面会立即压密硬壳层，承载力可比之前高 2～3 倍以上，在 1000～3000 kN・m 中等夯击能量的作用下，其主要发生冲切变形。加固范围内的气体体积将大大减小，从而可使非饱和土变成饱和土，至少使土的饱和度提高。

对湿陷性黄土这样的特殊性土，其湿陷是由于其内部架空孔隙多，胶结强度差，遇水后微结构强度迅速降低而突变失稳，造成孔隙坍塌，引起附加沉降。因此，强夯法处理湿陷性黄土就应该着眼于其结构破坏，使微结构在遇水前崩塌，减少其孔隙。从这个角度来看，强夯法应是动力夯实。

② 动力固结。

强夯法处理饱和黏性土时，巨大的冲击能量在土中产生很大的应力波，破坏了土体原有的加固，使土体局部发生液化，产生许多裂隙，增加了排水通道，使孔隙水顺利逸出，待超孔隙水压力消散后，土体固结，且由于软土的触变性，强度得到提高，这就是动力固结。

传统的固结理论认为:饱和软土在快速加荷条件下,孔隙水无法瞬时排出,是不可压缩的,因此用一个充满不可压缩液体的圆筒、一个用弹簧支撑的活塞和供排出孔隙水的小孔组成的模型来表示,即太沙基模型。Menard 则根据饱和土在强夯后能瞬时产生数十厘米的压缩量这一事实对太沙基模型进行了修正,提出了新的模型,即 Menard 模型。两个模型如图 2-3 所示。

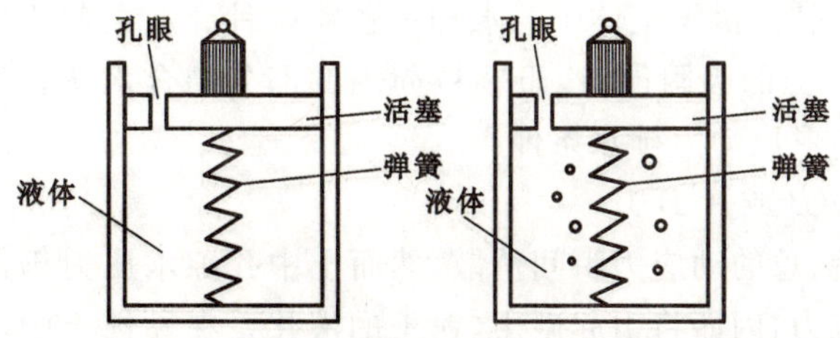

图 2-3 太沙基模型与 Menard 模型的对比

两个模型的主要区别如表 2-1 所示。

表 2-1 太沙基模型和 Menard 模型的区别

模型	太沙基模型	Menard 模型
活塞	无摩擦	有摩擦
液体	不可压缩	可以压缩
弹簧	均质	非均质
孔眼	直径固定,受压液体排出通道	直径可变,受压液体排出通道

根据 Menard 提出的模型,饱和土强夯加固机理可以描述为在强夯过程中,根据土体中孔隙水压力 u、动应力 σ 和应变 ε 的关系,加固区内波对土体的作用可分为三个阶段,见图 2-4。

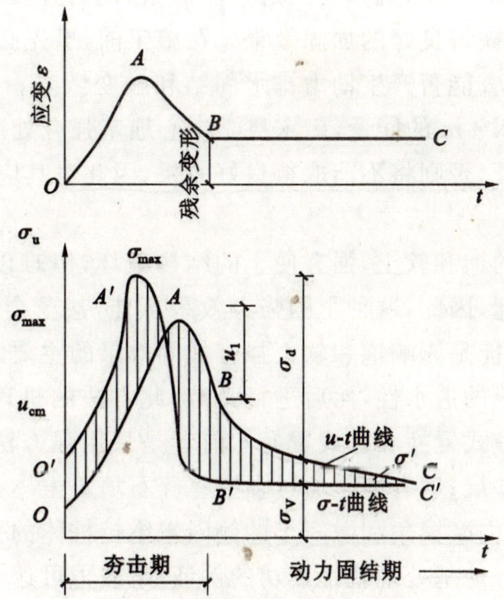

图 2-4 强夯冲击波对土体的作用过程

a. 加载阶段(OA 或 $O'A'$)。

在夯击的瞬间,巨大的冲击波使地基产生强烈振动和动应力,在波动的影响带内,动应力往往大于孔隙水压力,有效动应力使土体产生塑性变形,破坏土的结构。对于饱和土而言,加固机理应是动力夯实;对于细颗粒土而言,Menard 认为 1%~4%的以微气泡形式出现气体体积压缩,同时,由于土体中的水和土颗粒两种介质引起不同的振动效应,当两者的动应力差大于土颗粒的吸附能时,土颗粒周围的部分结合水从颗粒间析出,产生动力水聚结,形成排水通道,形成动力排水条件。

b. 卸荷阶段(AB 或 $A'B'$)。

夯击能卸去后,总的动应力瞬间消散,然而土中孔隙水压力仍保持较高水平,此时孔隙水压力大于有效应力,因而将引起砂土、粉土的液化。在黏性土中,当孔隙水压力大于最小主应力 σ_3、静止侧压力 K_0、σ_z 及土的抗拉强度之和,即土中存在较大的负有效应力时,土体开裂,渗透系数骤增,形成良好的排水通道。从宏观上看,在夯击点周围产生了垂直破裂面,夯坑周围出现冒气、冒水现象,这样孔隙水压力迅速下降。

c. 动力固结阶段(BC 或 $B'C'$)。

在卸荷之后,土体中保持一定的孔隙水压力,土体就在此压力下排水固结。砂土中,孔隙水压力可在 3~5 min 内消散,使砂土进一步靠近,重新形成新的结合水膜和结构连接,土的强度得以恢复和提高,从而达到加固地基的目的。但是如果在加载和卸荷阶段所形成的最大孔隙水压力不能使土颗粒的水膜和毛细水析出,动荷载卸去后,孔隙水未能迅速排出,则孔隙水压力很大,土的结构被扰动破坏,又没有条件排水固结,土颗粒间的触变恢复又较慢,在这种条件下,不但不能使黏性土加固,反而使土扰动,降低了地基土的抗剪强度,增大了土的压缩性,以致形成橡皮土。这样的教训也不乏其例,如焦作电厂由于工期所迫,在雨天实行强夯,表层土由于渗入雨水而接近饱和,夯击能量为 3000 kN·m,结果形成橡皮土,未达到预期目的,地基承载力仅为 70 kPa。因此,对饱和黏性土进行强夯时,应根据波在土中传播的特性,按照土的性质,选择适当的强夯能量,同时还要注意设置排水条件和触变恢复条件,才能使强夯法获得良好的加固效果。在施工前,事先必须进行试夯,研究其规律,选择强夯能量和方法,检查能否产生动力排水固结和触变恢复。徐家沟灰场地基强夯处理经试夯最后选择 2500 kN·m 的能量,广东科学中心地基强夯处理采用"先轻后重,逐级加能"的方法就是成功的例证,否则将不能取得良好效果,因此对其应持慎重态度。

③ 动力置换。

对于透水性极低的饱和软土,强夯使土的结构破坏,但难以使孔隙水压力迅速消散,反而使夯坑周围土体隆起,因此,这种土的强夯效果不佳,甚至会形成橡皮土。夯击能量大小和土的透水性高低,可能是影响饱和软土强夯加固效果的主要因素。有人认为,可在土中设置袋装砂井等来改善土的透水性,然后进行强夯,此方法的机理类似于动力固结,也可以采用动力置换。它分为整式置换和桩式置换。前者是采用强夯法将碎石整体挤入淤泥中,其作用机理类似于换土垫层;后者则是通过强夯将碎石填筑土体,部分碎石桩(或墩)间隔地夯入软土中,形成靠碎石内摩擦角和墩间土的侧限来维持桩体的平衡,并与墩间土起复合地基的作用。焦作电厂强夯地基处理就是成功的例证,承载力可达 200 kPa 以上。

2.4 强夯室内试验与现场试验 >>>

采用强夯法加固地基的时间较短，地基土比较复杂，所以现有的设计方法基本上都是经验性或半经验性的，至今尚未形成一套完整的设计计算理论。《建筑地基处理技术规范》(JGJ 79—2012)规定：强夯和强夯置换施工前，应在施工现场具有代表性的场地上选取一个或几个试验区，进行试夯或试验性施工。试验区数量应根据建筑场地复杂程度、建筑规模及建筑类型确定。因此，目前工程中通常采用由现场试验或室内试验获得的数据作为试夯参数，并根据现场试夯结果，最后确定正式的强夯施工参数。

(1) 强夯法的室内试验

从强夯法的发展历史来看，现场工程应用的实践大大领先于强夯加固机理的研究，但仅从现场进行试夯来获得强夯施工的各种参数和了解加固效果，不仅费时、费钱，还具有局限性。因此，通过七八年大量的工程应用以后，世界各国都十分重视强夯技术的室内试验研究。法国首创了动力固结仪的室内试验技术，日本、美国则进一步使用先进的量测仪器进行了冲击力作用下土的反应、超孔隙水压力的增长和消散的研究，我国以大学为中心也逐步开展了一些强夯室内试验。

法国 Menard 公司为了在室内研究采用强夯法加固地基时的最佳夯击能量、土的动力性状等，最先设计制造了动力固结仪，见图 2-5。

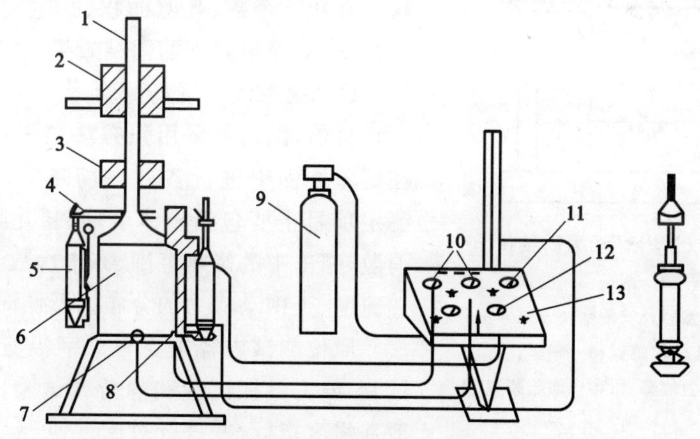

图 2-5 动力固结仪示意图

1—落锤导杆；2—落锤；3—垫块；4—鞍形支架；5—千斤顶；6—千分表；
7—中心孔酸水压力计；8—侧面孔隙水压力计；9—二氧化碳瓶；
10—试样孔隙水压力记录仪；11—侧向压力控制仪；12—垂直压力控制仪；13—控制台

该仪器包括落锤、孔隙水压力的测头以及接收仪表等部分，能连续静压固结直径为30 m、高度为25～30 cm的土样。试验时，将现场采集的土样放入仪器中，先在土样上分别施加垂直和侧向压力进行固结，以不同的高度、不同的能量进行夯击。夯击能量根据现场每一点影响范围内的土体可能受到的平均单位体积能量来确定，以使室内试验情况足以模拟现场强夯作用。在试验过程中,可记录土样变形、超孔隙水压力消散时间和可能的下沉量等。夯击后休置一定时间,可以将实验室用的十字板剪力仪插入土样中进行剪切试验,即可获得土样强度的变化。虽然室内试验难以全部模拟现场土的实际性质,但所得出的室内动力固结试验结果完全可以准确地推定夯击影响下土的变化,用以指导实际强夯施工。

此后,德国鲁尔大学地基与土力学教研室对室内动力固结试验进行了系统的研究,研制了几种类型的动力固结仪;日本也在青森县陆奥湾拟建了大型油罐以在强夯处理之前进行室内试验,研究相应的动力固结仪。

近些年来,我国也开始通过室内动力固结试验探索软土地基强夯加固的机理。河海大学曾研制过图 2-6 所示的动力固结仪。该仪器由底座、试样室、加压装置、活塞、导杆、砂盘、重锤和量测仪器等部分组成。量测仪器包括动应力传感器、位移传感器、孔隙压力传感器、动态电阻应变仪和光电记录仪等;加压装置能对试样施加 10～200 kPa 的静压力,详见图 2-6。组合式夯锤重量为 5～80 N,落距最大为 90 cm。

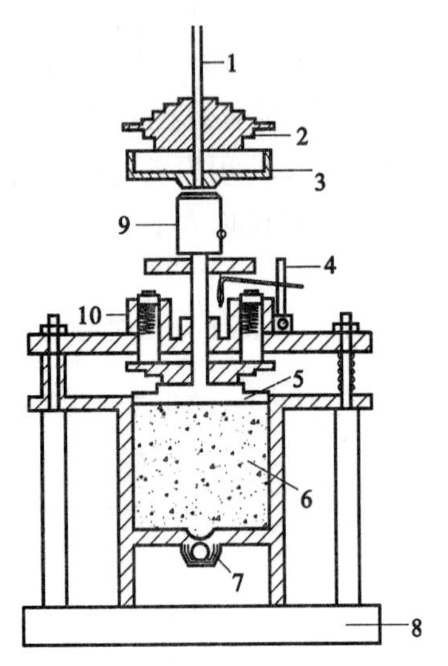

图 2-6 "华水"动力固结仪

1—导杆;2—落锤;3—砂盘;4—位移传感器;5—活塞;6—试样室;7—孔压传感器;8—底座;9—动应力传感器;10—加压装置

室内试验主要有常规土工试验,可获得加固前、后土体的物理、力学参数,以便于比较地基加固的效果。

目前,部分学者对强夯地基前、后的土体微结构进行了研究。土体微结构分析是将原状土样通过冷冻升华(－196 ℃)技术取得保持原状结构的干燥土样,然后涂上黄油将样品送进电子显微镜扫描拍摄 300 倍、1000 倍、3000 倍和 5000 倍的土样微结构原状相片,再经电脑数据处理,提取施工前、后土的微结构变化量,其中有孔隙个数、孔隙面积、孔隙周长、孔隙直径等定量数据,从而得到土的固结效果。

(2) 强夯法的现场试验

目前,国内外采用强夯法加固地基的工程一般都在试验过程中进行各种现场测定,以积累试验数据。测定项目主要包括土体变形、超孔隙水压力的增长和消散,夯击中的影响范围、夯击次数,夯沉量、落锤冲击加速度、土中动应力的分布以及侧向挤压应力等。

原位测试内容主要有十字板剪切试验、动力触探试验、静力触探试验和静荷载试验,取得加固前、后的地基强度指标,并进行对比。

强夯现场试验有两个方面的意义,一是可以直接通过现场试验的实测数据确定各施工参数,二是可以验证和补充室内试验所取得的数据。根据现场试验实测资料,修正室内试验确定的各参数值,以逐步完善室内试验成果,以便今后采用室内试验确定施工参数。

2.5 强夯加固地基的设计与施工

2.5.1 强夯设计

(1) 设计方法及步骤

强夯法加固地基的设计方法和步骤主要包括：

① 首先查明场地地质情况(用钻探或原位测试方法)和周围环境影响，特别是相邻建筑物对地基处理的情况，以及工程的规模大小、结构形式及建筑物的重要性等。

② 开展地基处理方案的可行性研究。根据已查明的资料和结构加固用途，通过研讨会进行多次科学论证和严密分析，开展地基处理方案的优化设计，对各方案进行经济比较，最终确定地基处理的最优方案。

③ 根据已确定的地基处理方案及其地质条件，设计砂垫层和网状排水系统，并初步计算夯击能量，确定加固深度，然后选择必要的锤重、落距、夯间距、夯击数等。

④ 根据已确定的施工参数，制订施工计划及进行强夯布点设计和施工要求的说明。

⑤ 强夯施工前要进行试夯，并进行加固效果的检验测试(旁压仪、静力触探、标准贯入试验、十字板剪切试验和波速等原位测试以及钻探取土样试验等)，通过对加固效果测试资料的分析，确定是否需要修改原强夯设计方案。

其设计步骤框架图如图 2-7 所示。

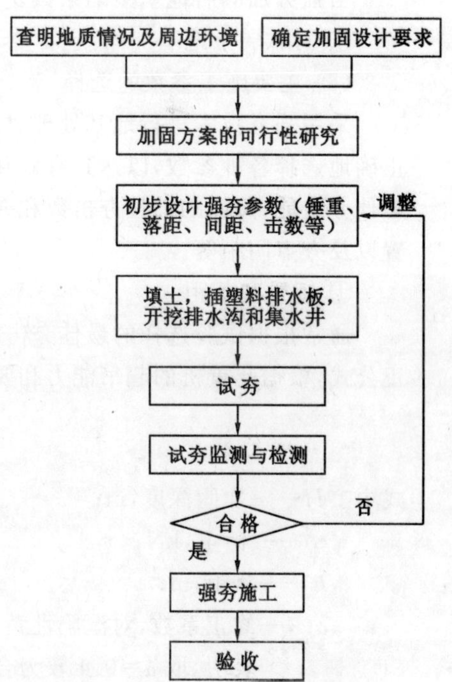

图 2-7 强夯设计步骤框架图

(2) 加固的目的及要求

强夯法加固地基的目的：根据场地土的不同特性，提高地基的承载能力，消除不均匀变形、地震液化或湿陷性等。加固后的地基指标应达到事先规定的指标值。

不同的地基和工程有不同的加固要求。例如：

① 对高填土地基，加固后以满足需要的地基容许承载力和消除不均匀变形为主。

② 对地震液化地基，加固后应消除液化，且对不同的液化地基有不同要求。

对饱和砂土地基，加固后其标准贯入锤击数 $N_{63.5}$ 值大于按下式计算出的 N' 值时，则认为不会发生液化。N' 值可按下式求得：

$$N' = \overline{N}'[1+0.125(d_s-3)-0.05(d_w-2)] \tag{2-1}$$

式中 N'——饱和砂土所处深度为 d_s，室外地面到地下水位距离为 d_w 时，砂土液化临界标准贯入锤击数；

$\overline{N}'$——当 $d_s=3$ m、$d_w=2$ m 时砂土液化临界贯入锤击数，设计烈度为 7 度、8 度、9 度时其数值分别为 6、10、16；

d_s——饱和砂土所处深度，m；

d_w——室外地面到地下水位的距离，m。

黏土可按下式计算：

$$N'' = 14.5 + 0.5d_s - 2.4d_w - M_c \tag{2-2}$$

式中 M_c——黏粒含量，%。

当实测标准贯入锤击数 $N_{63.5}$ 大于计算值 N'' 时，则认为已消除液化，否则可能会发生液化。对湿陷性黄土地基加固时，要求消除湿陷性，其湿陷系数应按下式计算：

$$\sigma_s = \frac{h_p - h_p'}{h_0} \tag{2-3}$$

式中 σ_s——湿陷系数；

h_p——保持天然湿度和结构的土样，加压至一定压力时，下沉稳定后的高度，cm；

h_p'——上述加压稳定后的土样在浸水作用下，下沉稳定后的高度，cm；

h_0——土样的原始高度，cm。

当强夯加固后地基湿陷系数 $\sigma_s < 0.015$ 时，可认为已消除湿陷性。

③ 对软弱土地基加固，应着重于提高地基土强度和减少变形。

(3) 主要施工参数的选择

采用强夯技术进行地基处理时，一定要根据工程的地质条件和使用要求来施工，并合理正确地选择各种参数，以达到有效和经济的目的。设计中经常遇到下列问题：锤重和落距、最佳夯击能、每遍的最佳夯击数和夯击遍数、两次夯击遍数的间隔时间、加固范围和夯点布置以及夯点间距等。

① 锤重和落距。

通常根据试验选择的最佳夯击能确定锤重和落距。在条件不许可时，可按 Menard 修正公式，根据起重机的起吊能力和要求加固的深度，按下式进行计算：

$$H = \alpha\sqrt{\frac{w \cdot h}{10}} \tag{2-4}$$

式中 H——加固深度，m；

w——锤重，kN；

h——落距，m；

α——修正系数，对湿陷性黄土可取 0.35～0.5，焦作电厂、首阳山电厂二期扩建工程表明，取 $\alpha=0.4$ 较为合理。

强夯法的有效加固深度也可采用表 2-2 进行估算。

② 最佳夯击能。

在某一夯击能作用下，地基中出现的孔隙水压力达到土的覆盖压力时的夯击能称为最佳夯击能。

表 2-2 强夯法的有效加固深度

单击夯击能/(kN·m)	碎石土、砂土等/m	粉土、黏性土、湿陷性黄土等/m	单击夯击能/(kN·m)	碎石土、砂土等/m	粉土、黏性土、湿陷性黄土等/m
1000	5.0～6.0	4.0～5.0	4000	8.0～9.0	7.0～8.0
2000	6.0～7.0	5.0～6.0	5000	9.0～9.5	8.0～8.5
3000	7.0～8.0	6.0～7.0	6000	9.5～10.0	8.5～9.0

注：强夯法的有效加固深度应从起夯面算起。

被加固地基土中孔隙水压力消散慢，当夯击能逐渐增大时，孔隙水压力相应地叠加，可按此叠加值确定最佳夯击能。必须指出的是，孔隙水压力沿深度的分布规律是上大下小，而土的自重压力是上小下大，因此，被加固的地基土的最佳夯击能应根据有效影响深度确定。一般情况下，对于粗颗粒土可取 1000～3000 kN·m，对于细颗粒土可取 1500～4000 kN·m。

③ 每遍的最佳夯击数和夯击遍数。

选择每遍的最佳夯击数，可根据静力触探、动力标贯及土工试验结果给出夯击数与有效影响深度的关系曲线。在满足有效加固深度的条件下，一般以曲线上明显变化的起点所对应的夯击数为每遍的最佳夯击数，且应同时满足下列条件：

a. 最后两击的平均夯沉量不大于 50 mm，当单击夯击能量较大时不大于 100 mm。

b. 夯坑周围地面不应发生过大的隆起。

c. 不因夯坑过深而发生起锤困难。

夯击遍数应根据地基土的性质确定。一般情况下，可采用 2～3 遍，最后再以低能量满夯一遍。对于渗透性弱的细颗粒土，必要时夯击遍数可适当增加，且宜采用多遍数、少击数的施工方案。

④ 两次夯击遍数间融时间。

两遍夯击之间应有一定的时间间隔。间隔时间取决于土中超静孔隙水压力的消散时间，当缺少实测资料时，可根据地基土的渗透性确定。对于渗透性较差的黏性土地基，间隔时间应不少于 3～4 周；对于渗透性好的地基可连续夯击。

⑤ 加固范围。

强夯的加固范围应大于建筑物基础的范围，否则会出现建筑物基础四周为外部没有夯击过部分和内部已夯击过部分的边缘。为了避免在夯击后的土中出现不均匀的“边界”现象，而引起建筑物差异沉降，必须规定对夯击面积增加一个附加值，放大宽度可自建筑物基础外侧边线起增加加固深度的 1/3～1/2 距离，并不宜小于 3 m，也可按照以下公式计算。

$$A=\left(B+\frac{2}{3}h\right)\left(L+\frac{2}{3}h\right) \tag{2-5}$$

式中 A——夯击范围，m^2；

B,L——加固区的宽度和长度，m；

h——设计加固深度，m。

⑥ 夯点布置。

夯点可根据建筑物结构类型来进行布置，一般采用正三角形、正方形或梅花形布点。对大面积基础，宜采用正方形插档法布置；对条形基础，可采用点线插档法布置；柱基可采用点夯法夯击；对砂土和抛石强夯挤淤，可在降低标高处夯完后，再将土填至设计标高，进行第二次夯击。具体布置方法如图 2-8 所示。

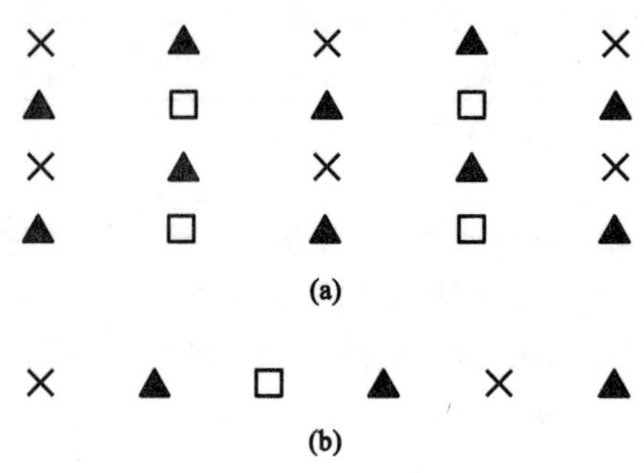

图 2-8 夯点布置图

(a) 正方形插档法布置；(b) 点线插档法布置

注：×为第一遍夯坑；□为第二遍夯坑；▲为第三遍夯坑。

⑦ 夯点间距。

夯点间距宜根据建筑物结构类型、土层厚度和土质条件（或通过试夯）确定；一般为夯锤直径的 1.5～2.0 倍。当压缩厚度大，土质差时，增大夯击点间距，第一遍夯点间距宜为 6～8 m；对土层较薄的砂土或回填土，第一遍夯击点间距最大，以后各遍夯击点间距可与第一遍相同，也可适当减小。对处理深度较深或单击夯击能较大的工程，第一遍夯击点间距宜适当增大。

2.5.2 强夯施工

(1) 施工机具

强夯法加固地基一般采用 30～80 t 的重锤、8～20 m 的落距。强夯法是依靠很大的冲击能（一般为 500～8000 kN·m）使地基土中出现冲击波和很大的动应力，以提高土的强度，降低压缩性，改善土的振动液化条件，并能消除湿陷性黄土的湿陷性，提高土层的均匀度等。

强夯法首先由法国 Menard 公司于 1969 年用于夯实滨海填土，我国于 20 世纪 80 年代初引入此项技术，并应用于工程实践。强夯法具有施工方法简单、施工周期短、地基处理效果好和可大量节约地基处理费用等优点，广泛应用于黄土、砂土、碎石土及粉土、素填土、杂填土的地基处理，取得了较大的经济效益和社会效益。

河南省西部存在着大量的黄土地基和其他宜采用强夯法处理的地基。为加速河南省强夯技术的发展，节约工程地基处理投资及适应工程的需要，结合该省实际情况，开发出了适合我国国情的强夯施工机具，即采用较小吨位（16 t 以下）的吊车进行大吨位能量（最高可达 3500 kN·m）的强夯施工设备，其主要由夯锤、起重机、门架、自动脱钩装置、滑轮组等组成。

① 夯锤。

夯锤是强夯施工时必不可少的重要设备，其直接夯击地面，从而达到强夯要求的效果。这就要求夯锤底面平整，且能使夯锤夯击地面时均匀夯击，并有很大的重量，一次夯击能处理一定面积的地基，夯锤通常用钢、铸铁或外包钢板内浇混凝土制作，底面积为3～6 m^2。夯锤的选择对施工工艺、起重机效率发挥以及最佳夯击能都有着重要影响。质量分别为10 t、15 t、20 t 的 3 种夯锤分别用外包钢板内浇混凝土、铸铁和钢制作，锤底面采用圆形，直径为 2523 mm，底面积为 5 m^2，如图 2-9 所示。

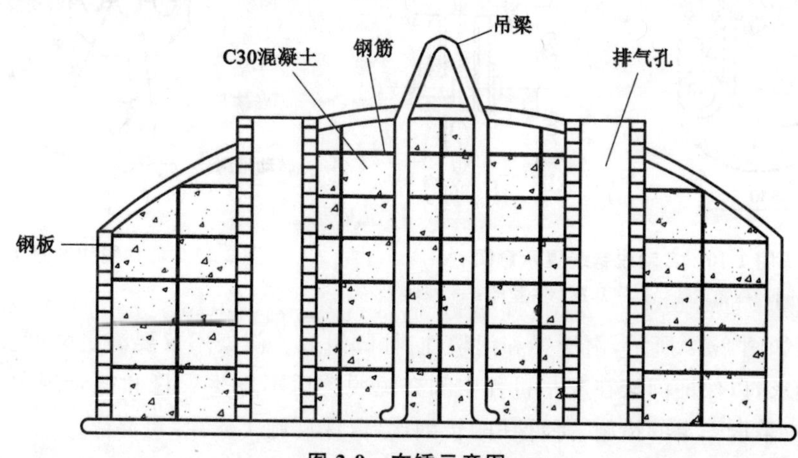

图 2-9 夯锤示意图

夯击作业时，由于夯坑对夯锤的进入有气垫作用，将消耗一定的夯击能量和对锤的起拔有吸着作用，影响夯击效果，因此必须设置防堵通气孔，直径为 200 mm，对称布置 4～6 个，中心线与锤的轴线平行。当夯锤压缩夯坑内气体时，空气经空心螺栓上的气孔排出；当锤体接触坑底时，空心螺栓压缩弹簧并堵住气孔，阻止泥土进入；当起拔夯锤时，弹簧将螺栓推出，空气可由排气孔向螺栓中心孔自由流通。

② 自动脱钩装置。

夯锤起吊到预定高度后，自由下落，夯击地面，完成一次强夯过程。为使夯锤自动脱钩，设计了自动脱钩装置，如图 2-10 所示。其工作原理如图 2-11 所示。其工作时将吊钩挂在夯锤提梁下，合上锁柄，提升时由于锁柄的限制将锤提起，其作用与普通吊钩相同。夯锤提升至预定高度时，利用固定在起重机上一定高度处的钢丝绳（拉绳）拉开锁柄，在夯锤重力作用下，吊钩绕轴转动，夯锤滑出吊钩，自由下落，吊钩复位，以进行下一循环操作。

③ 起重机和门架。

强夯的工艺特点是将夯锤提升到一定的高度让其自由下落，对地基进行夯打击实，这就要求起重机具有起重能力大、稳定性能好、使用方便、就位准确迅速的特点。河南省经常使用的是 16 t 履带式起重机。该起重机场地适应能力强、移动方便，适合作为强夯时用的起重机。

强夯施工时，夯击能量很大，在实际工程中可达 3500 kN·m。若采用 15 t 夯锤，则落距需为 23.5 m；若采用 20 t 夯锤，落距需为 17.5 m。由于起重机臂起重时倾角较大，夯锤脱落后突然卸载会引起重臂突然发生后倾，严重时会发生倾覆现象，危及人身及机械安全。即使不发生倾覆，由此引起的振动，对起重机造成的危险也很严重。因此，必须使夯锤脱落时尽量少振动，增强其稳定性，为此采用了工具式门架的方法来解决这一难题。

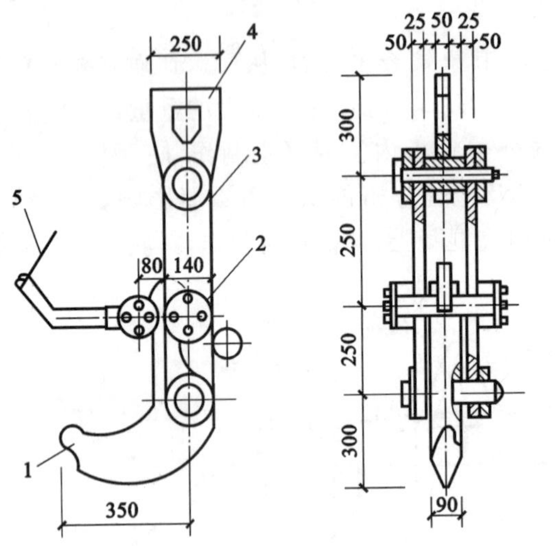

图 2-10 自动脱钩装置示意图

1—吊钩;2—锁环轴轮;3—耳环;4—拉绳;5—锁柄

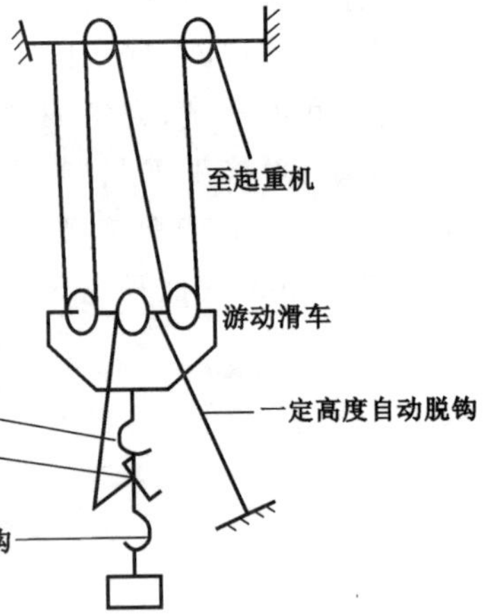

图 2-11 自动脱钩装置工作原理图

门架如图 2-12 所示,由横梁和门架柱、柱脚组成。门架不仅要满足强度要求,还应满足稳定性要求,以保证门架在起吊过程中和夯锤脱钩后不发生失稳和扭转现象。由于门架较高,因此应采取一定的措施,降低柱的长细比,以保证施工安全、可靠。

a. 横梁。

横梁采用钢板焊接,可满足抗弯、抗剪要求。横梁如图 2-13 所示。

图 2-12 门架示意图

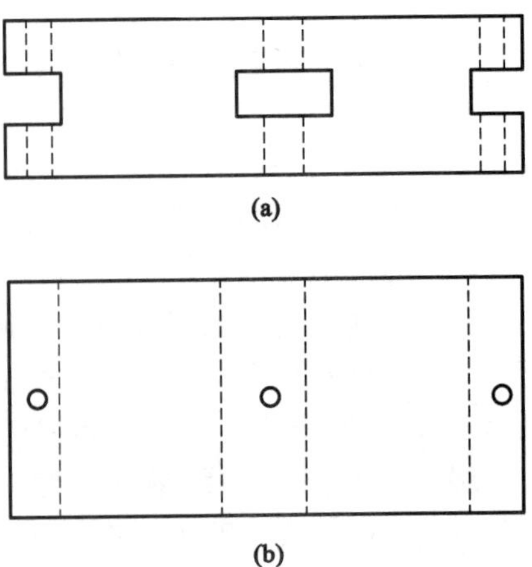

图 2-13 横梁示意图

(a) 横梁平面图;(b) 横梁立面图

b. 门架柱。

门架柱分节制作，分为标准柱和上、下两个特定柱。上柱上端通过螺栓和门架横梁连接，下柱下端支撑于柱脚上。柱与柱之间用螺栓连接，柱脚水平放在地面上。柱均采用格构柱，四肢均用等边角钢，缀条采用大角边小角钢焊接。门架柱如图 2-14 所示。

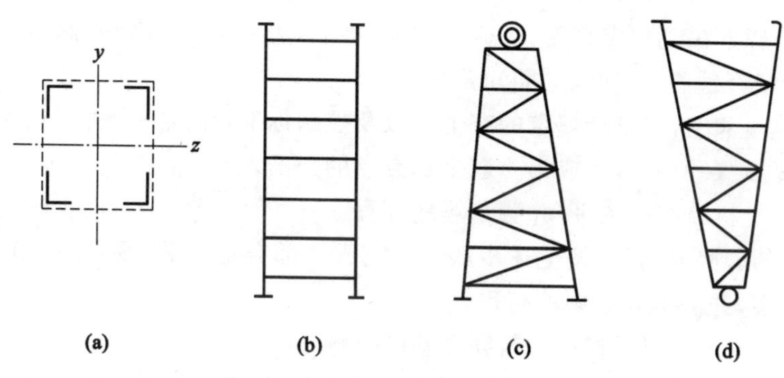

图 2-14　门架柱示意图

(a) 柱截面形状；(b) 标准柱；(c) 上柱；(d) 下柱

标准柱每节长 3 m，使用时可按起吊高度进行调节，并且自重较小，运输、安装均很方便。

c. 柱脚。

柱脚如图 2-15 所示，采用铸铁制作。

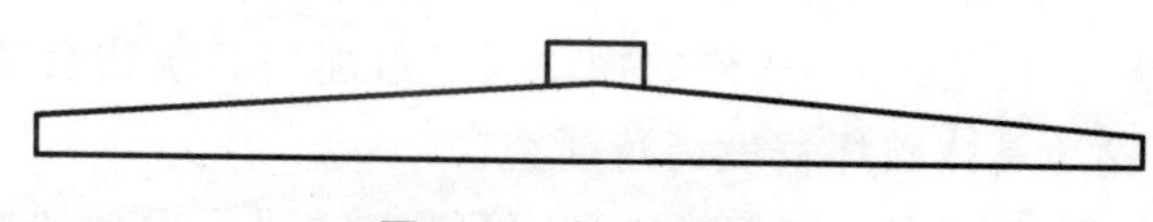

图 2-15　柱脚示意图

采用这种门架，可使施工过程中起重臂的稳定性增强，振动降低到最低程度，施工既安全又迅速。

④ 滑轮组。

起重机起重能力较小，满负荷仅为 16 t，为了达到所需的夯击能量，必须增加起重量。为了解决这个问题，在门架的基础上可增设滑轮组。增设滑轮组后，可使其起吊能力达到 25 t以上。

(2) 施工工艺

对采用上述施工机具的中小型施工队伍，由于施工时履带式起重机带有辅助门架，施工时的夯点布置可采用矩形和梅花形布点，在焦作电厂、洛阳外国语学院和首阳山电厂二期扩建工程中的强夯一般分四遍进行。第一、二遍能级为高能量，隔行夯打，第一遍夯后原地平整，然后进行第二遍夯打，夯后原地平整，贯入度小于 70～100 mm。第三遍能级为中能量，夯打第一、二遍夯过的夯点，夯打 6 击，贯入度小于 70 mm，夯后原地平整。第四遍为满夯，能级为低能量，挨点呈梅花形夯打，夯打 5 击，贯入度小于 50 mm。挨点以夯锤直径为准，不得以扩孔边为准。夯后原地平整。

强夯施工的步骤为：

① 清理并平整施工场地。

② 第一遍夯点布置，并测量场地高程。

③ 起重机就位，使夯锤对准夯点。

④ 测量夯前锤顶高程。

⑤ 将夯锤起吊到预定高度，待夯锤脱钩自由下落后，放下吊钩，测量锤顶高程，若因坑底倾斜而造成夯锤歪斜，应及时将坑底整平。

⑥ 重复步骤⑤，按设计规定的夯击次数及控制标准，完成一个夯点的夯击。

⑦ 重复步骤③～⑥，完成第一遍全部夯点的夯击。

⑧ 用推土机将夯坑填平，并测量场地高程。

在规定的间隔时间后，按上述步骤逐次完成全部夯击遍数，最后用低能量满夯，将场地表层松土夯实，并测量夯后场地高程。

(3) 强夯振动对邻近建(构)筑物振动的影响

为了确定强夯振动对周围环境、建(构)筑物的影响，应在试验阶段对强夯振动可能产生的影响作出评估，一般可采用加速度测试办法进行评估。为了减小强夯振动对周围环境的影响，最有效方法就是设置隔振沟，通过加速度测试评估隔振沟对强夯振动的衰减作用。

目前，分析时大多将强夯振动影响划分为三个区域，根据建(构)筑物破坏标准或人体对振动的允许标准确定强夯施工的安全距离，具体内容如下。

① 振动破坏区：一般距离夯点 10 m 以内，该区域内的地面振动加速度大于 $0.5g$，速度大于 5 cm/s，振幅大于 1.0 mm。这样的振动对一般建(构)筑物会造成一定的破坏，但对不同的结构形式所造成的具体破坏程度尚待研究。

② 振动损坏区：距离夯点 10～30 m。该区域内的地面振动加速度为$(0.1\sim0.5)g$，振动速度为1～5 cm/s，振幅为 1.0～2.0 mm。这种振动对一般单层房屋和临时建筑不会产生破坏，但对正在施工的多层房屋或墙体砌体强度尚未达到设计要求的建(构)筑物可能有一定的损伤。

③ 相对安全区：距离夯点 30 m 以外。此处的振动加速度小于 $0.1g$，振动速度小于 1 cm/s，振幅小于 0.2 mm。这种振动对放置精密仪器、仪表、机械、电子计算机的房屋会有些影响，可通过将加速度测试结果与使用说明对照后进行综合评价，而对一般的建(构)筑物不会造成损伤。

(4) 安全施工注意事项

① 强夯施工应注意的事项。

a. 强夯施工前，应查明场地范围内的地下构筑物和各种地下管线的位置及标高等，并采取必要的措施，以免因强夯施工而造成损失。

b. 当强夯施工产生的振动对邻近建筑物或设备产生有害影响时，应采取防振、隔振措施。

c. 强夯施工前，组装起吊设备及辅助门式框架时，应特别注意起吊机器的自身稳定性。

d. 夯锤上通气孔，如遇堵塞立即开通。

e. 夯时若表土过干(尤其满夯),应采取加水等相应措施,增加含水量。

f. 为避免强夯时有土块、石子等飞溅,现场人员必须戴安全帽。

② 强夯施工过程中的监测工作。

强夯施工过程中应有专人负责监测工作,其内容如下。

a. 开夯前检查夯锤重和落距,以确保单击夯击能符合设计要求。

b. 在每遍夯击前,应对夯点放线进行复核,夯完后检查夯坑位置,发现有偏差或漏夯应及时纠正。

c. 按设计要求检查每个夯点的夯击次数和每击的夯沉量。

d. 施工过程中应对各项参数及施工过程进行详细记录,具体措施有:

(a) 夯点测放准确,误差不大于 50 mm。夯击顺序有规律,避免不规则、紊乱后夯击。

(b) 每点夯击数严格按设计施工确定后,应严格按所确定的击数、落距施工。

(c) 当夯坑底倾角超过 30°时,用粗砂或碎石将坑填平,再进行下一次夯击。

(d) 及时排出夯区内场地及夯坑内的积水,强夯加固区周围需按设计挖排水沟。

(e) 根据孔隙水压力消散的时间控制前、后两遍夯击的间隔时间。

③ 安全保证措施。

a. 正式施工前,技术负责人要进行安全技术交底。施工人员必须分工明确,各司其职、各尽其位。为了保证安全施工,参加强夯施工的全体人员必须严格执行本工种的有关安全操作规程和适应强夯工艺特点的有关补充规定。

b. 起重机、推土机、运输汽车等特殊工种施工人员必须持证上岗。

c. 塑料插板机、起重机行走时要密切注意上方有无电线等,以防触电。

d. 施工地区若属于雷灾区,雷雨天气时严禁在野外施工。

e. 起重机指挥人员的指挥信号要明确,起重机司机应按信号进行操作。施工现场必须有明显的隔离标志。

f. 严密注意起重机、夯锤附近人员的安全。起重机需按其性能要求工作,不得超负荷工作,工作一段时间后应进行保养,驾驶室的挡风玻璃及回转大齿轮前应增设防护网(罩),施工中应该经常对夯锤、脱钩装置、起重机臂杆及索具进行检查,以便及时发现问题。

g. 进入施工现场的测试人员,应按规定佩戴安全帽等安全劳保用品,严禁赤脚或穿拖鞋进入施工现场;有关作业人员必须做好交接班手续,班组应定期进行安全活动,并做好安全检查记录。

h. 夯锤起吊后,操作人员应迅速撤至安全距离(一般为 10 m)以外,以防夯击时飞石伤人。

i. 非强夯施工人员,不得进入夯点 30 m 范围内。六级以上大风或视线不清时,不得进行强夯施工。

2.6 强夯法加固地基的工程应用

强夯法最适用于孔隙大而疏松的碎石土、砂土及建筑垃圾，也适用于低饱和度的粉土、黏性土、湿陷性黄土和素填土。该法在工程上的应用极为广泛。

(1) 强夯法加固砂土液化地基

在我国华北地区，砂土液化问题一直是岩土工程中地基处理的重要问题，一般砂土液化厚度为地表以下 7～9 m，如果不消除液化，将直接影响工程质量。其传统的处理方法多为挤密碎石桩工艺。该工艺加固费用很高，周期较长。如果直接采用桩基，在地震液化状态下，整个桩长 7～9 m 的范围不能提供摩擦阻力，即这部分桩白白打入地下，浪费巨大。如果采用挤密碎石桩复合地基工艺，可基本上消除液化，但是基底地基承载力并不高，对于承载力要求较高的建筑物，就必须再打入一定量的灌注桩，而这两项工艺的费用过高，且施工周期较长。如果采用强夯工艺，其消除液化的功能与挤密碎石桩作用效果相当甚至更好。同时，基底处地基承载力也相对较高，基本上可以满足一般设计要求，对于特别重要的建筑物若需要打入一定量的灌注桩，其 7～9 m 长度范围内的摩擦阻力在地震时可以充分利用，因此工程桩数量和桩的长度均可以大大减少，而且强夯工艺本身就比挤密碎石桩等工艺造价低得多，故采用强夯法加固砂土液化地基可使工程造价大幅度降低。

强夯工艺加固砂土液化地基的效果主要取决于地下水位，当地下水位过高(一般为 3 m 以内)时，强夯所产生的孔隙水将从地表溢出，甚至出现局部液化，而砂土中若夹杂有粉土夹层，连续的强夯会使施工机具行走困难，降低加固效果。因此，对于地下水位过高的砂土液化场地，可以考虑在地表铺设一定的粗颗粒填土，或是适当降低地下水两种处理方案，之后再使用强夯法。

(2) 强夯法加固湿陷性黄土地基

我国幅员广阔、地质条件复杂、分布土类繁多、工程性质各异，湿陷性黄土就是其中一种。它广泛分布在我国西北地区，性质与一般粉土和黏性土不同，主要是具有大孔隙和湿陷性。在自然界中用肉眼就可以看到土中的大孔隙；在一定压力下浸水，土体结构迅速被破坏，并发生显著的沉陷。因此，当其作为建筑场地、地基时，如果不根据其自身特点采取相应的治理措施，就会造成工程事故并带来危害。

强夯法加固湿陷性黄土地基在我国应用最早，应用实例很多，加固效果明显。如三门峡火力发电厂强夯法处理面积为 19.3 万平方米，是国内率先采用 8000 kN·m 的高能量级强夯工程项目，处理深度达到 11.5 m。再如，国营七四四厂和首阳山电厂两项工程处理面积为8～9 万平方米，处理深度达到 4～8 m，效果良好。

强夯法可以消除湿陷性黄土的湿陷性，提高地基承载力和压缩模量。经强夯处理后的湿陷性黄土地基可以作为一般建筑物(包括车间、厂房、油罐、机械设备)的基础地基。对于有特殊要求的建筑物也可以采用部分桩基，但此时由于消除了黄土的湿陷性，桩基消除了原有的负摩擦阻力，增加了侧摩擦阻力，桩基数量可大大减少，施工周期也可得到缩短。

(3) 强夯法加固抛石填海地基

强夯法加固抛石填海地基应用比较广泛，尤其在 20 世纪 80 年代，我国在强夯技术方面取得的突出成果之一就是强夯法加固抛石填海地基。中国建筑科学研究院张永钧研究员等曾将强夯技术应用于处理填海地基工程，并进行过专题研究。强夯法处理抛石填海地基的工程在我国实例较多，例如，惠州马鞭洲原油码头工程处理面积达 8 万平方米，处理深度达 24 m，采用双层 8000 kN・m+8000 kN・m 的能量强夯；再如，惠州威宏仓储油库灌区工程处理面积为 1.5 万平方米，处理深度为 12 m，也是采用 8000 kN・m 的能量强夯。

抛石填海地基块石较大、级配很差、堆填厚度大，整个场地非常疏松且不均匀，除了强夯工艺以外的其他工艺都难以保证加固效果及满足设计要求和经济要求。对经强夯处理后的抛石填海地基进行检测评价是一关键技术，尤其是对场地均匀性、有效加固深度的评价尤为重要。目前，国内应用较多的做法是荷载试验结合标准贯入试验进行检测。

(4) 强夯法加固砾质黏性土回填地基

沿海地区广泛分布有残积土底层，包括砾质黏性土和砂质黏性土，且多为丘陵地带，新建场地较多采用回填地基。对于砾质黏性土回填地基，场地多采用分层碾压的方法，但是作用效果并不理想，而且工期很长，施工困难，费用也不低。因此，探讨强夯法取代分层碾压法或其他工艺方法，其直接和间接的经济效益是显而易见的。

砾质黏性土是指粒径大于 2 mm 的颗粒含量超过 20% 的残积土，含有黏土，同时又含有粗颗粒。它是由未经搬运的花岗岩全风化产生的，故又称花岗岩沉积土。其中粒径大于 2 mm 的粗颗粒被黏粒包围，天然状态孔隙比较大，液性指数较小，压缩性较低，但是遇水容易崩解，当饱和度较低时具有某种程度的湿陷性。当砾质黏性土被搬运用于回填时，其性质改变较大，孔隙比更大，压缩性增大，湿陷性更明显，对此采用强夯处理工艺是可行的，也是合理的。

(5) 强夯法加固山区非均匀回填地基

采用强夯法加固山区非均匀回填地基效果比较理想，特别是 8000 kN・m 高能量强夯工艺的广泛应用，为山区非均匀回填地基加固处理提供了既经济又可行的方法。用强夯法取代分层碾压法等方法进行地基处理更有经济效益，加固效果更好，承载力和压缩模量更高，工期更短。

采用高能量级强夯处理后的山区非均匀回填地基，承载力一般可以达到 250～300 kPa，压缩模量可以达到 10～15 MPa，一般工业厂区的建筑物(包括车间、厂房、油罐)的基础地基都可以适用，多层民用住宅、办公写字楼也可适用。

(6) 强夯法加固饱和土地基的尝试与探索

饱和软土不适合采用强夯法施工已经成为人们的共识，其主要原因是饱和软土没有气相排水通道，强夯后孔隙水无法从排水通道排出，超孔隙水压力一方面吸收能量，使土体不能得到加固；另一方面侧向扰动土体，使原有承载力降低。一般认为，可以通过两种手段将饱和软土改良使其适合强夯：一是增大粗颗粒含量消除自然排水通道，二是打入砂桩、碎石桩或置入袋装砂井使其成为人工排水通道。以上过程可以称为饱和软土的预处理。用这种处理方法取代堆载预压，其费用增加不多却可以大大缩短施工周期，间接经济效益特别突出，且承载力提高，处理后可作为场区车间、办公楼、一般设备的基础地基。对于建筑场区特别大、高重设备较多、要求较高的项目，也可以适当采用真空、堆载预压 3～6 个月，在回填土上进行小能量强夯处理硬壳层的方案，对整个场区进行预处理，经预处理后的场区地基承载力一般可以达到 80 kPa 以上，可作为一般轻型建筑物、车间、厂房、小型设备基础和道路地基，高重设备可再采用部分桩基，这种方案的特点是工期大大缩短，造价提高不多，承载力有所提高，桩基数量减少。

2.7 工程实例——动力(强夯)排水固结法的研究与应用

(1) 工程概况

广东科学中心是广东省政府投资兴建的大型公益性科普教育基地，总投资 19 亿元，是广东省首批“十大工程”项目之一，是科教文卫界的重点工程。其建设地点选择在广州大学城小谷围岛西部的弯嘴头围，规划占地 453900 m^2，除绿地面积(103511 m^2)外，包括科学中心主馆、学术交流中心、入口广场、停车场、水下层区、室外展场在内的场地面积约为350000 m^2。广东科学中心建成后已成为广州市的一个标志性建筑。

(2) 工程地质和水文条件

① 工程地质概况。

根据广州地质勘查基础工程公司“广东科学中心工程地质详细勘察报告”钻探资料，其场区地层主要由人工填土层(Q^{ml})、第四系冲积土层(Q_4^{al})、残积土层(Q^{el})及白垩系基岩层(K)组成，现自上而下分别进行描述：

a. ①人工填土层(Q^{ml})。该层主要为冲填土，冲填土主要由中、细砂充填而成，结构松散。

b. ②第四系冲积土层(Q_4^{al})。该层主要由淤泥、粉质黏土及砂组成，地层多呈交错、互层状分布，根据岩土特性将其分为 8 个亚层，以下列出前 3 个亚层。

(a) ②-1淤泥：呈灰黑、深灰、灰、灰黄等颜色，饱和，流塑，含有机质，局部含砂，夹砂及粉质黏土层。

(b) ②-2粉质黏土：呈灰黄、浅灰白、灰白、灰、黄等颜色，软塑～可塑，局部含较多砂，呈硬塑状，夹薄砂及粉土。

(c) ②-3粉土：呈黄灰、浅灰白、灰白、灰、灰黄等颜色，稍密～中密，局部含较多砂，呈硬塑状，夹砂及粉质黏土。

c. ③残积土层(Q^{el})。该层主要为泥质粉砂岩风化残积而成的粉质黏土，以红褐、褐红色为主，局部呈灰黄、灰色，可塑～硬塑，局部坚硬，局部含较多砂，夹粉土。

d. ④白垩系沉积岩层(K)。该层岩性主要为泥质粉砂岩，根据其风化程度可分为 4 个风化岩层，以下列出前两个岩层。

(a) ④-1全风化岩：以红褐、褐红色为主，局部呈灰黄、灰色等，岩石风化剧烈，岩芯多呈坚硬土柱状。

(b) ④-2强风化岩：以褐红、红褐色为主，局部呈灰黄、灰色，岩石风化强烈，岩芯为土状、半岩半土状、碎块状、柱状。

② 水文地质概况。

该场地地下水主要为第四系孔隙微承压水及深部基岩裂隙水。浅部土层中，素填土、淤泥粉质黏土、粉土均为相对隔水层或弱透水层，砂层为透水层及主要储水层，粉砂渗透系数为2～3 m/d(经验值)，中粗砂渗透系数为8～12 m/d(经验值)；基岩中局部裂隙发育，存在一定量的裂隙水。场地地下水的补给、径流、排泄与大气降水及地面水有关。静止水位埋深为0～2.00 m，部分区域地面有积水。

(3) 地基处理方案的效果

根据场地工程地质状况及主体结构的特点，地基处理方案主要应起到以下作用。

① 减小软土的固结变形。

根据本场地设计标高要求，建设场地普遍所需土体厚度达1.5～2.0 m，最大填土厚度为3.5 m。如再考虑停车场、广场及室外展区的荷载，则预计作用在软土地基场地的外加荷载将超过100 kPa，会引起较大的地面沉降，预估软土固结沉降量达400～1000 mm。而整个广场的工期要求较紧，所以如何加速地基的排水固结、提高场地承载力是首先需要解决的主要问题。

② 加固主体场馆的地基，提高抵抗水平荷载的能力。

广东科学中心主体场馆将承受较大的风荷载和地震荷载，从而使得下部桩基承受较大水平荷载。由于桩承台和相当长的一部分桩处于软土和松砂之中，侧向约束小，因此认为其结构设计类似于高承台桩。

为了提高桩基抵抗水平荷载的能力，有必要对主体场馆区的地基进行加固，提高松砂的密实度和软土的强度，增大对桩基的侧向约束，以满足桩基水平承载力和承台侧向约束的要求。

(4) 施工工艺

① 施工机械。

强夯选用起吊能力为50 t的履带式起重机，吊钩为自动复位式脱钩器。施工机具由夯锤、起重机、自动脱钩器、滑轮组等组成。

② 竖向排水带施工。

根据设计要求，在强夯施工前先进行竖向排水带的施工，主要包括塑料排水板及袋装砂井竖向排水带的施工，以形成竖向排水通道，与地表砂垫层共同构成有效的排水系统，使强夯施工过程中产生的超静孔隙水能迅速排走，加大超静孔隙水的排除速度，减少两遍夯击的间隔时间，加大施工速度，以达到节约工期的目的。现分别对两种竖向排水带的施工工艺及技术要求阐述如下。

a. 塑料排水板。本工程常用B型塑料排水板，其两面均有凹槽，具有良好的三维透水性，且外包的无纺布滤膜可以防止排水通道被堵塞，故可构成竖向排水带。塑料排水板按等边三角形布置，间距为1 m，打入深度需穿透所有淤泥层，并进入底部砂层1 m。塑料排水带应按下述步骤进行施工。

(a) 绘制方格网图并现场放样，用方格网控制，标示插板位置，使板距误差控制在允许的范围内。

(b) 选择插板机(有轮胎式、链条式、轨道式),机上应刻有明显的进尺标志。选用轨道式插板机时,应事先铺设与路基中线垂直的轨道。

(c) 就位插板机,调好机架的平整度和套管的垂直度,使排水板的垂直度偏差控制在允许的范围内。

(d) 将排水板插入套管,启动振动锤,将套管和排水板压入土中。

(e) 排水板进尺长度要足够,不允许使用搭接延续的排水板。排水板的入土深度不得小于设计深度。

(f) 输送滚轴反转,松开排水板,套管上提,排水板留在土中的深度应满足设计深度的要求,套管上提时,跟带排水板的长度不大于 50 cm。

(g) 在地面以上 20 cm 处切断排水板,移向下一孔施工。

(h) 一个作业段插板完成后移走插板机,整平砂垫层,埋位板头,尽快转入下一工序的施工。

b. 袋装砂井。

(a) 施工方法。本工程袋装砂井采用等边三角形布置,间距为 1 m。砂井的砂料选用中粗砂,其黏粒含量不大于 3%,并按下述施工方法进行施工:

Ⅰ. 测绘布设桩位平面图,准确放出桩位并编号。

Ⅱ. 将装有振动器的多功能打桩架在孔位就位,将套管对准孔位定位。

Ⅲ. 启动振动器,使套管下沉到要求深度后上拔 0.5～1.0 m,清除桩尖真空吸力,并张开活瓣。

Ⅳ. 提起振动器的桩帽,从套管上口交替入水、砂,同时徐徐提管敲击,使砂加速下落,并不断投料使之形成桩柱。

Ⅴ. 灌砂数量和提管速度要紧密配合,应边振动边拔出套管,振动拔管 50 cm,需停拔续振 20 s,以保证砂井连续、密实,如此重复直至桩管拔出地面。

Ⅵ. 移动桩机,平整砂顶地面,铺筑砂垫层。

(b) 施工注意事项和解决方法。

Ⅰ. 施工前应认真熟悉施工图纸,领会设计要点,编制特殊作业指导书。

Ⅱ. 机具定位时要保证锤中心与地面定位在同一条线上,并用经纬仪观测、控制导向架的垂直度。

Ⅲ. 砂井灌砂不得过急,应确保砂井的连续、密实。在软弱黏性土中成型困难时,可隔行施工,各行中也可间隔施工。

Ⅳ. 砂井灌砂应采用中、粗砂,直径大于或等于 0.5 mm 砂的含量应占总重的 50% 以上,含泥量不应大于 3%,渗透系数不应小于 1×10^{-2} cm/s,并将其中的植物、杂质除尽,灌砂率不得小于 90%。

Ⅴ. 砂井的灌砂量应按井孔的体积和砂处于中密状态时的干密度计算,其实际灌砂量不得小于计算值的 95%。

Ⅵ. 砂井顶部应铺设砂垫层,使其与砂井连接以利于排水。

Ⅶ. 将桩机移至下一桩位,同时及时清理套管带出的淤泥土,并用干净的砂砾回填留下的洞穴,以确保排水畅通。

③ 砂垫层施工。

为与塑料排水板或袋装砂井等形成的竖向排水通道共同构成有效的排水系统，需进行砂垫层的施工。本次动力排水固结施工共分为4个区，其中动力排水固结1区为室外道路、停车场部分，其水平排水通道由原有吹填砂层形成；而动力排水固结2、3、4区为建筑主体结构部分，根据建筑地坪标高的变化，分别将砂垫层施工至标高7.6 m、8.4 m和7.2 m处，以形成水平排水通道，其主要施工机械有自卸式汽车、推土机、装载机等。施工时可按如下方法及技术措施进行施工：

a. 用自卸汽车将质量合格的中、粗粒砂运至场地，选用适宜的机具按设计厚度分层整平、洒水、压实。

b. 砂垫层施工过程中，严防受尘土、泥土和杂物污染，对受到污染的部分必须返工或更换。

c. 砂垫层的高程、厚度、干密度、平整度、渗透系数等必须符合设计要求。

d. 砂垫层成型后，应及时洒水养护，限制人员、机动车辆通行，并尽快安排下一道工序的施工。

④ 强夯施工。

a. 强夯施工方法。

本次强夯施工从2004年8月25日开始，至2004年10月8日结束，共投入12台50 t的履带式起重机。根据填砂面和强夯施工参数的不同，共分为4个强夯施工区。施工时采用"少击多遍、逐级加能、双向排水"的方式进行夯击，先点夯三遍最后满夯一遍，并按上述步骤进行。

b. 强夯施工参数。

强夯施工时采用"少击多遍、逐级加能、双向排水"的方式进行夯击，夯点呈尺寸为5.0 m×5.0 m的方形布置，隔点夯击，点夯3～4遍(各遍夯点布置见图2-16和图2-17)。单点横截面夯击击数为6～8击，夯击能依次加大，分别为800 kN·m、1050 kN·m、1300 kN·m，每遍夯击的收锤标准以6击或8击总沉降量不大于1300 mm(1600 mm)为准；最后满夯一遍，低能量夯击能为800 kN·m，挨点呈梅花形夯打，锤印搭接1/3，挨点以夯锤直径为准，不得以扩孔边为准，夯后原地整平。各强夯施工区的强夯施工参数如下。

(a) 动力排水固结1区强夯施工参数。

第一遍点夯夯击能为800 kN·m，夯点间距为5.0 m，6击总夯沉量不大于1300 mm；

第二遍点夯夯击能为1050 kN·m，夯点间距为5.0 m，6击总夯沉量不大于1300 mm；

第三遍点夯夯击能为1300 kN·m，夯点间距为5.0 m，6击总夯沉量不大于1300 mm；

最后满夯一遍，夯击能为800 kN·m，锤印搭接1/3。

(b) 动力排水固结2区强夯施工参数。

第一遍点夯夯击能为800 kN·m，夯点间距为5.0 m，8击总夯沉量不大于1600 mm；

第二遍点夯夯击能为1050 kN·m，夯点间距为5.0 m，8击总夯沉量不大于1600 mm；

第三遍点夯夯击能为1300 kN·m，夯点间距为5.0 m，8击总夯沉量不大于1600 mm；

最后满夯两遍，夯击能为800 kN·m，锤印搭接1/3。

(c) 动力排水固结3区强夯施工参数。

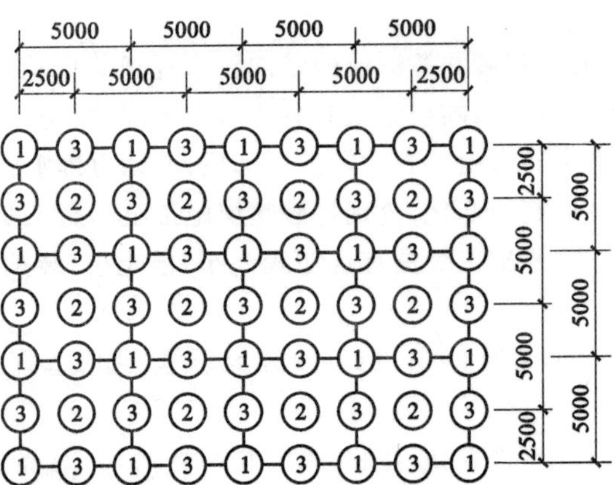

图 2-16 动力排水固结 1、2、3 区夯点布置示意图

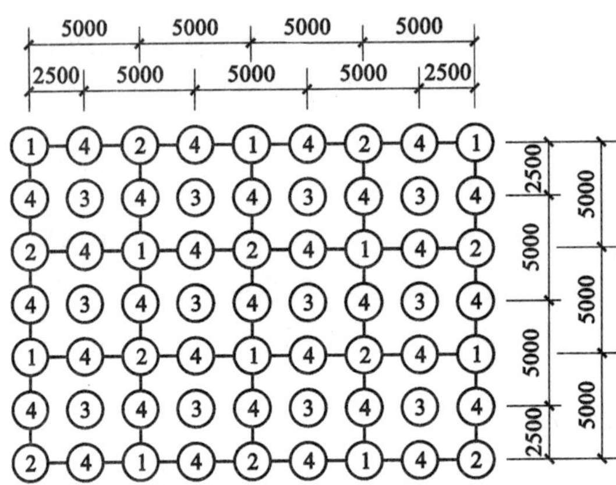

图 2-17 动力排水固结 4 区夯点布置示意图

第一遍点夯夯击能为 800 kN・m,夯点间距为 5.0 m,8 击总夯沉量不大于 1600 mm;

第二遍点夯夯击能为 1050 kN・m,夯点间距为 5.0 m,8 击总夯沉量不大于 1600 mm;

第三遍点夯夯击能为 1300 kN・m,夯点间距为 5.0 m,8 击总夯沉量不大于 1600 mm;

最后满夯两遍,夯击能为 800 kN・m,锤印搭接 1/3。

(d) 动力排水固结 4 区强夯施工参数。

第一遍点夯夯击能为 800 kN・m,夯点间距为 5.0 m,6 击总夯沉量不大于 1300 mm;

第二遍点夯夯击能为 800 kN・m,夯点间距为 5.0 m,6 击总夯沉量不大于 1300 mm;

第三遍点夯夯击能为 1050 kN・m,夯点间距为 5.0 m,6 击总夯沉量不大于 1300 mm;

第四遍点夯夯击能为 1300 kN・m,夯点间距为 5.0 m,6 击总夯沉量不大于 1300 mm;

最后满夯两遍,夯击能为 800 kN・m,锤印搭接 1/3。

⑤ 质量控制要求及安全保证措施。

为确保工程能高质量按期完成,施工单位应严格按合同、图纸、规范、规程进行施工,在质量工程控制上严格按 ISO 9002 质量体系控制施工各个环节,使施工全工程包括人力组织、材料选购及施工各环节等在受控状态下进行。

a. 塑料排水板的质量控制要求。

(a) 塑料板在运至工地前，先抽样检查其是否符合标准，抽检频率为 1 次/(5000 m)，排水板间距最大误差控制在 2 cm 以内，抽检频率为每 8.53 m(10 条排水板)查 1 条，每条查 10 点；顺直度偏差控制在±2 cm(抽检总长度在 20 m 长度内)内，每 10 条检查 1 条，每条用 3 m 直尺连续预测；为保证质量，不合格者应淘汰。塑料排水板的性能指标见表 2-3。

表 2-3 **塑料排水板性能指标**

项目		单位	规格及要求	条件
外形尺寸	宽度	mm	100±2	
	厚度	mm	≥4	
纵向通水量		cm^3/s	15	侧压力为 350 kPa
滤膜渗透系数		cm^2/s	5×10^{-4}	试件在水中浸泡 24 h
滤膜等效孔径		μm	<75	
复合体抗拉强度(干态)		kN/(10 cm)	1.0	延伸率为 10%
滤膜抗拉强度	纵向干态	N/ cm	15	延伸率为 10%
	横向湿态	N/ cm	10	延伸率为 10%

(b) 塑料排水板在现场应妥善保护，防止阳光照射，破损或污染的塑料排水板不得使用。

(c) 塑料排水板采用履带式插板机进行施工，在插板机上装设有机械平衡装置，保证设备的平衡度和垂直度，以控制已完工塑料排水板的垂直度。

(d) 进行塑料排水板的打设时，应在钻机上做标志以控制深度。为解决塑料排水板的跟带问题，需对插板的头部进行改进，用竹签封头，使在插板施工中没有一例跟带，以保证塑料排水板的有效深度。

(e) 塑料排水板需要接长时，应采用滤膜内芯板搭接的连接方式，搭接长度宜大于 200 mm。

(f) 打设后外露的排水板弯贴于铺筑好的下半砂垫层上，外露的长度视砂垫层的厚度而定，但应保证塑料排水板的顶部伸入砂垫层不小于 50 cm，使其与砂垫层贯通，以保证排水畅通。

(g) 对打设过程中插板带出的泥土应随时清理，以确保砂砾层中排水板的清洁。

b. 袋装砂井的质量控制要求。

(a) 加强对材料的检验与管理，按规定做好砂子质量特别是含泥量及杂质含量的控制。

(b) 打设套管前要检查套管长度和直径是否与设计相符，管内有无杂物，桩尖活动门开启是否灵活，封闭是否良好。

(c) 施工中随时检查套管成孔位置、垂直度是否满足设计要求，并检查灌砂量是否与理论计算值相符。

(d) 袋装砂井质量控制及检验指标应符合表 2-4 的规定。

表 2-4　袋装砂井质量控制及检验指标

序号	检查项目	允许偏差	检查频率	检查方法
1	井位	±150 mm	1/10	按中心线长度丈量
2	井深	±300 mm	100/100	以套管上划线为准,查记录
		−100 mm		
3	垂直度	1.5%	1/10	用经纬仪观测桩锤导向架
4	灌砂量	±5%	100/100	

c. 砂垫层的质量控制要求。

(a) 砂垫层砂料宜用中、粗砂,黏粒含量不宜大于 3%,砂料中可混有少量粒径小于 50 mm 的砾石。砂垫层的干密度应大于 1.5 g/cm^3,渗透系数宜大于 1×10^{-2} cm/s。

(b) 排水时厚度应均匀一致,并满足设计要求。

(c) 排水宽度应达至设计要求的位置。

(d) 应防止受泥土、杂物等的污染。

d. 强夯施工的安全施工注意事项。

强夯施工的安全施工注意事项如 2.5 节所述。

⑥ 保证加固效果的关键施工措施。

强夯施工时在夯击的瞬间,巨大的冲击波使地基土产生强烈振动和动应力,土颗粒周围的部分结合水会从土颗粒间析出,产生动力水聚结,形成排水通道,造成动力排水条件,使土颗粒间加密,地基得到加固。

在卸荷之后,土体中保持一定的孔隙水压力,土体就在此压力下发生排水固结。土中孔隙水压力进一步消散后,土颗粒可进一步相互靠近,形成新的结合水膜和结构连接,土的强度得到恢复和提高,从而达到加固地基的目的。但是,如果在加载和卸荷阶段所形成的最大孔隙水未能迅速排出,则孔隙水压力很大,土的结构被扰动而发生破坏,又不具备排水固结条件,土颗粒间的触变恢复也较慢。在这种条件下,不仅难以使黏性土加固,还使土体发生扰动,降低了地基土的抗剪强度,增大了土的压缩性,形成了橡皮土。

为了加快孔隙水压力的消散速度,增强软土地基的加固效果,整个强夯区内的排水措施就显得尤为重要。

根据设计要求,首先在强夯施工前进行了竖向排水通道(塑料排水板及袋装砂井)及水平排水通道(砂垫层)的施工,因为强夯区共划分为动力排水固结 1、2、3、4 区,各分区中又根据场地特点,按 20~30 m 分为若干小的分区,要求在每个小分区之间设置排水沟,并且在排水沟内每隔 20 m 设置集水井,与竖向及水平排水通道形成了一个有效的排水系统;除此之外,还采用水泵直接从夯坑中进行抽水,以便及时排出孔隙水,加快超静孔隙水压力的消散。

排水沟及集水井采用挖土机原土开挖,沟宽 4 m,底部低于起夯面 1.5 m,要求排水沟能保持流水畅通,具体见图 2-18。

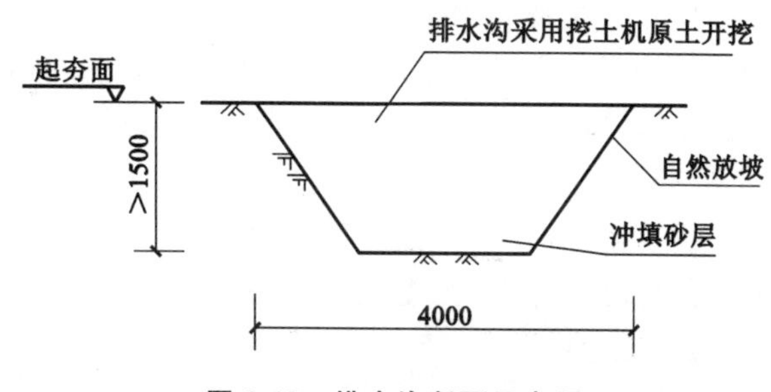

图 2-18 排水沟断面示意图

(5) 现场检验施工效果

① 本次施工完成后，为了查明该场地处理后强夯土消除液化的效果及强夯加固深度，检验强夯施工质量，对广东科学中心软基处理工程强夯区进行了瑞利波、静力触探、静荷载及标准贯入等现场试验和土工参数的取样检测。通过检测可知：广东科学中心场地经强夯施工处理后，工程地质状况有了明显改善；深度为 0～4 m 土层的土工参数大幅度提高，地基承载力特征值在 130 kPa 以上；深度为 4～8 m 土层的土工参数有一定幅度的提高，地基承载力特征值在 100 kPa 以上；深度为 8～14 m 土层的土工参数有所提高，大部分孔砂土液化已消失，个别孔砂土液化也由中等液化～严重液化改变为不液化～轻微液化；填土层的自重固结已完成，上部软弱土层的附加固结基本完成，桩上部土层摩擦阻力可取正值。

传统强夯法的有效影响深度一般为 6 m 左右，而从本次检测结果来看，12 m 范围内的深度砂层的液化均得到了明显改善，有效影响深度甚至超过 12 m。经分析，认为可能是在强夯夯击的瞬间，强夯的巨大能量所产生的附加应力沿着塑料排水板和袋装砂井形成的“水柱”快速向土体深部传递，从而大大扩展了强夯的影响深度，达到了处理本场地深厚软弱土层的目的。

② 本工程项目在强夯完成后随即进行了钻孔灌注桩的施工。根据以往同类场地的施工经验，在该类场地进行钻孔灌注桩的施工，一般很难保证钻孔过程中不出现塌孔的现象。而从本次的施工情况及成孔质量测试结果来看，未发现一例塌孔现象，且成孔质量好，桩的实际成孔直径值均达到了设计值的要求，从而保证了施工质量，节约了工期。经分析，这与强夯后软弱土层得到了排水固结有关。

③ 原设计广东科学中心主楼区总桩数为 1500 条，由于采用强夯法进行软基处理后，上部软弱土层得到了排水固结，深部砂土层的液化也得到了改善，因此设计时不需考虑负摩擦力。经静荷载试验后单桩承载力有较大幅度的提高，故总桩数有所减少，现总桩数为 1096 条，总桩数减少了约 400 条，从而达到了节约工程造价、缩短工期的目的。

④ 在地下室基坑支护方面，采取了大部分基坑原土层放坡开挖、局部软弱地区基坑搅拌桩支护的方案。从现场的施工情况来看，本次基坑支护是成功的，未发现有塌方或边坡滑移的现象，从而节约了资金，缩短了工期。经分析，这与强夯后场地上部土层土工参数大幅度提高，地基承载力得到提高，软弱土层得到排水固结有关；同时，基坑开挖期间降雨量少，也为本次基坑施工取得成功起了很大作用。

(6) 施工后沉降分析

广东科学中心动静结合排水固结法施工于 2004 年 8 月开始，至 2004 年 10 月结束。由于动力排水固结 2、3、4 区为主体结构区，已经开挖，无法对场地标高进行测量，为此于 2005 年 5 月 25 日仅对动力排水固结 1 区进行了场地标高测量。通过对 2005 年 5 月 25 日所测标高与强夯完成后测量的标高进行对比分析可知：动力排水固结 1 区的平均工后沉降量为 19.5 mm。

说明：本章的工程实例源自专著《地基处理新技术与工程实践》(陈一平，张季超，陈小宝，等. 北京：科学出版社，2010)。

独立思考

2-1 强夯法的特性包括哪些？

2-2 强夯法的加固机理是什么？

2-3 强夯法的设计方法和步骤包括哪些？

2-4 强夯法的施工工艺包括哪些？

3 深层搅拌法加固

3.1 概　　述 >>>

深层搅拌法是利用深层搅拌机在地基一定深度范围内钻进、搅拌，就地将软土与输入的水泥浆、水泥砂浆或石灰等加固料充分拌和，使加固料和软土产生一系列的物理-化学反应，凝结成桩体或墙体，从而提高地基土强度的一种地基加固方法。

深层搅拌法根据固结原理、设计方法、施工技术等差异，可细分为水泥系深层搅拌法和粉体喷射深层搅拌法。

水泥系深层搅拌法在20世纪70年代初由日本工程界研究成功，随后广泛应用于工程实践。截至1983年，日本采用此法加固海底软土的工程量已达到540万平方米，加固陆地软土220万平方米。此法已成为日本软土地基加固方法中用得最多的一种方法。中国科学院武汉岩土力学研究所引进开发水泥系深层搅拌法和粉体喷射深层搅拌法。从1986年开始，该所与湖北省物探队联合，以武汉唐家墩地区的淤泥地基为对象，进行了室内外试验研究；1987年在武汉市政协八层住宅楼地基加固中正式采用水泥系深层搅拌法，取得了良好的技术、经济效果。

粉体喷射深层搅拌法，是在1967年由瑞典的Kjed Paus提出的，1974年获得专利。在瑞典，这种加固方法被称作石灰柱法；在日本，这种方法被称作粉体喷射搅拌法，简称DJM。这项加固软土地基的技术在芬兰、挪威、美国、法国、德国和加拿大也得到了广泛的应用。

我国于1983年开始对粉体喷射深层搅拌法加固软土地基技术进行了试验研究；1984年首次将此法应用于广东省云浮硫铁矿专用铁路线的涵洞软土地基加固并取得了成功，后来相继在武汉市武昌区和江苏省连云港市用于下水道沟槽地下连续挡土墙和铁路涵洞的地基加固；近年来，又在上海、杭州等地将此法用于加固厂房和民用建筑地基，均取得了良好的效果。

深层搅拌法加固软土地基具有以下特点。

(1) 适用于各种软土地层

从国内外利用深层搅拌法加固软土地基的实践可以看出，这一方法适用于各类地基成因的淤泥、淤泥质黏土等软土地基。对于含有有机质泥炭化土及松散的填土也有一定的加固效果。

(2) 应用领域广泛

随着工业建设的发展,软土地基需要加固处理的工作量愈来愈大,而深层搅拌法加固软土地基又具有效率高、成本低、施工场地小、无环境污染等优点,因此在软土地基加固处理中得到了广泛的应用。工程实践证明,它可用于建筑物或构筑物软土地基的加固处理;可进行大面积的地基加固,以防止码头岸壁的滑动、深基坑开挖时边帮的坍塌、坑底隆起和软土中地下构筑物的沉降等;也可对地下防渗墙和阻止坝体滑动等软土地基进行稳定处理。

(3) 桩径与加固深度受限制

目前,其在国内仅限于陆地上使用,桩径一般为 0.5~0.6 m,加固深度一般在 18 m 以内。在国外,其除在陆地上用于加固软土地基外,还用于海底软土加固,且最大桩径达 1.5 m 以上,加固深度从数米到五六十米。

3.2 深层搅拌法的加固原理 >>>

(1) 加固料(固化剂)

加固料的性能要求应根据软土和土中水的化学成分进行选择,使之固化后软土的力学强度能达到设计要求的量值。通常使用的加固料有以下几类。

① 水泥类:硅酸盐水泥、普通硅酸盐水泥、矿渣硅酸盐水泥、火山灰质硅酸盐水泥及石膏等。

② 石灰类:生石灰、消石灰。

③ 沥青类:沥青乳剂、煤焦油等。

④ 化学材料类:水玻璃、氧化钙、尿醛树脂等。

(2) 水泥系深层搅拌法的加固原理

利用深层搅拌机械将喷入的水泥浆(或粉体水泥)与软土拌和在一起,使软土和水泥发生水化反应、固结反应等,形成水泥加固土,简称水泥土。对于粉体水泥加固料,由于不需要向地基中注入附加水分,并通过物理、化学反应吸收周围的水分,因此,加固后的软土初期强度高,对于含水量大的软黏土,加固效果尤为明显。粉喷水泥加固地基主要在两方面起作用,一方面是水泥对土微粒的凝聚和固结作用,形成水泥土桩柱;另一方面是水泥的吸水和膨胀作用,水泥在水化凝结过程中吸收水分降低了土中的含水量,同时水泥土桩柱在形成过程中,体积膨胀,挤压周围软土,使软土压密,从而得到加固。

① 水泥对土微粒的凝聚和固结作用。

水泥加固软土的作用原理与混凝土硬化机理有所不同。混凝土的硬化主要是靠水泥在粗骨料中充填发生水解和水化作用,所以凝结速度快。而深层搅拌法由于水泥掺入量少,一般为被加固土重的 15%左右,水泥的水解和水化反应完全是在具有一定活性软土的包围下进行的,硬化缓慢,也比较复杂,因此水泥加固土的强度增长速度比混凝土小,强度也远不及混凝土强度大。

a. 水泥的水解和水化反应。

普通硅酸盐水泥主要由氧化钙、二氧化硅、三氧化二铝及氧化硫等组成。由这些不同的氧化物组成了不同的水泥矿物：硅酸三钙、硅酸二钙、铝酸三钙、铁铝酸四钙、硫酸钙等。用水泥加固土时，水泥颗粒表面的矿物很快与软土中的水发生水解和水化反应，生成氢氧化钙、含水硅酸钙、含水铝酸钙及含水铁酸钙等化合物。各自的反应过程如下。

(a) 硅酸三钙($3CaO \cdot SiO_2$)，简写为 C_3S：在水泥中含量最高(占全重的 37%～60%)，是决定水泥强度的主要因素。

$$2(3CaO \cdot SiO_2) + 6H_2O \longrightarrow 3CaO \cdot 2SiO_2 \cdot 3H_2O + 3Ca(OH)_2$$

(b) 硅酸二钙($2CaO \cdot SiO_2$)，简写为 C_2S：在水泥中含量较高(占全重的 25%左右)，后期生成，它主要产生后期强度。

$$2(2CaO \cdot SiO_2) + 4H_2O \longrightarrow 3CaO \cdot 2SiO_2 \cdot 3H_2O + Ca(OH)_2$$

(c) 铝酸三钙($3CaO \cdot Al_2O_3$)：约占水泥重量的 10%，水化速度很快，水化热量大，早期生成，可促进水泥早凝。

$$3CaO \cdot Al_2O_3 + 6H_2O \longrightarrow 3CaO \cdot Al_2O_3 \cdot 6H_2O$$

(d) 铁铝酸四钙($4CaO \cdot Al_2O_3 \cdot Fe_2O_3$)，简写为 C_4AF：占水泥重量的 10%左右，能提高水泥的早凝强度。

$$4CaO \cdot Al_2O_3 \cdot Fe_2O_3 + 2Ca(OH)_2 + 10H_2O \longrightarrow 3CaO \cdot Al_2O_3 \cdot 6H_2O + 3CaO \cdot Fe_2O_3 \cdot 6H_2O$$

上述一系列反应过程生成的氢氧化钙、含水硅酸钙能迅速溶于水，使水泥颗粒表面重新暴露，然后再与水发生反应，这样周围的水溶液就逐渐达到饱和。当溶液达到饱和后，水分子虽然继续深入颗粒内部，但颗粒已不能溶解，只能以分散状态的胶体析出，悬浮于溶液中，形成胶体。

(e) 硫酸钙($CaSO_4$)：在水泥中的含量仅为 3%左右，可调节水泥的凝结时间。它和铝酸钙一起与水发生反应，生成一种被称为水泥杆菌的化合物——高硫型水化硫铝酸钙，简称钙矾石。

$$3CaSO_4 + 3CaO \cdot Al_2O_3 + 32H_2O \longrightarrow 3CaO \cdot Al_2O_3 \cdot 3CaSO_4 \cdot 32H_2O$$

根据电子显微镜的观察，水泥杆菌最初以针状结晶形式在比较短的时间里析出，其生成量依水泥渗入量的多寡和龄期的长短而异。由 X 射线衍射分析可知，这种反应很迅速，把大量的自由水以结晶水的形式固定下来，这对于含水量高的软黏土强度的提高具有特殊意义，使土中自由水的减少量约占水泥杆菌生成质量的 46%。但硫酸钙的掺量不能过多，否则这种由 32 个水分子固化形成的水泥杆菌针状结晶会使水泥发生膨胀而遭到破坏，所以使用应得当，在粉喷水泥的条件下可以利用这种膨胀势来增加地基的加固效果。

b. 黏土颗粒与水泥水化物的作用。

当水泥的各种水化物生成后，有的自身继续硬化，形成水泥石骨架；有的则与周围具有一定活性的黏土颗粒发生反应。

(a) 离子交换和团粒化作用。

软土作为一种多相散布系，当它与水结合时，就表现出一般的胶体特征，例如，土中含量最多的二氧化硅遇水后，形成硅酸胶体颗粒，其表面带有钾离子(K^+)及钠离子(Na^+)，它们能和水泥水化生成的氢氧化钙中的钙离子进行当量吸附交换。

$$土颗粒 {}^{Na^+}_{(K^+)} + Ca^{2+} \longrightarrow Ca^{2+} 土颗粒 + Na^+ (或 K^+)$$

正是钙离子的交换作用，使较小的土颗粒形成较大的土团粒，从而使土体强度提高。例如，某些膨润土的表面吸附有钠离子，浸泡在氢氧化钙溶液中时，钠离子便可被钙离子置换。浸泡前、后土样的颗粒粒径分析结果如表 3-1 所示，表明浸泡后较大粒径颗粒的含量明显增加了。

表 3-1　**膨润土被氢氧化钙溶液浸泡前、后土样颗粒粒径分析结果**

土的状态	颗粒组(mm)含量以%计			
	>0.01	0.005～0.01	0.001～0.005	<0.001
天然膨润土样	2.6	11.7	38.1	47.6
被氢氧化钙溶液浸泡后的土样	44.9	7.9	23.4	23.8

水泥水化生成的凝胶粒子表面积比原水泥颗粒大 1000 倍，因而可产生很大的表面能，有强烈的吸附性，使较大的土团粒进一步结合起来，形成水泥土的团粒结构，并封闭各土团之间的空隙，形成坚固的联结。从宏观上来看，也就是水泥土强度大大提高的原因。

(b) 凝硬反应。

随着水泥水化反应的深入，溶液中将析出大量的钙离子，当其数量超过上述离子交换的需要量后，则在碱性环境中，能使组成黏土矿物的二氧化硅及三氧化二铝的一部分或大部分与钙离子发生化学反应，反应后生成不溶于水的稳定铝酸钙、硅酸钙以及钙黄长石水化物等结晶化合物，这些新生成的化合物在软土中逐渐硬化，增大了水泥土的强度。而且由于其结构比较致密，水分不易侵入，因此水泥土具有足够的水稳定性。

c. 碳酸化作用。

水泥化合物中游离的氢氧化钙能吸收水中的二氧化碳，二氧化碳与氢氧化钙反应生成不溶于水的碳酸钙。

$$Ca(OH)_2 + CO_2 = CaCO_3 \downarrow + H_2O$$

这种碳酸化反应也能使水泥土强度增加，但增加的速度较小，幅度也较小。

② 水泥的吸水和膨胀作用。

对于水泥粉体喷射深层搅拌法，由于软土拌和中使用的是水泥干粉，水泥在水解水化及凝硬反应过程中所需的水分，均只能由软土来提供，这样水泥在凝结硬化过程中，就起到了降低软土中含水量的作用。由软土的工程特性可知，含水量降低，土粒排列结构趋于紧密，会使联结数增多，从而使软土的强度增加。

水泥土桩柱的凝结硬化都是在软土中进行的，粉喷水泥在凝结硬化时，体积膨胀，体现在宏观效果上就是水泥土桩柱的膨胀。这种膨胀挤压周围软土，一方面使周围软土与水泥土桩柱接触得更加紧密；另一方面还可以将软土压密，降低软土的孔隙度和压缩系数，使软土强度得到提高。

(3) 石灰粉体喷射深层搅拌法的加固原理

石灰粉体喷射深层搅拌法是在软土地基中加入粉粒状石灰粉作为加固材料，使地基土和加固材料发生化学反应，形成稳定的石灰土，从而达到提高地基土强度的目的。

利用石灰粉体作为固化剂，除了有离子交换和固结反应外，还有吸水、发热和膨胀挤压的作用。生石灰粉体喷射到含水量高的软土地基中搅拌后，CaO 吸收了软土中的水分发生化学反应生成熟石灰。在这一化学反应过程中，有相当于 32%石灰质量的水分被吸收，并释放出大量的热量，这又促进了水分的蒸发，使软土的含水量下降，同时在生石灰生成熟石灰的过程中产生相当于生石灰 2 倍左右体积的膨胀量，使土颗粒受到挤压，将地基土压密。反应过程中的吸水、放热和体积膨胀三方面作用使软土孔隙中的水分和土颗粒之间孔隙减小；加上反应中产生的二价钙离子与扩散层中的一价钠离子、钾离子发生离子交换作用，使双电层中的扩散层减薄；结合水量的减少使黏土颗粒之间的结合力增强以及地基土与掺入的石灰粉发生固结反应，使土颗粒联系得更加牢固，从而改善了地基土的物理、力学性能，提高了地基土的承载能力。

为了寻找石灰土的最佳加固效果和最佳配合比，原铁道部第四勘察设计院的试验结论可供参考：

① 软土地基中加灰后，其液性指数随着加灰量的增多而呈线性递减。当含水量为 50%、灰量约为 8%时，灰土的液性指数接近 0，使原来呈流塑状态的地基土转变为半固态或固态，土的强度大幅度提高。

② 地基土中拌入生石灰后，在一定的稳定压力下，灰土的压缩模量随着灰土中石灰粉含量的增加而减小。当石灰粉含量为 15%、稳定压力为 300 kPa 时，压缩量减小 60%～70%。

③ 地基软土中加入石灰粉后，无侧限抗压强度（表示软土加固后的强度）和抗剪强度随着龄期的延长而不断提高。

3.3 常用机具设备类型及性能

深层搅拌桩机可分为双轴与单轴（或称双头与单头）两类。双轴深层搅拌桩机有两根搅拌轴、两个搅拌头，机械运转时搅拌头及搅拌叶片相向而转，两根搅拌轴之间装有输浆管，固化剂通过此管压入土层中，由搅拌叶片将固化剂与软土搅拌均匀，固化剂可使用纯水泥浆、水泥砂浆和较粗颗粒的固化剂。单轴深层搅拌桩机只有一根搅拌轴、一个搅拌头。固化剂和外渗剂（颗粒粒径小于 7 mm）通过搅拌轴直接由切削叶片上的喷嘴喷出。

钻进搅拌时，搅拌头可用水泥浆冷却、润滑，喷嘴装在切削叶片上能充分发挥桩端土的作用。

深层搅拌法加固软土地基技术正在蓬勃发展，所使用的深层搅拌机类型较多，常用的深层搅拌机有以下几种。

(1) DJB-10 型深层搅拌机

该机由浙江大学与中国有色金属工业总公司浙江有色地质综合勘察公司合作，利用北京 800 型转盘钻机改制而成。其安装示意图如图 3-1 所示，由动力部分、机体部分、搅拌机具、灰浆泵、配套机具及电气控制柜等组成。

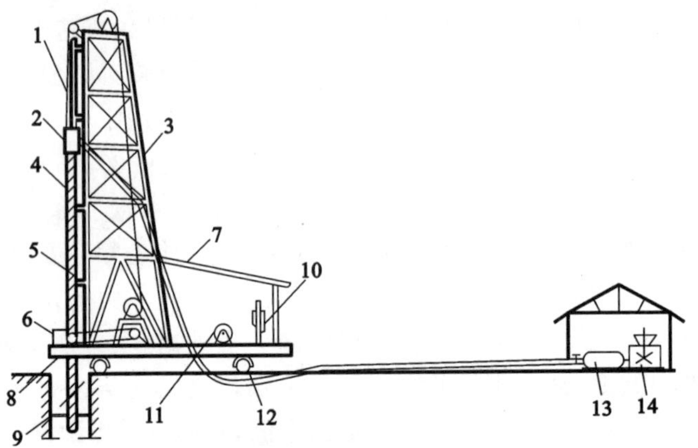

图 3-1 DJB-10 型深层搅拌机安装示意图

1—导向架；2—水接头；3—塔架；4—搅拌轴；5—升降机；6—转盘（2 台）；
7—送浆管；8—机座；9—搅拌头；10—配电箱；11—移动绞车；
12—行走管；13—送浆泵；14—搅拌桶

动力部分配有 4 台电动机，其中 1 台 40 kW 电动机驱动搅拌轴升降、搅拌，1 台 7.5 kW 电动机驱动绞车使机体在行走管上移动，另外 2 台 2.5 kW 电动机分别驱动挤压泵和水泥搅拌机。机体部分由变速箱、转盘、加压器和升降机等部件组成，其传动系统如图 3-2 所示。升降机减速箱采用 3 K 结构（速比 $i=78.167$），双游星齿轮传动。卷筒直径为 350 mm，提升钢丝绳直径为 17.5 mm，极限抗拉强度为 170 kPa。

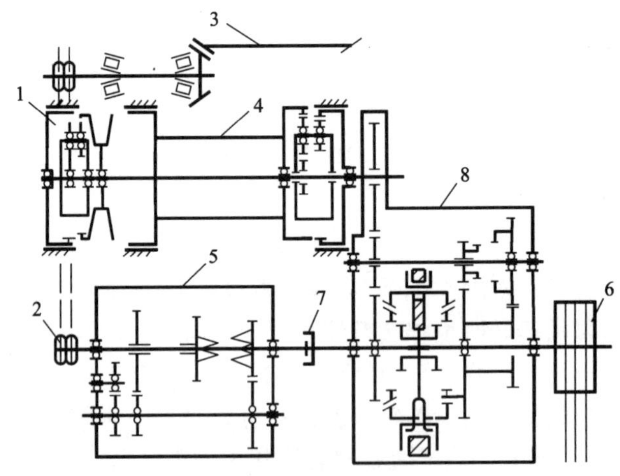

图 3-2 DJB-10 型深层搅拌机传动系统示意图

1—加压器；2—链轮；3—转盘；4—升降机；5—变速箱；6—皮带轮；7—离合器；8—同步变速箱

搅拌轴为六方（四方）主动钻杆，长 11.0 m。轴的上部安有加压梁和滑动导向装置，下部用法兰盘与搅拌头连接。搅拌头的上端有一对搅拌叶片，下部为一对与搅拌叶片互成 90°、直径为 500 mm 的切削叶片，叶片上安有 2 个直径为 8～12 mm 的喷嘴。其结构如图 3-3 所示。

配套机具包括 UBJ_2 型挤压式灰浆泵，悬臂式四角塔（塔高 12.5 m），由槽钢制成的桩机平台，以及灰浆搅拌机、贮浆桶、电气控制柜等。其性能见表 3-2。

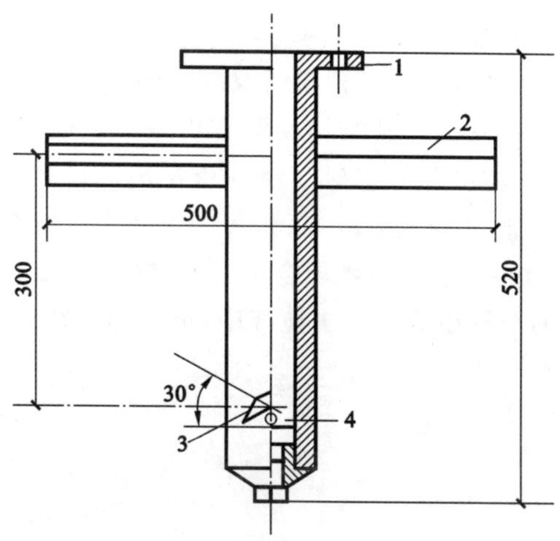

图 3-3 搅拌头结构示意图

1—法兰盘；2—搅拌叶片；3—切削叶片；4—喷嘴

表 3-2 DJB-10 型深层搅拌机技术参数

搅拌轴数量/根	1
切削及搅拌叶片外径/mm	500
搅拌轴转数/(r/min)	正 62、反 67
电机功率/kW	40、75
挤压灰浆泵工作压力/kPa	1500
泵输送能力/(L/min)	33
加压器加压能力/kN	30
升降机提升能力/kN	50
升降机提升速度/(m/min)	0.95、1.12、1.32
提升高度/m	12
灰浆控制机容量/L	200
贮浆桶/L	300
搅拌机一次加固面积/m^2	0.2
最大加固深度/m	10～12
加固效率/(m/台班)	100～150

这种深层搅拌机由于具有加压装置，因此效率高，可以适用于软硬不均的地层，既可以在向下钻进搅拌时喷浆，又可以在提升搅拌时喷浆。

DJB-10A 型单头深层搅拌机是在 DJB-10 型深层搅拌机的基础上改进后的机型。其特点是机械性能稳定、结构简单、操作方便、效率高。

(2) SJB-1 型深层搅拌机

该机由原中华人民共和国冶金部建筑研究总院和原中华人民共和国交通部水运规划设计院于 1978 年合作研制成功的。其结构及配套机械分别如图 3-4、图 3-5 所示。该机为双轴中心管式深层搅拌机。主机部分包括 2 台 30 kW 电动机和 2 台两级ZK-H行星齿轮减速器。该深层搅拌机有 2 根直径为 127 mm、每节长 2.45 m 的搅拌轴，轴上连接直径为 0.7～0.8 m的搅拌头，搅拌头上镶有硬质合金，中心输浆管由直径为 140 mm 的外管、直径为 68 mm 的内管及单向球阀组成。钻进搅拌中，搅拌轴的转速为 60 r/min。

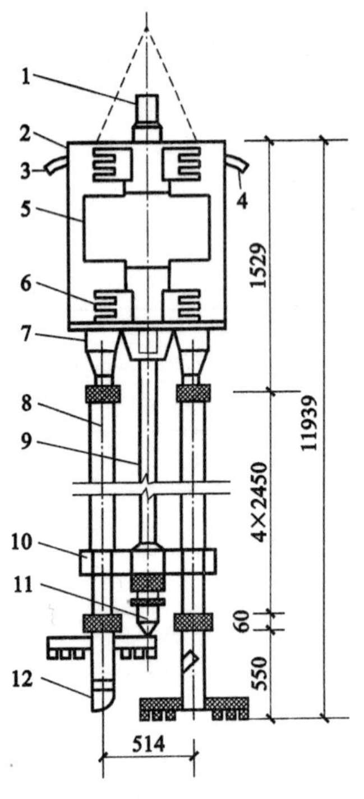

图 3-4 SJB-1 型深层搅拌机

1—输浆管；2—外壳；3—出水口；4—进水口；5—电动机；6—导向滑块；7—减速器；8—搅拌轴；9—中心管；10—横向系板；11—球形阀；12—搅拌头

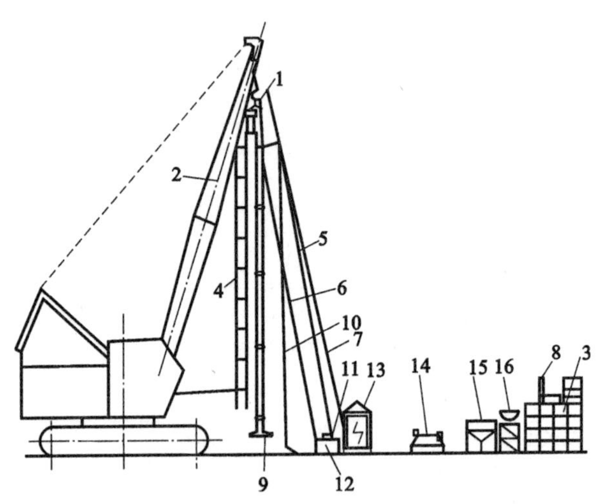

图 3-5 深层搅拌机配套机械示意图

1—深层搅拌机；2—起重机；3—工作平台；4—导向架；5—进水管；6—吸水管；7—电缆；8—磅秤；9—搅拌头；10—输浆压力胶管；11—冷却泵；12—贮水池；13—电气控制柜；14—灰浆泵；15—集料斗；16—灰浆拌制机

配套机具包括：2 台容积为 0.2 m^3 的灰浆搅拌机，泵量为 50 L/min、泵压为 150 kPa 的 HB6-3 型灰浆泵，提升能力超过 10 kN、提升速度为 0.2～1.0 m/min、接地压力为 60 kPa、工作时最小起吊高度大于 14 m 的移动式起重机，以及工作平台、导向架、电气控制柜、集料斗(容积为 0.4 m^3)等。

该机的主要技术指标为：一次加固面积为 0.71～0.8 m^2，最大加固深度为 10 m，加固效率为 40～50 m/台班。

(3) GZB-600 型深层搅拌机

该机是由天津机械施工公司利用从日本进口的螺旋钻机改制而成的一种单搅拌轴叶片喷浆深层搅拌机。其结构如图 3-6 所示。

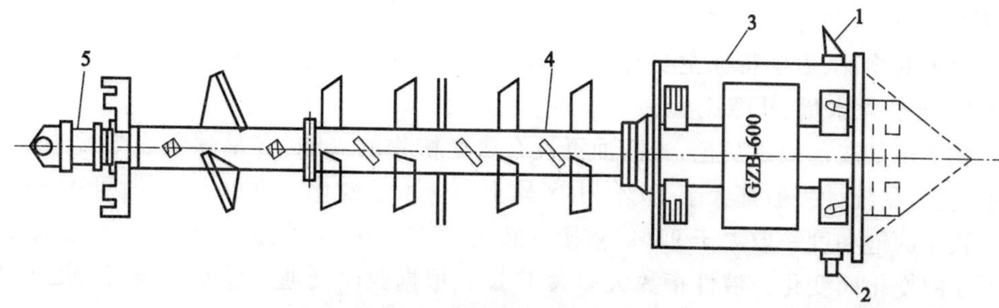

图 3-6 GZB-600 型深层搅拌机结构示意图

1—电缆接头；2—进水口；3—电动机；4—搅拌轴；5—搅拌头

主机部分包括 2 台 30 kW 电动机和 2 台 ZK-H 行星齿轮减速器。该深层搅拌机具有外径为 129 mm 的搅拌轴，转速为 50 r/min，搅拌头上的搅拌叶片与喷浆叶片相距 0.5 m，钻进搅拌时，浆液通过外径为 76 mm 的输浆管和装在喷浆叶片上的三个喷嘴喷出。

配套机具有 2 台容积为 0.5 m^3 的 PM-15 型灰浆搅拌机，工作压力为 1400 kPa、泵量为 281 L/min 的PA-15-B型灰浆泵，提升能力为 150 kN、提升速度为 0.6～1.0 m/min、接地压力为 60 kPa、提升高度为 14 m 的起吊设备以及用于测定灌浆压力的电磁流量计等。

该机主要技术指标为：一次加固面积为 0.283 m^2，最大加固深度为 10～15 m，加固效率为 60 m/台班。

粉体喷射深层搅拌法施工机械由深层喷射搅拌机和粉体喷射机两大部分组成。目前，国内使用的有上海探矿机械厂生产的 GPP-5 型深层喷射搅拌机和 YP-1 型粉体喷射机。

3.4 深层搅拌法加固设计 >>>

编制设计前，要收集场区工程地质勘察资料，特别是软土的各项物理、力学指标，化学成分等，采集土样进行固化剂（加固材料）的掺入比室内试验及现场成桩试验。

3.4.1 设计准备工作

(1) 软土的物理、力学特征

软土是软弱黏性土的总称，主要由细粒土组成，它表示总体而言软弱的地基土，但实际上各土层的软弱程度有所不同，甚至个别或少数土层较密实。它包括人工软土和天然软土两大类。

天然软土的形成经历的地质年代是在第四纪后期，也就是说软土是在第四纪后期形成的海相、垓湖相、三角洲相、溺湖相的黏土沉积物或河流冲积物，有的属于新近淤泥积物，其中最为软弱的是淤泥和淤泥质土。

人工软土是工程实践中遇到最多的需要进行人工处理的软土。它广泛分布在我国的东南沿海地区及内地，例如天津、杭州、宁波、上海、温州、厦门、广州等沿海地区，以及昆明、武汉等内地地区。

软土的物理、力学特征主要有以下几点。

① 天然含水量、孔隙比大。

软土多呈灰色或黑灰色，光润油滑且有腐烂植物的气味，多呈软塑或半流塑状态，天然含水量大，据统计一般都大于 30%，山区软土的含水量变化幅度更大，有时可达 70%。

软土的饱和度一般大于 90%，液限一般为 35%～60%，随土的矿物成分、胶体矿物的活性因素的变化而变化。液性指数大多大于 1.0，根据我国交通运输部的统计，软土的塑性指数与液限之间具有以下关系（适用于 $I_P=13\sim50$ 的情况）：

$$I_P = 0.6858W_1 - 7.558 \tag{3-1}$$

式中 I_P——塑性指数；

W_1——液限。

软土的容重较小，为 1.5～1.9 t/m^3，孔隙比大于 1.0，山区软土的孔隙比有的甚至可达 6.0。因为软土含水量高、孔隙比大，所以软土地基变形特别大、强度很低。

② 渗透系数小。

软土的渗透系数一般为 $1\times10^{-8}\sim1\times10^{-6}$ cm/s。由于其渗透性很差，在加荷的初期，常易出现较高的孔隙比水压力，对地基强度有所影响。

③ 压缩系数高。

软土由于孔隙比大，具有高压缩性特点。软土的压缩性随液限的增加而增大，其中淤泥的压缩性大于淤泥质土。

④ 抗剪强度低。

软土的抗剪强度很低，并与排水固结程度密切相关，在不排水剪切时，软土的内摩擦角接近 0。抗剪强度主要由内聚力决定，经排水固结后，软土的抗剪强度便能提高，但由于其渗透性差，当应力改变时，孔隙水渗出过程相当缓慢，因此抗剪强度的增加也很缓慢。

⑤ 具有触变性。

软土具有絮凝结构，是结构性沉积物，具有触变性。当其结构未被破坏时，具有一定的结构强度，但一经扰动，土的结构强度便被破坏。触变性由灵敏度来衡量。

⑥ 具有流变性。

软土一般都具有流变性，并且其流变性比其他土更明显，更强。

(2) 现场调查

① 工程用途和规模的调查：如果是补强（加固）工程，应了解工程现状、历史沿革和病害等情况。

② 工程地质踏勘：要了解深层搅拌加固范围内各层土体的基本特性、地表承重层的地质情况，估计各层土壤的标准贯入度及附近是否有洞穴等。

③ 水文地质调查：了解地下水位高程、各层地下水的渗透系数、附近有无暗河和地下水质等。

④ 现场环境调查：了解工程周围的地形、地貌，附近的建筑物、居民的分布，地表水的流向和排水场所，以及电源的情况等。

（3）设计应取得的资料

在调查过程中应取得如下资料。

① 建筑物资料：荷载总重、基础埋置深度、所要求的地基容许承载力及容许沉降量。

② 工程地质资料：通过勘察取得地质资料的平面、纵断面、横断面图。通过原位测试和室内试验，取得天然地基及灰土的各项物理、力学指标，化学性状指标等，以便进行综合评价及供设计使用。

③ 在取得工程地质资料后，还应对下列各方面进行分析。

a. 土质分析：包括有机物含量、可溶盐含量、总烧失量等指标，在初步判断用何种水泥加固某种成因的软土时，还应进行软土的矿物成分分析。

b. 水质分析：包括地下水的酸碱度（pH 值）、硫酸盐含量等指标。

（4）室内、外试验

深层搅拌法加固软土地基的技术发展较晚，从加固机理到设计计算方法及施工工艺均不是很完善，有些还处于半理论半经验的状态，因此应特别重视室内、外试验，以使设计与施工更加合理。下面以水泥加固为例，阐述深层搅拌法加固软土地基的室内、外试验方法。

① 水泥土的室内配合比试验。

在现场取回原状土与加固料均匀搅拌，然后制备灰土试件，试件的数量由含水量、含灰量及养护龄期 3 个因素决定。含水量为天然地基含水量；养护龄期分别为 7 d、28 d 和90 d；含灰量视天然含水量而定，含水量高时，可取 10%～15%，含水量低时，可取 6%～10%，并根据实际情况予以增减，然后按不同的含灰量和不同的养护龄期，排列组合制备成多组灰土试件，经养护后进行试验，以取得的最佳含灰量作为设计掺灰量。

制备试件时应搅拌均匀，养护条件最好接近周围软土地层中的实际情况。

进行水泥土的室内配合比试验是为了：

a. 了解用水泥加固每一个工程中不同成因软土的可能性；

b. 了解加固各种软土最合适的水泥品种；

c. 了解加固某种软土所用水泥的掺入量和最佳的外渗剂；

d. 了解水泥土强度增长的规律，求得龄期与强度的关系。

② 野外试验。

a. 实验目的。

（a）根据水泥土室内配合比试验求得的最佳配合比，进行现场成桩工艺试验；

（b）在相同的水泥掺入比条件下，推求室内试件强度与现场桩身强度的关系；

（c）比较不同桩长与不同桩身强度单桩的承载力；

（d）确定桩、土共同作用复合地基的承载力；

（e）讨论成桩工艺对成桩效果的影响。

b. 试验方法。

（a）在桩身不同部位切取试件，运回实验室内分割成与室内试件同样尺寸的现场试件，在相同龄期时比较室内、外试件强度。

（b）单桩与复合地基的承载力测试，一般可采用荷重平台、千斤顶分级加荷，用百（千）分表测量桩身沉降量。

（c）为了解复合地基的反力分布、应力分布，可在荷载板下不同部位埋设压力盒。

(d) 通过以上的室内、外试验,可确定加固该软土所用水泥的掺入量和外掺剂,以及水泥的品种,同时可确定加固桩的长度和达到设计强度所需要的时间等。

3.4.2 粉体喷射深层搅拌法加固设计

(1) 设计步骤

① 根据基础尺寸及软土范围确定采用粉体喷射深层搅拌法加固的范围,根据软土层的厚度确定搅拌桩柱的长度,桩体应伸至软土层的底部。

② 根据承载力的要求,在加固范围内选定搅拌桩间距,计算出搅拌桩的总根数及每平方米内搅拌柱所占面积。搅拌柱一般按等边三角形或正方形形式布置。

③ 根据初步选定的搅拌桩长度、加固区宽度和长度、搅拌柱总数及灰土置换率(搅拌柱面积与加固地基面积之比)、每排搅拌柱的根数,以及已取得的建筑物资料进行设计计算。

(2) 参数确定

粉体喷射深层搅拌法加固软土地基的效果和质量在很大程度上取决于成桩参数的选择。粉体喷射深层搅拌法的主要参数包括:粉喷流量和压力、喷射材料、喷粉量、灰土置换率、桩柱的直径、桩柱的深度以及钻具的提升速度和旋转速度等。在确定这些参数的时候,不仅要考虑工程地质条件,还要考虑参数的互相影响及其加固效果和质量。因此,正确选择成桩参数对于提高工程质量、降低工程造价等有着重要意义。

① 喷射流量和压力的选定。

在气力输送过程中,加固料的运动状态主要受气流的支配,理想的运动状态为均匀悬浮状态。因此,必须使空压机维持一定的流量,形成一定的气流速度,使加固料顺利输送,气流速度过低容易造成加固料的不稳定移动,最后堵塞管道。粉喷施工前,通过对加固料输送量及输送管道的要求,选取合适的混合比(单位时间内通过输料管面积物料的质量与所需空气的质量之比),从而计算出需要的空气流量,以保证合适的气流速度。施工现场测试结果表明,由于粉喷桩桩身较短,不同地层对空气流量影响不是很大,空气流量一般为 1 m^3/min 左右,就能使管道中保持一定的压力,克服管道及喷粉口的阻力损失,使加固料在管中顺利输送到喷嘴。需要说明的是,桩深不同,输送管长度不同,管道中阻力也有所变化。桩深 12 m时,阻力有 0～0.4 kPa 的变化。

② 喷射材料的选择。

对于不同的工程地质条件,用粉体喷射深层搅拌法加固地基的加固材料要有所选择,以确保良好的加固效果。根据试验,用石灰和水泥加固软土地基各有其适用性。

a. 石灰搅拌桩的适用范围。

(a) 水力条件:石灰搅拌桩强度能否形成和强度的高低,与水力条件有关。一方面,石灰土必须有足够的水分供石灰水化,否则将无法形成强度;另一方面,水分不能过多,以便使处于饱和状态的软黏土能够因脱水而使强度提高。

(b) 土壤条件:石灰搅拌桩是靠石灰和土之间发生的一系列物理、化学反应形成强度的,黏土的颗粒细小时,比表面积大,分散性好,稳定性差,容易与石灰发生反应。

(c) 黏土矿物成分:石灰搅拌桩对高岭土、伊利土和蒙脱土三种主要黏土矿物进行加固时,蒙脱土最容易和石灰发生反应。

b. 水泥搅拌桩的适用范围。

(a) 水力条件:水泥搅拌桩适用的水力条件同石灰搅拌桩。

(b) 土壤条件:水泥搅拌桩更适用于有一定含量粗颗粒的地基土,而不适用于高塑性黏土地基。

(c) 黏土矿物成分:水泥搅拌桩对含有高岭石、多水高岭石、蒙脱石等黏土矿物的软土加固效果较好,但对酸碱度(pH 值)较低的黏性土的加固效果较差。

根据以上分析,要根据加固土的性质选择加固料,塑性指数较高的软黏土地基和黏土矿物中含蒙脱石较高时,应采用水泥加固;而含高岭土和伊利土的软黏土地基则采用石灰加固;采用水泥加固时,不同强度要求的地基应选用相应标号的水泥。另外,在两种材料均可选用时,应优先选用水泥加固。因为石灰一般呈块状,在施工时还要对其进行粉碎;同时,石灰目前还没有统一的质量标准,不能保证地基的施工质量。

③ 粉喷量的确定。

粉体发生器单位时间内的粉喷量按下式计算:

$$q = \frac{\pi}{4} D_1^2 \gamma_d a_w V \tag{3-2}$$

式中　D_1——钻头直径;

γ_d——软土的干容重;

a_w——粉体掺入比,由室内试验提供。

经试验确定 a_w 之后,则可确定加固单位长度的粉喷量,加固单位长度的加固时间 $t=1/V$,则加固单位长度的粉喷量为:

$$Q = qt = \frac{\pi}{4} D_1^2 \gamma_d a_w \tag{3-3}$$

由此确定了加固单位长度的粉喷量后,再在现场做一组试验桩,测定其强度及沉降量,最后综合分析确定实际单位长度的粉喷量。

④ 灰土置换率。

灰土置换率也是设计中的一个重要参数。它是粉喷搅拌桩面积与地基加固面积之比,计算公式为:

$$a_c = \frac{nA}{F} \tag{3-4}$$

式中　a_c——灰土置换率;

n——搅拌桩的根数;

A——搅拌桩单桩截面积;

F——地基加固的面积。

⑤ 桩柱的直径。

目前,国内粉喷桩机的成桩直径大多数都是 500 mm。桩柱直径是粉体喷射深层搅拌法的一个基本参数,直接影响粉喷加固的效果,也是研制粉喷设备时影响桩柱数目的一个重要参数。最佳的成桩直径可以减少工程量和提高设备作业效率。

⑥ 桩柱的深度。

桩柱的深度是保证工程质量的一个重要参数。它是由土层、土质及承载力来决定的。

桩柱的深度除受工程地质条件影响外，还受施工设备的限制。目前国内粉喷桩机的成桩深度在 18 m 以内。

⑦ 钻机的提升速度和旋转速度。

为了保证加固料与原位土搅拌均匀及一定的搅拌时间，需要合理确定钻机的提升速度和旋转速度。

提高旋转速度可以提高灰土的搅拌效果，但旋转速度过高，会提高粉喷桩机的造价，增大动力消耗。提升速度过高，可以提高工作效率，但会造成灰土搅拌不均匀和送灰跟不上的缺陷，从而影响工程质量；提升速度过低，虽然可以提高桩柱的质量，但工作效率低。最佳的提升速度，不但可以保证工程质量，而且可以提高工作效率。

加固料与土的搅拌效果，通常用土体中任一点经钻头搅拌的次数 T 来表示。

$$T = \frac{Zhn}{v} \tag{3-5}$$

式中 Z——钻头螺旋头数；

h——钻头喷粉口到叶片底部的高度，m；

n——搅拌轴转速，r/min；

v——提升速度，m/min。

生产实践表明，每米桩的搅拌时间应控制在 1 min 左右，搅拌次数应控制为 50～100 次/min。搅拌时间过长会影响硬结。搅拌时间与加固土强度的关系如图 3-7 所示。

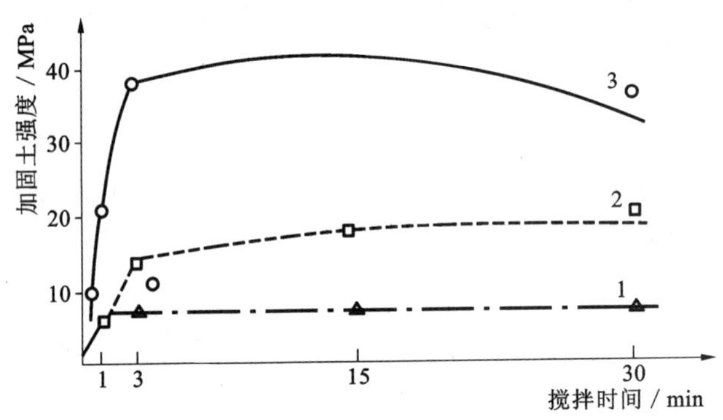

图 3-7 搅拌时间与加固土强度的关系

1—生石灰；2—水泥浆体；3—水泥粉体

从图 3-7 可以看出，在混合搅拌开始阶段，加固土强度增长很快，搅拌至一定程度后，强度增长不大。因此，搅拌时间和次数应控制在一定范围内，才能保证桩的质量。

(3) 复合地基承载力计算

① 加固后复合地基的平均容许承载力计算。

$$R_{sp} = a_c p_a + (1 - a_c) R_s \tag{3-6}$$

式中 R_{sp}——复合地基的平均容许承载力，kPa；

p_a——搅拌桩的容许承载力，kPa；

a_c——灰土置换率；

R_s——地基土的容许承载力，kPa。

上式必须满足建筑物在地基上的平均接触压应力 σ_c 小于或等于复合地基的平均容许承载力 R_{sp}，即$\sigma_c \leqslant R_{sp}$。

② 复合地基的桩土应力验算。

当复合地基的地表面有荷载时，因搅拌桩的压缩性比周围软土的压缩性小，在二者压缩变形相一致的条件下，搅拌桩上产生应力集中现象，复合地基应力按下式验算：

$$\sigma_p = \sigma_c \mu_p < [\sigma_p] \tag{3-7}$$

$$\sigma_s = \sigma_c \mu_s < [\sigma_s] \tag{3-8}$$

$$\mu_p = \frac{n}{1+(n-1)a_c} > 1 \tag{3-9}$$

$$\mu_s = \frac{1}{1+(n-1)a_c} < 1 \tag{3-10}$$

式中 σ_p——桩体承受的压应力，kPa；

σ_c——建筑物在地基上的平均接触压应力，kPa；

μ_p——应力集中系数；

μ_s——应力减小系数；

σ_s——地基土承受的压应力，kPa；

n——应力分担比，$n=\sigma_p/\sigma_s$；

$[\sigma_p]$——桩体容许承载力，kPa；

$[\sigma_s]$——地基土的容许承载力，kPa。

(4) 灰土搅拌桩群承载力计算

$$Q_M = 2C_M L(b+H) + KC_M bH > P \tag{3-11}$$

式中 Q_M——桩群总承载力，kN；

C_M——土的不排水抗剪强度，kPa；

b——桩群基础宽度，m；

L——桩群的高度，即埋入基础底面以下的长度，m；

P——建筑物的总荷载，kN；

K——系数，长度大于宽度的基础的 $K=6$，正方形基础的 $K=9$；

H——桩群基础长度，m。

(5) 总沉降量计算

建筑物沉降是引起上部结构变形的一个重要因素，沉降不均匀会造成上部结构的损坏；或者沉降过大，引起使用上的困难，如管道的开裂、雨水倒灌等。因此，在地基设计中，对于某些建筑物应慎重地考虑地基变形可能引起的后果。为此，必须对地基总沉降量进行计算。

① 当施加荷载较小，不超过搅拌桩柱徐变极限强度 Q_c 时，总沉降量 S 的计算如图 3-8 所示。

$$S = S_1 + S_2 \tag{3-12}$$

其中

$$S_1 = \frac{\sigma_c L}{a_c E_c + (1-a_c)E_s} \tag{3-13}$$

$$S_2 = \frac{a_s}{1+e} H_0 P \tag{3-14}$$

$$P = \frac{\sigma_c b H}{\left(b + \frac{H_0}{2}\right)\left(L + \frac{H_0}{2}\right)} \tag{3-15}$$

式中 S——总沉降量，cm；

S_1——被加固块体的局部沉降量，cm；

S_2——被加固块体下部未加固的沉降量，cm；

E_c——搅拌桩柱的弹性模量(通过室内试验或现场荷载试验取得)，kPa；

E_s——未加固软土的侧限变形模量(通过室内试验取得)，kPa；

H_0——加固块体以下压缩层厚度；

e——天然孔隙比；

a_s——压缩系数。

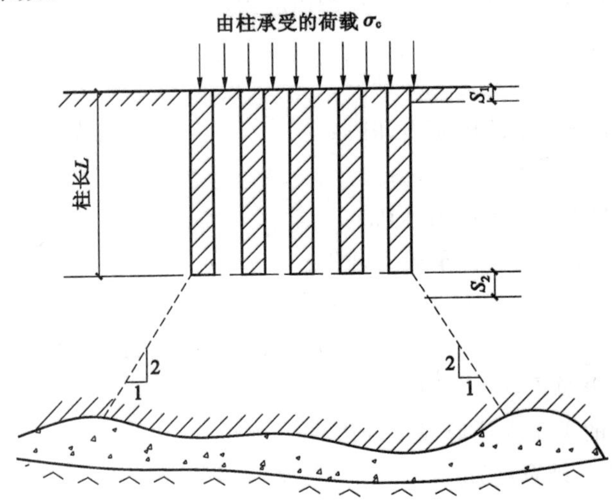

图 3-8 施加荷载不超过柱的徐变极限强度时的沉降量计算图

② 当施加于搅拌桩柱上的轴向荷载超过徐变极限强度时，总沉降量 S 的计算见图 3-9。

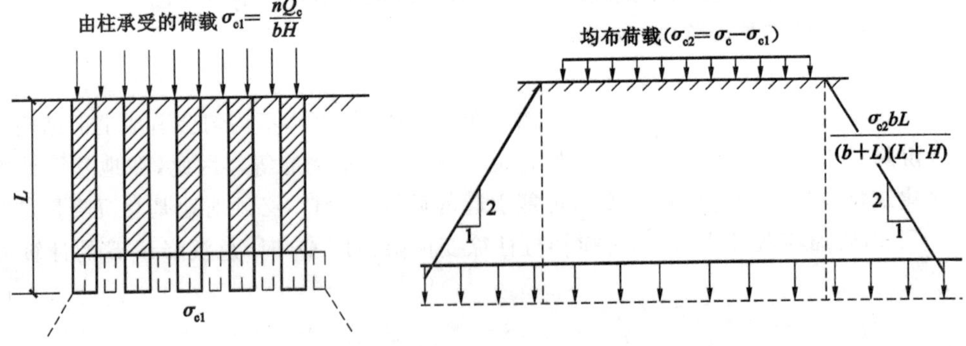

图 3-9 施加荷载超过柱的徐变极限强度时的总沉降量计算图

基础底面的荷载强度 σ_c 分为两部分 σ_{c1} 和 σ_{c2}，即 $\sigma_c=\sigma_{c1}+\sigma_{c2}$，$\sigma_{c1}$ 为柱所承受的压力，σ_{c2} 为搅拌桩柱间未加固土所承受的压力。

$$\sigma_{c1} = \frac{nQ_c}{bH} \tag{3-16}$$

$$\sigma_{c2} = \sigma_c - \sigma_{c1} \tag{3-17}$$

σ_{c2}作用于地基表面，用以计算加固块体底部以上的局部沉降量 S_1；σ_{c1}传递到加固块体的底部，用以计算加固块体下部的沉降量 S_1。S_1 和 S_2 可按分层总和法计算求得。

【例 3-1】 某厂采用粉体喷射深层搅拌法加固软土地基，地表以下 2.2～11.2 m 为淤泥质和泥炭质的亚黏土，地基土 2.2～7.2 m 的容许承载力为 80 kPa，设计要求承载力为 200 kPa，基础底面以上总荷载为 21393.8 kN，基础为宽 11.7 m、长 16.89 m 的矩形基础。石灰柱的极限荷载强度为 900 kPa，其容许荷载强度$[\sigma_p]$=450 kPa；石灰柱的无侧限抗压强度(7 d 龄期)q_M=454 kPa；设计直径为 0.5 m 的粉体喷射搅拌灰土桩有 321 根，加固深度为 9.0 m，基础底面以下实际柱长为 7.37 m，加固块体压缩层以下厚 1.7 m。试验算所设计加固灰土搅拌柱群总承载力，复合地基柱、被加固土应力及总沉降量是否能达到要求。

【解】 ① 按式(3-4)和式(3-6)求加固后复合地基的平均容许承载力。

$$a_c = \frac{321 \times 3.14 \times 0.25^2}{11.7 \times 16.89} = 0.32$$

$$R_{sp} = 0.32 \times 450 + (1 - 0.32) \times 80 = 198.4(\text{Pa})$$

满足地基的承载力要求。

② 复合地基柱、被加固土应力验算。选用应力分担比 $n=4$，则

$$\sigma_c = \frac{P}{F} = \frac{21393.8}{11.7 \times 16.89} = 108.3(\text{kPa})$$

应力集中系数：

$$\mu_p = \frac{4}{1+(4-1)\times 0.32} = 2.04$$

应力减小系数：

$$\mu_s = \frac{1}{1+(4-1)\times 0.32} = 0.51$$

柱体承受的压应力：

$$\sigma_p = 108.3 \times 2.04 = 220(\text{kPa}) < [\sigma_p] = 450\ \text{kPa}$$

被加固土承受的压应力：

$$\sigma_s = 108.3 \times 0.51 = 55(\text{kPa}) < [\sigma_{sp}] = 80\ \text{kPa}$$

满足要求。

③ 柱群总承载力计算。由地基填土荷载引起的地基压缩变形量比已加固土的沉降量大，两者之间的不均匀下沉导致加固块体两侧产生负摩擦力 f_n。

$$f_n = 2HLC_n = 2 \times 16.89 \times 7.37 \times 10 = 2490(\text{kPa})$$

柱群总承载力：

$$\begin{aligned} Q_n &= 2\times 10\times 7.37\times (11.7+16.89)+7\times 16\times 11.7\times 16.89 \\ &= 26347(\text{kN}) > P + f_n = 23884\ \text{kN} \end{aligned}$$

满足要求。

④ 总沉降量计算。计算中取压缩系数 $a=0.00108\ \mathrm{kPa}^{-1}$，天然孔隙比 $e=1.16$，变形模量 E_s、弹性模量 E_c 取试验平均值，即 $E_s=2628\ \mathrm{kPa}$，$E_c=11263\ \mathrm{kPa}$，则：

$$S_1=\frac{108.3\times 737}{0.32\times 11263+0.68\times 2628}=14.8(\mathrm{cm})$$

$$S_2=\frac{0.00108}{1+1.16}\times 170\times \frac{108.3\times 11.7\times 16.89}{\left(11.7+\frac{1.7}{2}\right)\times\left(16.89+\frac{1.7}{2}\right)}=8.16(\mathrm{cm})$$

$$S=S_1+S_2=22.96\ \mathrm{cm}$$

3.4.3 水泥搅拌桩的设计

(1) 单柱承载力的确定

单桩承载力可从地基土承载力和桩身强度两方面考虑，从地基土的承载力方面考虑时，可按下式计算：

$$P_a=R_j\cdot A_p+\sum f\cdot F \tag{3-18}$$

$$P_{0.02}\leqslant\frac{\varphi R_a A_p}{K_a} \tag{3-19}$$

式中 $P_{0.02}$——单桩荷载试验的容许承载力，kPa；

R_j——桩端土的容许承载力，kPa；

A_p——单桩横断面面积，m^2；

f——桩周土的容许摩擦强度，kPa；

F——按土层分段的桩周表面积，m^2；

φ——纵向弯曲系数，对于中心受压桩取 $\varphi=1.0$；

R_a——桩柱 28 d 后的轴心抗压强度，kPa；

K_a——安全系数，取 1.5～2.0。

比较 $P_{0.02}$ 和 P_a 的大小，取两者中的较小值为单桩垂直容许承载力。

从桩身强度方面考虑时，可按下式计算单桩承载力：

$$P_a=\frac{1}{K}\varphi\eta G_m A_p \tag{3-20}$$

式中 φ——纵向弯曲系数，垂直桩取 1；

η——单桩体材料强度折减系数，取 0.7；

G_m——桩体材料的室内加固土试块(规格为 5 cm×5 cm×5 cm)的平均极限抗压强度，kPa；

K——搅拌桩承载力的安全系数，取 $K=2$。

式(3-20)是在搅拌加固的深度不受限制时，根据室内配合比试验结果选定水泥掺入比，然后确定桩身强度，按桩身强度计算单桩承载力 P_a，再由单桩承载力计算桩身长度。

同样也可根据建筑上部结构对地基的要求，选定单桩承载力，然后计算桩身长度、强度和选择水泥掺入比。

(2) 灰土置换率和桩数的计算及桩位布置

$$a_c=\frac{R_{sp}-\eta R_s}{P_n-\eta R_s} \tag{3-21}$$

$$n = \frac{Fa_c}{A_p} \tag{3-22}$$

式中 F——地基加固的面积，m^2。

R_s——搅拌桩间土的容许承载力，kPa。

η——桩间土的承载力折减系数，桩端为软土时，η取0.5～1.0；桩端为硬土且不考虑桩间软土作用时，η取0。

其他符号意义同前。

实际加固设计时，系数η还应视建筑物对沉降的要求而定。当建筑物对沉降要求较高时，即使桩端是软土，η也应取最小值，这样较为安全；反之，当建筑物对沉降要求较低，容许有较大沉降时，即使桩端为硬土，η也应取大值，这样较为经济。

根据求得的总桩数，按照建筑荷载分布和轴线位置布桩，既要考虑充分发挥每根桩及桩侧摩阻力的作用，又要便于施工。

当设计的搅拌桩为摩擦柱，桩的置换率大于20%，桩的布置不是单行纵向排列时，每根搅拌桩不能充分发挥单桩承载力的作用，应按群桩来考虑，要进行下卧层地基验算。

(3) 复合地基承载力计算

从深层搅拌桩加固软土地基的机理分析，上部荷载是由搅拌桩和桩间土共同承受的，因此计算地基承载力时可按复合地基计算，桩间土的承载力按折减后的容许承载力考虑。

$$R_{sp} = a_c P_c + (1 - a_c) R_s \tag{3-23}$$

当建筑物对地基或桩基沉降有要求时，还应做沉降验算，方法与前述方法相同。

3.5 深层搅拌法施工 >>>

施工前应具备上级机关批准的工程建设项目文件、施工设计任务书、现场施工平面图、工程地质勘察报告及合同书等资料。为做好施工设计，建设单位、设计单位应会同施工单位到现场采集土样，做好室内加固土的配合比试验，测定不同龄期、不同水泥掺入比的各水泥土试块强度，并用取样盒装好用石蜡密封。制作水泥试块时，要严格称重，石块规格为5 cm×5 cm×5 cm。

施工程序一般是：设备定位安装→钻进搅拌→复搅喷浆→成桩→移位→验桩→提交报告。

(1) 水泥浆搅拌桩施工工艺

深层搅拌水泥桩的浆液以水泥为主剂配置而成，水泥可以使用普通硅酸盐水泥、矿渣硅酸盐水泥、火山灰质硅酸盐水泥等。一般最好采用425#普通硅酸盐水泥。低标号水泥或矿渣硅酸盐水泥必须进行配合比试验，证实达到设计要求时方可使用。水泥质量必须可靠，不能受潮结块、变质或过期。

配制水泥浆要严格控制水灰比，一般控制为0.45～0.5，水泥要严格称重，加水时要采用专用定量容器。采用砂浆搅拌机拌和时，务必将水泥浆充分拌匀，一般每次搅拌时间不得少于3 min。

为了改善水泥的和易性，提高水泥土的强度和耐久性，可在水泥浆制作时掺入矿物质混合材料、早强剂、速凝剂及减水剂等外掺剂。外掺剂的掺入比例根据不同的目的选择，如生石膏粉可掺入水泥质量的2%～3%，三乙醇胺掺入量以占水泥质量的0.05%为宜。

搅拌施工时，深层搅拌施工是成桩的关键。单头深层搅拌机施工流程为：桩机定位→钻进喷浆到底→提升搅拌头→重复搅拌钻进→重复搅拌提升→成桩，如图3-10所示。

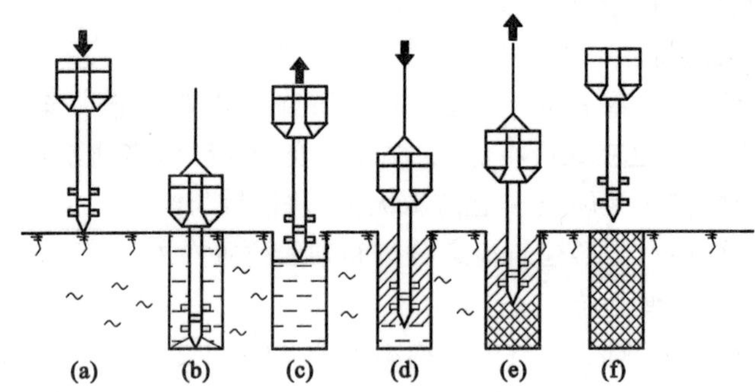

图3-10 深层搅拌法成桩工艺流程图

(a) 桩机定位；(b) 钻进喷浆到底；(c) 提升搅拌头；

(d) 重复搅拌钻进；(e) 重复搅拌提升；(f) 成桩

① 桩机定位：搅拌桩机安装完毕后，将挂钩勾住行走管两端，启动绞车移动深层搅拌机到达指定桩位并对中。如地面起伏不平，应先平整或加枕木垫于行走管下面，使设备保持水平。桩位对中误差不得大于5 cm，导向架和搅拌轴对地面的垂直度偏差不应超过1%。

② 钻进喷浆到底：启动灰浆泵，确认浆液从喷嘴喷出时启动桩机，操作升降手把使搅拌轴沿导向架搅拌回转切土钻进。钻进参数一般为钻速1 m/min、转速60 r/min左右，喷浆压力1～1.4 MPa，喷浆量33 L/min。如遇硬土层可用钢丝绳加压器均匀给压，钻进到设计桩长或者层位时，原地旋转喷浆0.5 min。

③ 提升搅拌头：完成工序②后，即可自桩底以60 r/min的转速反转，以与钻速相等的速度将搅拌头提升到地面(如发现搅拌头被软黏土糊住，要及时清除干净)。

④ 重复搅拌钻进：按照上述操作要求进行，喷浆量已达到设计要求时只需复搅不再送浆。

⑤ 重复搅拌提升：按照上述操作要求进行，将搅拌头提升搅拌至地面。

⑥ 成桩：按③、④、⑤重复操作三次，即完成一根单桩的施工作业，之后启动灰浆泵，清洗全部管路中残存的水泥浆，清除黏附在搅拌头上的软黏土，重复工序①。再施工另一搅拌桩。

SJB-1型深层搅拌机成桩施工工艺流程与上述模式基本相同，所不同的是用SJB-1型深层搅拌机施工时喷浆是在上述的第③步中进行的，即提升搅拌头时喷浆；另外，遇硬土层时穿透困难，需要加一定量清水钻进下沉。

(2) 粉体喷射搅拌桩施工工艺

粉体深层搅拌施工所使用的机械设备与水泥深层搅拌施工稍有差异，一般钻机与桅杆均安装在同一机动车上，还配有定时、定量向软土层中喷射粉体的粉体发生器及空气压缩机。这种设备通常具有回转扭矩大和提升能力强，适应大直径(常为500 mm)钻头快、慢速提升，干钻喷粉成桩的性能。

粉体发生器的工作原理如图 3-11 所示，空压机 1 将压缩空气送进节流阀 2 调节风量大小后，经流量计 3 进入水气分离器 4，使压缩空气中的气和水分离，之后“干风”到达发生器的喉管 5 与转鼓 6 定量输出的粉体混合，形成气粉混合物后经钻机旋转头（或动力头）7、方钻杆、钻杆到达搅拌头 8 处，由喷头喷出与被搅拌的软土混合搅拌成灰土桩。

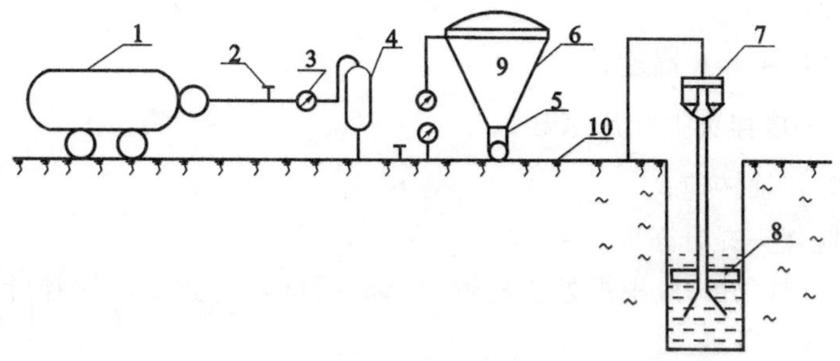

图 3-11　粉体发生器工作原理示意图

1—空压机；2—节流阀；3—流量计；4—水气分离器；5—喉管；
6—转鼓；7—钻机旋转头（或动力头）；8—搅拌头；9—发生器；10—地表

粉体喷射搅拌桩所用的搅拌头多为打弹器式。有的国家用 2 个直径为 0.8 m 的打弹器或搅拌头重叠组装在一起，安装在可在轨道上行驶的搅拌桩的搅拌轴上，这种搅拌桩施工效率高，8 h 内能制桩 40～50 根。

由于粉体喷射搅拌桩施工的特殊性，一般对粉体材料要求较严格。如石灰应是细磨的，粒径应小于2 mm，以防止搅拌过程中灰土体中石灰聚集；石灰中 CaO、MgO 的总含量不应低于 85%，其中 CaO 含量不应低于 80%；石灰粉的流性指数不应低于 70%等。

粉体喷射搅拌桩施工流程如图 3-12 所示。

① 根据设计要求将搅拌机就位，使搅拌轴保持垂直，见图 3-12(a)。

② 启动搅拌机，搅拌头边旋转边切土钻进搅拌。为了不让软土堵塞喷嘴口，此时并不喷射粉体，而是在钻进搅拌的同时喷射压缩空气，使扭矩减小，以保证搅拌顺利进行，见图 3-12(b)。

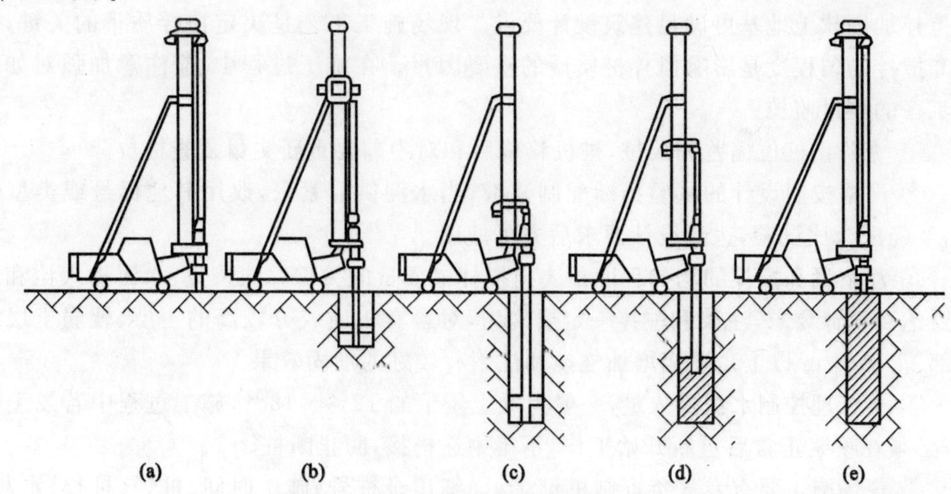

图 3-12　石灰粉体喷射搅拌桩施工流程图

③ 当切土搅拌钻至设计标高时停止搅拌，启动粉体发生器，并使搅拌头一边反转一边提升，粉体材料不断喷入被搅动的软土中，使粉体与土体充分拌和，见图 3-12(c)。其效果通常用灰土体中任一点经搅拌头搅拌的次数 T 来控制。

$$T = \frac{h\sum Z}{v}n \tag{3-24}$$

式中 h——搅拌头叶片高度；

$\sum Z$——搅拌头上叶片总数；

n——搅拌轴转速；

v——搅拌头提升速度。

加固材料的混合量，应根据发生器输出的加固材料的数量与搅拌叶片提升速度的关系确定，如图 3-12(d)所示。

④ 桩体形成后，将搅拌头提升到距地面 30～50 cm 处，关闭粉体发生器，停止向孔内喷射粉料，见图 3-12(e)。由于装置回路是封闭的，在回路输出过程中粉体不会向空中喷发与飞散。实践证明，在向土体喷粉体提升搅拌头的过程中(最后阶段)，搅拌头距地表 30～50 cm，粉体不会溢出地面。

3.6 质量控制与检验

为确保工程质量，不致造成返工浪费，施工中，要推行全面质量管理，抓好设计、施工质量控制和搅拌桩质量检验这三个环节。

(1) 施工质量控制

经水泥土室内配合比试验或现场成桩试验，以及桩基础设计验算的可行性研究证实，深层搅拌加固软土地基可满足建筑设计要求。现场施工工艺是决定搅拌质量的关键，而注浆量和搅拌均匀程度是影响搅拌桩质量的重要因素。在施工过程中，应注意加强对如下工作和工序的质量监控。

① 为防止桩位偏差和漏桩，桩机移位后和对中前要重新丈量复查桩位。

② 严格按照设计的试验指标配制浆液，当水泥供应紧张，改用其他标号或类型的水泥时，要经配合比试验，达到设计要求后方可使用。

③ 注浆量和搅拌的均匀程度是决定搅拌桩质量的关键。注浆量、水泥掺入比和搅拌次数要达到设计要求，注浆和搅拌一定要均匀，对含有机质成分较高的土层、软弱土层及桩的底部、上部(4 m 以上)，适当增加复搅和注浆有较好的加固效果。

④ 要合理控制水泥掺入量，一般为湿土质量的 12%～15%，施工过程中若发生喷浆中断，必须在喷浆正常后重新开始工作，不得中途搭接，防止断桩。

⑤ 现场施工要有专人负责制桩记录，详细记录桩号、施工时间、桩径、桩长、水灰比、浆液注入量、搅拌次数和机械运转参数等施工参数。

(2) 搅拌桩质量检验

① 人工开挖验桩。

人工开挖验桩一般在最后一根桩完成一周后进行。开挖时对桩头必须小心处理,不准用重锤敲击,桩头凿平后用素混凝土浇平。开挖出来桩体的直径应符合设计要求,桩身应连续均匀,用打击物冲击应有坚实感。

② 取芯、采样试验。

从开挖出来的桩体上切取试验样,在保持养护的条件下送实验室做抗压试验,检查桩体加固土的强度,或利用小口径岩芯回转机在桩体中取样,检查桩体均匀性和连续性,并进行抗压强度试验,以检查搅拌桩的质量情况。

③ 触探试验。

采用动力触探试验和标准贯入试验方法检查桩体的均匀性和强度。

④ 现场荷载试验。

桩的荷载试验是较接近桩的实际工作条件的试验,用以确定和检查桩的沉降量及容许承载力。

a.试验桩制作要求。

根据工程建设的要求,选取一定数量的搅拌桩进行验桩试验,试验桩数量一般不应少于2桩,或桩总数的1%~3%。试验桩顶部一般应给予加强,防止试验时应力集中而造成破坏,可在桩顶配置加密钢筋2~3层,或以薄钢板圆筒做加劲箍与桩顶水泥土浇成一体。用素混凝土将桩顶抹平。

b.试验加载装置。

一般采用油压千斤顶加载,千斤顶反力加载装置可选用锚桩-反力梁加载装置、压重加载装置和锚桩-压重联合加载装置。

(a) 锚桩-反力梁加载装置如图3-13所示。锚桩一般采用钢杆锚桩或钢筋混凝土锚桩,反力梁(主梁或次梁)采用常备式钢梁、工字钢叠合梁或现浇钢筋混凝土梁。

(b) 压重加载装置如图3-14所示。该方法是预先估计桩的破坏荷载,据此将一定重量的物体堆压在桩顶的平台上,然后用千斤顶起重加载,测得桩的承载力。堆压的重物一般为钢锭、特厚钢板等,同时还备有数块作为配重的定量钢块。堆重的平台多用18~25号工字钢叠铺而成。

锚桩-反力梁加载方法适用于加载量在3000 kN(300 t)以上的试桩,压重加载方法常用于加载量为300~3000 kN(30~300 t)的试桩。对加载量为3000~6000 kN(300~600 t)的试桩,有时采用锚桩-压重联合加载方法。当试桩的最大承载力超过预定值时,可利用增加的堆压重物的重量,使桩发生破坏。一般是先将重物整齐堆放在反力梁上,当所加荷载超过重物荷重时,锚桩才开始承受继续加载引起的上拔力。

c.荷载与沉降量测量仪表。

荷载可用放置于千斤顶上的应力环、应变式压力传感器直接测定,或采用连于千斤顶的压力表测定油压,根据千斤顶率定曲线换算荷载;试桩沉降量一般采用百分表测量,为校正百分表的测量误差,进行沉降量观测时,最好增设一台精密水准仪,同时对桩顶沉降量进行观测。

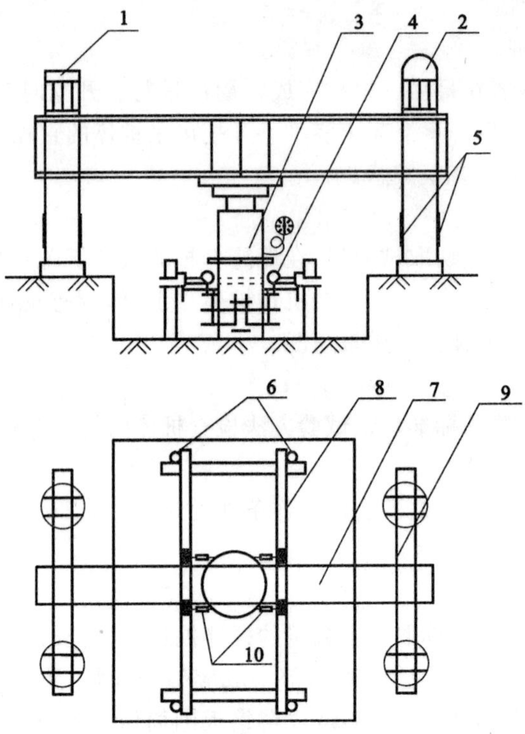

图 3-13 锚杆-反力梁加载装置示意图

1—厚钢板;2—硬木包铁皮;3—千斤顶;4,10—百分表;
5—锚桩;6—基准桩;7—基准梁;8—主梁;9—副梁(次梁)

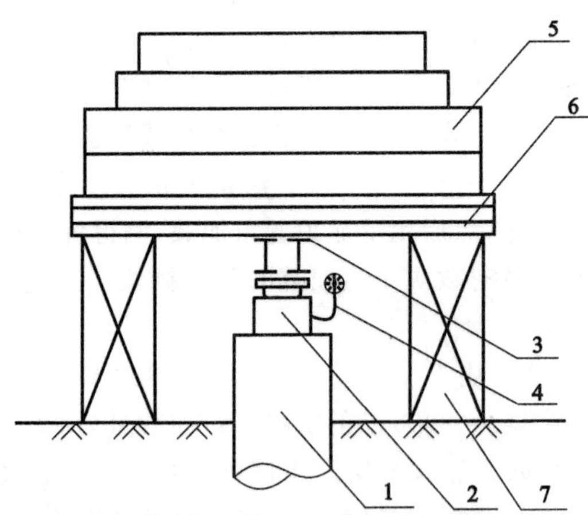

图 3-14 压重加载装置示意图

1—试桩;2—千斤顶;3—承力梁;4—油压表;5—堆重物;6—平台;7—木垛

d. 试验加载方法。

常用的加载方法有单循环加载、多循环加载和加速加载 3 种。(a) 单循环加载:荷载逐级增至使桩破坏,然后分级卸载至 0。这种方法测定桩的承载力比较明确,每一级荷载-沉降关系清楚。(b) 多循环加载:上级荷载观测后卸载至 0,再施加下一级荷载观测后卸载至

0,如此循环反复。多循环加载分小荷载和大荷载两种情况。小荷载多循环是在桩的 1.2 倍容许荷载范围内循环加载,超过范围后不循环,逐级加载到使桩破坏,然后分级卸载至 0。大荷载多循环则是指整个加载过程均采用循环方式。多循环加载方式适用于测定桩的垂直刚度。(c) 加速加载:按一定的时间施加每级荷载,而不需要等到桩的沉降量达到稳定标准后再加下一级荷载。一般加载的时间是 45 min~1 h。这种方式可较快地得到桩承载力与沉降量的关系,适用于试验条件较差(如受风浪、车辆通行震动作用等)场地的试桩。

加载应分级进行,每级荷载值为静力计算得出的单桩承载力的 1/15~1/10,第一级的加载值可为单桩承载力的1/5,并测出每级荷载下的稳定沉降量。桩的沉降量在每小时内小于 0.1 mm 时,则认为已经稳定,可施加下一级荷载。将测试结果绘制成沉降量-荷载(*S-P*)的关系曲线。实测结果显示,有的桩 *S-P* 曲线上有明显的陡降段,有的桩 *S-P* 曲线上无明显的陡降段。因此,终止加载的条件、确定单桩承载力的方法也不相同。

当试桩出现下列情况之一时,即可终止加载:(a) 当 *S-P* 曲线上有可判定极限承载力的陡降段,且桩顶沉降量超过 40 mm;(b) 桩顶总沉降量达到 40 mm 以后,继续增加下一级荷载仍无陡坡段。

e. 试验资料整理。

试验资料整理内容包括:试桩现场的工程地质情况,试桩桩身结构尺寸、试桩的目的和要求,试桩施工记录、加载方式和程序。观测数据记录情况,根据试验数据绘制有关的试验结果曲线。

为确定搅拌桩的荷载,一般绘制 *S-P* 曲线(图 3-15)、沉降-荷载对数(*S*-lg*P*)曲线、沉降-时间对数(*S*-lg*t*)曲线,以及其他辅助分析所需的曲线。

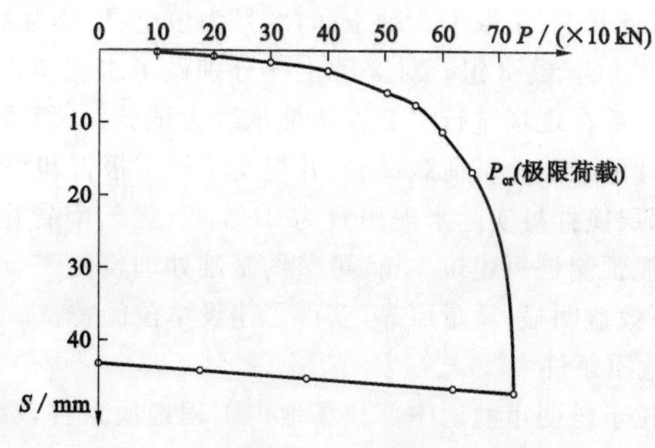

图 3-15 *S-P* 曲线

f. 单桩承载力确定。

根据 *S-P* 曲线,确定单桩承载力的方法如下(图 3-15):

(a) 当在某级荷载 P_1 作用下,其沉降增量与荷载增量的比值为前一级荷载 P_{i-1} 作用下相应比值的 5 倍以上且 $S_i>40$ mm 时,取 P_{i-1} 为极限荷载。

(b) 当在某级荷载作用下,其沉降量与相应荷载增量的比值 $\Delta S_i/\Delta P_i \geqslant 0.1$ mm/kN 时,取 P_{i-1} 为极限荷载。

(c) 当符合终止加载条件时,在 *S-P* 曲线上取桩顶点总沉降量 *S* 为 40 mm 时的相应荷载作为极限荷载。

将以上得到的极限荷载除以安全系数，即为容许荷载，即：

$$P_a = \frac{P_{cr}}{K} \tag{3-25}$$

式中 P_a——容许荷载；

P_{cr}——极限荷载；

K——安全系数，一般取 $K=2\sim3$。

有时因结构方面的要求而采用沉降量来规定容许荷载，即规定某一沉降量时的荷载为容许荷载。

3.7 工程实例——昆明某小区民用住宅软土地基深层搅拌法加固工程 >>>

(1) 工程概况

昆明市城市建设综合开发公司在市郊建造住宅小区，其中永昌三村建造15幢七层住宅楼，住宅面积为25484.67 m²，委托浙江大学及浙江有色地质综合勘察公司用单头深层搅拌法加固软土地基。

浙江有色地质综合勘察公司于1987年5月29日开始施工至1987年10月3日竣工，历时120余天，共完成桩径为500 mm，桩长为9.5 m的搅拌桩3471根，总计32974.5延米，并在15号住宅楼附近开挖，采取了3种土样，A号为填土、B号为黏土、C号为泥炭化土，其中泥炭化土又分为C_1、C_2、C_3 3组。对3种土样分别做了水泥掺入量和不同龄期的水泥土试块抗压试验。竣工后在现场进行了2根单桩承载力试验、一组4根桩加承台的大型荷载试验及一组同样尺寸的天然地基荷载试验，并提交了竣工报告和深层搅拌桩实验报告。

施工3471根深层搅拌桩实际水泥用量为2167 t。经云南省建委组织有关单位鉴定验收，结果显示：比水泥预制桩每建筑1 m² 可节约基础处理经费35元，总计节省90.0万元基础处理费用，其经济效益明显、质量可靠，获得了建设单位的赞赏。

(2) 场地工程地质条件

永昌小区三村位于昆明市盆地中部。场地内工程地质条件较差，地形低洼，地形平坦，为第四系湖相、湖沼泽相沉积，根据工程地质勘察资料，地层自上而下的构成如下所示。

① 填土及耕土层：地表埋深0～0.5 m，为杂填土、素填土和耕土，填土为褐红色、褐黄色，结构松散，成分以亚黏土为主；耕土为褐灰色，呈可塑状，夹植物根须、炭屑等杂物。

② 黏土、轻亚黏土、淤泥及泥炭化上层：分为12个亚层，埋深0.5～13.4 m，上部为褐色，下部为蓝灰色，泥炭化土有机质含量为14.32%，呈黑色、褐黑色，含水饱和，多呈流塑状，属于高压缩性土，唯顶部黏土呈可塑状，属于中压缩性土，俗称硬壳层。

③ 砂土：呈灰褐、深灰色，共分3个亚层，其粒度变化较大，自粉砂至粗砂和砾砂，层位不稳定，变化大，仅局部地段见及。

④ 黏土、泥炭化土及砂砾层：共分3个亚层，埋深13.4～15.6 m，上部黏土、泥炭化土呈

褐灰色、黑灰色，为饱和状高压缩性土，泥炭化土富含有机质，含量为 32.7%；下部砂砾层为灰色、蓝灰色，仅局部见及且呈透镜状分布，各土层分布，埋深和物理、力学指标如表 3-3 所示。

表 3-3　　**土层物理、力学性质汇总表**

土层	土层编号	土层深度/m	土层厚度/m	容重 γ/(kN/m³)	孔隙比 e	含水量/%	液限/%	塑限/%	塑性指数 I_P	液性指数 I_L	压缩模量/MPa	变形模量 E_s/MPa	容许承载力/MPa
耕土	1_2	0～0.50	0.5										
黏土(硬壳层)	2_2	0.50～1.90	1.4	1.81	1.13	40	47	27	20	0.51	0.49	4.41	130
泥炭化土	2_3	1.90～4.40	2.50	1.43	2.37	95	97	58	39	0.91	1.90	1.71	＜40
淤泥	2_6	4.40～6.80	2.40	1.80	1.12	40	39	22	17	1.23	1.67	3.10	900
黏土	2_9	6.80～9.10	2.30	1.91	0.85	30	41	24	17	1.44	0.33	5.81	150
轻亚黏土	2_{10}	9.10～10.3	1.20	1.95	0.72	25	25	21	4	1.00	0.21	7.90	170
黏土	2_{11}	10.3～11.4	1.10	1.88	0.09	35	56	30	26	0.24	0.16	11.7	130
黏土	4_2	13.4～14.9	1.50	1.90	0.95	34	39	23	16	0.63	0.40	4.91	120
泥炭化土	4_2^1	14.0～15.6	0.70	1.22	3.61	150	154	121	33	0.74	1.94	2.31	40
粉砂	5_2^1	15.6～16.5	0.90	1.90	0.78	27	26	24	2	1.50	0.21	8.20	140

(3) 深层搅拌加固设计

① 深层搅拌加固软土地基可行性试验设计。

为了解地基土运用深层搅拌加固的可能性和选择合适的水泥品种及掌握水泥的掺入量、水灰比和外掺剂，取得水泥土强度增长规律，为深层搅拌法的设计和施工工艺提供可靠参数，在拟建的 15 号住宅楼附近开挖取样，共取到 A、B、C 3 种土样，A 为填土、棕黄色亚黏土，B 为黏土，C 为泥炭化土。采用 425# 硅酸盐水泥，水泥掺入量分别为湿土质量的 12%、15%和 18%，外掺剂用石膏，按水泥质量的2%～3%配制，制成水泥土试块进行抗压试验。试验结果见图 3-16。

② 深层搅拌桩设计与布置。

单桩承载力的设计：桩径为 500 mm，桩长为 9.5 m，有效桩长为 9.0 m。根据表 3-3 土层物理、力学性质汇总表，查得或计算出各土层厚度、桩端容许承载力及侧壁摩阻力等有关数据，计算单桩容许承载力为 140 kPa。

③ 按复合地基计算设计桩基承载力 R_{sp}。

桩间土容许承载力按原值的 50% 折减，单位面积的桩数 $n_c = 0.8\times10^4$ 根/cm³（即

0.8 根/m²)、P_a=140 kPa、A=2000 cm²、R_s=[R]/2=39.22 kPa，则 R_{sp}=143 kPa，选用近似值 R_{sp}=143 kPa。

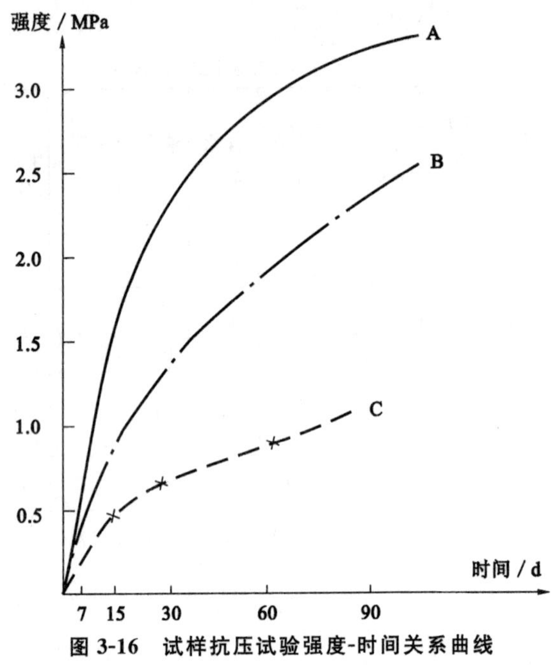

图 3-16 试样抗压试验强度-时间关系曲线

④ 复合地基压缩模量按下式计算。

$$E_s = n_c A E_1 + (1 - n_c A) E_2 \tag{3-26}$$

式中 E_1——搅拌桩压缩模量，E_1=104.0 MPa；

E_2——土的压缩模量，取各层加权平均值。

其余符号同前述。

对拟建Ⅱ-3 幢住宅楼地基土取 E_s=4.308 MPa，对拟建Ⅱ-5 幢地基土取 E_s=4.053 MPa，则可算得Ⅱ-3 幢复合地基压缩模量 E_s=18.3 MPa，Ⅱ-5 幢复合地基压缩模量 E_s=18.1 MPa。

⑤ 按分层总和法计算复合地基变形、桩端土变形估算沉降量。

对于住宅楼，中心点 S_1=3.51 cm，S_2=11.94 cm，则 S_3=15.45 cm；角点 S_1=1.98 cm，S_2=8.7 cm，则 S_3=10.68 cm。

对于住宅楼，中心点 S_1=3.49 cm，S_2=9.31 cm，则 S_3=12.8 cm；角点 S_1=1.01 cm，S_2=3.88 cm，则 S_3=4.89 cm。

预估最终平均沉降量在 12 cm 左右。

昆明某区三村深层搅拌桩施工中，各幢住宅楼设计桩数参见表 3-4。

(4) 深层搅拌桩施工

① 施工机械设备及有关工艺参数。

该区深层搅拌加固软土地基使用北京 800 型转盘钻机改装的单头深层搅拌机，搅拌轴长 10 m，搅拌头长 1.0 m，搅拌叶片和切削叶片直径为 500 mm，浆液输送使用 UBJ_2 型挤压式灰浆泵及 200L 灰浆拌制机，施工桩长 9.5 m。

表 3-4 昆明某区三村深层搅拌施工一览表

住宅编号	建筑面积/m²	桩数/根		开工日期	完工日期	实际水泥用量/t	验收日期
		设计	实际				
Ⅱ-1-1	1277.77	148	146	6.19	7.14	89.75	8.10
Ⅱ-1-2	1277.77	146	146	7.22	7.28	86.5	8.10
Ⅱ-1-3	1277.77	146	146	8.1	8.10	87.775	9.14
Ⅱ-1-4	1277.77	146	146	6.9	6.19	89.525	7.3
Ⅱ-1-5	1277.77	146	146	5.29	6.10	94.29	7.3
Ⅱ-3-7	2609.99	305	305	8.11	9.2	185.3	10.10
Ⅱ-5-9	1690.91	248	248	9.4	9.13	158.65	10.13
Ⅱ-5-10	1650.91	244	244	9.17	10.2	151	10.18
Ⅱ-5-11	1650.91	244	244	9.3	9.16	157.5	10.15
Ⅱ-5-12	1650.91	258	265	8.13	9.1	167.9	10.16
Ⅱ-5-13	1650.91	248	248	8.3	8.16	154	9.12
Ⅱ-5-14	1650.91	244	247	8.16	9.6	156	9.29
Ⅱ-5-15	1650.91	248	247	9.8	11.2	173.15	
Ⅱ-5-16	1650.91	248	249	9.13	10.3	155	10.18
Ⅱ-7-6	3378.55	254	254	6.9	7.14	260.95	7.30
合计	25624.67	3273	3281			2167.29	

固化剂使用 425# 普通硅酸盐水泥，水泥掺入量为湿土质量的 15%，水灰比为 0.45～0.6，外掺剂选用石膏，为水泥质量的 2%～3%，每根桩设计水泥用量为 513 kg，实际用量为理论用量的 1.1～1.2 倍。

由工程地质勘察结果可知，最差的土层为泥炭化土。泥炭化土强度低，掺和水泥后的强度也低，该土层是桩身强度的薄弱点，在向下钻进复搅时埋深为 6.5 m，即超过此层以下 1.0 m 左右地段，应适当增加喷浆及复搅次数。

② 各幢住宅楼地基施工概况。

15 幢住宅楼地基用深层搅拌法加固处理，自 1987 年 5 月 29 日开工，当年 10 月 3 日基本结束（Ⅱ-5-15 幢住宅楼由昆明基础公司负责施工）。

在施工Ⅱ-5-12 幢住宅楼时，由于定位与施工原因多打了 7 根桩；Ⅱ-5-14 幢住宅楼 223 号桩偏左 0.30 m 补打了 1 根桩，同时因地基工程地质条件变化，又增打了 2 根桩。

Ⅱ-5-15 幢住宅楼在 D、C 轴线中间及边缘有一条暗塘，土质差，有机质含量高；Ⅱ-5-16 幢住宅楼有大量石块，尤其靠东南角的一溪沟小桥处，还伴有木头等工业垃圾。施工中对地基土进行了替换并提出了具体处理意见，其余各幢住宅楼地基施工均正常。

(5) 深层搅拌桩现场质量检验

① 桩基承载力试验布置。

深层搅拌桩现场荷载试验分别进行了单桩承载力试验、复合地基承载力试验及天然地基承载力试验。单桩承载力试验,选择成桩条件完全一致的 M_1、M_2 2 根单桩试验;复合地基承载力试验由 4 根搅拌桩和 1 个承台组成,搅拌桩呈正方形排列,间距为 1.2 m,承台尺寸为 2.1 m×2.1 m,试验的桩间距及承台面积,力求与三村搅拌桩工程实际布桩情况一致。为了分析复合地基承载力的工作机理,同时做了 2.1 m×2.1 m 的天然地基承载力试验。

承载力试验点的位置及布置如图 3-17 和图 3-18 所示。试验前对各桩桩头分别进行了处理。

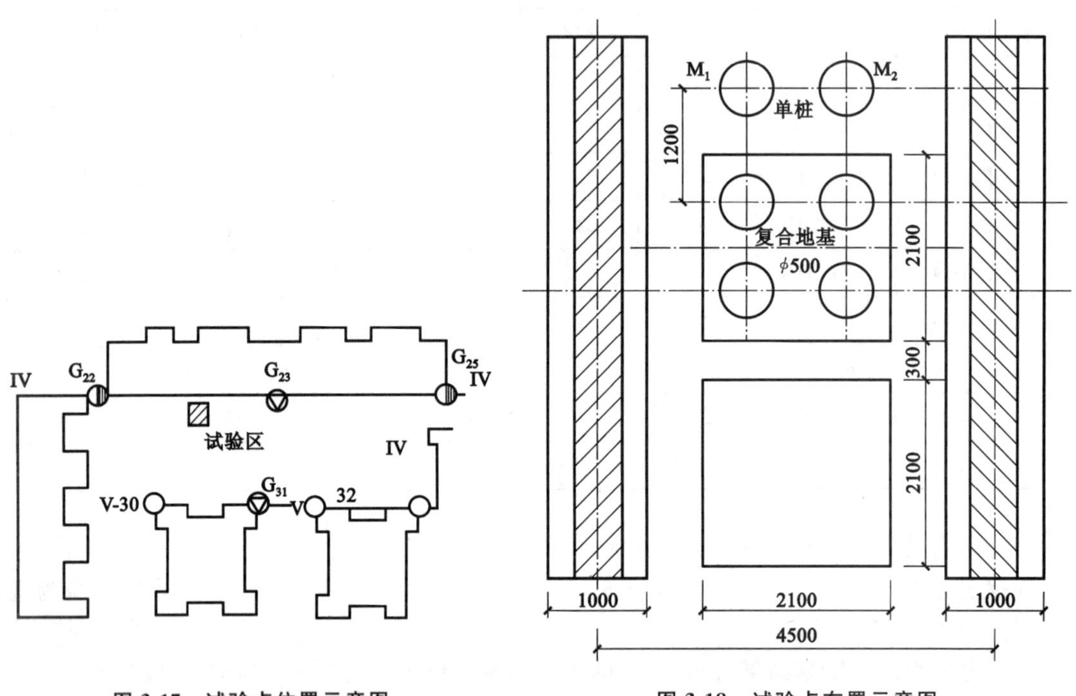

图 3-17 试验点位置示意图

图 3-18 试验点布置示意图

② 承载力试验设备及试验标准。

承载力试验采用堆重平台荷载装置,用油压千斤顶加荷,加荷值用手动油泵的精密压力表读取计算;沉降量观测用弦式引伸仪测读,精度为 0.1 mm。

单桩承载力试验采用快速加荷法,每小时加一级荷载,增加荷载量为 4 t;复合地基承载力试验采用慢速维持荷载法。

③ 试验成果与数据分析。

a. 单桩承载力试验。

M_1、M_2 单桩承载力试验 P-S 曲线及 S-lg$t$ 曲线如图 3-19 和图 3-20 所示。试验数据统计见表 3-5。

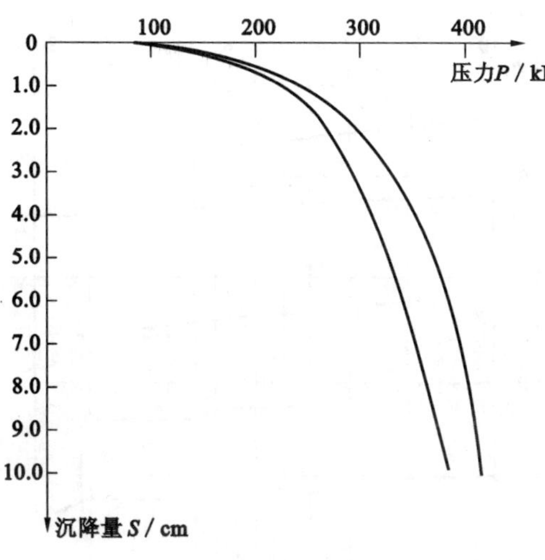

图 3-19 单桩承载力试验 P-S 曲线

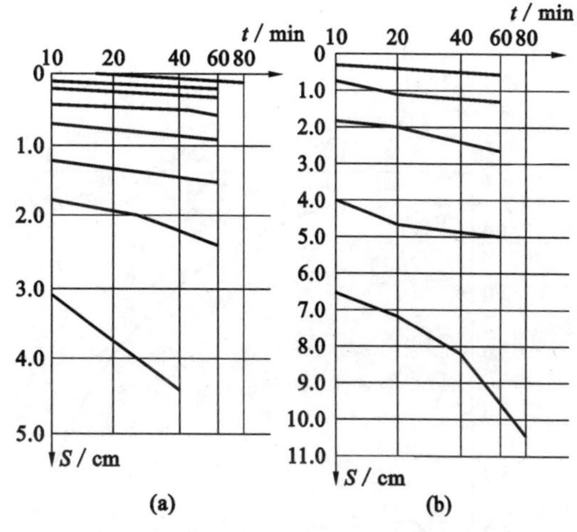

图 3-20 单桩承载力试验 S-lg*t* 曲线

(a) M_1 桩;(b) M_2 桩

由 M_1、M_2 单桩承载力试验曲线可见，M_1 破坏荷载为 406 kN，极限荷载为 366 kN，容许荷载为 183 kN；M_2 破坏荷载为 381 kN，极限荷载为 325 kN，容许荷载为 163 kN，大于设计要求的单桩容许承载力 140 kN。相应于设计承载力，单桩沉降量分别为 $S_{M_1}=2.5$ mm、$S_{M_2}=1.2$ mm。

表 3-5 单桩承载力试验数据统计表

压力 P/kN		40.6	81.3	121.9	162.6	203.2	243.8	325.1	365.8	406.4
沉降量 S/cm	M_1	0.009	0.03	0.088	0.179	0.316	0.533	1.495	2.393	5.358
	M_2	0.003	0.031	0.074	0.199	0.533	1.285	2.719	4.911	10.450

b. 复合地基承载力试验。

由图 3-21 和图 3-22 可以看出，*P-S* 曲线为光滑曲线，按沉降量为 0.02*B* 标准确定的地基容许承载力为 275 kPa，相应沉降量为 4.2 mm，容许承载力大于设计要求的复合地基容许承载力；沉降量小于设计要求的沉降量(设计容许承载力为 140 kPa 时的沉降量为 8.0 mm)时，变形模量 $E_s=22$ MPa(大于设计值 18 MPa)。

c. 天然地基承载力试验。

为了分析和对比复合地基承载力与特征，在复合地基附近做了一次相同尺寸的天然地基承载力试验，以 0.02*B* 沉降量为标准，容许承载力为 131 kPa。试验结果如图 3-23 和图 3-24 所示。

④ 结论。

通过深层搅拌桩的质量检验证实，用单头深层搅拌法处理该区地基，技术工艺合理、质量可靠。

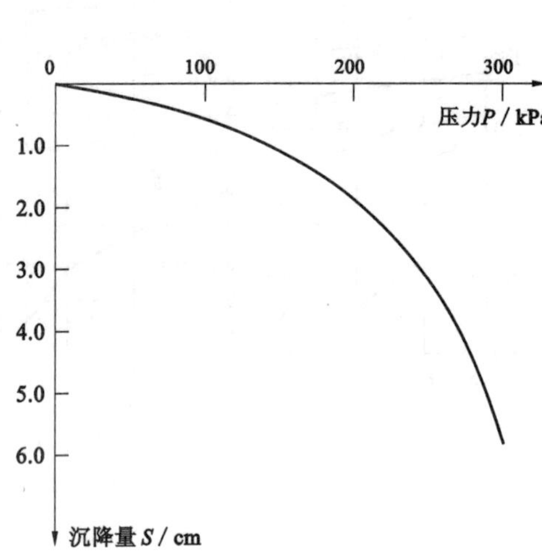

图 3-21 复合地基承载力试验 *P-S* 曲线

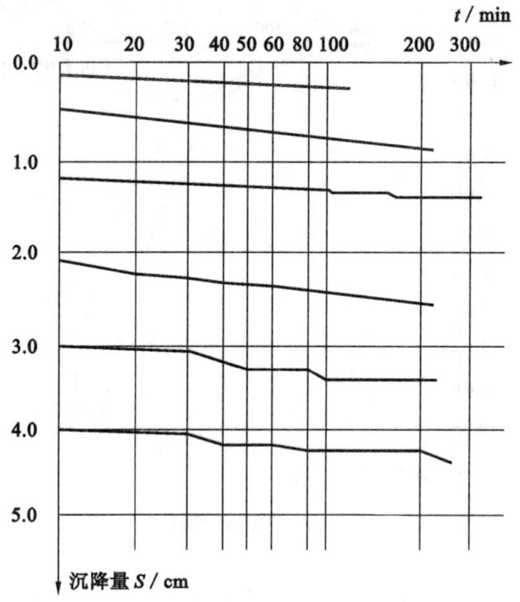

图 3-22 复合地基承载力试验 *S*-lg*t* 曲线

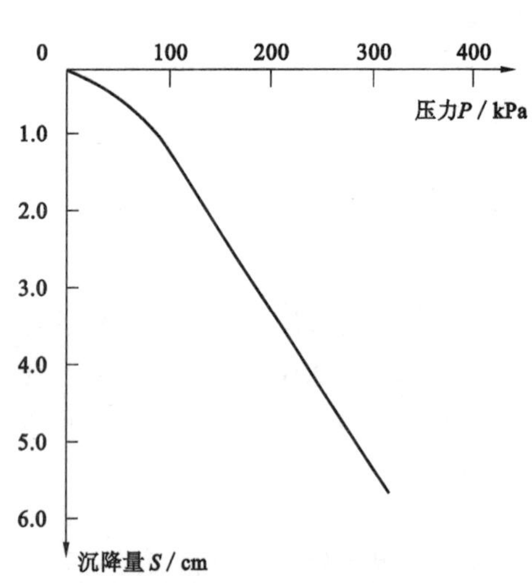

图 3-23 天然地基承载力试验 *P-S* 曲线

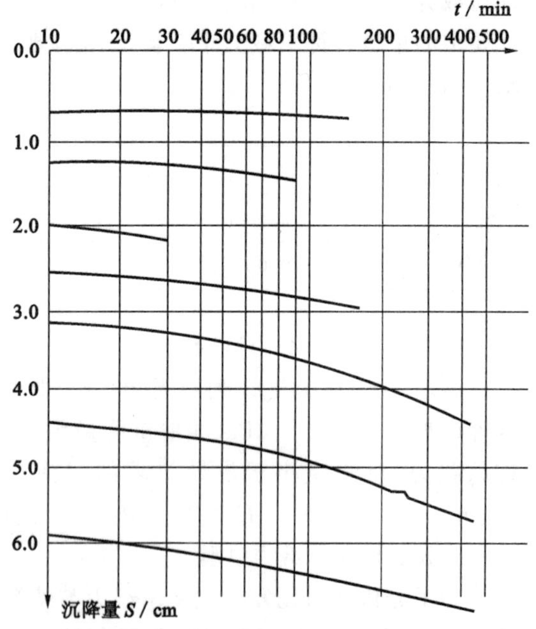

图 3-24 天然地基承载力试验 *S*-lg*t* 曲线

独立思考

3-1 深层搅拌法的加固机理是什么？

3-2 深层搅拌法的常用机具设备包括哪些？

3-3 深层搅拌法的施工工艺包括哪些？

3-4 深层搅拌法施工质量控制包括哪些方面？

4　排水固结加固

4.1　概　述

我国沿海地区、内陆山间盆地河湖沉积区和江河入海口三角洲地区广泛存在着淤泥质土、淤泥和充填土等饱和黏性土。这些软土具有含水量大、压缩性高、强度低和透水性差等特点。排水固结法是处理此类软黏土地基的有效方法之一。处理后的土体可用于土木工程建(构)筑物，包括飞机跑道、铁路和公路路堤、仓库、罐体及轻型建筑物地基等。

排水固结法能解决上述软黏土地基的沉降和稳定问题，可使地基的沉降在加载预压期间基本完成或大部分完成，以保证建筑物在使用期间不致产生过大的沉降和沉降差。在软土中设置竖向排水系统(如塑料排水板、砂井、袋装砂井、井点管)和水平排水系统(如砂垫层)，在堆载、真空、电渗或井点降水等附加荷载的作用下，地基土体排水固结，发生固结沉降，土体强度增长，从而可提高地基承载力，并有效减小工后沉降量，同时超载预压可以进一步减小工后沉降量。

排水固结系统由排水系统和加压系统两部分共同组合而成，具体见图 4-1。

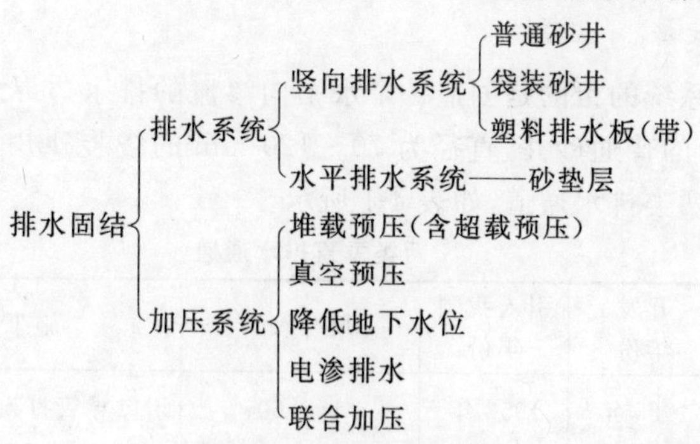

图 4-1　排水固结系统

排水固结法的设计，主要是根据上部结构荷载的大小、地基土的性质以及工期要求等确定排水系统，即水平排水体和竖向排水体的直径、间距、深度和排列方式；确定加压系统，即预压荷载的大小和预压时间，使预压后的地基能满足建(构)筑物对变形和稳定性的要求。

加压系统，即起固结作用的荷载，它使地基上的固结压力增加而产生固结。根据加压方式的不同，加压系统可以分为堆载预压(含超载预压)法、真空预压法、降低地下水位法、电渗排水法以及联合加压法。堆载预压法特别适用于存在连续薄砂层的地基,但只能加速主固结面而不能减少次固结面,对有机质土和泥炭等次固结土,不宜只采用堆载预压法,还可以利用超载的方法来克服次固结。真空预压法适用于能在加固区形成(包括采取措施后形成)稳定负压边界条件的软土地基。真空预压法、降低地下水位法和电渗排水法因为不增加剪应力,地基不会发生剪切破坏,所以适用于很软弱的黏土地基的排水固结处理。

4.2 排水系统 >>>

排水系统分为水平排水系统和竖向排水系统两种。设置排水系统的目的主要在于改变地基原有的排水边界条件,增加孔隙水排出的途径,缩短排水距离。当软土层较薄或土的渗透性较好而所需施工期较长时,可仅在地面铺设一定厚度的砂垫层,然后加载,土层中的水竖向流入砂垫层而被排出。当工程上遇到深厚的、透水性很差的软黏土层时,可在地基中设置砂井或塑料排水带等竖向排水体,地面铺设水平向砂垫层,构成排水系统。

(1) 水平排水系统

水平排水系统是指软土层顶面的排水砂层,设置的目的是创造一个竖向渗流的排水边界。

排水垫层的材料一般采用透水性好的材料,其渗透系数不低于 1×10^{-5} m/s,同时能起到一定的反滤作用,并要求含泥量不超过 3%。垫层厚度一般为 300～500 mm,在没有砂井的情况下,通常采用满铺的形式;对于有砂井的情况,可采用排水砂沟的形式,从而将每一口砂井连在一起。当软土地基表面很软,施工有困难时,可先在地基表面铺一层塑料编织网或土工布,再在上面铺排水砂垫层。

(2) 竖向排水系统

设置竖向排水系统的目的是创造一个水平向渗流的排水边界。常用以下几种形式:直径为 300～500 mm 的普通砂井,直径为 70～120 mm 的袋装砂井,各种类型的塑料排水板等。其总的归纳为两类排水通道,如表 4-1 所示。

表 4-1 两类垂直排水通道

类别		开发年份	引入我国年份	尺寸/cm	施工方法	最大打设深度/m
砂井	普通砂井	1925 年	1953 年	15～60	闭口导管打入、螺旋钻成孔	30
	袋装砂井	1968 年	1977 年	6～15	闭口导管打入	30
排水板	纸板	1940 年	—	0.35×10	闭口导管打入	—
	塑料板	1971 年	1981 年	(0.35～0.6)×10	闭口导管打入、液压打入	60

对于所有排水系统,应做到:

① 保证上下连续、密实，砂井不能出现缩颈现象。

② 施工时尽量减少对周围土体的扰动。

③ 施工后的长度、直径、间距应满足设计要求。

4.3 排水固结法的加固原理 >>>

排水固结法的加固原理实质上就是使地基土发生排水固结。在土力学中，土体在某一压力作用下，孔隙水被逐渐排出，孔隙体积随之减小，有效应力逐渐提高，土体的密实度和强度随时间逐渐增长的过程称为土的固结过程。所以，地基土层的固结过程就是超静孔隙水压力不断消散（孔隙水排出）和有效应力不断增大的过程，同时土体被逐步挤压密实，抗剪强度逐渐增大。

现以图 4-2 为例加以说明。

当土样的天然估计应力为 σ_0' 时，其孔隙比为 e_0，在 e-σ_c' 曲线上，其相应的点为 a 点；当压力增加 $\Delta\sigma'$，固结终了时，变为 c 点，孔隙比减小 Δe，曲线 abc 称为压缩曲线。与此同时，抗剪强度随固结压力的增大而从 a 点对应值提高到 c 点对应值。所以，土体在受固结压力时，一方面孔隙比减小产生压缩，另一方面抗剪强度得到提高。如从 c 点卸除压力 $\Delta\sigma'$，则土样发生膨胀，图中 cef 即为卸荷膨胀曲线。如从 f 点再加压 $\Delta\sigma'$，土样发生再压缩，曲线沿虚线变化到 c'，其相应的强度包络线如图 4-2 所示。从再压曲线 fgc' 可清楚地看出，固结压力同样从 σ'_0 增加 $\Delta\sigma'$，而孔隙比减小值为 $\Delta e'$，$\Delta e'$ 比 Δe 小得多。这说明，如果在建筑场地先加一个和上部建筑物相同的压力进行预压，使土层固结（相当于压缩曲线从 a 点变化到 c 点），然后卸除荷载（相当于膨胀曲线由 c 点变化到 f 点），再建造建筑物（相当于再压曲线从 f 点变化到 c' 点）。这样，建筑物所引起的沉降即可大大减小。如果预压荷载大于建筑物荷载，即所谓超载预压，则效果更好，因为经过超载预压，当土层的固结压力大于使用荷载下的固结压力时，原来的正常固结黏土层将处于超固结状态，而使土层在使用荷载下的变形大为减小。

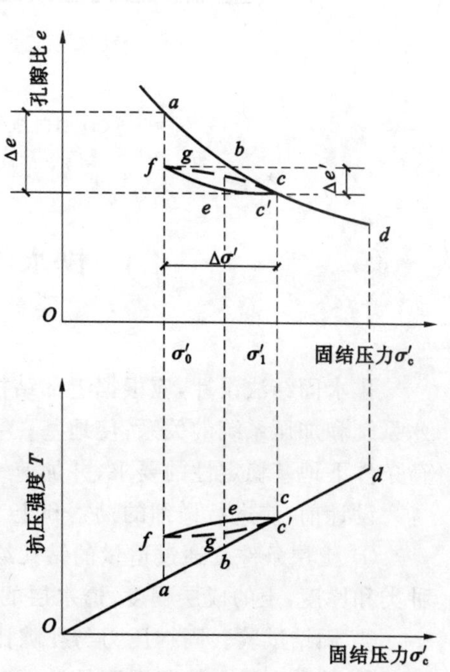

图 4-2 排水固结法增大地基土密度的原理

排水固结法的排水系统是通过改善地基排水边界条件来达到增强土层排水固结效果目的的。地基土层的排水固结效果与其排水边界条件有关。根据固结理论，在达到同一固结度时，黏性土固结所需的时间与排水距离的平方成正比。

如图 4-3(a)所示，软黏土土层越厚，固结所需的时间越长。如淤泥质土层厚度大于 10～20 m，要达到较大固结度($U>80\%$)，所需的时间要几年至几十年之久。为加快固结，最有效的方法是在天然土层中增加排水途径，缩短排水距离。具体措施为可以在天然地基中设置袋装砂井、塑料排水板(带)等竖向排水体，以及砂垫层等水平排水体。如图 4-3(b)所示，此时土层中的孔隙水主要从水平排水体通过砂井，部分从竖向排水体通过砂垫层排出。这样一方面将大大缩短预压期，在短时期内达到较好的固结效果，使沉降提前完成；另一方面，将加速地基土强度的增长，保证地基的稳定性。

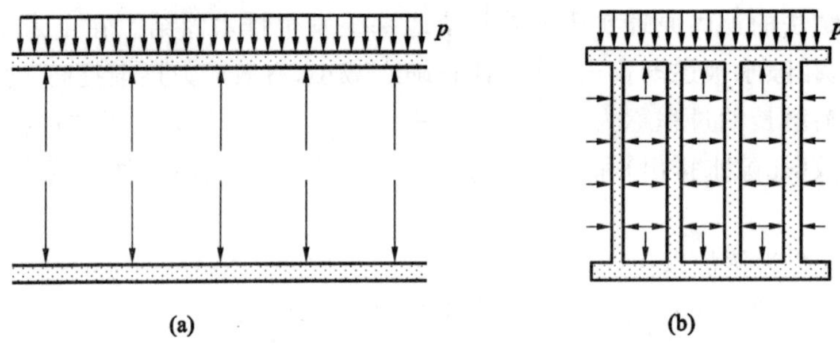

图 4-3 排水固结法的原理

(a) 竖向排水的情况；(b) 砂井地基排水的情况

4.4 排水固结法设计计算

排水固结法设计，应根据上部结构荷载的大小、地基土的性质及工期要求，合理安排排水系统和加压系统的关系，使地基在受压过程中排水固结，增加一部分强度，以满足逐渐加荷条件下地基稳定性的要求，并加速地基的固结沉降，缩短预压的时间。

设计前，应进行详细的勘察和土工试验，取得下述设计资料：

① 土层条件。通过适量的钻孔绘制出的土层剖面图，采取足够数目的试样确定的土的种类和厚度，土的成层程度，透水层的位置，地下水位深度。

② 固结试验。固结压力与孔隙比的关系曲线，固结系数。

③ 软黏土层的抗剪强度及沿深度方向的变化。

④ 砂井及砂垫层所用砂料的粒度分布、含泥量等。

排水固结法设计过程中，需计算地基土的固结度、抗剪强度增长量和沉降量。

(1) 固结度计算

① 瞬间加荷条件下固结度计算。

瞬间加荷条件下地基固结度计算如图 4-4～图 4-6 所示，不同条件下平均固结度计算公式如表 4-2 所示。

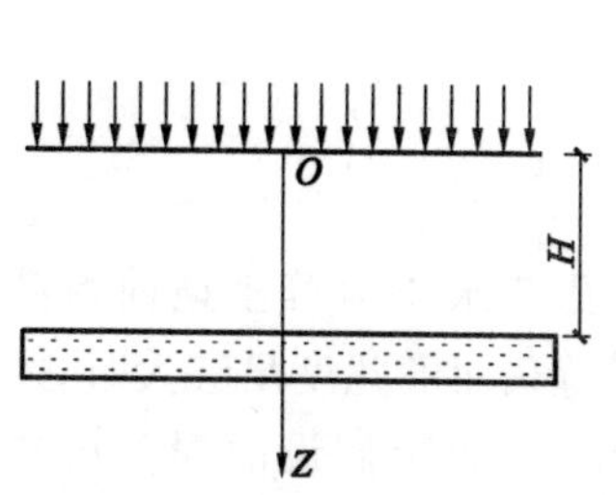

图 4-4 竖向排水固结

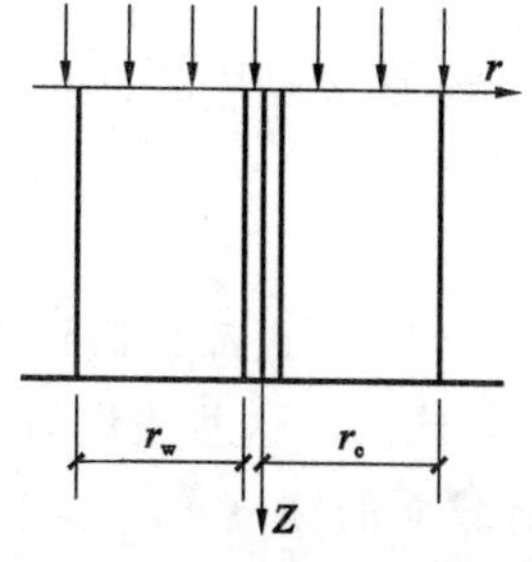

图 4-5 砂井排水固结

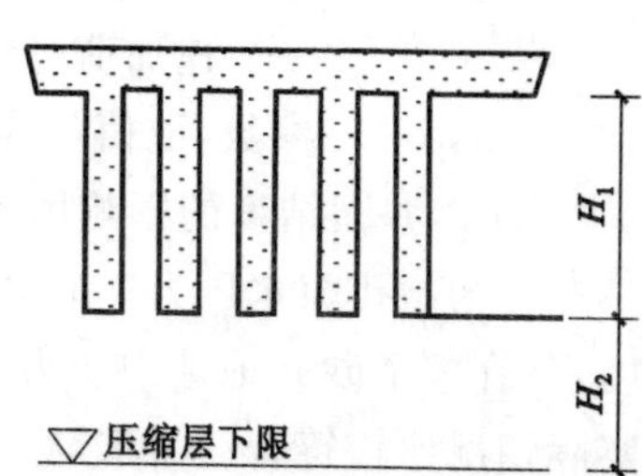

图 4-6 砂井未打穿受压土层的情况

表 4-2 不同条件下平均固结度计算公式

序号	条件	平均固结度计算公式	α	β	备注
1	普通表达式	$\overline{U}=1-\alpha e^{-\beta t}$			
2	竖向排水固结（$U>30\%$）	$\overline{U}=1-\frac{8}{\pi^2}e^{-\frac{\pi^2 C_v}{4H^2}t}$	$\frac{8}{\pi^2}$	$\frac{\pi^2 C_v}{4H^2}$	Tezaghi 解
3	内径向排水固结	$\overline{U}_r=1-e^{-\frac{8C_v}{F_n d_e^2}t}$	1	$\frac{8C_v}{F_n d_e^2}$	Barron 解 $F_n=\frac{n^2}{n^2-1}\ln n-\frac{3n^2-1}{4n^2}$ 其中 n 为井径比，$n=\frac{d_e}{d_w}$
4	竖向和内径向排水固结（砂井地基平均固结度）	$\overline{U}_{rz}=1-\frac{8}{\pi^2}e^{-\left(\frac{\pi^2 C}{4H^2}+\frac{8C_v}{F_n d_e^2}\right)}$	$\frac{8}{\pi^2}$	$\frac{\pi^2 C}{4H^2}+\frac{8C_v}{F_n d_e^2}$	
5	砂井未打穿受压土层的平均固结度	$\overline{U}=Q\overline{U}_{rz}+(1-Q)\overline{U}_z$ $\approx 1-\frac{8Q}{\pi^2}e^{-\frac{8C_v}{F_n d_e^2}t}$	$\frac{8Q}{\pi^2}$	$-\frac{8C_v}{F_n d_e^2}t$	$Q=\frac{H_1}{H_1+H_2}$
6	内径向排水固结/60%	$\overline{U}_r=1-0.692e^{-\frac{5.78C_h}{R^2}t}$	0.692	$\frac{5.78C_h}{R^2}$	R 为土柱体半径

注：C_v 为竖向固结系数，$C_v=K_v(1+e)/(\alpha\gamma_w)$；$C_h$ 为径向固结系数（或称为水平向固结系数），$C_h=K_h(1+e)/(\alpha\gamma_w)$；$d_e$ 为单个砂井有效影响范围的直径；d_w 为砂井直径。

② 逐渐加荷条件下地基固结度的计算。

表 4-2 中固结度计算公式都是假设荷载是一次瞬间施加的。在实际工程中，为保证施工过程中地基的稳定性，其荷载多为分级逐渐施加。在一级或多级等速加载条件下，当固结时间为 t 时，对应总荷载的地基平均固结度可按下式计算：

$$\overline{U}_t=\sum_{i=1}^{n}\frac{q_i}{\sum\Delta p}\left[T_i-T_{i-1}-\frac{\alpha}{\beta}e^{-\beta t}\left(e^{\beta T_i}-e^{\beta T_{i-1}}\right)\right] \tag{4-1}$$

式中 U_t——固结时间为 t 时多级荷载等速加荷修正后的平均固结度，%；

$\sum\Delta p$——各级荷载的累积值，kPa；

q_i——第 i 级荷载的平均速率，kPa；

T_{i-1},T_i——第 i 级荷载加载的起始和终止时间(从零点起算),当计算第 i 级荷载等速加荷过程中时间 t 的固结度时,则 T_i 改用 t;

α,β——参数,取值如表 4-2 所示。

③ 砂井固结度的影响因素。

a. 初始孔隙水压力。砂井固结度计算公式都是假设初始孔隙水压力等于地面荷载强度,且在整个砂井地基中应力分布是相同的。这些假设只有当荷载面的宽度足够大时,才与实际情况比较符合。一般认为,当荷载面的宽度等于砂井长度时,以上假设的误差可忽略不计。

b. 涂抹与井阻作用。当排水竖井采用挤土方式施工时,应考虑涂抹对土体固结的影响。当竖井的纵向通水量与天然土层水平向渗透系数的比值较小,且长度又较大时,还应考虑井阻影响。

在一级或多级等速加荷条件下,考虑涂抹和井阻影响时,竖井穿透受压土层地基的平均固结度可按表 4-2 计算,其中 $\alpha=8/\pi^2$,$\beta=\pi^2 C_v/(4H^2)$。

(2) 抗剪强度增长量计算

在预压荷载作用下,一方面随着排水固结的进行,地基土的抗剪强度逐渐增长;另一方面,剪应力随着荷载的增加而加大,而且剪应力在某种条件下,还会导致抗剪强度的衰减。为保证地基在预压荷载下的稳定性,需研究由预压荷载引起的地基抗剪强度的增长规律。

计算预压荷载作用下饱和黏性土地基中某点的抗剪强度时,应考虑土体原来的固结状态。对正常固结饱和黏性土地基,某点某一时间的抗剪强度可按下式计算:

$$\tau_{ft} = \tau_{f0} + \Delta\sigma_z U_t \tan\varphi_{cu} \tag{4-2}$$

式中 τ_{ft}——固结时间为 t 时该点土的抗剪强度,kPa;

τ_{f0}——地基土的天然抗剪强度,kPa;

$\Delta\sigma_z$——预压荷载引起的该点的附加竖向应力,kPa;

U_t——固结时间为 t 时该点土的固结度;

φ_{cu}——三轴固结不排水压缩试验求得的土的内摩擦角,(°)。

(3) 沉降量计算

对于以稳定性为控制条件的工程,如堤、坝等,通过沉降量计算可预估施工期间由于基底沉降而增加的土方量;还可以估计工程竣工后尚未完成的沉降量,作为堤坝预留沉降缝高度及路堤加宽的依据。对于以沉降量为控制条件的建筑物,沉降量计算的目的在于估计所需预压时间和各时期沉降量的发展情况,以调整排水系统和预压系统间的关系,提出施工阶段的设计。

地基土的总沉降量一般包括瞬时沉降量、固结沉降量和次固结沉降量三部分。瞬时沉降量是在荷载施加后立即产生的沉降量,由剪切变形引起,这部分变形不可忽略;固结沉降量是指地基排水固结引起的沉降量,为总沉降量的主要部分;次固结沉降量是由超静孔隙水压力消散后,土骨架在持续荷载作用下发生的蠕变引起的沉降量。次固结沉降量的大小与土的性质有关,一般泥炭土、有机质土或高塑性黏性土的次固结沉降量较大,其他土所占比例则不大。

在实际工程中，常采用经验算法，考虑地基剪切变形和其他因素的综合影响，以固结沉降量为基准，用经验系数进行修正，得到最终沉降量。预压荷载作用下地基的最终沉降量可按下式计算：

$$S_f = \xi \sum_{i=1}^{n} \frac{e_{0i} - e_{1i}}{1 + e_{0i}} h_i \tag{4-3}$$

式中 S_f——最终竖向变形量，m；

e_{0i}——第 i 层中点土自重应力所对应的孔隙比，由室内固结试验 e-p 曲线查得；

e_{1i}——第 i 层中点土自重应力与附加应力之和所对应的孔隙比，由室内固结试验曲线查得；

h_i——第 i 层土层厚度，m；

ξ——经验系数，对于正常固结饱和黏性土地基可取 ξ=1.1～1.4，荷载较大、地基土较软弱时取较大值，否则取较小值。

变形计算时，可取附加应力与土自重应力的比值为0.1的深度作为受压层的计算深度。在预压期间应及时整理竖向变形与时间、孔隙水压力与时间等关系曲线，并推算地基的最终竖向变形和不同时间的固结度，以分析地基处理效果，并为确定卸载时间提供依据。

工程上往往利用实测变形与时间关系曲线按下式推算最终竖向变形量 S_f 和参数值 β。

$$S_f = \frac{S_3(S_2 - S_1) - S_2(S_3 - S_2)}{S_2 - S_1 - (S_3 - S_2)} \tag{4-4}$$

$$\beta = \frac{1}{t_2 - t_1} \ln \frac{S_2 - S_1}{S_3 - S_2} \tag{4-5}$$

式中 S_1, S_2, S_3——加荷停止后时间 t_1、t_2、t_3 对应的竖向变形量，并要求取 $t_2 - t_1 = t_3 - t_2$。

停荷后预压时间延续越长，推算的结果越可靠。得出 β 值后即可计算出受压土层的平均固结系数，进而计算出任意时间的固结度。

(4) 稳定性分析

对软黏土堆载预压，如加载过快，往往会引起地基的失稳，因而对预压工程，在加荷工程中，应对每级荷载下地基的稳定性进行验算，以保证工程的安全、经济、合理。

通过稳定性分析，可以解决以下问题：

① 地基在其天然抗剪强度条件下的最大堆载。

② 预压过程中各级荷载下地基的稳定性。

③ 最大允许预压荷载。

④ 理想的堆载计划。

在软黏土地基上筑堤、坝，或进行堆载预压时，其破坏往往是由地基的稳定性不足引起的。当软土层较厚时，滑裂面近似为一圆筒面，且切入地面以下一定深度。对于砂井地基或含有较多薄粉砂夹层的黏土地基，由于具有良好的排水条件，在进行稳定性分析时，应考虑地基在填土等荷载作用下会产生固结而使土的强度提高。

地基稳定性分析的方法很多，常采用的是圆弧滑动法。

4.5 堆载预压法设计计算

在建筑物建造以前，在建筑场地进行堆载预压，使地基的固结沉降基本完成和地基土强度提高的方法，称为堆载预压法。

堆载预压法是加压系统中最常用的一种方法。根据永久荷载的大小，可在软土表面堆置相应的砂石料、钢锭等荷载用料。堆载预压法的最大优点是计量明确，施工技术简单，对地质条件的适应性广。但这种方法的工程量大，投资高，特别是当荷载用料来源有困难时，则更不经济。

堆载预压荷载主要是堆载砂、石、山皮土等荷载，也可采用水作为堆载料，以满足工程环保的要求。水荷载具有加载、卸载速度快，荷载均匀，便于施工操作控制，有利于环保，可以节约资源等优点。

(1) 堆载预压地基内的应力分布

由建筑物荷载引起地基中的应力分布可采用线弹性理论进行近似计算，而对于堆载预压地基内的应力分布可采用土的非线性应力-应变关系，并考虑土的固结，应用有限元等数值方法进行分析计算，得出地基内任一点的竖向变形、侧向变形、超静孔隙水压力、应力随时间的变化等。

(2) 堆载预压的计算

软黏土地基抗剪强度低，无论是直接建造建筑物，还是进行堆载预压，往往都不可能快速加荷，必须分级逐渐加荷，即待前期荷载作用下地基强度增加到足以加下一级荷载时方可加下一级荷载。其计算步骤是，先用简便的方法确定一个初步的加荷计划，再校核这一加荷条件下地基的稳定性和沉降量。具体方法如下。

① 利用地基的天然抗剪强度计算第一级容许施加的荷载 P_1，对长条梯形填土，可根据 Fellenius 公式估算，即

$$P_1 = \frac{5.52\tau_{f0}}{F} \tag{4-6}$$

式中 τ_{f0}——天然地基不排水抗剪强度，由无侧限抗压强度试验、三轴不排水剪切试验或原位十字板剪切试验测定；

F——安全系数，建议采用 1.1～1.5。

② 计算第一级荷载作用下地基强度增长值。在 P_1 荷载作用下，经过一段时间的预压，地基强度将提高到 τ_{f1}，即

$$\tau_{f1} = \eta(\tau_{f0} + \Delta\tau_{f0}) \tag{4-7}$$

式中 $\Delta\tau_{f0}$——P_1 作用下，地基因固结而增长的强度，通常假设地基的固结度为 70%；

η——考虑剪切蠕变的强度折减系数。

③ 计算 P_1 作用下达到所定固结度所需要的时间。目的在于确定第一级荷载停歇的时间，亦即第二级荷载开始施加的时间。

④ 根据第②步所得到的地基强度 τ_{f1} 计算第二级所能施加的荷载 P_2，即

$$P_2 = \frac{5.52\tau_{f1}}{F} \tag{4-8}$$

同样，求出在 P_2 作用下地基固结度达 70%时的强度及所需时间，然后计算第三级施加的荷载。依次计算出以后各级荷载的停歇时间，加荷计划随之确定下来。

⑤ 对按以上步骤确定的加荷计划进行每一级荷载下地基的稳定性验算，若稳定性不满足要求，则应调整加荷计划。

⑥ 计算预压荷载下地基的最终沉降量和预压期间的沉降量。目的在于确定预压荷载卸除的时间，若地基在预压荷载作用下所完成的沉降量已达到设计要求，则所剩余的沉降量为建筑物所允许。

(3) 超载预压法

对沉降有严格限制的建筑物，应采用超载预压法处理地基。经超载预压后，若受压土层各点有效竖向应力大于建筑物荷载引起的相应点附加总应力，则在建筑物荷载作用下地基将不会再发生主固结变形，且次固结变形减小，并可推迟次固结变形的发生。

超载预压可缩短预压时间，如图 4-7 所示，在预压过程中，任一时间地基的沉降量可表示为：

$$S_t = S_d + \overline{U}_t S_0 + S_s \tag{4-9}$$

式中 S_t——t 时刻地基的沉降量，mm；

S_d——由剪切变形引起的瞬时沉降，mm；

$\overline{U}_t$——t 时刻地基的平均固结度；

S_0——最终固结沉降量，mm；

S_s——次固结沉降量，mm。

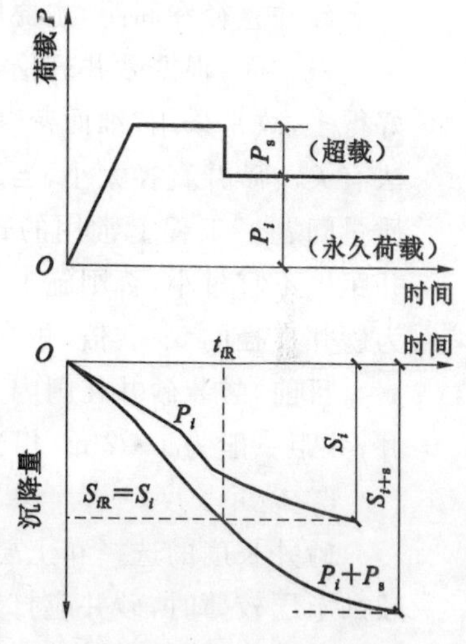

图 4-7 超载预压主固结沉降

式(4-9)可用于：① 确定所需的超载压力值 P_s，以保证在使用荷载 P_i 作用下预期的总沉降量在给定的时间内完成；② 确定在给定超载作用下达到预定沉降量所需要的时间。

在永久填土或建筑物荷载 P_i 作用下，地基的固结沉降量可用通常的方法计算。

为了避免超载卸除后地基继续发生主固结沉降，超载应维持到使土层中间部位的固结度达到要求，即

$$U_{z(f+s)} = \frac{P_i}{P_i + P_s} \tag{4-10}$$

该方法要求将超载维持到在 P_i 作用下所有点都完全固结为止，这时大部分的土层将处于超固结状态。因此，这是一个安全度较大的方法。它所预估的 P_s 值或超载时间都大于实际所需的值。

对于有机黏土、泥炭土等，次固结沉降是重要的，采用超载预压法对减小永久荷载作用下的次固结沉降有一定效果，计算原则是把 P_i 作用下的总沉降量看作主固结沉降量和次固结沉降量之和。

(4) 砂井堆载预压法

软黏土的结构呈蜂窝状或絮状，一般在固体颗粒周围充满水，当受到应力作用时，土体中孔隙水慢慢排出，空隙体积变小而发生体积压缩。由于黏土的空隙本身很小，水在其中的流动非常缓慢，为了与透水性好的砂性土的压缩相区别，特将黏土的压缩称为固结。衡量土透水性的指标为渗透系数。砂的渗透系数和黏土相差很大，因此当工程上遇到黏土层厚度很大时，如采用堆载预压法而不改变黏土层的排水边界条件，黏土层固结将十分缓慢，地基土的强度增长太慢而不能快速堆载，使预压时间延长；或者在一定时间内所需的超载过大而难以实施。这时可以在地基内设置砂井等竖向排水体，以缩短排水距离，加速土层的固结。

对于泥炭土、有机质黏土和高塑性土等土层，其次固结沉降占的比例较大，用砂井排水效果不大。

与堆载预压法相比，砂井堆载预压法的设计和计算仅多了砂井地基的设计这一项工作。砂井地基的设计工作，即为选择适当的砂井长度、直径、间距，以及形成有效的砂井排水系统所需的材料、砂垫层深度等。

① 砂井直径和间距。

砂井直径和间距，主要取决于黏性土层的固结特性和施工期限的要求。

一方面，根据砂井理论，当不考虑井阻和涂抹作用时，缩小井距要比增大砂井直径效果好得多，故常采用“细而密”的原则。另一方面，砂井的直径和间距还与砂井的类型和施工方法有关。砂井直径太小，当采用套管法打设时，容易造成灌砂率不足、缩颈或砂井不连续等质量问题。工程上常用的普通砂井直径为 300～400 mm，袋装砂井直径为 70～120 mm。井距也不宜过小，否则施工时砂井周围土体将受到较大的扰动。对于普通砂井，通常的井距为砂井直径的 6～9 倍，相当于井径比为 7～10。

目前，袋装砂井在国内工程上得到了广泛的应用。我国通常采用直径为 70 mm 的砂井，井距一般为 1～2 m，相当于井径比为 15～30。

② 砂井长度。

砂井长度的选择和土层分布、地基中附加应力的大小、施工期限和条件等因素有关。当软黏土层较薄时，砂井应打穿黏土层；当黏土层较厚但含有砂层或砂透镜体时，砂井应尽可能打至砂层或砂透镜体；当黏土层很厚，其中又无透水层时，应按地基的稳定性以及建筑物沉降所要求处理的深度来决定。对于以沉降量为控制条件的工程，当受压层厚度不大(例如小于 20 m)时，可打穿受压层以减小预压荷载或减少预压时间。当受压层厚度很大时，因至深度较大处，附加应力与土自重应力相比很小，砂井的排水固结作用不大，故砂井不一定要打穿受压层。

一般可先选定某一砂井长度、直径和井距，通过固结度和沉降量的计算，预计经过一段时间预压后可能剩余的沉降量，如这一沉降量不能满足建筑物的要求，则重新选择砂井尺寸进行试算，直至满足要求为止。

对于以地基稳定性为控制条件的工程，如路堤、土坝等，目前以滑弧稳定性分析来确定砂井长度。砂井长度以超过最危险滑弧深度为宜。

③ 砂井排列。

图 4-8 所示为砂井平面布置的两种常用排列形式，即等边三角形排列和正方形排列。

当砂井为正方形排列时，砂井的有效排水范围为正方形；当砂井为等边三角形排列时，则为正六边形，如图中虚线所示，并认为在该有效范围内的水是通过位于其中的砂井排出的。在进行实际固结计算时，巴隆建议将每个砂井的影响范围化作一个等面积的圆来求解，等效圆的直径(d_e)与砂井间距(l)的关系如下。

等边三角形排列时

$$d_e = 1.050l \tag{4-11}$$

正方形排列时

$$d_e = 1.13l \tag{4-12}$$

式中 d_e——砂井的有效直径；

l——砂井间距。

从形式上看，砂井按等边三角形排列较正方形排列紧凑，实际工程中也较常采用等边三角形排列，但理论上这两种排列效果相同(当 d_e 相同时)。

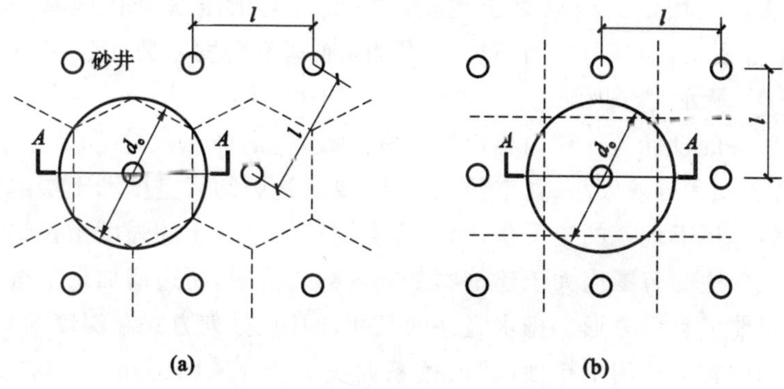

图 4-8 砂井平面布置及影响区域

砂井的布置范围，一般以比建筑物基础范围稍大为宜，可由基础的轮廓线向外延伸 2～4 m。这是因为基础以外一定范围内地基中仍然产生由建筑物荷载引起的压应力和剪应力。基础外的地基土如能加速其固结，对提高地基的稳定性、减小侧向变形及由此引起的沉降均有好处。

④ 排水砂垫层。

在砂井顶面应铺设排水砂垫层，以连通砂井，引出从土层排水砂井的渗流水。砂垫层的厚度一般为0.5 m左右。如砂料缺乏，可采用连通砂井的纵、横砂沟代替整片砂垫层。

⑤ 砂料。

砂料宜选用中粗砂，其含泥量不应超过 3%。

4.6 其他方法简介 >>>

(1) 真空预压法

真空预压法是先在需要加固的软黏土地基内设置竖向排水体(如砂井或塑料排水板

等),再在地面铺设砂垫层,并把不透气的密封膜覆盖在砂垫层上,将膜下土体抽成真空,产生负压荷载作用于地基土(图 4-9),由此达到排水固结的目的。

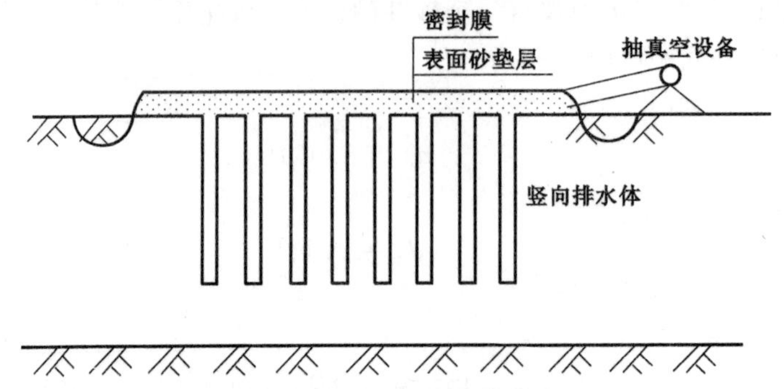

图 4-9 真空预压法加固地基示意图

真空预压法适用于一般软黏土地基。由于真空预压法是在地基中产生等向负压力($-u$)而使土层固结,地基剪应力不增加,因此,地基不会发生剪切破坏,对软弱黏土层是很有利的。图 4-9 所示为深圳河与广州南沙真空预压实例。

真空预压法的设计与计算内容包括:竖向排水体的断面尺寸、间距、排列方式和深度的选择,预压区面积和分块大小、真空预压工艺、要求达到的真空度和土层的固结度,真空预压和建筑物荷载作用下地基的变形量计算,真空预压后地基土的强度增长量计算等。

真空预压区边缘范围应大于建筑物基础轮廓线范围,两边增加量不得小于 3 m,每块预压面积宜尽可能大且呈方形。排水竖井的尺寸、间距、排列方式和深度的确定可参照堆载预压法。砂井的砂料应选用中粗砂,其渗透系数应大于 1×10^{-4} m/s。真空预压所需抽真空设备的数量,可按加固面积的大小和形状、土层结构特点,以一套设备可抽真空面积为 1000～1500 m^2确定。对于表层存在良好的透气层或在处理范围内有充足水源补给的透水层,应采取有效措施隔断透气层或透水层。对于复杂条件下的地基,应通过试验确定工程设计参数。

工程实践表明,真空预压效果和密封膜内所能达到的真空度关系极大。当采用合理的施工工艺和设备时,膜内真空度一般都能维持在 600 mmHg 左右,相当于 80 kPa 的真空压力,可作为最大膜内设计真空度。真空预压的膜下真空度应稳定地保持在 650 mmHg 以上,且应均匀分布。当建筑物的荷载超过真空预压的压力,且建筑物对地基变形有严格要求时,可采用真空-堆载联合预压法,其总压力宜超过建筑物的荷载。

地基土的固结度、强度增长量以及变形量计算可参照堆载预压法。竖井深度范围内土层的平均固结度应大于 90%。真空预压地基最终竖向变形可按式(4-3)计算,其中 ξ 可取 0.8～0.9;真空-堆载联合预压法以真空预压为主时,ξ 可取 0.9。

(2) 降低地下水位法

降低地下水位法的原理是通过降低地基中的地下水位,使地基中软土承受相当于水位下降高度的压力而产生固结,这是一种直接增加土骨架应力的方法。降低地下水位法常常与堆载预压法结合应用,既可以减小预压荷载,又可以减少预压时间。但降低地下水位法有一定的局限性,它与土层分布和渗透性有很大的关系。此外,各种井点的降水深度也有一定的限度，详见表4-3，井点降水的计算可参照有关水文地质学理论进行，但由于实际工程的影响因素很多，仅仅采用经过简化的图式进行计算是难以求出可靠结果的，因此还必须与经验相结合。

表4-3 **降水深度与土层和井点类型的关系**

井点类型	土层渗透系数/(m/d)	降水深度/m
单层轻型井点	0.1～50	3～6
多层轻型井点	0.1～50	6～12
喷射井点	0.1～2.0	8～12
电渗井点	<0.1	根据选用的井点确定
管井井点	20～200	3～5
深井井点	10～250	>15

降低地下水位法最适用于砂或砂质土，或软黏土层上存在砂或砂质土的情况。对于深厚的软黏土层，为加速其固结，需要设置砂井采用井点法降低地下水位。

降低地下水位法主要有单层轻型井点法、多层轻型井点法、喷射井点法、电渗井点法、管井井点法和深井井点法等。井点降水一般是先用高压射水将井管外径为38～50 mm、下端具有长约1.7 m的滤管沉到所需深度，并将井管顶部用管路与真空泵相连，借真空泵的吸力使地下水位下降，形成漏斗状的水位线，如图4-10所示。

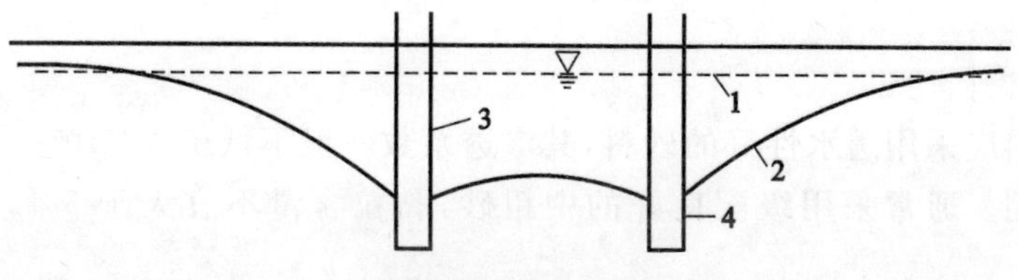

图4-10 井点降水

1—初始地下水位线；2—降水后漏斗状的水位线；3—井管；4—滤管

(3) 电渗排水法

电渗排水法的基本原理是：在土中插入金属电极并通以直流电，由于直流电场的作用，土中的水分从阳极流向阴极，在将水从阴极排出而在阳极不予补充的情况下，土层固结。

电渗是一种耦合流，是在电位作用下产生孔隙水流动的现象。土体在电场作用下除发生电渗外，还会发生电泳、电渗析和形成次生化合物等电化学反应。L. Casagrande于1939年首先将电渗用于排水和边坡稳定加固，此后该法应用于不同类型的软黏土加固工程。我国于20世纪50年代末期开始对电渗降水和加固进行试验研究，近年来在软黏土电渗加固方面取得了一定的工程经验。

在饱和粉土或粉质黏土、正常固结黏土以及孔隙水电解浓度低的情况下，应用电渗既经济又有效。在工程上，电渗排水法主要用于降低软黏土中的含水量或地下水位，提高土坡或基坑边坡的稳定性，或者联合堆载预压法加速饱和黏土地基的固结沉降等。

(4) 真空-堆载联合预压法

堆载预压法的最大优点是没有受到荷载大小的限制，因此可以进行超载预压，但缺点是堆载的工程量太大，所需投资高。降低水位法和真空预压法则比较经济，但所形成的预压荷载不可能很大，技术要求也比较复杂。在工程实践中可采用真空-堆载联合预压法。真空-堆载联合预压法就是综合两者的优点，先堆载，再加降水或抽气，这样就可以取得更加理想的效果。

采用真空-堆载联合预压法，既能加固软土地基，又能提高地基承载力。其工艺流程为：铺砂垫层→打设竖向排水通道→铺膜→抽气→堆载→工程验收。

4.7 施工方法 >>>

(1) 堆载预压施工方法

从施工角度分析，要保证排水固结法的加固效果，主要应做好以下几个方面的工作，即铺设水平排水垫层、设置竖向排水体和施加固结压力。

① 水平排水垫层的施工。

排水垫层的作用是使从土体进入垫层的渗流水，在预压过程中迅速地排出，使土层的固结能正常进行，防止土颗粒堵塞排水系统。因此，垫层的质量将直接关系到加固效果和预压时间的长短。

a. 垫层材料。

垫层材料应采用透水性好的砂料，其渗透系数一般不低于 1×10^{-4} m/s，同时能起到一定的反滤作用。通常采用级配良好的中粗砂，黏粒含量不宜大于 3%，一般不宜采用粉、细砂。

b. 垫层尺寸。

(a) 一般情况下，陆上排水垫层厚度为 0.5 m 左右，水下垫层为 1.0 m 左右。对于新吹填不久的或无硬壳层的软黏土及水下施工的特殊情况，应采用厚的排水垫层或混合料排水垫层。

(b) 排水砂垫层宽度应等于铺设场地宽度，砂料不足时，可用砂沟代替砂垫层。

(c) 砂沟的宽度为 2～3 倍砂井直径，深度一般为 400～600 mm。

c. 垫层施工。

无论采用何种施工方法，都应避免使软土表层产生过大的扰动，以免造成砂和淤泥混合，影响垫层的排水效果。另外，在铺设砂垫层前，应清除砂井顶面的淤泥或其他杂物，以利于砂井排水。

② 竖向排水体施工。

竖向排水体在工程中的应用有普通砂井、袋装砂井、塑料排水带。

a.普通砂井施工。

普通砂井施工要求:保持砂井连续和密实,并且不出现缩颈现象;尽量减少对周围土的扰动;砂井的长度、直径和间距应满足设计要求。

普通砂井施工一般先在地基中成孔,再在孔内灌砂形成砂井。砂井成孔和灌砂方法如表 4-4 所示。选用时应尽量选用对周围土体扰动小且施工效率高的方法。

表 4-4 砂井成孔和灌砂方法

<table>
<tr><th>类型</th><th colspan="2">成孔方法</th><th colspan="2">灌砂方法</th></tr>
<tr><td rowspan="3">使用套管</td><td rowspan="2">管端封闭</td><td>冲击打入
振动打入</td><td>用压缩空气</td><td>静力提拔套管
振动提拔套管</td></tr>
<tr><td>静力压入</td><td>用饱和砂</td><td>静力提拔套管</td></tr>
<tr><td>管端敞口</td><td>射水排土
螺旋钻排土</td><td>浸水自然下沉</td><td>静力提拔套管</td></tr>
<tr><td>不使用套管</td><td>旋转、射水
冲击、射水</td><td colspan="3">用饱和砂</td></tr>
</table>

砂井成孔的典型方法有套管法、射水法、螺旋钻成孔法和爆破法。

砂井的灌砂量,应按砂在中密状态时的干密度和井管外径所形成的体积计算,其实际灌砂量按质量控制要求,不得小于计算值的 95%。

为了避免砂井断颈或缩颈现象,可用灌砂的密实度来控制灌砂量。灌砂时可适当灌水,以利于使其密实。

砂井位置的偏差不应大于井径,垂直度偏差不应大于 1.5%,深度不得小于设计要求值。

b.袋装砂井施工。

袋装砂井是用具有一定伸缩性和抗拉强度很高的聚丙烯或聚乙烯编织袋装满砂子形成砂井。它基本解决了大直径砂井中存在的问题,使砂井的设计和施工更加科学化,保证了砂井的连续性,实现了施工设备轻型化,比较适合软弱地基施工;同时用砂量大为减少,施工速度加快,工程造价降低,是一种比较理想的竖向排水体。

(a) 袋装砂井的成孔方法。

袋装砂井的成孔方法有锤击打入法、水冲法、静力压入法、钻孔法和振动贯入法。

(b) 砂袋材料的选择。

砂袋必须选用抗拉性能强、抗腐蚀和抗紫外线能力强、透水性好、柔韧性好、透气,并且在水中能起滤网作用和不外露砂料的材料制作。国内采用的砂袋材料有麻布和聚丙烯编织袋。

(c) 施工要求。

灌入砂袋的砂宜用干砂,并应灌制密实。砂袋长度应较砂井孔长 500 mm,使其在放入井孔内后能露出地面,以便埋入排水砂垫层中。

袋装砂井施工时,所用钢管的内径宜略大于砂井直径,但不宜过大,以减小施工过程中对地基土的扰动。另外,拔管后带上砂袋的长度不宜超过 0.50 m。

c. 塑料排水带施工。

塑料排水带根据结构形式可分为多孔质单一结构型和复合结构型 2 种。

(a) 插带机械。

塑料排水带的施工质量在很大程度上取决于施工机械的性能，其有时还会成为制约施工的重要因素。

由于插带机械大多在软弱地基上施工，故要求行走装置具有机械移位迅速、对位准确、整机稳定性好、施工安全、对地基土扰动小、接地压力小等性能。按机型分，其有轨道式、滚动式、履带浮箱式、履带式和步履式等多种。

(b) 塑料排水带的导管靴与桩尖。

一般打设塑料排水带的导管靴有圆形和矩形两种。导管靴断面不同，故所用桩尖各异，并且一般都与导管分离。桩尖主要作用是在打设塑料排水带过程中防止淤泥进入导管内，并且对塑料排水带起锚固作用，防止提管时将塑料排水带提出。

(c) 塑料排水带的施工流程。

塑料排水带的施工流程为：将塑料排水带定位并通过导管从导管靴穿出→将塑料排水带与桩尖连接贴紧导管靴并对准桩位→插入塑料排水带→拔管，剪断塑料排水带等。

(2) 真空预压施工方法

① 加固区划分。

加固区划分是真空预压施工的重要环节。理论计算结构和实际加固效果均表明，每块真空预压加固场地的面积宜大不宜小。目前，国内单块真空预压面积已达 30000 m^2，但如果受施工能力或场地条件限制，需要把场地划分成几个加固区域，分期进行加固，则划分区域时要考虑以下因素。

a. 按建（构）筑物分布情况，应确保每个建（构）筑物位于一块加固区域内，建（构）筑物边线距加固区有效边线根据地基加固厚度可取 2～4 m 或更大些。应避免两块加固区的分界线横过建（构）筑物，否则将会因两块加固区分界区域的加固效果差异而导致建（构）筑物发生不均匀沉降。

b. 应考虑竖向排水体打设能力、加工大面积密封膜的能力、大面积铺膜的能力和经验，以及射流装置和滤管的数量等方面的综合指数。

c. 应以满足建筑工期要求为依据，一般加固面积以 6000～10000 m^2 为宜。

d. 在风力较大地区施工时，应在可能情况下适当减小加固区面积。

e. 加固区之间的距离应尽量减小或者共用一条封闭沟。

② 工艺设备。

抽真空工艺设备包括真空源和一套膜内、膜外管路。

a. 真空源目前国内大多采用射流真空装置。射流真空装置由射流箱和离心泵组成。抽真空装置的布置视加固面积和射流装置的能力而定。一套高质量的抽真空装置在施工初期可承担 1000～1200 m^2 的加固面积，后期可承担 1500～2000 m^2 的加固面积。抽真空装置数量，应以始终保持密封膜内高真空度为原则。膜下真空值一般要求大于 80 kPa。

b. 膜外管路连接着射流装置的回阀、截水阀、管路。过水断面应能满足排水量要求，且能满足承受 100 kPa 径向力而不变形破坏的要求。

c. 膜内水平滤水管。目前常用直径为 60～70 mm 的铁管或硬质塑料管。为了使水平滤水管标准化并能适应地基沉降变形，一根滤水管一般加工成 5 m 长；滤水部分钻有直径为 8～10 mm 的滤水孔，孔距为 50 mm，呈三角形排列；滤水管外绕直径为 3 mm 的铅丝(圈距为 50 mm)，外包一层尼龙窗纱布，再包滤水材料构成滤水层。目前，常用的滤水层材料为土工聚合物，其性能见表 4-5。

d. 滤水管的布置与埋设。滤水管一般采用条形或鱼刺形排列，遇到不规则场地时，应因地制宜地进行滤水管排列设计，以保证真空负压快速而均匀地传至场地各个部位。

表 4-5　**常用滤水层材料性能**

项目		参考数值
渗透系数/($cm\cdot s^{-1}$)		$(0.4\sim2.0)\times10^{-3}$
抗拉强度/($N\cdot cm^{-1}$)	干态	20～44
	湿态	15～30
隔土性/mm		<0.075

③ 密封系统。

密封系统由密封膜、密封沟和辅助密封措施组成，一般选用聚乙烯或聚氯乙烯薄膜。

加工好的密封膜面积要大于加固场地面积，一般要求每边应大于加固区相应边 2～4 m。

为了保证整个预压过程中地基的密实性，塑料膜一般宜铺设 2～3 层，每层膜铺好后应检查和粘补漏处。膜周边的密封可采用挖沟折铺膜(图 4-11)，在地基上颗粒细密、含水量较大、地下水位浅的地区采用平铺膜(图 4-12)。

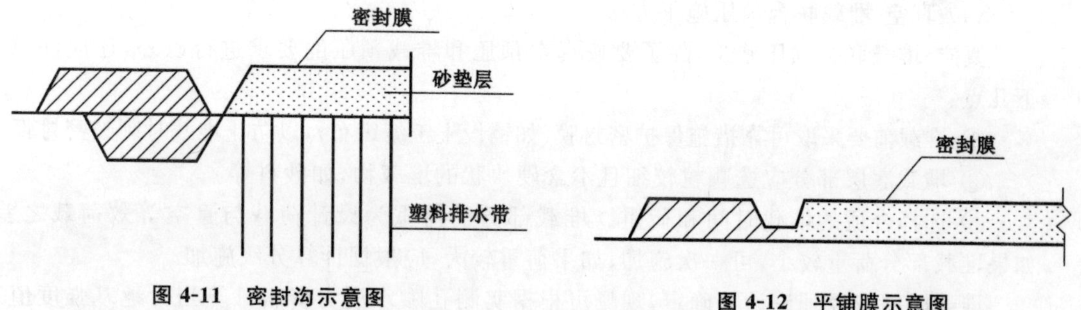

图 4-11　密封沟示意图　　图 4-12　平铺膜示意图

密封沟的截面尺寸应视具体情况而定。密封膜与密封沟内密封性好的黏土接触，其长度 a 一般为 1.3～1.5 m，密封沟的密封长度 b 应大于 0.8 m，其深度 d 也应大于 0.8 m，以保证周边密封膜上有足够的覆土厚度和压力。

如果密封沟底或两侧有碎石或砂层等渗透性好的夹层存在，应将该夹层挖除干净，回填 400 mm 厚的软土。

④ 抽气阶段施工要求与质量要求。

a. 膜上覆水一般应在抽气后膜内真空度达 80 kPa，确认密封系统不存在问题后方可进行，这段时间一般为 7～10 d。

b. 保持射流箱内满水和低温，射流装置空载情况下压力均应超过 96 kPa。

c. 经常检查各项记录，若发现异常现象，如膜内真空度值小于 80 kPa 等，应尽快分析原因并采取补救措施。

d. 冬季抽气，应避免过长时间停泵，否则膜内、外管路会发生冰冻而阻塞，抽气很难进行。

e. 下料时，应根据不同季节预留塑料膜伸缩量；热合时，每幅塑料膜的拉力应基本相同。防止形状不正规密封膜的使用，以免不符合设计要求。

f. 在气温高的季节，加工完毕的密封膜应堆放在阴凉通风处；堆放时，在塑料膜之间适当撒放滑石粉；堆放的时间不能过长，以防相互粘连。

g. 在铺设滤水管时，滤水管之间要连接牢固，选用合适的滤水层且包裹严实，避免抽气后水进入射流装置。

h. 铺膜前，应用砂料把砂井充填密实；密封膜破裂后，可用砂料把井孔填充密实至砂垫层顶面，然后分层把密封膜粘牢，以防砂井孔处下沉导致密封膜再次破裂。

i. 抽气阶段质量要求：膜内真空度值大于 80 kPa，停止预压时，地基固结度要求大于 80%；预压的沉降标准为连续 5 d，实测沉降速率不大于 2 mm/d。

(3) 降水预压施工方法

降水预压施工方法的确定取决于地基土类型、透水层位置及厚度、水的补给源、井点布置形状、水位降深、粉粒及黏土的含量等。井管间距视土质而定，一般为 0.8～2.0 m，井点可按实际情况进行布置。滤水管长度一般取为1～2 m，滤孔面积应占滤水管表面积的 20%～25%，滤水管外包两层滤网及棕皮，以防止滤水管被堵塞。

降水 5～6 m 时，降水预压荷载可达 50～60 kPa，相当于堆高 3 m 左右的砂石料，且相对工程量较小。如果采用多层轻型井点法或喷射井点法等其他降水方法，则其效果将更为显著。

(4) 真空-堆载联合预压施工方法

真空-堆载联合预压施工，除了要按真空预压和堆载预压的要求进行以外，还应注意以下几点：

① 堆载前要采取可靠措施保护密封膜(如铺设土工编织布)，以防止堆载时刺破密封膜。

② 堆载底层部分应选颗粒较细且不含硬块状的堆载物，如砂料等。

③ 选择合适的堆载时间和荷重。堆载部分的荷重为设计荷载与真空等效荷载之差。如果堆载部分荷重较小，可一次施加；如果荷重较大，应根据计算分级施加。

堆载时间应经理论计算确定，现场可根据实测孔隙水压力资料计算当时地基强度值来确定堆载时间和荷重。一般可在膜内真空度值达 80 kPa 后 7～10 d 开始堆载，若天然地基很软，可在膜内真空度值达到 80 kPa 后 20 d 开始堆载。

4.8 质量检验 >>>

排水固结法加固地基施工中经常进行的质量检验和检测项目有孔隙水压力观测，沉降观测，水平位移观测，真空度观测，地基土物理、力学性能指标检测等。

（1）现场检验

① 孔隙水压力观测。

孔隙水压力现场观测时，可根据测点孔隙水压力-时间变化曲线，反算土的固结系数，推算该点不同时间的固结度，进而推算强度增长量，并确定下一级施加荷载的大小；根据孔隙水压力-荷载的关系曲线可判断该点是否达到屈服状态，因而可用来控制加荷速率，避免加荷过快而造成地基破坏。

目前常用刚弦式孔隙水压力计和双管式孔隙水压力计现场观测孔隙水压力。

在堆载预压工程中，一般在场地中央载物坡顶及载物坡脚的不同深度处设置孔隙水压力观测仪器，而真空预压工程则只需在场内设置若干个测孔。测孔中测点布置垂直距离为1～2 m。不同土层上也需设置测点，测孔的深度应大于待加固地基的深度。

② 沉降观测。

沉降观测是地基工程最基本、最重要的观测项目之一。观测内容包括荷载作用范围内地基的总沉降量，荷载外地面沉降量或隆起、分层沉降量以及沉降速率等。

堆载预压工程的地面沉降标应沿场地对称轴线设置，场地中心、坡顶、坡脚处和场外10 m范围内均需设置地面沉降标，以掌握整个场地的沉降情况和场地周围地面的隆起情况。

真空预压工程地面沉降标应在场内有规律地设置，各沉降标之间距离一般为20～30 m，边界内外应适当加密。

深层沉降一般用磁环或沉降观测仪在场地中心设置一个测孔，孔中测点位于各土层的顶部。

③ 水平位移观测。

水平位移包括边桩水平位移和沿深度的水平位移两部分。水平位移观测是控制堆载预压加荷速率的重要手段之一。

真空预压的水平位移指向加固场地，不会造成加固地基的破坏。

地表水平位移标一般由木桩或混凝土制成，布置在预压场地的对称轴线上和场地边线不同距离处；深层水平位移则由测斜仪测定，测孔中测点间距离为1～2 m。

④ 真空度观测。

真空度观测分为真空管内真空度观测、膜下真空度观测和真空装置的工作状态观测。膜下真空度观测能反映整个场地加载的大小和均匀度。膜下真空度测头要求分布均匀，每个测头监控的预压面积为1000～2000 m^2。抽真空期间要求真空管内真空度值大于90 kPa，膜下真空度值大于80 kPa。

⑤ 地基土物理、力学性能指标检测。

通过对比加固前后地基土物理、力学性能指标，可更直观地反映出排水固结法加固地基的效果。

⑥ 现场观测的测试要求。

现场观测的测试要求见表4-6。

（2）竣工质量检验

预压法竣工质量验收检验应符合下列规定：

① 排水竖井处理深度范围内和竖井底面以下受压土层，经预压所完成的竖向变形和平均固结度应满足设计要求。

表 4-6 **现场观测的测试要求**

观测内容	观测目的	观测次数/(次/d)	备注
沉降	推算固结程度， 控制加荷速率	① 4 ② 2 ③ 1 ④ 4 次/a	① 加荷期间，加荷后 1 个星期内观测的次数 ② 加荷停止后第 2 个星期至 1 个月内观测的次数 ③ 加荷停止后 1 个月后观测的次数 ④ 若软土层很厚，产生次固结情况
坡趾侧向位移	控制加荷速率	①② 1 次/d ③ 1 次/(2 d)	
孔隙水压	测定孔隙水压增长和 消散情况	① 8 ② 2 ③ 1	
地下水位	了解水位变化，计算孔隙水压	① 1	

② 应对预压的地基土进行原位十字板剪切试验和室内土工试验，必要时，还应进行现场荷载试验，试验点数量不应少于 3 个。

4.9 工程实例 >>>

4.9.1 工程实例——砂井地基堆载预压技术的应用

某建筑地基的地层为淤泥质黏土，固结系数 $C_h = C_v = 1.8 \times 10^{-3}\ \mathrm{cm^2/s}$，受压土层厚 20 m，袋装砂井直径 $d_w = 70$ mm，袋装砂井为等边三角形排列，间距 $l = 1.4$ m，深度 $H = 20$ m，砂井底部为不透水层，砂井打穿受压土层。预压荷载总压力 $p = 100$ kPa，分两级等速加载，如图 4-13 所示。计算地基堆载预压 120 d 后，地层的平均固结度（不考虑竖井井阻和涂抹影响）。

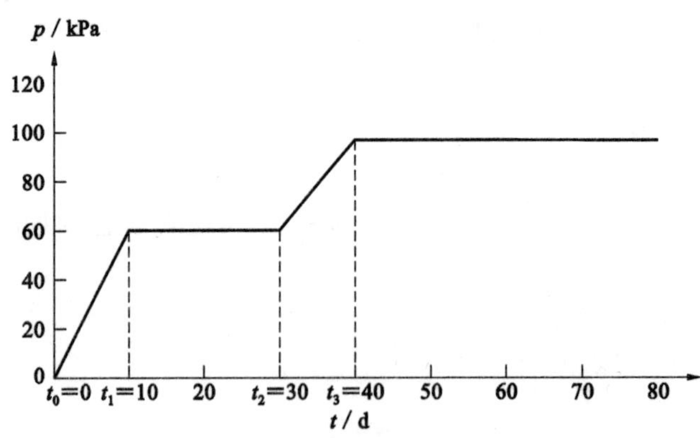

图 4-13 砂井地基堆载预压工程实例

由于砂井底部为不透水层，则受压土层平均固结度包括两部分，即径向排水平均固结度和向上排水平均固结度。

多级等速加荷条件下固结度的计算公式为：

$$\overline{U}_t = \sum_{i=1}^{n} \frac{q_i}{\sum \Delta p}\left[T_i - T_{i-1} - \frac{\alpha}{\beta}\mathrm{e}^{-\beta t}(\mathrm{e}^{\beta T_i} - \mathrm{e}^{\beta T_{i-1}})\right]$$

其中，α、β 可查表 4-2 求得：

$$\alpha = \frac{8}{\pi^2} = 0.81$$

$$\beta = \frac{8C_\mathrm{h}}{F_n {d_\mathrm{e}}^2} + \frac{\pi^2 C_\mathrm{v}}{4H^2}$$

由于袋装砂井为等边三角形排列，故砂井的有效排水圆柱直径 $d_\mathrm{e}=1.05\ \mathrm{m}$，$l=1.47\ \mathrm{m}$。直径比 $n=d_\mathrm{e}/d_\mathrm{w}=1.47/0.07=21$，则有：

$$F_n = \frac{n^2}{n^2-1}\ln n - \frac{3n^2-1}{4n^2} = 2.3$$

$$\begin{aligned}\beta &= \frac{8C_\mathrm{h}}{F_n {d_\mathrm{e}}^2} + \frac{\pi^2 C_\mathrm{v}}{4H^2}\\ &= \frac{8\times 1.8\times 10^{-3}}{2.3\times 147^2} + \frac{3.14^2\times 1.8\times 10^{-3}}{4\times 2000^2}\\ &= 2.908\times 10^{-7}(\mathrm{s}^{-1})\\ &= 0.0251\ \mathrm{d}^{-1}\end{aligned}$$

第一级荷载加荷速率为：

$$\dot{q}_1 = \frac{60}{10} = 6(\mathrm{kPa/d})$$

第二级荷载加荷速率为：

$$\dot{q}_1 = \frac{40}{10} = 4(\mathrm{kPa/d})$$

则地基预压 120 d 后的总固结度为：

$$\begin{aligned}\overline{U}_t &= \sum_{i=1}^{n} \frac{q_i}{\sum \Delta p}\left[T_i - T_{i-1} - \frac{\alpha}{\beta}\mathrm{e}^{-\beta t}(\mathrm{e}^{\beta T_i} - \mathrm{e}^{\beta T_{i-1}})\right]\\ &= \frac{q_1}{\sum \Delta p}\left[t_1 - t_0 - \frac{\alpha}{\beta}\mathrm{e}^{-\beta t}(\mathrm{e}^{-\beta t_1} - \mathrm{e}^{\beta t_0})\right] +\\ &\quad \frac{q_2}{\sum \Delta p}\left[t_3 - t_2 - \frac{\alpha}{\beta}\mathrm{e}^{-\beta t}(\mathrm{e}^{-\beta t_3} - \mathrm{e}^{\beta t_2})\right]\\ &= \frac{6}{100}\times\left[10 - 0 - \frac{0.81}{0.0251}\mathrm{e}^{-0.0251\times 120}(\mathrm{e}^{-0.0251\times 10} - \mathrm{e}^{0})\right] +\\ &\quad \frac{4}{100}\times\left[40 - 30 - \frac{0.81}{0.0251}\mathrm{e}^{-0.0251\times 120}(\mathrm{e}^{-0.0251\times 40} - \mathrm{e}^{-0.0251\times 30})\right]\\ &= 83.01\%\end{aligned}$$

当考虑涂抹和井阻影响时，砂井穿透受压土层地基的平均固结度计算公式、方法与上述相同，但应注意 α、β 参数取值有所区别。

4.9.2 工程实例二——广州外国语学校地基真空预压加固处理

广州外国语学校位于规划中的南沙中心区，属于蕉门河组团（黄阁部分），场地北临京珠高速公路，南侧与南沙文化中心相邻，西侧为南沙体育中心，东临蕉门河，其一期用地总面积为7.02万平方米。区域地处珠江三角洲沉积区，大部分为第四系沉积层，广泛分布有软土层。场地吹填前主要为建筑民房、农田、鱼塘及田埂，地势低洼，场地标高约为4.5 m，吹填砂厚度约为2.5 m，吹填砂完成后场地平均标高约为6.8 m。

软基处理时仅对一期施工场地进行软基处理，其中建筑物外边线10 m范围内（含建筑物）所在位置采用塑料排水板＋堆载方式处理，其他位置（一期施工场地除以上位置外）采用塑料排水板＋真空预压方式处理。场地如图4-14所示。

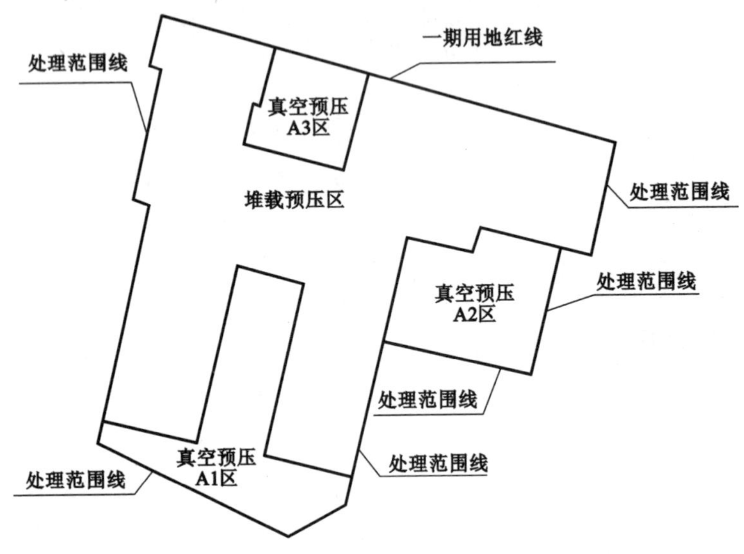

图4-14 场地分区平面图

本工程真空预压施工工艺主要如下。

(1) 加载前的准备工作

真空预压区也采用B型塑料排水板作为垂直排水通道，间距为1.0 m，水平排水通道采用在砂垫层中埋设PVC滤管，管壁上有均布的孔洞，管外包裹起反滤作用的针刺无纺布材料，其上覆厚度为100～200 mm的砂层，采用胶管相连。射流泵满足800 m^2/台的布置要求，且24 h满荷载运转。

在真空预压各区外侧边线处利用双搅头深层搅拌机打下密封墙，形成直径为70 cm、搭接长度为20 cm的双排黏土密封墙，穿过回填砂层至淤泥面以下2 m。

密封膜采用三层聚乙烯或聚氯乙烯薄膜，采用黏土制作压膜沟，采用搭接膜法将两区的膜边压入压膜沟内，并将留出的膜用土覆盖，以待连接下一区的膜。

(2) 真空预压加载

上述施工工序完成后，开始抽真空，当膜下真空度达到85 kPa以后开始计时，预计抽真空90 d左右，通过监测达到设计卸载要求后方可停泵卸载，真空预压结束；当需进行联合堆载时，堆载料可采用中粗砂，也可采用山皮土。无论采用何种堆载方法，都必须满足材料容重不小于 18 kN/m^3 的要求。

其施工工艺如下。

① 真空预压区各项工作就绪后，开始抽真空，真空度达到 85 kPa 并保持恒载 90 d。

② 真空预压时，膜下真空度要达到 85 kPa 以上，保证射流泵布置 800 m^2/台，所有泵 24 h满负荷工作。

③ 真空预压临时供电停电时，应自备足够的备用发电机以保证射流泵总量的 1/3 保持 24 h 满负荷工作。发电机需安装电量计量设备，以便对日用电总量进行控制。

④ 无纺布搭接宽度要求：在工厂缝合，搭接宽度不小于 5 cm；在现场缝合，搭接宽度不小于 20 cm。

说明：本章的工程实例源自专著《地基处理新技术与工程实践》（陈一平，张季超，陈小宝，等. 北京：科学出版社，2010）。

独立思考

4-1 排水固结系统由哪几部分组成？

4-2 简述排水固结法的原理。

4-3 砂井固结度的影响因素包括哪些？

4-4 简述堆载预压法的计算步骤。

5 化学加固

5.1 压力灌浆法 >>>

(1) 简述

压力灌浆法的适用范围甚广，可灌注岩体、土体及混凝土结构，用于坝基防渗、坝基及其他建筑物地基加固、边坡稳定、地下工程的防渗加固，混凝土结构裂缝处理、蓄水池及压力管道堵漏、建筑物纠偏等方面。

(2) 灌浆材料

① 分类。

灌浆材料包括主剂、溶剂(水或其他有机溶剂)及各种外加剂，按一定配合比制备成灌浆用的浆液。灌浆材料分类的方法很多，按工艺性质分为单浆液和双浆液；按浆液所处的状态可分为真溶液、悬浊液和乳化液；按主剂性质可分为无机系和有机系。图 5-1 所示为灌浆材料按浆液颗粒大小和浆液特性的分类。

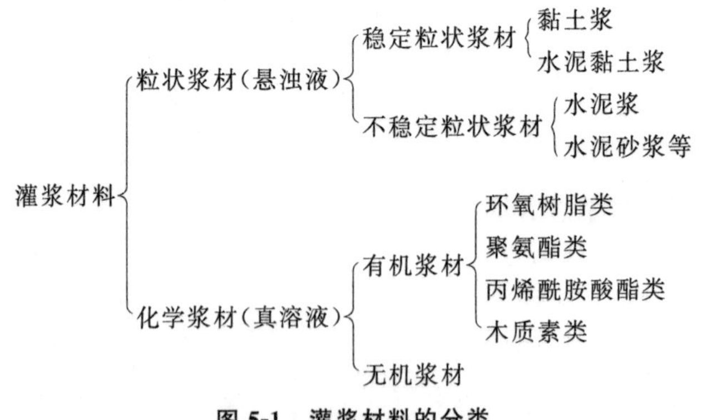

图 5-1 灌浆材料的分类

② 粒状浆材。

常见的粒状浆材有水泥浆和水泥黏土浆，有时也用水泥砂浆，并可掺加各种外加剂，以改善浆液的性质。

水泥灌浆可得到高强度的固结体，应用最广的是普通硅酸盐水泥，在某些特殊条件下也可采用矿渣水泥、火山灰水泥、抗硫酸盐水泥等品种。在地下水无侵蚀性条件下，一般都采用普通硅酸盐水泥。这种浆液是一种悬浊液，能形成强度较高和渗透性较小的结石体。它取材容易、配方简单、价格便宜、不污染环境，故成为国内外常用的浆液。在灌注较大裂隙或孔隙时，常在浆液中掺砂，以节约水泥，并使充填变得更容易。而黏土本身是高分散性的，可以提高浆液的稳定性，防止沉淀和析水。

粒状材料的分散度是影响其可灌性的主要因素。一般分散度越高，可灌性就越好。分散度也会影响浆液和灌浆结石的物理、力学性质。水是粒状材料浆液的分散介质，能与水泥颗粒发生水化和水解反应，一般能饮用的淡水都可使用。

制备好的粒状浆液应保持悬浊液状态，不发生沉淀析水，以免使颗粒沉淀分层，堵塞渗浆通道，使灌浆过程过早结束或降低灌浆结石均匀性，不能充填密实。加入黏土、膨润土及外加剂可使浆液稳定，但加入黏土后会使结石强度降低，因为其只能用于防渗，不能作为加固浆材。掺加黏土还可提高其抗溶蚀能力，有侵蚀性地下水时，可选用矿渣水泥、抗硫酸盐水泥等品种，以延长灌浆体的寿命。

③ 化学浆材。

化学浆液是一种真溶液，其优点是可以进入水泥浆不能灌注的小孔隙，黏度及凝固时间可以在很大范围内进行调整，可用于堵漏、防渗、加固等领域，解决水泥浆不能解决的问题，所以在国内外得到了广泛应用，解决了不少工程难题；其缺点是工艺较复杂，成本也高。常用化学浆材有硅酸盐类、聚氨酯类等。

a. 硅酸盐。

硅酸盐是一种无机胶凝材料，始用于 1887 年，具有渗入性较好、价格低廉、无毒等特点，目前仍在广泛应用。其主剂是水玻璃，与无机胶凝剂（如氯化钙、磷酸等）或有机胶凝剂（如乙二醛、醋酸乙酯等）反应生成硅胶，起加固作用。有时主剂与胶凝剂在不同灌浆管或不同时间分别灌注，在土中混合后立即发生反应而凝结，该法称为双液法。有的主剂与作用缓慢的胶凝剂预先混合成一种溶液而灌注到同一部位，该法称为单液法。

耐久性不好是硅酸盐浆材的一个重要问题。过去人们认为其只能用于临时性工程或不太重要的工程，主要原因是硅凝胶遇水可水解而遭溶蚀，使加固体失效。近年来，人们发现硅凝胶水解只是加固体表面与水接触发生反应的现象，而深入其内部需要很长时间，实际已有运行 50 年而仍完好的工程实例。

硅凝胶干燥和缩聚脱水而引起的收缩量比较大，会降低灌浆效果，但只要固结体不在空气中干燥，并选择合适的胶凝剂，就可避免收缩危害。

为避免硅酸盐对地下水的碱性污染，近年来又发展了中性或酸性水玻璃浆材，基本不改变地下水的 pH 值，而且黏度较低，凝结强度较高，耐久性也较好。

水玻璃水泥浆材的凝胶时间可在几秒到几十分钟内准确控制，结石率可高达 98%以上，强度也较高，因此被广泛采用。

b. 聚氨酯。

聚氨酯是采用多异氰酸酯和聚醚树脂的预聚体作为原材料，加入增塑剂、稀释剂、表面活性剂、催化剂等配成浆液，与水反应而成的凝胶体。其反应时发泡能使体积膨胀，故充填密实。其防渗性能良好，而且有一定的强度，与水反应后浆液黏度迅速增大，适宜在动水条件下防水堵漏。

聚氨酯浆材有水溶性和非水溶性两类。前者强度较低，但遇水后体积膨胀，有良好的防渗性；后者强度较高，也是良好的防渗材料。国内的研究成果是采用高质量预聚体和各种优选外加剂，解决材料毒性、低黏度和高强度的矛盾等问题。其现已用于坝基防渗帷幕、有压钢筋混凝土水管堵漏、混凝土坝坝体水下裂缝处理、地下工程防水等工程实践，并取得了良好的效果。

(3) 灌浆机理

压力灌浆按机理主要分为渗入性灌浆、压密灌浆、劈裂灌浆和电动化学灌浆 4 种。

① 渗入性灌浆。

渗入性灌浆是指在压力作用下，使浆液充填土的孔隙和岩石的裂隙，排挤出孔隙中存在的自由水和气体，而基本上不改变原状土的结构和体积(这就是砂性土灌浆的结构原理)，所用灌浆压力相对较小。这一类灌浆一般只适用于中砂以上的砂性土和有裂隙的岩石。

对于粒状浆材，其颗粒尺寸必须满足能进入孔隙或裂隙的要求，因此存在一个可灌性问题，可以用灌比值 N 表示。对于砂砾石：

$$N = \frac{D_{15}}{d_{85}} \geqslant 10 : 15 \tag{5-1}$$

式中 D_{15}——砂砾石中含量为 15%的颗粒尺寸；

d_{85}——灌注浆材中含量为 85%的颗粒尺寸。

渗入性灌浆的另一主要影响因素为黏度。黏度越大，其流动阻力越大，能灌注的孔隙尺寸也就越大。此外，其黏度随时间而增大，也会对灌浆产生重大影响。另外，在渗入性灌浆中，影响浆液扩散范围的因素有地层的渗透系数(或裂隙或孔隙尺寸)、浆液的黏度、灌浆压力、灌注时间等。

② 压密灌浆。

压密灌浆是通过钻孔向土中灌入浓度极高的浆液，使注浆点附近土体被压密而形成浆泡。开始时，灌浆压力基本上沿径向扩散，随着浆泡尺寸逐渐增大，便会产生较大的上抬力，使地面上抬，或使下沉的建筑物回升，而且位置可控制得相当精确。在用浓浆置换和压密土体过程中，浆泡周边有较大压力，可使靠近浆泡的土产生塑流而受到扰动，密度和强度都可能暂时降低，但在周围 0.3～2.0 m 范围内的土体可被加密。饱和黏土地基如排水条件不良，有可能产生高孔隙压力，这时就要改善排水条件，或降低注浆速率。

③ 劈裂灌浆。

劈裂灌浆是指在压力作用下，浆液克服地层的初始应力和抗拉强度，引起岩石和土体结构的破坏和扰动，使地层中原有的裂隙或孔隙张开，形成新的裂隙或孔隙，促使浆液的可灌性和扩散距离增大，而所用灌浆压力相对较高。这是一种特殊的灌浆机理和技术，能有效地处理一些特殊问题。

对于岩石地基，目前常用的高压灌浆压力最大也不过 8～10 MPa，不可能在新鲜岩石内产生新的裂隙，主要是原有隐裂隙或微细裂隙的扩张。对于砂砾石层，其透水性较大，浆液渗入将引起超静水压力，到一定程度后将引起砂砾石层的剪切破坏和体积膨胀。在黏性土层中，其抗拉强度很小，可略去不计，而以孔隙压力等于总压力，即有效应力小于或等于 0 作为产生水力劈裂缝的条件，而水力劈裂缝是沿小主应力面延伸的。

④ 电动化学灌浆。

电动化学灌浆是指在施工时把带孔的注浆管作为阳极，滤水管作为阴极，将溶液由阳极压入土中，并通以直流电（两电极间电压梯度一般采用 0.3～1.0 V/cm），在电渗作用下，孔隙水由阳极流向阴极，促使通电区域中土的含水量降低，并形成渗浆通道，而化学浆液也随之流入土的孔隙中，使其在土中硬结。

(4) 灌浆设计

灌浆设计包括以下程序。

① 地质调查。

探明需处理地层的工程地质和水文地质条件。

② 选择灌浆方案。

根据地质条件、工程类型、处理目的和要求，初步选择灌浆方案，包括扩散范围、灌浆材料、灌浆方法等。一般应优先考虑水泥系浆材，在特殊情况下才考虑化学浆材。

③ 确定灌浆标准。

防渗灌浆通常有 3 种标准：

a. 灌浆帷幕达到相对不透水层。

b. 截断强透水层达到弱透水性地层，如土石坝灌浆量达到 0.03～0.05 L/(min·m^2)，混凝土坝灌浆量不大于 0.01 L/(min·m^2)。

c. 按经验达到 1/2 或 1/3 水头的深度。

固结灌浆一般按变形模量或声波速度确定灌浆标准。当有强度要求时按设计要求确定，通过灌浆试验确定相应的浆材配合比及工艺。

④ 确定钻孔布置。

钻孔布置包括钻孔布置形式及孔排距，以便在相同效果的前提下，使钻孔和灌浆总费用最低。如图 5-2 所示，假定浆液扩散半径 r 为已知，浆液沿图中所示灌浆帷幕有效厚度方向呈柱状扩散，则两圆必须相交才能形成一定的厚度，而 b 又取决于孔距 D，即

$$b = 2\sqrt{r^2 - \frac{D^2}{4}} \tag{5-2}$$

为达到同样的厚度，可以同时加大或减小 r 和 D 的值，加大 D 值可减小钻孔数量，节省钻孔费用，但同时加大 r 值，则将使灌浆时间加长，废浆（对应图 5-2 中的阴影部分）较多，灌浆费用增加，故应进行优化选择，使综合费用最小。

当单排孔厚度满足不了要求时，可进行多排孔布置，其有效厚度 B_m 可用下式计算：

$$B_m = (n-1)\left(r + \frac{n+1}{n-1}\sqrt{r^2 - \frac{D^2}{4}}\right) \tag{5-3}$$

进行奇数排孔布置时：

$$B_m = n\left(r + \sqrt{r^2 - \frac{D^2}{4}}\right) \tag{5-4}$$

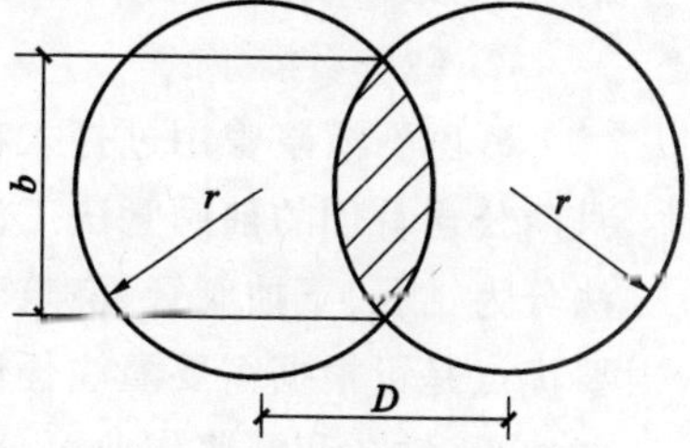

图 5-2 灌浆帷幕

进行偶数排孔布置时，若排距 $R = r + b/2$，则两排孔正好紧密搭接，是一种最优的设计。孔位以三角形布置效率最高。

⑤ 确定灌浆压力。

在进行渗入性灌浆时，以不破坏地层的天然结构为原则，确定允许灌浆压力 P。确定的方法有以下几种。

a. 在灌浆试验中，逐级增加压力，测定注浆量，绘制压力与注浆量间的关系曲线。注浆量突然增加时对应的压力为允许灌浆压力。

b. 按经验确定，然后在灌浆过程中根据具体情况调整。

砂砾地基：

$$P = c(0.75T + K\lambda h) \tag{5-5}$$

岩石地基：

$$P = P_0 + mT \tag{5-6}$$

式中 c——与灌浆次序有关的系数，第一序孔 $c=1$，第二序孔 $c=1.25$，第三序孔 $c=1.5$；

T——地基覆盖层厚度，m；

K——与灌浆方式有关的系数，自上而下灌浆时 $K=0.5$，自下而上灌浆时 $K=0.6$；

λ——与地层性质有关的系数，在 0.5～1.5 之间选用，结构疏松时取低值，结构紧密时取高值；

h——地面至灌浆段深度，m；

P_0——注浆初压力，取决于基岩性质，在 0.25～3.0 kg/cm^2 范围内取用；

m——与基岩性质及灌浆方法有关的系数，取决于基岩性质及灌浆方法，在 0.25～2.0范围取用。

(5) 灌浆工艺和技术

① 裂隙岩层的灌浆。

岩石灌浆一般分为以下几个步骤：

a. 钻孔。

b. 冲洗钻屑或夹层中的松软材料。

c. 进行压水试验。

d. 注浆。

注浆方法有自上而下孔口封闭分段灌浆法、自下而上栓塞分段灌浆法及自上而下栓塞分段灌浆法，以第一种和第三种较为常用。灌浆采用分级增加灌浆压力，浆液逐级由稀到浓的方法，最后在最大灌浆压力下闭浆 30～60 min，以排除灌入浆液中的多余水分。

② 砂砾石灌浆。

砂砾石灌浆曾用过打入花管、套管护壁、边钻边灌等方法，效果都不够理想。法国索列丹斯公司首创的袖阀管法工艺较为先进，灌注效果好，20 世纪 50 年代以来被广泛应用。该法分为钻孔、下袖阀管、浇筑套壳料、在袖阀管内放入双塞灌浆管进行灌浆四个步骤。其主要优点是可根据需要灌注任何一个灌浆段，还可复灌，并使用较大的灌浆压力，冒浆、串浆可能性小，钻孔和灌浆作业可分开进行，可提高钻机的利用率。我国虽然在 20 世纪 50 年代末就掌握了这种方法，但因要消耗大量钢管，价格比混凝土防渗墙贵，所以未能推广。现在此法由于能使用塑料袖阀管代替钢管，或将袖阀管拔出重复使用，加上金刚石技术的推广应用，提高了施工速度和降低了施工费用，故日益受到重视。

③ 水泥和化学灌浆的联合应用。

在灌浆处理效果要求较高的情况下，可采用水泥和聚氨酯联合灌浆帷幕，以提高防渗处理标准。采用水泥和改性环氧树脂联合的固结灌浆，可提高加固质量。其先用水泥浆灌注，以封堵较大裂缝和孔隙，再用化学浆灌注细微裂缝，达到最大可能的密实度。一般是两边排灌水泥浆，中间排灌化学浆，或下游排灌水泥浆，上游排灌化学浆。水泥浆灌注时根据情况可采用劈裂灌浆技术，以充分发挥水泥浆脉的骨架作用，其在水电工程的坝基处理中已有成功实例。

④ 土坝、土堤的劈裂灌浆防渗处理。

由于土质堤坝的小主应力是沿轴线方向分布的，水力劈裂缝也沿轴线方向延伸，浆液进入劈裂缝并固化后，形成一道防渗泥墙，可截断渗流通道，故其是一种行之有效的经济、快速的处理方法。

我国已成功将其用于处理大量土坝缺陷，用的浆液是黏土浆，或掺加少量水泥，固化后与周围土体浑然一体，效果良好。

⑤ 黄土碱液加固。

早期曾用过热处理和水玻璃灌浆加固湿陷性黄土，但都存在一定问题，应用氢氧化钠溶液（简称碱液）加固湿陷性黄土地基是我国于 20 世纪 60 年代首先试验成功的。它具有设备简单、施工操作方便和费用低廉等优点。其反应机理是当氢氧化钠溶液灌入黄土后，先与黄土中的碱土金属阳离子发生置换反应，逐步在土粒外壳形成一层主要成分为钠的硅酸盐及铝酸盐的薄膜。当土中有足够的钙离子存在时，能将上述胶结物转化为高强度和难溶解的钙-碱-硅的络合物（$CaO \cdot xNa_2O_2 \cdot ySiO_2$），使土粒牢固胶结而得到加固。提高温度可加速反应过程，当土中钙离子、镁离子较少时，还可在灌注氢氧化钠溶液后，再灌入氯化钙溶液，以加快加固过程。试验表明，碱液加固后土体的湿陷性可大大降低或完全消除，压缩性显著降低，水稳性大大提高。其现已用于实际工程中。

（6）灌浆的监测与检查

施工过程中应掌握并检查注浆压力、浆液流量、注浆时间、注浆量、注浆水灰比及外加剂用量等施工参数。

检查每个注浆孔的垂直偏斜率、孔位偏差、钻孔倾角。以水泥为主剂的注浆检验应在注浆结束 28 d 后进行，黏性土注浆应在注浆结束 60 d 后进行；其他注浆材料应视具体情况而定，且不宜少于 7 d。注浆检验点数量宜为注浆孔数的 1%，荷载试验及开挖检验点数量均不少于 3 个。

注浆质量检验可采用下列方法：

① 采用标准贯入试验、静力触探试验、轻型动力触探试验测试加固前后土体强度指标的变化。

② 采用钻孔弹性波法测定加固前后上体的动弹性模量和剪切模量变化。

③ 钻取芯样，观察注浆体的胶结情况。

④ 进行地基荷载试验。

⑤ 进行地基加固前后沉降观测。

注浆过程中，应对地面、周围建筑物、地下管线进行沉降、倾斜、变形和位移监测。

5.2 高压喷射注浆

5.2.1 概述

高压喷射注浆法于20世纪60年代后期始创于日本。它是利用钻机把带有喷嘴的注浆管钻进至土层的预定位置后，用高压设备使浆液或水成为20～40 MPa的高压射流从喷嘴中喷出，冲击破坏土体，同时钻杆以一定的速度渐渐向上提升，将浆液与土粒强制搅拌混合，浆液凝固后，在土中形成一个固结体。

我国于1975年首先在铁道部进行单管法的试验和应用，1977年冶金部建筑研究总院在宝钢工程中首次采用三重管法喷射注浆获得成功，1986年该院又开发成功了高压喷射注浆的新工艺——干喷法，并获得了国家专利。如今，我国已有上百项工程应用了高压喷射注浆法。

高压喷射注浆法形成的固结体形状与喷射流移动方向有关。高压喷射注浆法一般分为旋转喷射法(简称旋喷法)、定向喷射法(简称定喷法)和摆动喷射法(简称摆喷法)三种形式(图5-3)。

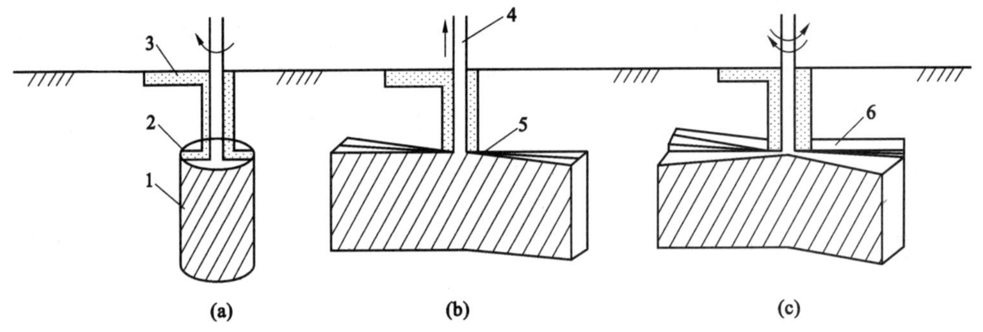

图5-3 高压喷射注浆法的三种形式

(a) 旋喷法；(b) 定喷法；(c) 摆喷法

1—桩；2—喷射流；3—冒浆；4—喷射注浆；5—板；6—墙

旋喷法施工时，喷嘴一面喷射一面旋转并提升，固结体呈圆柱状。其主要用于加固地基，提高地基抗剪强度，改善土的变形性质，也可组成闭合的帷幕，还可用于截阻地下水流和治理流砂。旋喷法施工后，在地基中形成的圆柱体称为旋喷桩。

定喷法施工时，喷嘴一面喷射一面提升，喷射的方向固定不变，固结体形如板状或壁状。

摆喷法施工时，喷嘴一面喷射一面提升，喷射的方向呈较小角度来回摆动，固结体形如较厚墙板状。

定喷法及摆喷法两种方法通常用于基坑防渗、改善地基土的水流性质和稳定边坡等。

(1) 高压喷射注浆法的工艺类型

目前，高压喷射注浆法的基本工艺类型有单管法、二重管法、三重管法和多重管法四种。

① 单管法。

此方法施工工序为：利用钻机把安装在注浆管(单管)底部侧面的特殊喷嘴，置入土层预定深度后，用高压泥浆泵等装置以 20 MPa 左右的压力，把浆液从喷嘴中喷射出去冲击破坏土体，使浆液与从土体上崩落下来的土搅拌混合，经过一定时间的凝固，便在土中形成一定形状的固结体，如图 5-4 所示。这种方法在日本称为 CCP 工法。

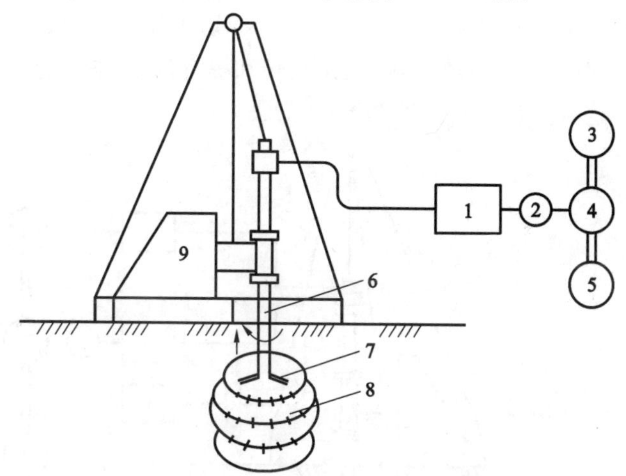

图 5-4　单管法高压喷射注浆示意图

1—高压泥浆泵；2—浆桶；3—水箱；4—搅拌机；5—水泥仓；
6—注浆管；7—喷头；8—旋喷固结体；9—钻机

② 二重管法。

此方法施工工序为：采用双通道的二重注浆管，当二重注浆管钻进到土层的预定深度后，通过在管底部侧面的一个同轴双重喷嘴，同时喷射出高压浆液和空气两种介质的喷射流冲击破坏土体，即以高压泥浆泵等高压发生装置把 20 MPa 左右压力的浆液，从内喷嘴中高速喷出，并用 0.7 MPa 左右压力把压缩空气从外喷嘴中喷出；在高压浆液及其外圈环绕气流的共同作用下，破坏土体的能量显著增大，最后在土中形成较大的固结体，使固结体的范围明显增加(图 5-5)。这种方法在日本称为 JSG 法。

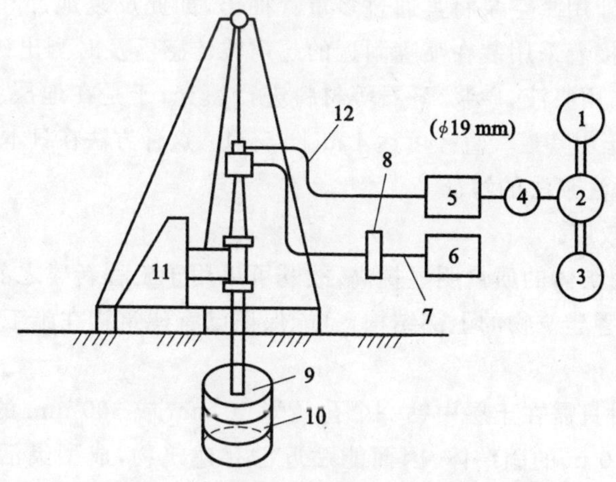

图 5-5　二重管法高压喷射注浆示意图

1—水箱；2—搅拌机；3—水泥仓；4—浆桶；5—高压泥浆泵；6—空压机；
7—二重管；8—气量机；9—喷头；10—固结体；11—钻机；12—高压胶管

③ 三重管法。

此方法施工工序为：分别采用输送水、气、浆三种介质的三重注浆管，在以高压泵等高压发生装置产生20～30 MPa左右的高压水喷射流的周围，环绕一股压力为0.5～0.7 MPa的圆筒状气流，进行高压水喷射流和气流同轴喷射冲切土体，形成较大空隙，再另由泥浆泵注入压力为0.5～3 MPa的浆液填充，喷嘴作旋转和提升运动，最后浆液在土中凝固为较大的固结体（图5-6）。这种方法在日本称为CJP工法。

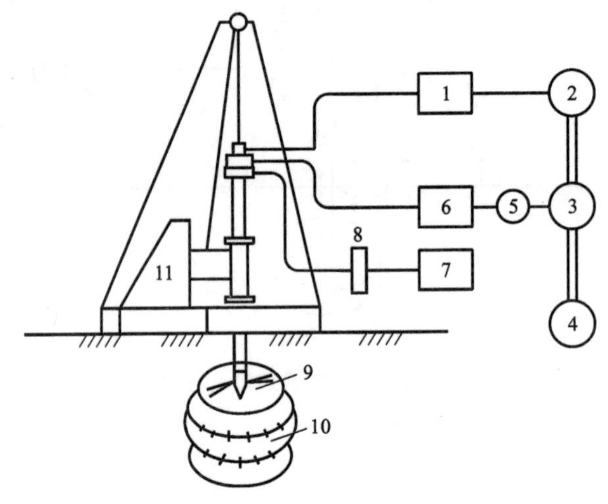

图5-6 三重管法高压喷射注浆示意图

1—高压水泵；2—水箱；3—搅拌机；4—水泥仓；5—浆桶；6—泥浆泵；7—空压机；8—气量机；9—喷头；10—固结体；11—钻机

④ 多重管法。

此方法施工工序为：首先在地面钻一个导孔，然后置入多重管，用逐渐向下运动的旋转超高压力水喷射流（压力约为40 MPa），切削破坏四周的土体，待高压水冲击下来的土和石混合成泥浆后，立即用真空泵将其通过多重管抽出，如此反复地冲和抽，便在地层中形成了一个较大的空间；接着采用装在喷嘴附近的超声波传感器及时测出该空间的直径和形状；最后根据工程要求选用浆液、砂浆、砾石等材料进行填充，于是在地层中形成一个大直径的柱状固结体，在砂性土中其最大直径可达4 m（图5-7）。这种方法在日本称为SSS-MAN工法。

（2）高压喷射注浆法的特征

① 适用范围较广。

由于其可使固结体的质量明显提高，故既可以用于工程新建之前，又可用于竣工后的托换工程，可以不损害建筑物的上部结构，且能保证已有建筑物在施工时使用功能正常。

② 施工简便。

由于其施工时只需在土层中钻一个孔径为50 mm或300 mm的小孔，便可在土中喷射出直径为0.4～4.0 m的固结体，因而能贴近已有建筑物，成型灵活，既可在钻孔的全长形成柱状固结体，又可仅做其中一段。

③ 可控制固结体形状。

在施工中其可调整旋喷速度和提升速度，增减喷射压力或更换喷嘴孔径改变流量，使固结体形成工程设计所需要的形状。

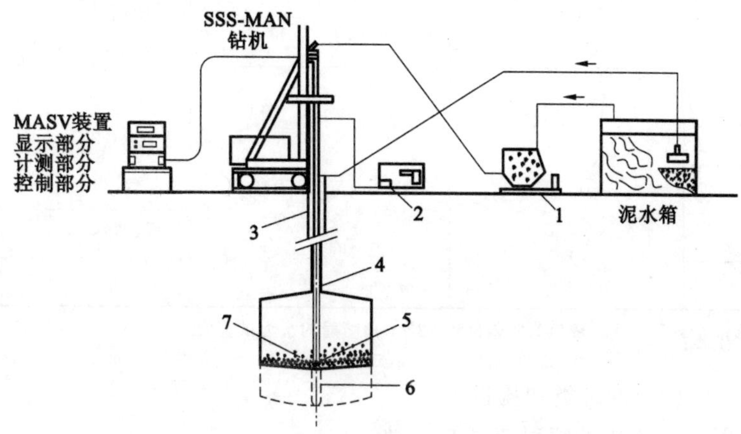

图 5-7 多重管法高压喷射注浆示意图

1—真空泵；2—高压水泵；3—孔口管；4—多重钻杆；
5—超声波传感器；6—钻头；7—高压射水喷嘴空压机

④ 可垂直、倾斜和水平喷射。

其通常是在地面上进行垂直喷射注浆，在隧道、矿山井巷工程、地下铁道等建设中，其也可采用倾斜和水平喷射注浆。

⑤ 耐久性较好。

因为其能取得稳定的加固效果并有较好的耐久性，所以可用于永久性工程。

⑥ 材料来源广泛。

其浆液以水泥为主体，故材料来源广泛。在地下水流速大或含有腐蚀性元素，土的含水量大或固结体强度要求高的情况下，可在水泥中掺入适量的外加剂，以达到速凝、高强、抗冻、耐蚀和浆液不沉淀等效果。

⑦ 设备简单。

高压喷射注浆全套设备结构紧凑、体积小、机动性强、占地少，能在狭窄和低矮的空间内施工。

5.2.2 加固机理

(1) 高压喷射流的性质

高压喷射流是通过高压发生设备获得巨大能量后，从一定形状的喷嘴，用一种特定的流体运动方式，以很高的速度连续喷射出来的能量高度集中的一股液流。

在高压高速的条件下，喷射流具有很大的功率，即在单位时间内从喷嘴中射出的喷射流具有很大的能量，其功率与速度和喷射流的压力关系如表 5-1 所示。

从表 5-1 可见，虽喷口的出口孔径只有 3 mm，但喷射压力分别为 10 MPa、20 MPa、30 MPa、40 MPa 和 50 MPa 时，喷射流以 136 m/s、192 m/s、243 m/s、280 m/s 和 313 m/s 的速度连续不断地从喷嘴中喷射出来，且携带了 8.5 kW、24 kW、44 kW、68 kW 和 95 kW 的巨大能量。

表 5-1 **喷射流的速度与功率**

喷嘴压力 P_a/MPa	喷嘴出口孔径 d_0/cm	流速系数 ρ	流量系数 μ	喷射流速度 v_0/(m·s^{-1})	喷射功率 N/kW
10	0.30	0.963	0.946	136	8.5
20				192	24.1
30				243	44.4
40				280	68.3
50				313	95.4

注:表中流量系数和流速系数值为收敛圆锥 13°24′角喷射的水力试验值。

(2) 高压喷射流的种类和构造

高压喷射注浆所用的喷射流共有 4 种:

① 单管喷射流为单一的高压水泥浆喷射流;

② 二重管喷射流是由高压浆液喷射流与其外部环绕的压缩空气喷射流组成的复合式高压喷射流;

③ 三重管喷射流由高压水喷射流与其外部环绕的压缩空气喷射流组成,亦为复合式高压喷射流;

④ 多重管喷射流为高压水喷射流。

以上 4 种喷射流破坏土体的效果不同,但根据其构造可划分为单液高压喷射流和水(浆)、气同轴喷射流 2 种类型。

单管旋喷注浆使用高压水泥浆喷射流和多重管的高压水喷射流,它们的射流构造可用高压水连续喷射流在空气中的模式(图 5-8)进行说明。高压喷射流可由三个区域组成,即保持出口压力 p_0 的初期区域 A、稳流发达的主要区域 B 和喷射水变成不连续喷流的终期区域 C 三部分。

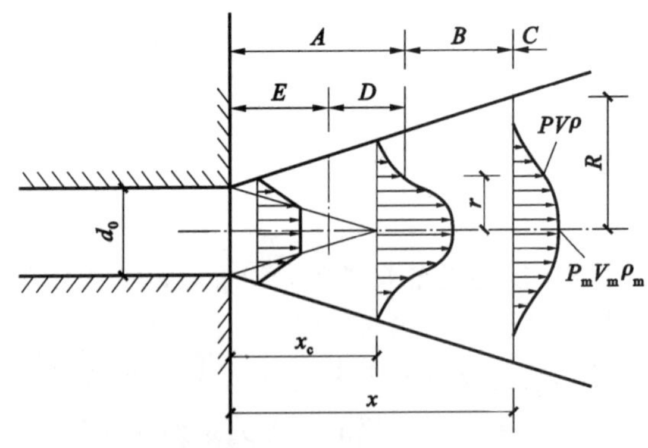

图 5-8 高压喷射流构造

在初期区域中,喷射流在喷嘴出口处速度分布是均匀的,轴向动压是常数,保持速度均匀的部分向前愈来愈小,当达到某一位置后,断面上的流速分布不再是均匀的了。速度分布保持均匀的这一部分称为喷射核(即 E 区段),喷射核末端扩散宽度稍有增加。轴向动压有所减小的过渡部分称为迁移区(即 D 区段)。初期区域的长度是喷射流的一个重要参数,可据此判断破碎土体和搅拌效果。

初期区域后为主要区域,在这一区域内,轴向动压陡然减小,喷射扩散宽度和距离平方根成正比,扩散率为常数,喷射流的混合搅拌在这一部分内进行。

主要区域后为终期区域,此区域内喷射流能量衰减很大,末端呈雾化状态。这一区域的喷射能量较小。

喷射加固的有效喷射长度为初期区域长度与主要区域长度之和。有效喷射长度愈大,则搅拌土的距离愈大,喷射加固体的直径也愈大。

喷射流在水中喷射水时,高压喷射流的压力衰减可表示为:

$$\frac{p_m}{p_0} = \left(\frac{x_c}{x}\right)^2 \tag{5-7}$$

式中 x_c——初期区域的长度,m;

x——喷射流中心轴至喷嘴的距离,m;

p_m——喷嘴出口处压力,kPa;

p_0——喷射流中心轴上距离喷嘴 x 处的压力,kPa。

根据试验结果可知 x_c 的计算公式如下。

在空气中喷射时:

$$x_c = (75 \times 100)d_0$$

在水中喷射时:

$$x_c = (6 \times 65)d_0$$

式中 d_0——喷嘴直径。

当压力高达 10~40 MPa 的喷射流在介质中喷射时,压力的衰减规律也可近似地用下列经验公式表示:

$$p_m = Kd_0^{0.5}\frac{p_0}{x^n} \tag{5-8}$$

式中 K,n——系数,适用于 $x=(50\times300)d_0$ 的情况。

(3) 水(浆)、气同轴喷射流的构造

二重管旋喷注浆的浆、气同轴喷射流,与三重管旋喷注浆的水、气同轴喷射流除喷射介质不同外,都是在喷射流的外围同轴喷射圆筒状气流,它们的构造基本相同。现以水、气同轴喷射流为代表,分析其构造。

在初期区域 A 内,水喷射流的速度保持为喷嘴出口处的速度,但由于水喷射流与空气流相冲撞及喷嘴内部表面不够光滑,以致从喷嘴喷射出的水流较紊乱,再加上空气和水流的相互作用,高压水喷射流中形成气泡,喷射流受到干扰,在初期区域的末端,气泡与水喷射流的宽度一样。

在迁移区域 D 内,高压水喷射流与空气开始混合,出现较多的气泡。

在主要区域 B 内,高压水喷射流衰减,区域内不含有大量气泡,气泡逐渐分裂破坏,变成不连续的细水滴状,同轴喷射流的宽度迅速扩大。

水(浆)、气同轴喷射流的初期区域长度可用以下经验公式计算:

$$x_c \approx 0.048 v_0 \tag{5-9}$$

式中 v_0——初期流速，m/s。

旋喷时，若高压水、气同轴喷射流的初期速度为 20 m/s，则其初期区域长度 $x_c =$ 0.10 m；而以高压水喷射流单独喷射时，x_c 仅为 0.015 m，可见，水、气同轴喷射流的初期区域长度增加了近 6 倍。

(4) 加固地基的机理

① 高压喷射流对土体的作用。

破坏土体结构强度的最主要因素是喷射动压。根据动量定律，在空气中喷射时的破坏力为：

$$P = \rho Q v_m \tag{5-10}$$

式中 P——破坏力，kg·m/s²；

ρ——密度，kg/m³；

Q——流量，m³/s；

v_m——喷射流的平均速度，m/s。

$$P = \rho A v_m^2 \tag{5-11}$$

式中 A——喷嘴断面面积，m²。

对于某一密度的液体而言，破坏力与该喷射流的流量 Q、流速 v_m 的乘积成正比。而流量 Q 又为喷嘴断面积 A 与流速 v_m 的乘积。所以，在一定的喷嘴断面面积 A 的条件下，为了获得更大的破坏力，需要增加平均流速，也就是需要增加旋喷压力，一般要求高压脉冲泵的工作压力在 20 MPa 以上，使喷射流像刚体一样，冲击破坏土体，使土与浆液搅拌混合，凝固成圆柱状的固结体。

喷射流在终期区域，能量衰减很大，不能直接冲击土体使土颗粒剥落，但能对有效射程的边界土产生挤压力，对四周土有压密作用，并使部分浆液进入土中的孔隙里，使固结体与四周土紧密相依，不产生脱离现象。

② 水(浆)、气同轴喷射流对土的破坏作用。

单喷射流虽然具有巨大的能量，但由于压力在土中急剧衰减，因此破坏土的有效射程较短，致使旋喷固结体的直径较小。

当在喷嘴出口处高压水喷射流的周围加上圆筒状空气喷射流，进行水(浆)、气同轴喷射时，空气流使水或浆的高压喷射流将破坏土体上的土粒迅速吹散，使高压喷射流的喷射条件得到改善，阻力大大减小，能量消耗降低，因而增大了高压喷射流的破坏能力，形成旋喷固结体的直径较大。图 5-9 所示为不同种类喷射流中动水压力与距离的关系，表明高速空气具有防止高速水喷射流动压急剧衰减的作用。

旋喷时，高压喷射流在地基中将土体切削破坏。其加固范围就是以喷射距离加上渗透部分或压缩部分的长度为半径的圆柱体。一部分细小的土粒被喷射的浆液所置换，随着液流被带到地面上(俗称冒浆)，其余的土粒与浆液搅拌混合。在喷射动压、离心力和重力的共同作用下，在横断面上土粒按质量大小有规律地排列起来，小颗粒在中部居多，大颗粒多数在外侧或边缘部分，形成了浆液主体经过一定时间便凝结成强度较高、渗透系数较小的固结体。因土质的不同，横断面结构也多少有些不同，如图 5-10 所示。由于旋喷体不是等颗粒的单体结构，固体质量也不均匀，因此通常是中心部分强度低，边缘部分强度高。

定喷时，高压喷射注浆的喷嘴不旋转，只做水平的固定方向喷射，并逐渐向上提升，便在土中冲出一条沟槽，并把浆液灌进沟槽中，最后形成一个板状固结体。固结体在砂性土中有一部分渗透层，而在黏性土中却无这一部分渗透层(图 5-11)。

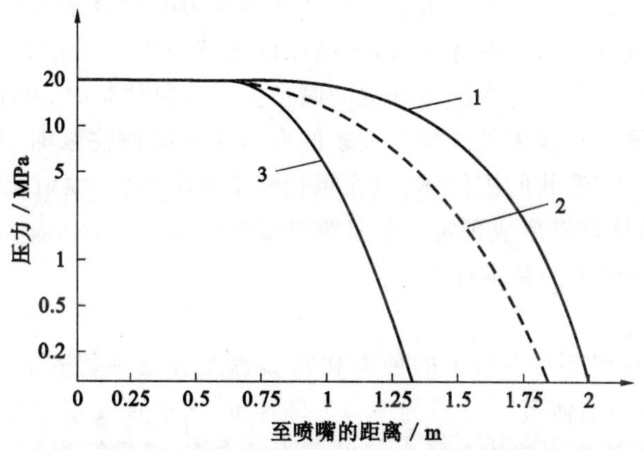

图 5-9　喷射流轴上动水压力与距离的关系

1—高压喷射流在空气中单独喷射；2—水、气同轴喷射流在水中喷射；3—高压喷射流在水中单独喷射

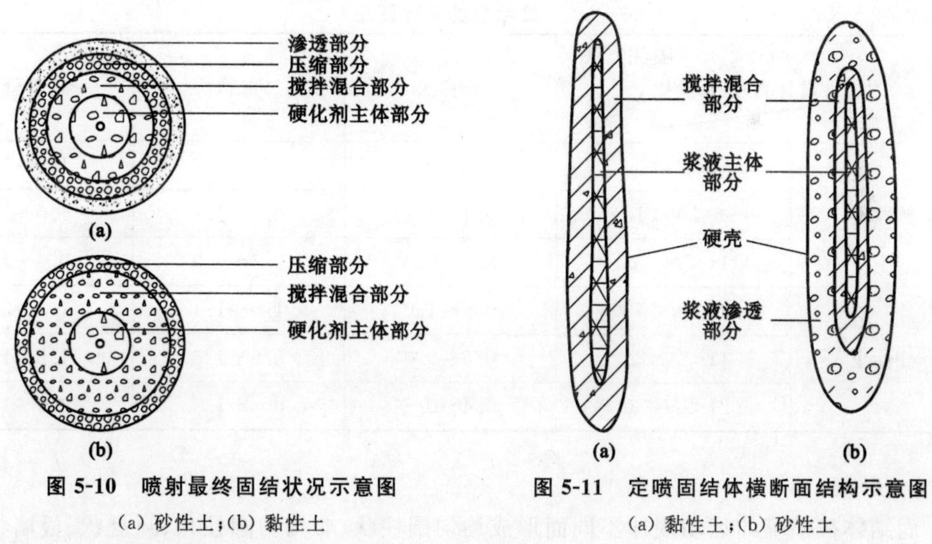

图 5-10　喷射最终固结状况示意图

(a) 砂性土；(b) 黏性土

图 5-11　定喷固结体横断面结构示意图

(a) 黏性土；(b) 砂性土

③ 水泥与土的固结机理。

水泥与水拌和后，首先产生铝酸三钙水化物和氢氧化钙，它们可溶于水中，但溶解度不大，很快就达到饱和。这一过程连续不断地进行，就析出一种胶质物体。这种胶质物体有一部分在水中悬浮，后来就包围在水泥微粒的表面，形成一层胶凝薄膜。所生成的硅酸二钙水化物几乎不溶于水，其中一部分只能以无定形体的胶质物形式包围在水泥微粒的表面，另一部分渗入水中。由水泥各种成分生成的胶凝膜，逐渐发展成为胶凝体，此时表现为水泥的初凝状态，开始具有胶黏性。此后，水泥各成分在不缺水、不干涸的情况下，连续不断地按上述水化程序发展、增强和扩大，从而产生下列现象：a. 胶凝体增大并吸收水分，使凝固加速，结合更密；b. 由于微晶(结晶核)的产生进而生成结晶体，结晶体和胶凝体相互包围渗透并达

到一种稳定状态，这就是硬化的开始；c. 水化作用继续深入水泥微粒内部，使未水化部分参加以上的化学反应，直到完全没有水分以及胶质凝固和结晶充盈为止。但无论水化时间持续多久，都很难将水泥微粒内核全部水化完，所以水化过程是一个长久的过程。

在大砾石层中进行高压喷射注浆时，因为喷射流不能使大砾石破碎和移位，所以只能绕行前进并填充其孔隙。其机理接近于静压灌浆理论中的渗透灌浆机理。

在腐殖土中进行高压喷射注浆时，固结体的形状及性质受植物纤维粗细、长短，含水量及土颗粒多少影响很大。在含细短纤维的腐殖土中喷射注浆时，纤维的影响很小，成桩机理与在黏性土中相同。在含粗长纤维不太多的腐殖土中喷射注浆时，喷射流仍能穿过纤维之间的孔隙而形成预定形状的固结体；但在粗长纤维密集部位，喷射流受到严重阻碍而使破坏力大为降低，固结体难以形成预定形状且强度受影响明显。

(5) 加固土固结体的基本性质

① 直径或长度。

旋喷固结体的直径大小与土的种类和密实程度有较密切的关系。对黏性土地基加固时，单管旋喷注浆固结体直径一般为 0.3～0.8 m，三重管旋喷注浆固结体直径可达0.7～1.8 m，二重管旋喷注浆固结体直径介于以上两者之间；多重管旋喷注浆固结体直径为2.0～4.0 m。旋喷桩的设计直径见表 5-2。定喷和摆喷时的有效长度为旋喷桩直径的 1.0～1.5倍。

表 5-2 **旋喷桩的设计直径**

土质与击数 \ 设计直径/m \ 喷注方法		单管法	二重管法	三重管法
黏性土	0<N<5	0.5～0.8	0.8～1.2	1.2～1.8
	6<N<10	0.4～0.7	0.7～1.1	1.0～1.6
	11<N<20	0.3～0.6	0.6～0.9	0.7～1.2
砂性土	0<N<10	0.6～1.0	1.0～1.4	1.5～2.0
	11<N<20	0.5～0.9	0.9～1.3	1.0～1.8
	21<N<30	0.4～0.8	0.8～1.2	0.9～1.5

② 形状。

固结体按喷嘴的运动规律不同而形成均匀圆柱状、非均匀圆柱状、圆盘状、板墙状、扇形壁状等，同时因土质和工艺不同而有所差异。在均质土中，旋喷的圆柱体比较匀称；而在非均质土或有裂隙的土中，旋喷的圆柱体不匀称。由于喷射流脉动和提升速度不均匀，固结体的表面不平整，可能出现许多乳状突出；三重管旋喷固结体受气流影响，在粉质砂土中外形格外粗糙；在深度大时，如不采取相应措施，旋喷固结体可能为上粗下细，类似胡萝卜的形状。

③ 质量。

固结体内部土粒少并含有一定数量的气泡，因此，固结体的质量较轻，密度小于或接近原状土的密度。黏性土固结体比原状土轻约 10%，但砂类土固结体也可能比原状土重 10%。

④ 渗透系数。

固结体虽有一定的孔隙，但这些孔隙并不贯通，而且固结体有一层较致密的硬壳，其渗透系数达 1×10^{-6} cm/s 或更小，故具有一定的防渗功能。

⑤ 强度。

土体经过喷射后，土粒重新排列，水泥等浆液含量大。由于一般外侧土颗粒直径大、数量多，浆液成分也多，因此在横断面上中心强度低，外侧强度高，与土交接的边缘处有一圈坚硬的外壳。

影响固结体强度的主要因素有土质和浆材，有时使用同一浆材配方，软黏土的固结强度远小于砂土的固结强度。一般黏性土和黄土中的固结体，其抗压强度可达 5～10 MPa。砂类土和砂砾层中固结体的抗压强度可达 8～20 MPa。固结体的抗拉强度一般为抗压强度的 1/10～1/5。

⑥ 耐久性。

固结体的化学稳定性较好，有较强的抗冻和抗干湿循环作用的能力。

⑦ 单桩承载力。

旋喷柱状固结体有较高的强度，外形凸凹不平，有较人的承载力，固结体直径愈大，承载力愈高。固结体的基本性质见表 5-3。

表 5-3 **高压喷射注浆固结体性质一览表**

固结体性质 \ 喷注方法		单管法	二重管法	三重管法
单桩垂直极限荷载/kN		500～600	1000～1200	2000
单桩水平极限荷载/kN		30～40		
最大抗压强度/MPa		砂类土 10～20，黏性土 5～10，黄土 5～10，砂砾 8～20		
平均抗拉强度/平均抗压强度		1/10～1/5		
弹性模量/MPa			$K\times10^3$	
干密度/$(g\cdot cm^{-3})$		砂类土 1.6～2.0	黏性土 1.4～1.5	黄土 1.3～1.5
渗透系数/$(cm\cdot s^{-1})$		砂类土 10^{-6}～10^{-5}	黏性土 10^{-7}～10^{-6}	砂砾 10^{-7}～10^{-6}
c/MPa		砂类土 0.4～0.5	黏性土 0.7～1.0	
φ/(°)		砂类土 30～40	黏性土 20～30	
N/击数		砂类土 30～50	黏性土 20～30	
弹性波速/$(km\cdot s^{-1})$	P 波	砂类土 2～3	黏性土 1.5～2.0	
	S 波	砂类土 1.0～1.5	黏性土 0.8～1.0	
化学稳定性		较好		

5.2.3 设计计算

(1) 室内配方与现场喷射试验

为了解喷射注浆固结体的性质和浆液的合理配方，必须取现场各层土样，在室内按不同的含水量和配合比进行试验，优选最合理的浆液配方。

对规模较大及性质较重要的工程，设计完成之后，要在现场进行试验，查明喷射固结体的直径和强度，验证设计的可靠性和安全度。

(2) 设计程序

高压喷射注浆的设计程序一般如图 5-12 所示。

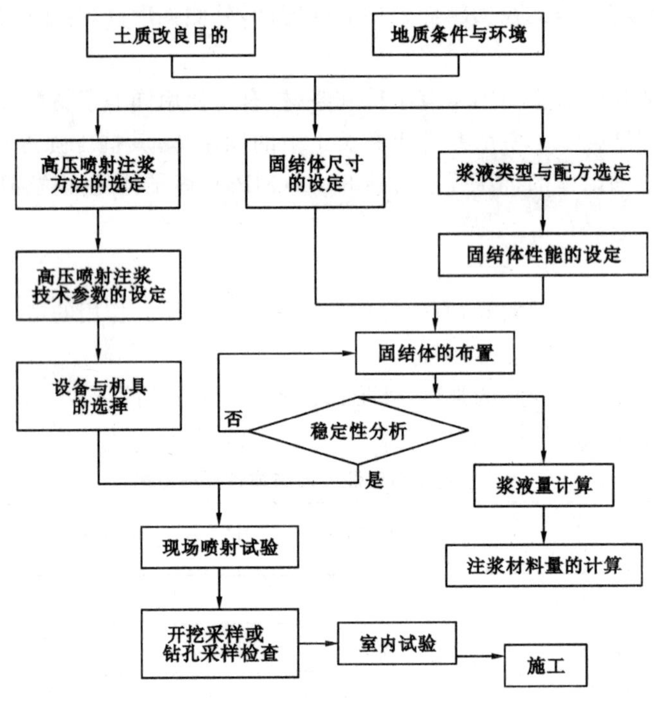

图 5-12 高压喷射注浆的设计程序

(3) 固结体尺寸

① 固结体尺寸主要取决于下列因素：a. 土的类别及其密实程度；b. 高压喷射注浆方法(注浆管的类型)；c. 喷射技术参数(包括喷射压力与流量，喷嘴直径与个数，压缩空气的压力、流量与喷嘴间隙，注浆管的提升速度与旋转速度)。

② 在无试验资料的情况下，对小型或不太重要的工程，固结体尺寸可根据经验选用表 5-2 所列数值。

③ 对于大型或重要的工程，固结体尺寸应通过现场喷射试验后开挖或钻孔采样确定。

(4) 固结体强度

① 结构体强度主要取决于下列因素：a. 土质；b. 喷射材料及水灰比；c. 注浆管的类型和提升速度；d. 单位时间的注浆量。

② 固结体强度设计规定按 28 d 强度计算。试验证明，在黏性土中，由于水泥水化物与黏土矿物继续发生作用，故 28 d 后的强度将会继续增长，这种强度的增长作为安全储备。

③ 注浆材料为水泥时，固结体抗压强度的初步设计值可参考表 5-4。

④ 对于大型或重要的工程，应通过现场喷射试验后采样确定固结体的强度和渗透性等性质。

表 5-4 **固结体抗压强度**

土质	固结体抗压强度/MPa		
	单管法	二重管法	三重管法
砂类土	3～7	4～10	5～15
黏性土	1.5～5	1.5～5	1～5

(5) 承载力计算

用旋喷桩处理的地基,应按复合地基设计。旋喷桩复合地基承载力标准值应通过现场复合地基荷载试验确定,也可按下式计算或结合当地情况与其土质相似工程的经验确定。

$$f_{sp,k}=\frac{1}{A_e}[R_k^d+\beta f_{s,k}(A_e-A_p)] \tag{5-12}$$

式中 $f_{sp,k}$——复合地基承载力标准值,kPa。

$f_{s,k}$——桩间天然地基土承载力标准值,kPa。

A_e——根桩承担的处理面积,m^2。

A_p——桩的平均截面积,m^2。

β——桩间天然地基土承载力折减系数,可根据试验确定,当无试验资料时,可取0.2～0.6;当不考虑桩间软土的作用时,可取0。

R_k^d——单桩竖向承载力标准值,kN,可通过现场荷载试验确定;也可按下列两式计算,并取其中较小值。

$$R_k^d=\eta f_{cu,k}A_p \tag{5-13}$$

$$R_k^d=\pi\overline{d}\sum_{i=1}^{n}h_iq_{si}+A_pq_p \tag{5-14}$$

式中 $f_{cu,k}$——板身试块(边长为70.7 mm的立方体)在标准养护条件下,28 d龄期的无侧限抗压强度平均值,kPa;

η——强度折减系数,可取0.35～0.50;

$\overline{d}$——桩的平均直径,m;

n——桩长范围内所划分的土层数;

h_i——桩周第 i 层土的厚度,m;

q_{si}——桩周第 i 层土的摩擦力标准值,可采用钻孔灌注桩侧壁摩擦力标准值,kPa;

q_p——桩端天然地基土的承载力标准值,kPa,可按《建筑地基基础设计规范》(GB 50007—2011)的有关规定确定。

(6) 地基变形量计算

旋喷桩的沉降量应为桩长范围内复合土层以下变形值与下卧层地基变形值之和,应按《建筑地基基础设计规范》(GB 50007—2011)的有关规定进行计算。其中,复合土层的压缩模量可按下式确定:

$$E_{sp}=\frac{E_s(A_e-A_p)+E_pA_p}{A_e} \tag{5-15}$$

式中　E_{sp}——旋喷桩复合土层压缩模量，kPa；

E_s——桩间土的压缩模量，可用天然地基土的压缩模量代替，kPa；

E_p——桩体的压缩模量，可采用测定混凝土割线模量的方法确定，kPa。

由于旋喷桩迄今积累的沉降观测及分析资料很少，因此，复合地基变形量计算的模式均以土力学和混凝土材料性质的有关理论为基础。

由于旋喷桩的强度远远高于土的强度，因此确定旋喷桩压缩模量采用混凝土确定割线弹性模量的方法，就是在试块的应力-应变（σ-ε）曲线中，连接 O 点至某一应力 σ_h 处割线的正切值（图 5-13）。

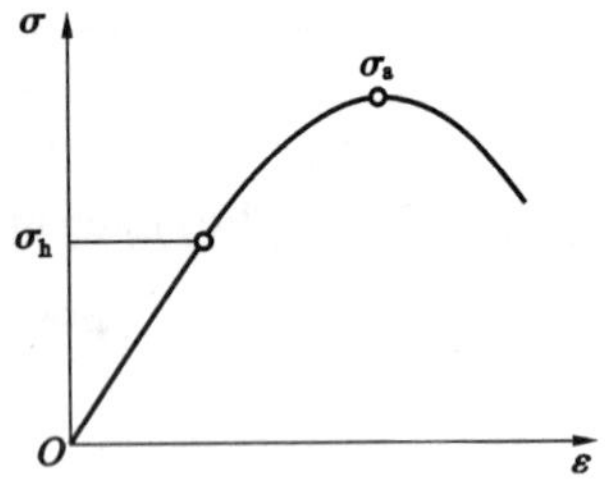

$$E_p = \tan\alpha \tag{5-16}$$

图 5-13　σ-ε 曲线

σ_h 值取破坏强度 σ_a 的 40%，做割线模量的试块为边长 100 mm 的立方体。

由于旋喷桩的性质接近混凝土的性质，同时采用 0.4 的折减系数与旋喷桩强度折减值也相近，故在《建筑地基处理技术规范》（JGJ 79—2012）中规定采用这种方法进行计算。

（7）防渗堵水计算

防渗堵水工程设计时，最好按双排或三排布孔形成帷幕（图 5-14）。孔距为 1.73R_0（R_0 为旋喷设计半径）、排距为 1.5R_0 时最经济。

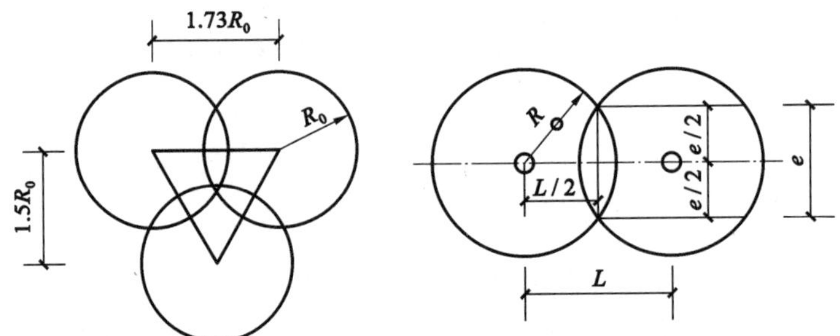

图 5-14　布孔孔距和旋喷注浆固结体交联图

若想增加每一排旋喷桩的交圈厚度，可适当缩小孔距，按下式计算孔距。

$$e = 2\sqrt{R_0^2 - \left(\frac{L}{2}\right)^2} \tag{5-17}$$

式中　e——旋喷桩的交圈厚度，m；

R_0——旋喷桩的半径，m；

L——旋喷桩孔位的间距，m。

定喷和摆喷是常用的防渗堵水的方法。由于喷射出的板墙薄而长，不但成本较旋喷低，而且整体连续性也高。

相邻孔定喷连接形式见图 5-15。

摆墙连接也可按图 5-16 所示形式进行。

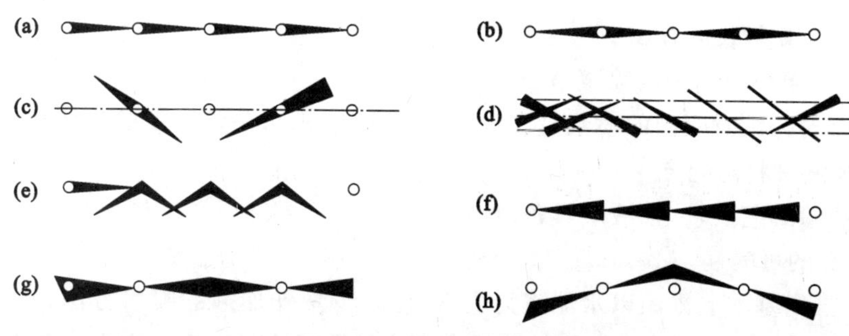

图 5-15 定喷帷幕形式示意图

(a) 单喷嘴单墙首尾连接;(b) 双喷嘴单墙前后对接;(c) 双喷嘴单墙折线连接;
(d) 双喷嘴双墙折线连接;(e) 双喷嘴夹角单墙连接;(f) 单喷嘴扇形单墙首尾连接;
(g) 双喷嘴扇形单墙前后对接;(h) 双喷嘴扇形单墙折线连接

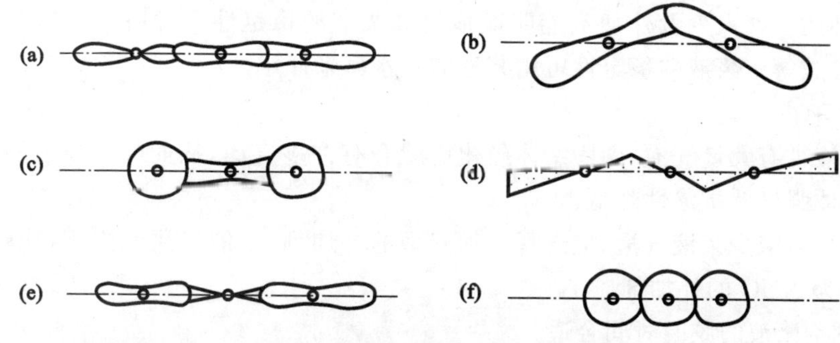

图 5-16 摆喷防渗帷幕形式示意图

(a) 直摆型(摆喷);(b) 折摆型;(c) 柱墙型;(d) 微摆型;(e) 摆定型;(f) 柱列型

(8) 浆量计算

浆量计算有两种方法,即体积法和喷量法,取其中的较大者作为设计喷射浆量。

① 体积法。

$$Q=\frac{\pi}{4}D_e^2K_1h_1(1+\beta)+\frac{\pi}{4}D_0^2K_2h_2 \tag{5-18}$$

② 喷量法。

根据单位时间喷射的浆量及喷射持续时间计算浆量,计算公式为:

$$Q=\frac{H}{v}q(1+\beta) \tag{5-19}$$

式中 Q——需要用的浆量,m^3;

D_e——旋喷体直径,m;

D_0——注浆管直径,m;

K_1——填充率,取 0.75~0.9;

h_1——旋喷长度,m;

K_2——未旋喷范围内土的填充率,取 0.5~0.75;

h_2——未旋喷长度,m;

β——损失系数,取 0.1~0.2;

v——提升速度,m/min;

H——喷射长度，m；

q——单位时间内的喷浆量，m^3/min。

根据喷射持续时间内的喷浆量和设计的水灰比，即可确定水泥的使用数量。

(9) 浆液材料与配方

根据喷射工艺要求，浆液应具备以下特性。

① 良好的可喷性。

目前，国内基本上采用以水泥浆为主剂，掺入少量外加剂的喷射方法，水灰比一般采用1∶1～1.5∶1就能保证较好的喷射效果。浆液的可喷性可用流动度或黏度来评定。

② 足够的稳定性。

浆液的稳定性好坏直接影响固结体的质量。以水泥浆液为例，其稳定性好是指浆液在初凝前析水率小，水泥的沉降速度小，分散性好以及浆液混合后经高压喷射而不改变其物理、化学性质。掺入少量外加剂能明显地提高浆液的稳定性。常用的外加剂有膨润土、纯碱、三乙醇胺等。浆液的稳定性可用浆液的吸水率来评定。

③ 气泡少。

若浆液带有大量气泡，则固结体硬化后就会有许多气泡，从而降低喷射固结体的密度，导致固结体强度及抗渗性降低。

为了尽量减少浆液气泡，应选择非加气型的外加剂，不能采用起泡剂，比较理想的外加剂是代号为NNO的外加剂。

④ 调剂浆液的胶凝时间合适。

胶凝时间是指从浆液开始配制起到土体混合后逐渐失去其流动性为止的这段时间。

胶凝时间视浆液的配方、外加剂的掺量、水灰比和外界温度而定，一般从几分钟到几小时不等，可根据施工工艺及注浆设备来选择合适的胶凝时间。

⑤ 良好的力学性能。

影响抗压强度的因素很多，如材料的品种、浆液的浓度、配合比和外加剂等。以上已提及，此处不再重复。

⑥ 无毒、无臭。

浆液应对环境无污染及对人体无害。胶凝体应为不溶，非易燃、易爆物。浆液对注浆设备、管路应无腐蚀性并容易清洗。

⑦ 结实率高。

固化后的固结体应有一定的黏结性，能牢固地与土粒黏结，故要求固结体耐久性好，能长期耐酸、碱、盐及生物细菌等腐蚀，并且不随温度、湿度的变化而变化。

水泥最为便宜且取材容易，是喷射注浆的基本浆材。国内只有少数工程中应用过丙凝和脲醛树脂等作为浆材。本节只讨论水泥浆液，根据其注浆目的可分成以下几种类型。

a. 普通型。

一般采用325#或425#硅酸盐水泥浆，不加任何外加剂，水灰比为1∶1～1.5∶1，固结体28 d的抗压强度最大可达1.0～20 MPa，一般无特殊要求的工程宜采用普通型。

b. 速凝早强型。

对地下水丰富的工程需要在水泥浆中掺入速凝早强剂，因纯水泥浆的凝固时间太长，浆液易冲蚀而不固结。另外，对一些要求早期承重的工程也需要加速凝早强剂。

常用的速凝早强剂有氯化钙、水玻璃和三乙醇胺等，用量为水泥用量的 2%～4%。以使用氯化钙为例，纯水泥浆与土固结体的 1 d 抗压强度为 1 MPa，而掺入 2%氯化钙的水泥土固结体抗压强度为 1.6 MPa，掺入 4%氯化钙的水泥土固结体抗压强度为 2.4 MPa。

c. 高强型。

喷射固结体的平均抗压强度在 20 MPa 以上的称为高强型。高强型配方为从地基加固发展为加筋桩提供了可能性，扩大了旋喷桩的适用范围。提高固结体强度的方法有选择高标号水泥，或选择高效能的扩散剂（如代号为 NNO 的外加剂、三乙醇胺、亚硝酸钠、硅酸钠等）和无机盐组成的复合配方。表 5-5 所示为各种外加剂对抗压强度的影响。

表 5-5 外加剂对抗压强度的影响

<table>
<tr><th colspan="2">主剂</th><th colspan="2">外加剂</th><th colspan="4">抗压强度/MPa</th><th rowspan="2">抗折强度/MPa</th></tr>
<tr><th>名称</th><th>用量/g</th><th>名称</th><th>掺量/%</th><th>28 d</th><th>3 m</th><th>6 m</th><th>1 a</th></tr>
<tr><td rowspan="7">525# 普通硅酸盐水泥</td><td rowspan="7">100</td><td>NNO</td><td>0.5</td><td rowspan="2">11.72</td><td rowspan="2">16.05</td><td rowspan="2">17.4</td><td rowspan="2">18.81</td><td rowspan="2">3.69</td></tr>
<tr><td>NR_3</td><td>0.05</td></tr>
<tr><td>NNO</td><td>0.5</td><td rowspan="3">13.59</td><td rowspan="3">18.62</td><td rowspan="3">22.8</td><td rowspan="3">24.68</td><td rowspan="3">6.27</td></tr>
<tr><td>NR_3</td><td>0.05</td></tr>
<tr><td>$NaNO_2$</td><td>1</td></tr>
<tr><td>NF</td><td>0.5</td><td rowspan="3">14.14</td><td rowspan="3">19.37</td><td rowspan="3">27.8</td><td rowspan="3">29.0</td><td rowspan="3">7.36</td></tr>
<tr><td>NR_3</td><td>0.05</td></tr>
<tr><td>$Na_2S_2O_3$</td><td>1</td></tr>
</table>

d. 填充剂型。

把粉煤灰和矿渣等材料作为填充剂加入水泥浆中会极大地降低工程造价。它的特点是早期强度较低，而后期强度增长率高、水化热低。

e. 抗冻型。

在冻土带未冻前对土进行喷射注浆，并在所用的喷射浆液中加入抗冻剂，能阻止或控制地表水向土体下渗以及地下水向土体上引，不使土体含水量超过其起始冻胀含水量，就可达到防止土体冻胀的目的。

一般使用的抗冻剂为：(a) 水泥-沸石粉浆液（沸石粉的掺量以水泥量的 10%～20%为宜）；(b) 三乙醇胺、亚硝酸钠浆液（三乙醇胺的掺入量为 0.05%，亚硝酸钠为 1%）；(c) 水泥扩散剂 NNO 浆液（NNO 的掺入量为 0.5%）。注意不宜用火山灰质水泥，最好用普通水泥，也可用高标号矿渣水泥。

f. 抗渗型。

在水泥浆中掺入 2%～4%的水玻璃，其抗渗性就会明显提高，如表 5-6 所示。使用水玻璃时模数为 2.4～3.4 较为合适，浓度以 30～45 波美度为宜。

当有抗渗要求时，不宜使用矿渣水泥；如仅有抗渗要求而无抗冻要求，则可使用火山灰质水泥。

表 5-6 纯水泥浆与掺入水玻璃的水泥浆的渗透系数

土样类别	水泥品种	水泥含量/%	水玻璃含量/%	渗透系数(28 d)/(cm·s^{-1})
细砂	425# 硅酸盐水泥	40	0	2.3×10^{-6}
		40	2	8.5×10^{-8}
粗砂	425# 硅酸盐水泥	40	0	1.4×10^{-6}
		40	2	2.1×10^{-8}

g. 改善型。

其适用于某些有特殊要求的工程。如水坝的防渗墙，可在喷射浆液中加入 10%～50%（占水泥质量的百分比）的膨润土，使固结体有一定可塑性并有较好的防渗性。

h. 抗蚀型。

其适用于地下水中有大量硫酸盐的工程，采用抗硫酸盐水泥和矿渣大坝水泥。

水泥系浆液的水灰比可按注浆管类型加以区别，即单管法和二重管法一般采用1∶1～1.5∶1，三重管法和多重管法一般采用 1∶1 或更小。

目前，国内使用得比较多的外加剂及配方列于表 5-7 中。

表 5-7 国内较常用的掺有外加剂的喷射浆液配方表

序号	外加剂成分及百分比/%	浆液特性
1	氯化钙 2～4	促凝、早强、可灌性好
2	铝酸钠 2	促凝、强度增长慢、稠密
3	水玻璃 2	初凝快、终凝时间长、成本低
4	三乙醇胺 0.03～0.05 食盐 1	有早强作用
5	三乙醇胺 0.03～0.05 食盐 1 氯化钙 2～3	促凝、早强、可喷性好
6	氯化钙(或水玻璃)2 NNO 0.5	促凝、早强、强度高、浆液稳定性好
7	氯化钠 25 亚硝酸钠 0.5 三乙醇胺 0.03～0.05	防腐蚀、早强、后期强度高
8	粉煤灰 25	调节强度、节约水泥
9	粉煤灰 25 氯化钙 2	促凝、早强、节约水泥
10	粉煤灰 25 氯化钙 2 三乙醇胺 0.03	促凝、早强、节约水泥

续表

序号	外加剂成分及百分比/%	浆液特性
11	粉煤灰 25 硫酸钠 1 三乙醇胺 0.03	早强、抗冻性好
12	矿渣 25	提高固结体强度、节约水泥
13	矿渣 25 氯化钙 2	促凝、早强、节约水泥

5.2.4 施工方法

(1) 施工程序

① 钻机就位。

钻机安放在设计的孔位上并应保持垂直，施工时旋喷管的允许倾斜度不得大于1.5%。

② 钻孔。

单管旋喷常使用76型旋转振动钻机，钻进深度可达30 m以上，适用于标准贯入度小于40 m的砂土和黏性土层。当遇到比较坚硬的底层时，宜用地质钻机钻孔。在二重管和三重管旋喷法施工中一般采用地质钻机。钻孔的位置与设计的位置偏差不得大于50 mm。

③ 插管。

插管是将喷管插入地层预定的深度。使用76型旋转振动钻机钻孔时，插管与钻孔两道工序合二为一，即钻孔完成时插管作业同时完成。如使用地质钻机钻孔完毕，必须拔出岩芯管，并换上旋喷管插入预定深度。在插管过程中，为防止泥沙堵塞喷嘴，可边射水，边插管，水压力一般不超过1 MPa；若压力过高，则易将孔壁射塌。

④ 喷射作业。

当插管插入预定深度后，由下而上进行喷射作业，使用的参数见表5-8。值班技术人员必须时刻注意检查浆液初凝时间、注浆流量、风量、压力、旋转提升速度等参数是否符合设计要求，并随时做好记录，绘制作业过程曲线。当浆液初凝时间超过20 h时，应及时停止使用该水泥浆液(正常水灰比为1∶1，初凝时间为15 h左右)。

⑤ 冲洗。

喷射施工完毕后，应把注浆管等机具设备冲洗干净，注浆管和软管内及泥浆泵内不得残余水泥浆。通常将浆液换成水在地面上喷射，以便把泥浆泵、注浆管和软管内的浆液全部排出。

⑥ 移动机具。

将钻机等机具设备移到新孔位上。

(2) 喷射技术参数

通常采用的高压喷射注浆技术参数如表5-8所示。

表 5-8 **常用高压喷射注浆技术参数**

<table>
<tr><th colspan="3">高压喷射注浆的方法</th><th>单管法</th><th>二重管法</th><th>三重管法</th></tr>
<tr><td colspan="3">适宜的土质</td><td colspan="3">砂土、黏性土、黄土、杂填土、小粒径砂砾</td></tr>
<tr><td colspan="3">浆液材料及其配方</td><td colspan="3">以水泥为主要材料，加入不同外加剂后可具有速凝、早强、抗蚀、防冻等性能，常用水灰比为 1∶1，也可用化学材料</td></tr>
<tr><td rowspan="15">高压喷射注浆参数值</td><td rowspan="4">水</td><td>压力/MPa</td><td>—</td><td>—</td><td>20</td></tr>
<tr><td>流量/(L·min^{-1})</td><td>—</td><td>—</td><td>80～120</td></tr>
<tr><td>喷嘴孔径/mm</td><td>—</td><td>—</td><td>2～3</td></tr>
<tr><td>喷嘴个数/个</td><td>—</td><td>—</td><td>1～2</td></tr>
<tr><td rowspan="4">空气</td><td>压力/MPa</td><td>—</td><td>0.7</td><td>0.7</td></tr>
<tr><td>流量/(m^3·min^{-1})</td><td>—</td><td>1～2</td><td>1～2</td></tr>
<tr><td>喷嘴间隙/mm</td><td>—</td><td>1～2</td><td>1～2</td></tr>
<tr><td>喷嘴个数/个</td><td>—</td><td>1～2</td><td>1～2</td></tr>
<tr><td rowspan="4">浆液</td><td>压力/MPa</td><td>20</td><td>20</td><td>1～3</td></tr>
<tr><td>流量/(L·min^{-1})</td><td>80～120</td><td>80～120</td><td>100～150</td></tr>
<tr><td>喷嘴孔径/mm</td><td>2～3</td><td>2～3</td><td>10～14</td></tr>
<tr><td>喷嘴个数/个</td><td>2</td><td>1～2</td><td>喷嘴孔径小时为 2，
喷嘴孔径大时为 1</td></tr>
<tr><td colspan="2">注浆管外径/mm</td><td>42 或 45</td><td>42、45、75</td><td>75 或 90</td></tr>
<tr><td colspan="2">提升速度/(cm·min^{-1})</td><td>20～25</td><td>约 10</td><td>约 10</td></tr>
<tr><td colspan="2">旋转速度/(r·min^{-1})</td><td>约 10</td><td>约 10</td><td>约 10</td></tr>
</table>

高压喷射注浆技术参数之间的关系，可按以下方法计算。

① 喷射压力按下式计算。

$$p=\frac{0.225\rho Q^2}{(n\mu\varphi d_0^2)^2} \tag{5-20}$$

② 喷射浆量按下式计算。

$$Q=2.11nd_0^2\mu\varphi\sqrt{\frac{p}{\rho}} \tag{5-21}$$

③ 喷射流功率按下式计算。

$$N=3p^{1.5}d_0^2n \tag{5-22}$$

④ 三重管法的注浆量可按下式计算。

$$q=\frac{\pi}{4}D_e^2vK \tag{5-23}$$

式中 p——喷射压力，MPa；

Q——喷射浆量，L/min；

ρ——喷射液体的密度，g/cm^3；

n——喷嘴个数；

μ——喷嘴流量系数，圆锥形喷嘴 $\mu \approx 0.95$；

φ——喷嘴流速系数，良好的圆锥形喷嘴 $v=0.97$；

d_0——喷嘴出口内径，mm；

N——喷射流总功率，kW；

q——单位时间内的喷浆量，m^3/min；

D_e——预计旋喷固结体直径，m；

v——注浆管提升速度，m/min；

K——设计充填率，可取 0.75～0.9。

⑤ 喷射压力与固结体尺寸的关系。

喷射压力愈高，固结体的尺寸也愈大。表 5-9 列出了在几种土质中单管旋喷时，不同喷射压力下所得的固结体直径。

表 5-9 **单管旋喷压力与固结体直径的关系**

土层类别	旋喷压力/MPa	旋喷其他参数			固结体		相差百分数/%	
		转速/(r·min⁻¹)	升速/(cm·min⁻¹)	喷嘴直径/mm	统计根数/根	平均直径/m	压力差	直径差
粉砂土	12.5±2.5	40	24	2.4	29	0.70	20	14
	15.0±2.5				87	0.80		
回填土	12.5±2.5	40	13.6	2.4	28	0.60	20	8
	15.0±2.5		24		26	0.65		
粉质砂土	12.0	40	24	2.8	5	0.74	20	20
	16.0				2	0.89		
粉质黏土	12.0	23	21	1.2	1	0.15	33	25
	16.0		14	1.5	1	0.25		
粉土	12.0	23	21	1.2	1	0.15	83	50
	22.0		17		1	0.30		

⑥ 喷射浆量与固结体尺寸的关系。

当喷射压力不变时，喷射浆量增大，固结体尺寸相应增大。

⑦ 注浆管旋转速度和提升速度与固结体尺寸的关系。

一般来说，旋转速度和提升速度减小，固结体尺寸会增加，但旋转速度和提升速度减小到某一范围时，固结体尺寸增加甚微。当提升速度一定时，旋转速度有一最佳值。当低于此最佳值时，固结体的尺寸反而会减小。

旋转速度和提升速度合理调配才能取得较好的破坏土体的效果，一般以每转一圈提升 0.5～1.25 cm 为宜。

三重管法破坏土体的范围比单管法要大，所以其合理的旋转速度和提升速度应比单管法小。

(3) 施工注意事项

① 钻机或旋喷机就位时机座要平稳,立轴或转盘要与孔位对正,倾角与设计误差一般不得大于0.5°。

② 喷射注浆前要检查高压设备和管路系统。设备的压力和排量必须满足设计要求。管路系统的密封圈必须良好,各通道和喷嘴内不得有杂物。

③ 喷射注浆作业完成后,由于浆液析水作用,一般均有不同程度的收缩,使固结体顶部出现凹穴,因此应立即使用水灰比为0.6的水泥浆进行补灌,并要预防其他钻孔排出的泥土或杂物进入。

④ 为了加大固结体尺寸,或为了避免深层硬土固结体尺寸减小,可以采取提高喷射压力、喷射浆量或降低旋转速度和提升速度等措施,也可以采用复喷工艺。第一次喷射(初喷)时,不注水泥浆液;初喷完毕后,将注浆管边送水边下降至初喷开始的孔深,再抽送水泥浆,自下而上进行第二次喷射(复喷)。

⑤ 在喷射注浆过程中,应观察冒浆的情况,以便及时了解土层情况、喷射注浆的大致效果和喷射参数是否合理。采用单管法、二重管法喷射注浆时,冒浆量小于注浆量20%为正常现象;超过20%或完全不冒浆时,应查明原因并采取相应的措施。若是地层中有较大空隙引起的不冒浆,可在浆液中掺加适量速凝剂或增大注浆量;如冒浆过大,可减少注浆量或加大提升速度和旋转速度,也可缩小喷嘴直径,提高喷射压力。采用三重管法喷射注浆时,冒浆量则应大于高压水的喷射量,但其超过量应小于注浆量的20%。

⑥ 对冒浆应妥善处理,及时清除沉淀的泥渣。在砂层中用单管法或二重管法注浆旋喷时,可以利用冒浆补灌已施工过的桩孔。但在黏土层、淤泥层旋喷或用三重管法注浆旋喷时,因冒浆中掺有黏土或清水,故不宜利用冒浆回灌。

⑦ 在软弱地层旋喷时,固结体强度低。可以在旋喷后用砂浆泵注入150# 砂浆来提高固结体的强度。

⑧ 在湿陷性地层进行高压喷射注浆成孔时,如用清水或普通泥浆作为冲洗液,会加剧沉降,此时宜用空气洗孔。

⑨ 在砂层尤其是干砂层中旋喷时,喷头的外径不宜大于注浆管,否则易夹钻。

5.2.5 质量检验

(1) 检验内容

固结体质量的检验内容包括:

① 固结体的整体性和均匀性;

② 固结体的有效直径;

③ 固结体的垂直度;

④ 固结体的强度特性(包括桩的轴向压力、水平力、抗酸碱性、抗冻性和抗渗性等);

⑤ 固结体的溶蚀和耐久性能。

喷射质量的检验内容包括:

① 施工前,主要通过现场旋喷试验,了解设计采用的旋喷参数、浆液配方和选用的外加剂材料是否合适,固结体质量能否达到设计要求。如某些指标达不到设计要求,则可采取相

应措施，使喷射质量达到设计要求。

② 施工后，对喷射施工质量的鉴定，一般在喷射施工过程中或施工告一段落后进行。检查数量应为施工总数的2%～5%，少于20个孔的工程，至少要检验2个点。检验对象应选择地质条件较复杂的地区及喷射时有异常现象的固结体。

凡检验不合格者，应在不合格的点位附近进行补喷或采取有效补救措施，再进行质量检验。

高压喷射注浆处理地基的强度较低，28 d的强度为1～10 MPa，强度增长速度较慢。检验时间应在喷射注浆后4周进行，以防固结体在强度不高时，因检验而受到破坏，影响检验的可靠性。

(2) 检验方法

① 开挖检验。

待浆液凝固具有一定强度后，即可开挖检查固结体的垂直度和固结形状。

② 钻孔取芯。

在已旋喷好的固结体中钻取岩芯，并将岩芯做成标准试件进行室内物理和力学性质试验。根据工程的要求也可在现场进行钻孔，做压力注水和抽水两种渗透试验，测定其抗渗能力。

③ 标准贯入试验。

在旋喷固结体的中部可进行标准贯入试验。

④ 载荷试验。

静载荷试验分垂直和水平载荷试验两种。做垂直载荷试验时，需在顶部0.5～1.0 m范围内浇筑0.2～0.3 m厚的钢筋混凝土桩帽；做水平载荷试验时，在固结体的加载受力部位，浇筑0.2～0.3 m厚的钢筋混凝土加荷载面，混凝土的标号不低于C20。

载荷试验是检验建筑地基处理质量的良好方法，有条件的地方应尽量采用。虽载荷试验设备筹备较困难，但对重要建筑物仍应做载荷试验。

5.3 土工合成材料法 >>>

土工合成材料是一种新型的岩土工程材料。它是以人工合成的聚合物为原料且具有渗透性的材料。它包括土工织物、土工纤维、建筑纤维、土工薄膜(塑料薄膜)、土工格栅(塑料网格)和复合型土工合成材料等。复合型土工合成材料是由上述有关材料复合而成的。土工合成材料加筋法就是将土工合成材料置于地基土中以形成加筋增强体，使地基承载力和地基稳定性提高，地基沉降量减少的地基处理方法。

(1) 土工合成材料的种类

《土工合成材料应用技术规范》(GB 50290—1998)将土工合成材料分为土工织物、土工模、特种土工合成材料和复合型土工合成材料等类型。

① 土工织物。

土工织物为透水性土工合成材料。土工织物按制造方法分为有纺型土工织物、无纺型土工织物和编织型土工织物。

有纺型土工织物由相互正交的纤维织成，与通常的棉毛织品相似。其特点是孔径均匀，沿经纬线方向的强度高，而沿斜交方向的强度低，拉断的伸长率较低。

无纺型土工织物也称无纺布。织物中纤维（连续长丝）的排列是不规则的，与通常的毛毯相似。其制造时是先将聚合物原料经过熔融挤压、喷丝、直接铺平成网，再使网丝联结。联结有热压处理法、针刺机械处理法和化学黏结处理法等。

a. 热压处理法。

其在将纤维加热的同时施加压力，使之部分融化，从而黏结在一起。

b. 针刺机械处理法。

其用特制的呈刺状的针，上下往返穿刺纤维薄层，使纤维彼此缠绕起来。这种成型的土工织物较厚，通常为3～5 mm。这类土工织物的土工纤维抗拉强度在各方向上都一致，与有纺型土工织物相比，其抗拉强度略低，伸长率较大，孔径不均匀。

c. 化学黏结处理法。

其在纤维薄膜中加入某些化学物质，使之黏结在一起。

编织型土工织物由单股线带编织而成，与通常编织的毛衣相似。

土工织物突出的优点是重量轻，整体连续性好（可做成较大面积的整体），施工方便，抗拉强度较高，耐腐蚀和抗微生物侵蚀性好；缺点是如未经特殊处理，则抗紫外线能力低。土工织物的性能与其聚合物原料、土工织物的种类及加工制造方法密切相关。

② 土工模。

土工模是以聚氯乙烯、聚乙烯、氯化聚乙烯和异丁橡胶等为原料制成的透水性极低的薄模或薄片。土工膜可由工厂预制或现场制作，分为加筋的和不加筋的两大类。预制不加筋土工膜采用挤出、压研等方法制作，厚度常为0.25～4 mm。加筋土工膜可达10 mm，膜的幅宽为1.5～10 m。加筋土工膜是组合产品，加筋有利于提高膜的强度和保护膜不受外界机械破坏。

大量的工程实例表明，土工膜有很好的不透水性、弹性和适应变形的能力，良好的耐老化能力。

③ 特种土工合成材料。

a. 土工格栅。

土工格栅由聚乙烯或聚丙烯通过打孔、单向或双向拉伸扩孔制成，孔格为尺寸为10～100 mm的圆形、椭圆形、方形或长方形格栅。

土工格栅是一种应用较多的土工合成材料，常用作加紧土结构的筋材或土工复合材料的筋材等。国内外工程大量采用土工格栅加筋路基路面。

b. 土工模袋。

土工模袋是一种由双层的聚合化纤织物制成的连续（或单独）袋状材料。它可以代替模板，用高压泵将混凝土或砂浆泵入模袋中，用于护坡或其他地基处理工程。

c. 土工网。

土工网是由两组平行的压制条带或韧丝以一定角度（一般为60°～90°）交叉，并在交点处热黏结而成的平面制品。条带一般宽1～5 mm，透孔尺寸为几毫米到几厘米。

d. 土工垫和土工格室。

土工垫和土工格室是由合成材料特制的三维结构。前者多为由长丝结合而成的三维透水聚合物网垫，后者为由土工织物、土工格栅或土工膜、条带聚合物构成的蜂窝状或网格状三维结构。其常用于防冲蚀和保土工程，刚度大、侧限能力高的多用于地基加筋垫层或支挡结构中。土工垫通常由黑色聚乙烯制成，厚度为 15～20 mm。

④ 复合型土工合成材料。

将土工织物、土工膜和某些特种土工合成材料中的两种或两种以上的材料，采用不同方法可复合成为复合型土工合成材料，如复合土工膜、土工复合排水板、土工垫块等。

a. 复合土工膜。

常规应用的复合土工膜有一布一膜、二布一膜或三布二膜等，一般比较薄，主要起保护膜的作用。另外，也有的用较厚型无纺布复合，其有双重作用，即膜的一面防渗，而无纺布一面则起排水作用。

b. 土工复合排水板。

土工复合排水板是一种复合型土工合成材料，由芯板和透水滤布两部分组成。芯板多为成型的硬塑料薄板，为瓦楞形或十字形，主要原料为聚氯乙烯或聚丙烯，透水滤布多为薄型无纺织物，主要原料为涤纶或丙纶。它可用于软基排水固结处理，路基纵向和横向排水，建筑地下排水管道、积水井、支挡结构的墙后排水，隧道排水和堤坝排水等。

(2) 土工合成材料的应用

不同的土工合成材料，其功能不尽相同，但一种材料往往兼有多种功能。土工合成材料应用在工程上主要对两种不同材料起隔离作用、渗透排水作用、利用其强度起加筋作用和利用网孔渗透起过滤作用(表 5-10)。除此以外，其还有防渗和防护作用。土工合成材料在岩土工程中应用的主要作用有排水、反滤、隔离和加筋等。

表 5-10 **不同应用领域中土工合成材料基本功能的相对重要性**

应用类型	功能			
	隔离	排水	加筋	反滤
无护面道路	A	C	B	B
海、河护岸	A	C	B	A
粒状填土区	A	C	B	D
挡土墙排水	C	A	D	C
用于土工薄膜下	D	A	B	D
近水平排水	C	A	B	D
堤坝桩基	B	D	A	D
堤坝基础加筋	B	C	A	D
加筋土墙	D	D	A	D
岩石崩落网	D	C	A	D

续表

应用类型	功能			
	隔离	排水	加筋	反滤
密封水力填充	B	C	A	A
防冲	D	C	B	A
柔性模板	C	C	C	A
排水沟	B	C	D	A

注：A 为主要功能(控制功能)；B、C、D 分别为次要、一般、不很重要的功能。

① 排水作用。

土工合成材料具有良好的三维透水特性。这种透水特性可使水经过其平面时迅速地沿水平方向排走，形成水平排水层。它还可与其他材料(如粗粒料、排水管、塑料排水板等)共同构成排水系统或深层排水井。土工合成材料所形成的排水层排水作用的效果，取决于在相应的受力条件下导水性的大小(导水性为水平方向渗透系数和厚度的乘积)及其所需排水量和所接触土层的土质条件。

② 反滤作用。

多数渗水性土工合成材料在单向渗流的情况下，细粒会逐渐向渗滤层移动，自然形成一个反滤带和一层骨架网阻止细颗粒被滤过，防止土粒的继续流失，最后趋向平衡，使土工合成材料与其相接触的部分土层共同构成一个完整的反滤体系，有效地起到反滤作用，防止土粒流失，使土体保持稳定。

③ 隔离作用。

土工合成材料可设置在两种不同土或材料，或者土与其他材料之间，将它们相互隔离，避免混杂产生不良效果，并可依靠其优良特性以适应受力、变形和各种环境变化的影响而不破损。当其用于受力的结构体中时，有助于保证结构的状态和设计功能；当其用于材料的储存堆放场地时，可以避免材料损失和劣化，还可防止受废料污染。但用作隔离的土工合成材料，其渗透性应大于所隔离土的渗透性；当承受动荷载作用时，土纤维应有足够的耐磨性和抗拉强度。

④ 加筋作用。

利用土工合成材料的高强度和韧性等力学性能，以及与其上填土间的较大摩擦力，可分散荷载，扩散应力，将作用于土层上的力均匀地分布传递给地基，从而起到加筋(加强)作用，有利于阻止填土的侧向位移和沉降，减少地基的不均匀变形和沉陷，防止浅层地基的极限破坏，并避免局部基础的破损，同时增大土体的刚度和模量，提高地基的承载力和稳定性，或作为筋材构成加筋土以及各种土工结构。

(3) 设计计算

在实际工程中应用的土工合成材料，无论其作用的主次，都是以上四种作用的综合。虽然隔离作用不一定伴随过滤作用，但过滤作用经常伴随隔离作用。因此，设计时，应根据不同的工程应用对象，综合考虑根据土工合成材料的要求进行选料。

① 作为滤层时的设计。

一般在反滤层设计时，既要求有足够的透水性，又要求能有效地防止土颗粒被带走，通常采用无纺型和有纺型土工织物。而当土工织物作为滤层时，同样必须满足这两项基本要求。此外，滤层应具有避免被保护土体的细小颗粒随着渗流水被带到织物内部孔隙中或被截留在织物表面而造成其渗透性能降低的能力。

实际上，土工合成材料作为滤层的效果受到材料的特性、所保护土的性质和地下水条件的影响，所以在进行土工合成材料滤层设计时，应根据反滤层所处的环境条件，将土工合成材料和所保护土体的物理、力学性质结合起来考虑。

对任何一个土工合成材料反滤层，在使用初期，渗流开始时，土工合成材料背面的土颗粒逐渐与之贴近，其中小于土工合成材料孔隙的细颗粒，必然穿过土工聚合物排出，而土中大于土工合成材料孔隙的颗粒就紧贴靠近土工合成材料，自动调整为过滤层，直至无土颗粒能通过土工合成材料边界为止。此时，靠近土工合成材料的土体透水性增大，而土工合成材料的透水性就会减小，最后土工聚合物和相邻土体共同构成了反滤层。这一过程往往需要几个月的时间才能完成。对级配不好的土料，因其本身不能成为滤料，所以排水和挡土得依靠土工合成材料完成。当渗流量很大时，就有大量细颗粒通过土工合成材料被排出，有可能在土工合成材料表面形成泥皮，出现局部堵塞。因此，宜在土工合成材料与被保护的土层间铺设 150 mm 厚的砂垫层，以免土工合成材料的孔隙被堵塞。

土工合成材料作为滤层设计时的两个主要因素是土工合成材料的有效孔径和透水性能，目前尚未有统一的设计标准。对于由符合一定标准和级配的砂砾构成的传统反滤层，目前广泛采用的滤料要求如下。

防止管涌：

$$D_{50\mathrm{f}} < 5D_{85\mathrm{b}} \tag{5-24}$$

保证透水性：

$$D_{15\mathrm{f}} > 5D_{15\mathrm{b}} \tag{5-25}$$

保持均匀性：

$$D_{50\mathrm{f}} > 25D_{50\mathrm{b}} \quad \text{（对级配不良的滤层）} \tag{5-26}$$

$$D_{50\mathrm{f}} > D_{50\mathrm{b}} \quad \text{（对级配均匀的滤层）} \tag{5-27}$$

式中 $D_{15\mathrm{f}}$——对应于颗粒粒径分布曲线上百分数为15%时的颗粒粒径，mm；

$D_{85\mathrm{b}}$——对应于颗粒粒径分布曲线上百分数为85%时的颗粒粒径，mm。

其他符号含义以此类推。

② 作为加筋时的设计。

a. 地基加固。

在软弱路基基底与填土间铺土工合成材料是常用的浅层处理方法之一。若土工合成材料为多层，则应在层间填以中砂、粗砂以增加摩擦力。由于这种土工合成材料具有较高的伸长率，故可使上部负荷扩散，原地基承载力提高，并使填土稳定性增加。此外，铺设土工合成材料后施工机械行驶方便，工程竣工后还能起排水作用，加速沉降和固结。如将具有一定刚度和抗拉力的土工合成材料铺设在软土地基表面上，再在其上填筑细颗粒土(砂土或砾土)，则作用荷载的正下方将发生沉降，其周边地基将发生侧向变形和部分隆起。如图 5-17 所示，土工合成材料受拉，而作用在土工合成材料与地基土间的抗剪阻力就能相对地阻止地基的位移；同时，作用在土工合成材料上的拉力，也能起到支承荷载的作用。设计时其地基极限承载力的计算公式为：

$$q_{s+c} = Q_c = \alpha c N_c + \frac{2p}{b}\sin\theta + \beta \frac{p}{r} N_q \tag{5-28}$$

式中 α,β——基础的形状系数，一般取 $\alpha=1.0,\beta=0.5$；

c——土的黏聚力，kPa；

N_c,N_q——与内摩擦角有关的承载力系数；

p——土工合成材料的抗拉强度，N/m；

b——基础宽度，m；

θ——基础边缘土工合成材料的倾斜角，一般为 10°～17°；

r——假想圆的半径，一般取 3 m，或为软土层厚度的 1/2，但不能大于 5 m。

上述地基极限承载力计算公式的右边第一项是没有土工合成材料时天然地基的极限承载力；第二项表示在荷载作用下，由于地基的沉降使土工合成材料发生变形而承受拉力的效果；第三项表示土工合成材料阻止地基隆起而产生的平衡填压作用的效果(是以假设近似半径为 r 的圆求得的，图 5-17 中的 q 是塑性流动时地基的反力)。实际上，第二项和第三项均为由于铺设土工合成材料而提高的地基承载力。

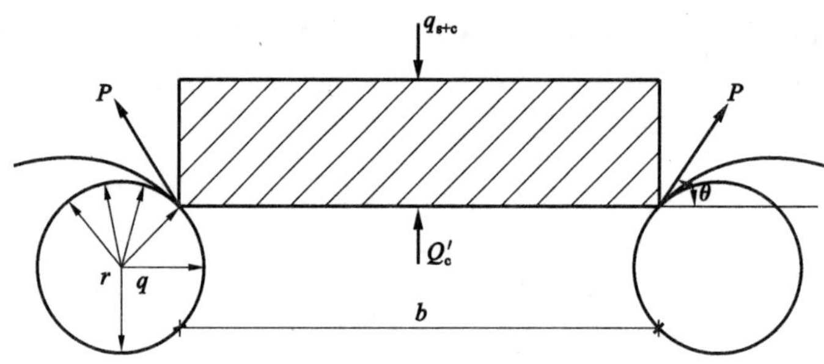

图 5-17 土工合成材料加固地基承载力计算简图

b. 路堤加固。

土工合成材料用来增加填土稳定性时，其铺垫方式有两种：一种是铺设在路基基底与填土间，另一种是铺设在堤身内填土层间。分析计算时采用瑞典法和荷兰法两种计算方法。在这里只对瑞典法作简要的介绍。

瑞典法的计算模型是假定土工合成材料的拉应力总是保持在原来铺设方向上。由于土工合成材料产生拉力，这就增加了两个稳定力矩(图 5-18)。

先按常规方法找到最危险圆弧滑动的参数，以及相应的最小安全系数 K_{min}，再加入有土工合成材料这一因素。当仍按原最危险圆弧滑动时，要撕裂土工合成材料就要克服土工合成材料的总抗拉强度 S，以及在填土内沿垂直方向开裂而产生的抗力 $S\tan\varphi_1$ (φ_1 为填土的内摩擦角)。如以 O(图 5-18)为力矩中心，则前者的力臂为 a，后者的力臂为 b，原最小安全系数为：

$$K_{min} = \frac{M_{抗}}{M_{滑}} \tag{5-29}$$

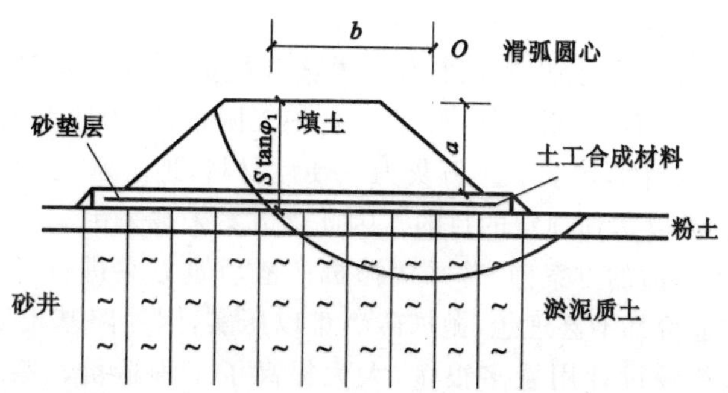

图 5-18 土工合成材料加固软土地基上路堤的稳定性分析(瑞典法)(据郑俊杰,2009)

增加土工合成材料后的安全系数为:

$$K' = \frac{M_{抗} + M_{土工织物}}{M_{滑}} \tag{5-30}$$

故所增加的安全系数为:

$$\Delta K = \frac{S(\alpha + \beta \tan\varphi_1)}{M_{滑}} \tag{5-31}$$

当已知土工合成材料的总抗拉强度为 S 时,便可求得 ΔK。相反,当已知要求增加的 ΔK 时,便可求得所需土工合成材料的总抗拉强度 S,以便选用厂家生产的土工合成材料产品。

(4) 施工要点

① 应用土工合成材料的工程,其施工要求除遵守一般的有关常规施工程序和规定外,还应着重考虑由铺设土工合成材料带来的特殊要求,并保证按设计断面及质量要求施工,注意现场检测。土工合成材料的铺设施工,应根据工程应用及具体条件的不同,使用各种各样的施工方法和机具,但任何情况下均应注意土工合成材料的有效性与施工方法是否得当,做到精心施工。

② 保证土工合成材料的整体性,注意土工聚合物的连接。土工合成材料的连接方法有搭接法、缝接法、U 形钉连接法、黏结法或焊接法等,对于土工纤维一般采用搭接法或缝接法。采用搭接法时,搭接长度必须足够,一般为 300～900 mm,视受力和基层土质条件而定。采用缝接法时可采用尼龙线和涤纶线缝接,分对面缝接和折叠缝接,多用前者。缝接处的强度可达到纤维强度的 80%,基本上能满足要求。如果采用折叠缝接,应用双道线缝合,可取得更高的强度。土工聚合物施工时应注意防火。

5.4 工程实例——公路路基的土工合成材料加固处理 >>>

(1) 工程概况

某县的公路路基宽 15 m,路面宽 12 m,工程地质复杂,且紧靠公路两侧有深1.5～2.0 m的湖水,施工技术难度较大,设计单位没有拿出可行的设计方案。

(2) 路基处理方案确定

对于该段公路,起初曾提出采用石灰桩方案和抛掷砖渣填筑方案。后经有关技术人员论证,认为石灰桩方案不妥,原因是:① 石灰桩施工困难,因为地下水位较高难以人工成孔,而用机械成孔价格又非常昂贵;② 石灰为气硬性材料,地下水位以下没有充足碳酸根离子(CO_3^{-2})使其凝固,难以达到预定的目的。因此该方案未被采用。

在没有找到更合适的方案前,曾采用抛掷砖渣填筑方案进行了长 50 m 试验路段的施工,但施工难度与造价都不甚理想,抛掷砖渣难以压实,因为路基土质较软,碾压时,砖渣向两侧挤压,用砖渣料较设计用量多很多,大大提高了工程造价。鉴于此,不得不放弃这一方案。

最后决定采用土工织物加筋土技术方案对路基进行加固。实践证明,这一方案是可行的。

(3) 土工织物加筋土路堤设计与施工

① 材料。

土工织物采用青岛产黑色聚丙烯编织布,其最大伸长率为 25%,其强度为 18.3 kN/m。

填土为粉土,并用 1 cm^2 见方的铁筛过筛,其有机质含量不大于 1%,填土的内摩擦角 $\varphi=25°$,黏聚力 $c=10$ kPa。

铆钉为直径为 8~12 mm 的圆钢,长度为 40 cm。

② 压实机器的选用。

选用以下压实机器:

a. 履带式拖拉机。

b. 9~12 t 振动式压路机。

c. 6~8 t 光轮压路机。

d. 12~15 t 光轮压路机。

e. 18~21 t 光轮压路机。

③ 土工织物加筋土的施工程序。

a. 土工织物路堤的布置。

土工织物沿路堤宽通长铺设,层距为 20 cm,幅与幅之间的搭接用双道高强度尼龙绳缝合。

b. 土工织物路基的施工方法。

将路基坑挖至路槽底以下 1.2 m,用履带式拖拉机排压基底三遍,然后用 6~8 t 光轮压路机碾压两遍,待压实度大于 85%后铺筑第一层土工织物,土工织物铺筑时要求尽可能将土工布织物拉紧,使其产生一定的拉应力。只有这样,才有利于土工织物作用的发挥。土工织物两侧要用铆钉铆固,铆钉间距为 40 cm(图 5-19)。

第一层土工织物铺筑完成后,回填铺 30 cm 虚土,整平后先用履带式拖拉机排压,然后用 12~15 t 光轮压路机碾压 3~4 遍,压实度大于 90%后方可铺筑第二层土工织物,第二层土工织物的铺筑方法同第一层。该项工作完成后路基仍是回填土,该层回填土必须采用 12~15 t光轮压路机及 18~21 t 光轮压路机碾压,压实度必须在 93%以上。其余各层依次分层填筑,压实度均需大于 13%,每层压实厚度不得超过 20 cm。

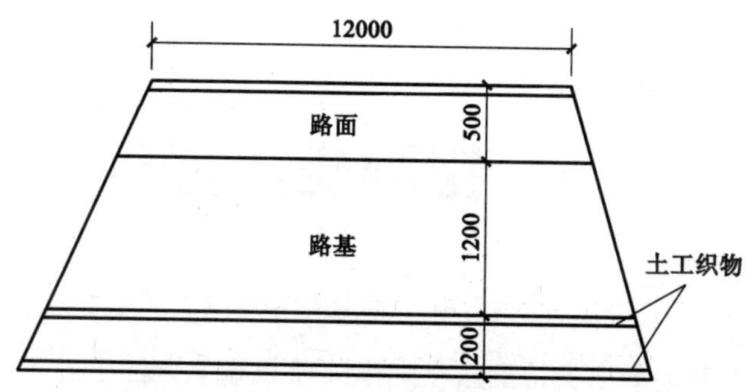

图 5-19 土工织物加筋土路基剖面图

④ 土工织物的优点。

a. 隔离地下毛细水上升而保护路基。

b. 可避免路基因局部不良而造成不均匀下沉。

c. 提高路基的抗剪强度,防止由此可能导致的圆弧滑动破坏。

d. 施工便利,造价低廉。

(4) 加固效果

该路堤加固工程于 1994 年 7 月施工完毕,经过几个月的运行,未发现不良现象。

说明:本章的工程实例源自专著《地基处理新技术与工程实践》(陈一平,张季超,陈小宝,等.北京:科学出版社,2010)。

独立思考

5-1 灌浆材料包括哪些?

5-2 简述灌浆设计的步骤。

5-3 高压喷射注浆法的基本工艺类型主要包括哪些?

6 锚喷支护加固

锚杆支护和喷射混凝土支护虽然在工作机理和施工方法上并不完全相同,但锚杆支护和喷射混凝土支护对岩体的加固效果基本一致,而且二者常常联合使用,所以常把它们统称为锚喷支护。

锚喷支护作为一种新的支护加固技术,在矿山、交通、水电、军工以及民用建筑等整个建筑领域中被广泛使用,在技术、经济等各方面已表现出旺盛的生命力。

6.1 锚 杆 >>>

锚杆(索)是用金属或其他抗拉性能好的材料制作而成的一种杆状构件。采用某些机械装置、黏结介质,并通过一定的施工操作,将其安设在地下工程的围岩或其他工程体中,即能形成承受荷载、阻止变形的围岩拱结构或其他复合结构物的锚杆(索)支护。

锚杆形式多种多样,适用于不同的地质条件。具有各种用途的不同种类的锚杆,有数百种之多,可根据具体工程对象、围岩条件和支护要求加以选用。

根据锚固方式的不同,锚杆可分为集中锚固锚杆和全长锚固锚杆两种。

集中锚固锚杆分为机械式和黏结式。这类锚杆以插进钻孔中的锚杆端部的锚头锚固在围岩中,在杆体尾部则由垫板与岩面接触,并通过紧固装置(通常为螺母)使垫板与岩面贴紧。

很明显,集中锚固锚杆仅仅两端同围岩黏结在一起,当围岩产生变形时,锚杆的变形在锚头和垫板之间与之协调。在这种变形过程中,锚杆通过垫板对围岩提供一个集中的支护抗力,与此同时在锚头处也对围岩作用一相应的集中力,从而对围岩产生支护加固作用。相应地,锚杆自身也在两端受到两个集中力的张拉。因此,集中锚固锚杆杆体中的应力是均匀分布的[图 6-1(a)]。

集中锚固锚杆按锚头形式的不同分为楔缝式、胀壳式、倒楔式等。其中,楔缝式锚杆的锚头制作简单,锚固较为可靠,在工程中使用较多。

集中锚固锚杆的特点是安装容易、工艺简单、安装后可立即起到支护作用;缺点是由于在岩体中杆体与岩壁间存在间隙,因此在地下水作用下杆体容易锈蚀,而且时间久了锚头容易滑动,特别是在软岩中,锚头的锚固是不太可靠的。因此,这种类型的锚杆一般宜用作施工中的临时支护或用于服务年限不太长的矿山隧道中。楔缝式锚杆的杆体除可采用圆钢(钢筋)加工外,还可采用硬杂木制作。

全长锚固锚杆用水泥砂浆或胶结剂充填钻孔与锚杆之间的空隙,当水泥砂浆或胶结剂凝结、硬化后，杆体就“沿全长”锚固在岩体中[图 6-1(b)]。

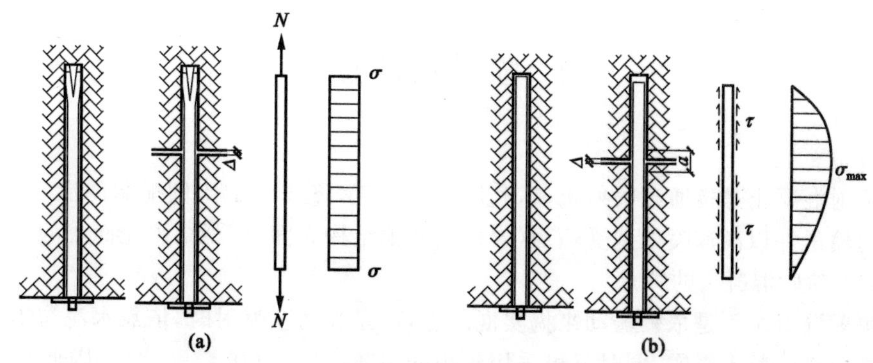

图 6-1 防止顶板节理面离层时两种锚杆支护作用的对比

(a) 集中锚固锚杆；(b) 全长锚固锚杆

全长锚固锚杆与围岩的黏结是通过注浆材料硬化后所产生的岩壁与杆体之间的黏结力实现的，因此一般无须用锚头和垫板，用一段钢筋作为杆体即可。但因为水泥砂浆的凝结、硬化需要一定时间，故采用水泥砂浆锚杆兼作临时支护或需对锚杆施加预应力时，杆体也常常做成带锚头和垫板的形式，采用“先锚后注”的工艺安装锚杆。

全长锚固锚杆与集中锚固锚杆相比，防止了杆体的锈蚀，锚固作用耐久可靠。同时，由于这种锚杆沿全长同围岩结合在一起，当围岩变形时，锚杆的变形将沿全长与之协调。如果说集中锚固锚杆的安设相当于在岩体中的两点之间增加了一根拉杆(二力杆件)，那么全长锚固锚杆的安设就相当于在岩体中配置了一根沿全长与之结合在一起的钢筋。后者对围岩的支护显然更为有效。

按与被支护体的锚固形式来分，锚杆可大致分为以下几种。

① 端头锚固式锚杆。

端头锚固式锚杆的分类如图 6-2 所示。

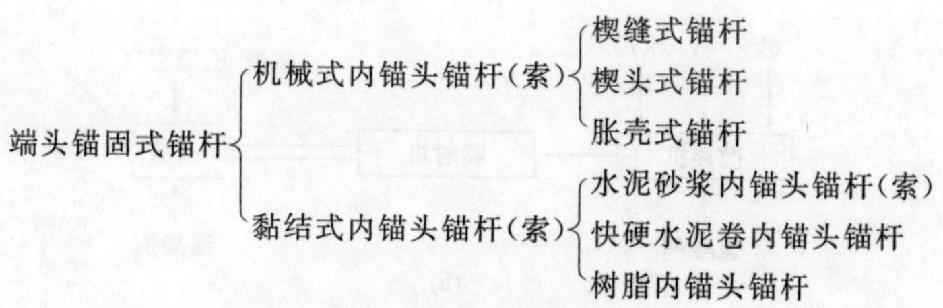

图 6-2 端头锚固式锚杆的分类

② 全长黏结式锚杆。其可分为水泥砂浆全长黏结式锚杆(砂浆锚杆)和树脂全长黏结式锚杆。

③ 摩擦式锚杆。其可分为缝管式锚杆和楔管式锚杆。

④ 预应力式锚杆(索)。其可分为先张拉后注浆预应力锚杆(索)和先注浆后张拉预应力锚杆(索)。

⑤ 混合式锚杆(索)。其指同时具有以上四种形式中的两种或两种以上形式的锚杆(索)。

按材料分，锚杆可分为金属锚杆、木锚杆和竹子锚杆。其中用得最多的是金属锚杆。

6.2 喷射混凝土

喷射混凝土是指通过喷射机械，利用压缩空气，将按一定比例配制的混凝土拌合料，通过管道输送并以高速喷射到受喷面（岩壁或其他结构表面）上凝结硬化而成的一种混凝土。

（1）喷射混凝土的特点

喷射混凝土不是依赖振动来捣实混凝土，而是在高速喷射时，依靠水泥与集料的反复连续撞击而使混凝土密实，同时又可采用较小的水灰比（常为 0.4～0.45），因此具有较高的强度和良好的耐久性。特别是其与混凝土、砖石以及钢材之间有很高的黏结强度，可以在结合面上传递拉应力和剪应力。喷射法施工还可以在拌合料中加入速凝剂，使喷射混凝土在10 min内终凝。因此，混凝土喷射后能立即获得强度。

（2）喷射混凝土的基本施工工艺

喷射混凝土的基本施工工艺可以分为干喷和湿喷两种。所谓干喷，是指将水泥、骨料和速凝剂等干料拌和在一起，不加水并装入喷射机中，通过输料管将干拌合料压送到喷嘴，然后在喷嘴处加水混合，喷射出去。湿喷是用喷射机压送含水的湿拌合料，在喷嘴处加入速凝剂。两种喷射工艺流程见图 6-3。

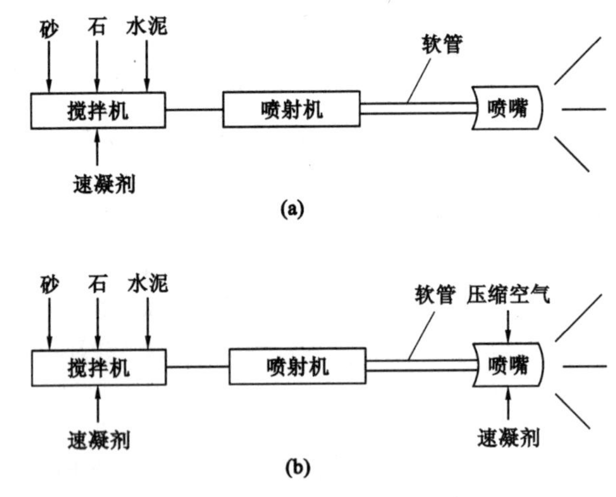

图 6-3 两种喷射工艺流程图

(a) 干喷工艺；(b) 湿喷工艺

采用湿喷工艺对防止喷射作业中产生粉尘、提高混凝土强度都是有利的。然而，实践表明，它有一些问题尚待进一步解决，如速凝剂不能和水泥同时预先加入，水泥用量高、渗透性大，设备复杂等。因此，喷射混凝土大量采用的还是干喷法。

干喷法存在混凝土均匀性差、强度较低，粉尘量与回弹量大等缺点。为了将湿喷法的优点引入干喷法中，采用在喷嘴前几米的管路处预先加水的方法。有时把这种方式叫作半湿式喷射。但从本质上说，其还是属于干喷法。

由于喷射混凝土存在两大缺点(一是回弹率高达15%～30%,二是喷射作业现场粉尘量大),如何消除回弹和降低粉尘量是人们一直研究的课题。日本自20世纪80年代初进行了随动式模板(模板随喷射混凝土边喷射边移动)喷射混凝土新工艺的研究。这项技术被简称为模喷技术。下面对模喷技术作一简单介绍。

模喷技术的基本观点是使喷射混凝土在岩石表面与模板之间的空间内进行。由于模板的约束,彻底解决了喷射混凝土的回弹与片落问题,同时喷射现场粉尘含量甚少,粉尘浓度可降至1～2 mg/m³,喷层光滑平整。

我国自1988年开始进行模喷技术的研究,并研制出第一代模喷样机,但问题仍未能得到彻底解决,距实际应用还有一段距离,仍需继续研究。然而,一些施工单位利用干喷机、普通模板、格栅拱和锚杆等进行了"简易模喷技术"的研究与应用,并取得了很好的成果。如辽宁地矿井巷工程公司在北京西客站鹰山特大断面隧道施工中成功地应用了这种简易模喷技术作为一次衬砌,取得了良好的技术与经济效果。图6-4所示为鹰山隧道模喷混凝土施工示意图。

鹰山隧道模喷混凝土工艺流程见图6-5。模板的固定是先用10#铁丝将固定钢筋绑扎在格栅拱上,再把模板夹在固定钢筋与格栅拱之间,模板与格栅拱之间要留出5 cm厚的混凝土保护层,模板通常选用木模板或旧钢模板,模板的安装随喷射混凝土的升高而上升,模板上端至喷射面的距离保持在0.1～0.6 m范围内。

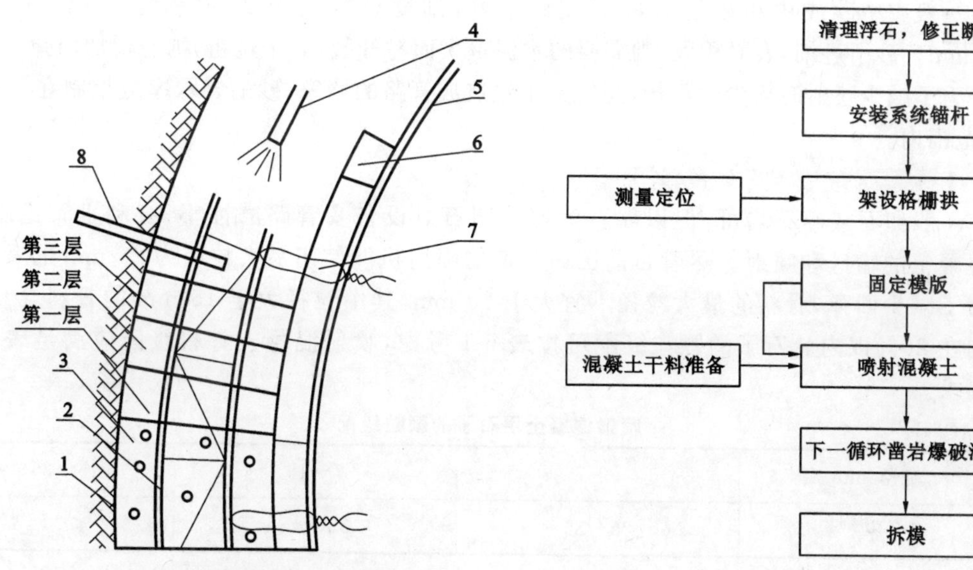

图6-4 鹰山隧道模喷混凝土施工示意图

1—围岩;2—格栅拱;3—模喷混凝土;4—干喷机喷头;5—固定钢筋;6—模板(木或钢模);7—固定铁丝;8—锚杆

图6-5 鹰山隧道模喷混凝土施工工艺流程图

向模内喷射混凝土最好要连续进行,间歇时间不要超过初凝时间,否则应做施工缝处理。

简易模喷施工中应注意以下几点:

① 适当减少速凝剂的掺量,增加混凝土的初凝时间(初凝时间在5 min左右)。因为简易模喷不需要立即拆模,所以初凝时间可适当增加,以利于层间衔接,提高混凝土的密实度。

② 适当增大混凝土的水灰比，以提高混凝土的流动性，使喷射混凝土均匀、密实。水灰比一般可比无模喷射增加 15%～20%。

③ 因为后喷射距离短(0.6～0.8 m)，所以可适当降低风压，一般比无模喷射降低 0.05～0.07 MPa。

此外，20 世纪 80 年代初，日本和我国还研制了水泥裹砂石喷射混凝土及其喷射系统；我国冶金系统也进行了钢纤维喷射混凝土试验，并取得了成功。

(3) 喷射混凝土组成材料与配合比

喷射混凝土的基本原材料是水泥、砂、石和水。随着喷射混凝土技术的广泛应用，又研究开发了一系列能改善喷射混凝土性能的新材料、新工艺，由此出现了新的喷射混凝土，如钢纤维喷射混凝土、水泥裹砂石喷射混凝土等。

① 基本原材料。

a. 水泥。

水泥品种和标号的选择应主要满足工程使用要求，当加入速凝剂时，还应考虑水泥与速凝剂的相容性。

喷射混凝土应优先选用标号不低于 425# 的硅酸盐水泥，也可采用标号不低于 525# 的矿渣硅酸盐水泥，所用水泥应新鲜无结块，储存期不超过三个月。

b. 砂。

一般用中砂或中粗砂混合的石英砂最好，细度模数大于 2.5，平均粒径为 0.35～0.5 mm。砂子过细，表面积大，则需要的水泥量大而易开裂；砂子过粗，则会增加回弹。

为了减少喷射时粉尘的飞扬，同时又不致造成管路的堵塞，砂的含水率应控制在 5%～7%范围内。

c. 石子。

一般卵石或碎石均可，但以卵石为好。卵石对设备及管路磨蚀小，有利于管道中喷射混凝土的输送和喷射。尽管目前国内生产的喷射机能使用最大粒径为 25 mm 的骨料，但为了减少回弹，骨料的最大粒径不宜大于 20 mm，其中粒径大于 15 mm 的骨料含量应控制在 20%以内。石子的颗粒级配可按表 6-1 考虑，喷射混凝土骨料级配应满足表 6-2 的要求。

表 6-1 喷射混凝土用石子的颗粒级配

粒径/mm	5～7	7～15	15～25
百分率/%	25～35	35～45	<20

表 6-2 喷射混凝土骨料通过各筛径的累计质量百分数表

骨料粒径/mm 累计质量百分数	0.15	0.30	0.60	1.20	2.50	5	10	15
优/%	5～7	10～15	17～22	23～31	35～43	50～60	73～82	100
良/%	4～8	5～22	13～31	18～41	26～54	40～54	62～90	100

喷射混凝土中需掺入速凝剂时，不得用含有活性二氧化硅的岩石做粗骨料，以防发生膨胀反应，使混凝土开裂。

d. 水。

喷射混凝土中水与一般混凝土中水的要求相同。

② 外加剂。

用于喷射混凝土的外加剂有速凝剂、引气剂、减水剂等。

a. 速凝剂。

在喷射混凝土中加入一定量的速凝剂，可使喷射混凝土速凝快硬，提高早期强度，减小回弹量，防止喷射混凝土因自重作用引起的脱落，提高其在潮湿或含水岩层中的适应性，可适当加大一次喷射厚度和缩短喷射层间的时间间隔。

喷射混凝土用的速凝剂同普通混凝土用的速凝剂在成分上有很大不同。喷射混凝土用的速凝剂一般含有下列可溶性盐：碳酸钠、铝酸钠和氢氧化钙。国内常用的速凝剂见表6-3。

表 6-3 国内常用的速凝剂

序号	名称	掺量/%	主要成分	凝结效果		强度损失/%	研制单位或生产厂家
				初凝时间	终凝时间		
1	711 型 782 型	2～4 3～5	过饱和配碱法生产的铝氧熟料与无水石灰混磨而成	0′35″	3′10″	14～38	上海建筑科学研究院 上海硅酸盐制品厂
2	73 型	4～7	用重碱代替纯碱煅烧铝氧熟料粉磨而成	6′25″	9′30″	8～29	陕西铜川煤矿基建公司水泥厂和建筑材料厂
3	红星一型	2.5～4	铝酸钠占 50%的铝氧烧结块，纯碱、生石灰	1′30″	5′15″	27～40	中科院工程力学研究所 黑龙江鸡西速凝剂厂
4	阳泉一型	3	用芒硝代替纯碱烧结铝氧熟料、铝矿石、芒硝等	2′15″	3′15″	<40	山西阳泉建筑公司预制厂 中科院工程力学研究所
5	萍乡型	5	—	1′10″	2′5″	>14	江西萍乡
6	尧山型	2.5	以土碱代替纯碱烧结铝氧熟料粉磨而成	3′58″	7′25″	14～32	陕西蒲城县蒲白矿务局水泥厂
7	盐都型	2～4	—	3′11″	5′48″	—	自贡玻纤厂
8	奔马型	2～4	—	6′20″	9′42″	—	自贡建材厂

速凝剂使用效果与水泥品种有密切关系。因此，速凝剂在使用前必须进行与水泥相容性的试验。当采用某一品种速凝剂掺入某一品种水泥时，应符合下列条件：

(a) 初凝时间在 3 min 以内；

(b) 终凝时间在 10 min 以内；

(c) 8 h 后的强度不低于 0.3 MPa；

(d) 极限强度(28 d 的强度)不应低于不加速凝剂试件强度的 70%。

速凝剂虽然能提高喷射混凝土的早期强度，但却会降低其后期强度和加大收缩率，而且掺量越大，这种影响就越严重(图 6-6)。因此，掺速凝剂时应严格控制掺量。试验表明，速凝剂最佳掺量为2.5%～4%。

速凝剂吸湿性强，受潮后将影响速凝效果和强度，故应妥善保管，施工中应做到随掺随喷。

b. 减水剂。

混凝土中掺入减水剂后，可在保持流动性的条件下显著地降低水灰比，一般减水剂的减水率为 5%～15%。发生减水的原因主要是减水剂的吸附和分散作用。

在水泥与水混合以及凝结硬化过程中，由于水泥矿物所带电荷不同，会发生异性电荷相吸，产生一些絮凝状结构，如图 6-7 所示。在这些絮凝状结构中，水泥颗粒包裹着很多拌合水，从而减少了水泥所需的水量，降低了喷射混凝土的和易性。为了保持混凝土必要的和易性，就必须在混合时相应地增加用水量，这就会在水泥石结构中形成过多的孔隙，从而严重影响硬化混凝土的物理、力学性能。

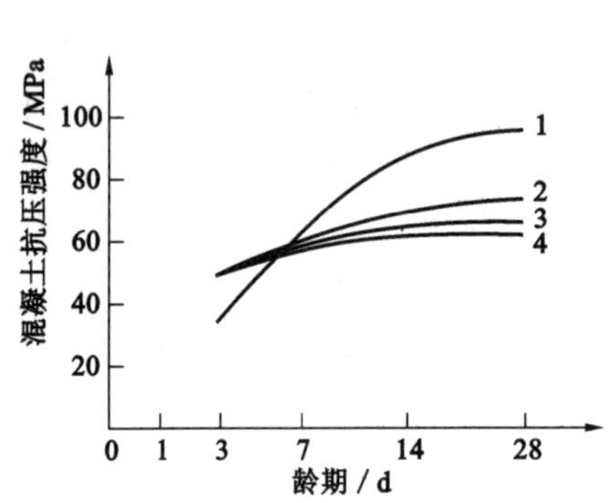

图 6-6 红星一型速凝剂掺量对混凝土后期强度的影响

1—不掺；2—掺 2%；3—掺 4%；4—掺 5%或 6%

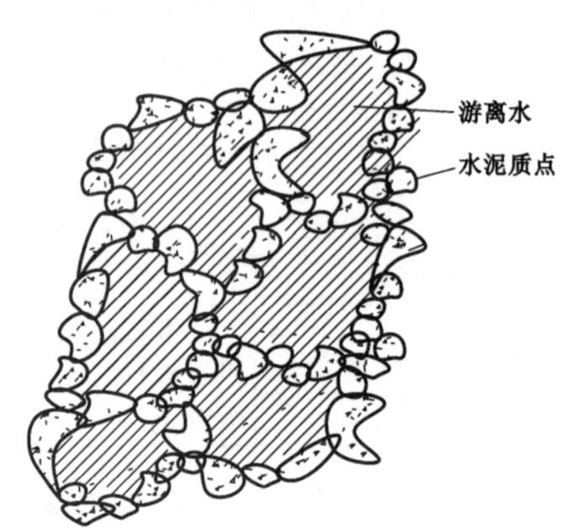

图 6-7 絮凝状结构

加减水剂后，减水剂的憎水基团定向吸附于水泥质点表面，亲水基团指向水溶液，组成了单分子或多分子吸附膜(图 6-8)。表面活性剂分子的定向吸附，使水泥质点表面上带有相同符号的电荷，于是在电性斥力的作用下，不仅使水泥-水体系处于相对稳定的悬浮状态，还使絮凝状结构内的游离水释放出来，从而达到减水的目的。

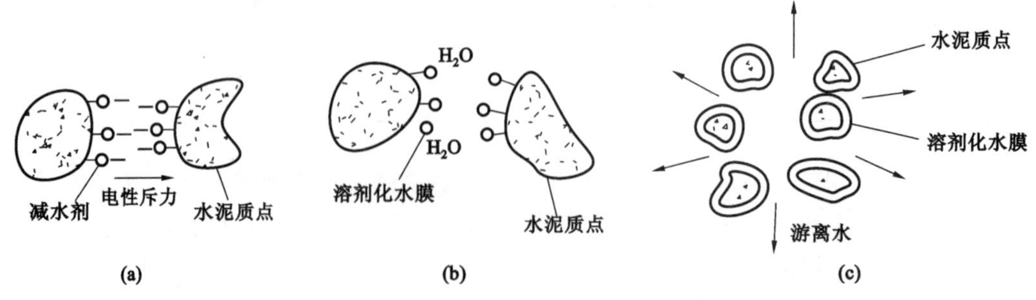

图 6-8 减水剂作用简图

实践表明，在喷射混凝土中加入少量(一般占水泥质量的 0.5%～1.0%)减水剂可以提高混凝土强度，减小回弹量。

c. 早强剂。

喷射混凝土的早强剂也不同于普通混凝土，一般同时要求速凝和早强，而且速凝效果应当与速凝剂相当。其主要作用是提高喷射混凝土的早期强度。

中国铁道科学研究院铁道建筑研究所研制成的TS早强速凝剂由工业废渣加工制得，其主要化学成分是硅酸钙、铝酸钙及部分水化产物，还有少量活性物质。在硫铝酸盐水泥中掺入6%TS早强速凝剂，既能使水泥在5 min内初凝、8 min内终凝，又有明显的早强作用，可使试件8 h后的强度达12.1 MPa(表6-4)。

表6-4 **TS早强速凝剂对硫铝酸盐水泥强度发展的影响**

编号	气温/℃	TS早强速凝剂	抗压强度/MPa						
			1 h	2 h	3 h	6 h	8 h	1 d	3 d
1	16	0%	0	0	0	0	0.29	20.4	23.5
2	16	6%	0.196	0.39	0.59	6.2	12.1	—	24.5

d. 防水剂。

喷射混凝土防水剂的配制原则是减少混凝土用水量，减少或消除混凝土的收缩裂缝，增强混凝土的密实性。

采用明矾石膨胀剂、三乙醇胺和减水剂三者复合的防水剂，可使喷射混凝土抗渗强度达3.0 MPa以上(表6-5)，比普通喷射混凝土提高1倍；使抗压强度达到40 MPa，比普通喷射混凝土提高20%～80%。

表6-5 **加入防水剂的喷射混凝土抗渗试验结果**

编号	喷射混凝土配合比(水泥：砂：石)	水灰比	外加剂百分比(占水泥质量)/%					钻取试样的抗渗强度/MPa
			明矾石膨胀剂	三乙醇胺	UNF-2型	FDN-S型	782型速凝剂	
1	1：2：2	0.45	20	0.05	—	—	—	1.2
2	1：2：2	0.45	20	0.05	—	—	5	1.2
3	1：2：2	0.45	20	0.05	0.3	—	—	>3.0
4	1：2：2	0.45	20	0.05	0.3	—	5	>3.0
5	1：2：2	0.45	20	0.05	—	0.3	—	>3.0
6	1：2：2	0.45	20	0.05	—	0.3	5	>3.0

e. 引气剂。

对湿喷法喷射混凝土，可在拌合料中加入适量的引气剂。

引气剂是一种表面活性剂，通过表面活性作用，降低水溶液的表面张力，引入大量微细气泡。这些微细气泡可增大固体颗粒间的润滑作用，改善混凝土的塑性与和易性。气泡还对水转化成冰所产生的体积膨胀起缓冲作用，因此可显著地提高其抗冻融性和不透水性，同时还可增加一定的抵抗化学侵蚀的能力。

我国使用最普遍的引气剂是松香皂类的松香热聚物和松香酸钠，其次是合成洗涤剂类的烷基苯磺酸钠、烷基磺酸钠或洗衣粉。上述两类引气剂的技术性能基本相同，合成洗涤剂是石油化工产品，来源比较广泛。

需要指出的是，铝粉和双氧水(过氧化氢)与水泥作用，也能产生直径为 0.25 mm 左右的气泡，但不能形成提高混凝土抗冻性的气孔体系，只能作为生产多孔混凝土的加气剂使用，而不能作为湿喷法喷射混凝土的引气剂。

③ 拌合料的配合比。

选择拌合料的配合比时，应从保证喷射混凝土的强度、黏结力，减小回弹量，降低粉尘浓度，减小收缩率，不发生管路堵塞和降低成本等方面综合考虑。

a. 水泥与骨料比。

水泥与骨料比常为 1∶4.5～1∶4。水泥过少，回弹量大，初期强度增长慢；水泥过多，不但会使粉尘量增加，而且硬化后的混凝土收缩量也增大。

b. 砂率。

砂率是指砂子在整个粗细骨料中所占的百分率。从减少回弹量方面考虑，喷射混凝土的砂率应比普通混凝土高，但砂率过高，不仅会降低混凝土强度，加大收缩量，还会使混凝土和易性变差，反而增加回弹量和影响混凝土质量。综合考虑，一般以砂、石两者用量(质量)相差不大为好，即砂率一般为 45%～55%，故一般可采用水泥∶砂∶石子(质量比)为 1∶2.5∶2、1∶2∶2、1∶2∶1.5。

c. 水灰比。

水灰比是影响喷射混凝土强度的主要因素。当水灰比为 0.2 时，水泥不能获得足够的水分与其水化。当水灰比为 0.4 时，水泥有适量的水分与其水化，硬化后可形成致密的水泥石结构。当水灰比为 0.6 时，过量的水蒸发后，在水泥石中形成毛细孔。根据实测，水灰比在 0.4～0.45 时最合适。对于干喷法喷射混凝土施工，水灰比是靠操作者凭经验来控制的。喷面平滑有光泽时，水灰比就比较合适；喷面有干斑，作业中粉尘大，回弹多，则表明水灰比过小；喷面出现流淌、滑移、拉裂时，表明水灰比过大。

(4) 钢纤维喷射混凝土

钢纤维喷射混凝土是由普通喷射混凝土材料与钢纤维组成的一种复合材料。由于增加了钢纤维，大大地弥补了喷射混凝土的脆性破坏缺陷，改善了喷射混凝土的物理、力学性能，使喷射混凝土结构的抗裂能力、耐冲击能力、抗压强度、抗拉强度、抗弯强度和韧性等都得到很大提高。

常用钢纤维的直径为 0.25～0.7 mm，长度为 20～30 mm，长径比一般为 60～100。钢纤维可由表 6-6 所列的几种方法制取。

表 6-6 **钢纤维的制取方法**

方法	工艺说明	价格
熔化拉拔法	由钢液直接抽取	较低
切割法	由钢锭或薄板切削制取	中等
截断法	由冷拔钢丝剪断	高

不同品种的钢纤维具有不用的功能。碳素纤维用于常温下的喷射混凝土。不锈钢纤维用于高温下的喷射混凝土。端头带弯钩的钢纤维具有较高的抗拔强度，当比平直的钢纤维掺量少时，也能获得相同性能的喷射混凝土。

钢纤维喷射混凝土的物理、力学性能除与基体材料喷射混凝土的物理、力学性能有直接关系外，还与钢纤维的形状、尺寸、掺量以及其在基体材料中的分布状态和排列方向、喷射工艺等有直接关系。当钢纤维尺寸相同时，其抗拉、抗弯强度随掺量的增加而提高，如图 6-9 所示。当钢纤维长度、掺量相同时，细纤维较粗纤维的强度要显著地增加，如图 6-10 所示。当钢纤维的尺寸相同时，掺量高的纤维较掺量低的纤维冲击性能显著增加，如图 6-11 所示。这是因为试件破坏时，钢纤维被缓慢地从喷射混凝土中拔出，钢纤维喷射混凝土的力学性能主要取决于钢纤维与混凝土两者的黏结强度。相同体积的钢纤维，表面积越大，总的黏结力就越高，增强效果就越好。

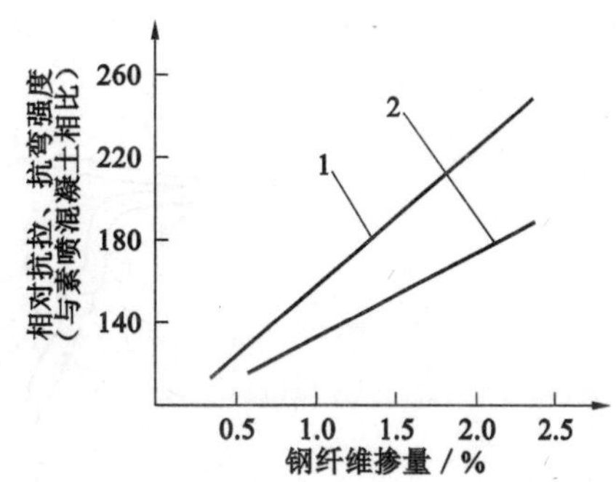

图 6-9 钢纤维掺量与抗拉、抗弯强度的关系

1—掺量与抗拉强度关系曲线，
钢纤维 d=0.4 mm，l=25 mm；
2—掺量与抗弯强度关系曲线，
钢纤维 d=0.3 mm，l=25 mm

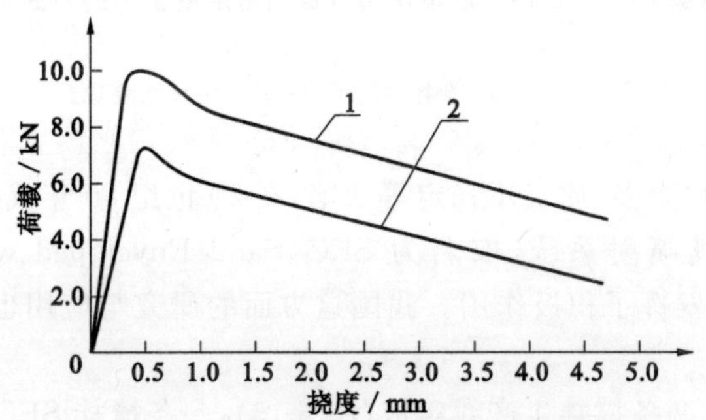

图 6-10 不同直径钢纤维在相同掺量下抗挠比较[钢纤维掺量:2%(喷射混凝土质量)]

1—d=0.3 mm，l=25 mm 情况下曲线；
2—d=0.4 mm，l=25 mm 情况下曲线

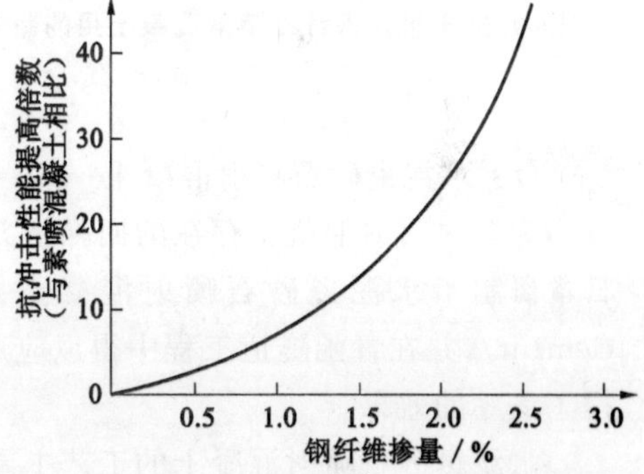

图 6-11 钢纤维掺量与抗冲击性能的关系

注：钢纤维直径为 0.4 mm，长度为 20 mm。

钢纤维掺量直接影响喷射混凝土的压送性能和回弹率，掺量过高，压送性能不好，回弹率也增大。一般情况下，钢纤维掺入率也增大。钢纤维掺量一般为喷射混凝土体积的 1.0%～1.5%。国内常用的配合比为水泥：砂：石子=1：2：2，钢纤维掺量为每立方米混凝土 80～100 kg。

现有的喷射混凝土机械，直接或稍加改进就能用于钢纤维喷射混凝土施工。

目前，瑞典已研制出用于单独喂送钢纤维的专门设备(图 6-12～图 6-14)。新的钢纤维喂入器主要是一个能旋转的圆筒，其内壁上装有很多长钉，当钢纤维喂入后，旋转筒可使成

团的纤维松散开来，圆筒是向下倾斜的，圆筒前端有一可调的开口，纤维经过开口，落入料漏斗，再由喷吹器吹进软管，并送至喷嘴处，与混凝土混合料均匀混合后喷出。

钢纤维喷射混凝土操作同普通喷射混凝土，风压比普通喷射混凝土高 0.02～0.05 MPa，当输送距离不大于 40 m 时，风压一般可为 0.15～0.18 MPa。

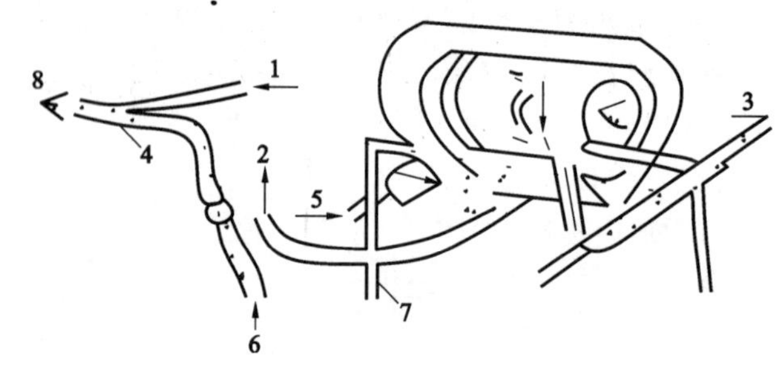

图 6-12　新式的钢纤维喂入器

1—水；2—纤维；3—钢纤维混凝土；4—剩余空气；5—空气；6—水泥＋砂石；7—排除器；8—纤维

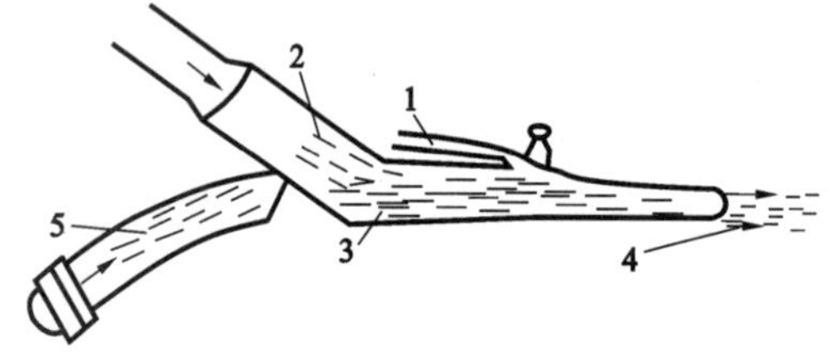

图 6-13　干喷法钢纤维喷射混凝土用的新式喷头

1—水；2—纤维；3—剩余空气；
4—水环；5—水泥＋砂石

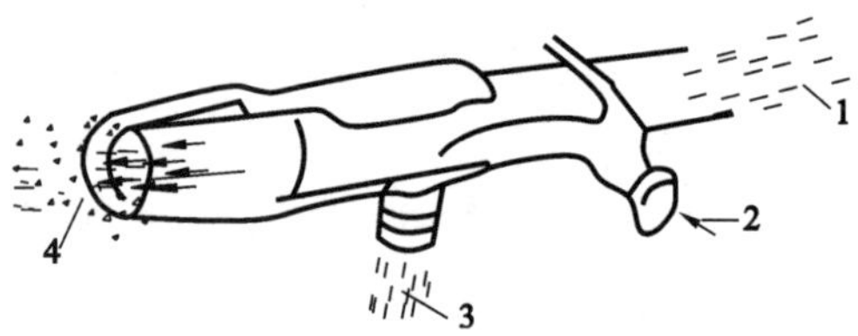

图 6-14　湿喷法钢纤维喷射混凝土用的新式喷头

1—纤维；2—空气；
3—湿拌混凝土；4—喷射钢纤维混凝土

(5) 水泥裹砂石喷射混凝土

为解决喷射混凝土存在的回弹量大、粉尘多、质量不稳定等缺陷，在 20 世纪 80 年代初，日本研制了水泥裹砂石喷射混凝土及其喷射系统，取名为 SEC(Sand Enveloped with Cement)，并在青函隧道工程中得以应用，发挥了积极作用。我国这方面的研究与应用也取得了良好的效果。

水泥裹砂石喷射混凝土的工艺主要由两条搅拌生产线组成(图 6-15)：一条搅拌 SEC 砂浆，由砂浆泵送至混合管；另一条使干骨料混合后，经干喷机输送至混合管。二者经混合后由喷头喷出。

SEC 砂浆的配制是先将砂子送入温度控制器，使砂子含水率达到要求的值(4%～6%)，然后将一部分水、一部分砂子与水泥放入搅拌机进行造壳搅拌，使砂粒表面裹一层低水灰比(0.15～0.35)的水泥浆壳，接着向其中加入剩余的水和减水剂进行第二次搅拌，获得 SEC 混凝土混合料这类砂浆泌水性较小，水泥与砂粒极少分离，可泵性好。

水泥裹砂石喷射混凝土施工过程中，水灰比应控制严格。骨料周围包裹着的水泥浆壳的水灰比小于普通混凝土，水化时游离水少，水化结晶生长受到的阻力大，结晶颗粒细，结构致密，骨料间的界面强度高于普通混凝土骨料界面的强度，因此改善了抗渗、抗冻和耐久性能，减少了泌水、离析现象。所以，SEC 喷射混凝土的物理、力学性能优于普通喷射混凝土。SEC 喷射混凝土与普通喷射混凝土的物理、力学性能比较如表 6-7 所示。

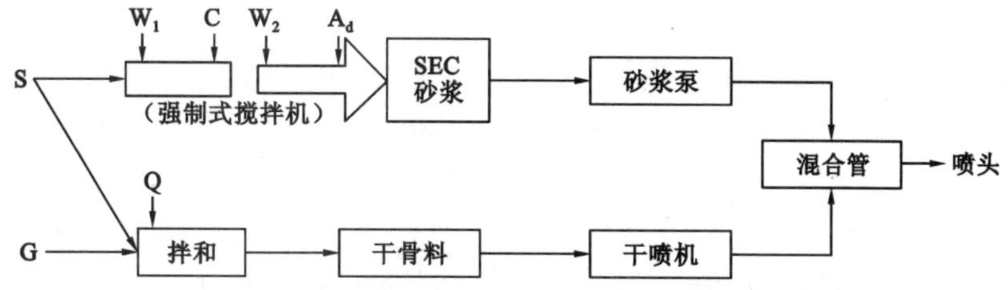

图 6-15 水泥裹砂石喷射混凝土工艺流程

S—砂子;G—石子;C—水泥;W_1—第一次加水;

W_2—第二次加水;A_d—外加剂;Q—速凝剂

表 6-7 SEC 喷射混凝土与普通混凝土物理、力学性能比较表

种类	相对抗压强度	相对抗拉强度	相对黏结强度	相对弹性模量	相对最大变形量	相对干缩率	相对抗渗性	相对抗冻性	相对弯曲疲劳强度
普通混凝土	1	1	1	1	1	1	1	1	1
SEC 喷射混凝土	1.1～1.5	1～1.3	1～1.3	0.9～1.1	1～1.2	1	1.6	1～1.2	2

水泥裹砂石喷射混凝土分为在干骨料中掺入速凝剂的早强型和掺入水泥的高强型。另外,还有掺入钢纤维的纤维水泥裹砂石喷射混凝土。

水泥裹砂石喷射混凝土的回弹率小,为 10%～20%,粉尘量少(2～10 mg/m^3);强度高且强度波动小;可增加一次喷射厚度;在有涌水的情况下也能进行作业。由于该工艺具有许多原喷射工艺所不具备的优点,因此其应用领域不断扩大。

(6) 喷射工艺参数的确定

在喷射施工中,喷射机工作室的风压、喷头与受喷面的距离和倾角、水压、一次喷射厚度、分层喷射的间隔时间等工艺参数,对喷射混凝土的质量和回弹损失都有很大的影响。

① 工作压力。

工作压力是指正常作业时,喷射机工作罐里的风压。正确地控制风压,可以减少回弹量和粉尘量,保证混凝土的质量。其数值在风量一定时,与输送距离、高程、输料管的弯曲程度、干混合料的含水率及单位时间内通过输料管的干混合料量等有关。喷射机的工作风压及空载风压(向喷射机加料前,工作罐内的风压)随输料管的增加而加大,且基本呈线性关系,可用以下关系式表达。

工作压力(MPa)=0.1+0.0013×输料管长(m)

空载压力(MPa)=0.001×输料管长(m)

在斜井中(倾角为 25°～30°),每增加 100 m,工作风压需增加 0.05～0.07 MPa;垂直向上输料时,每增高 10 m,工作风压平均增大 0.02～0.03 MPa。

② 水压。

喷头处的供水压力应比工作风压高 0.1 MPa 左右,以利于水流穿射干混合料,保证干混合料在喷出的瞬间得到充分的湿润。

③ 喷嘴与受喷面间的距离。

当输料管长度为 20 m,工作风压为 0.11～0.13 MPa 时,喷嘴与受喷面间的距离以 1 m 左右为最合适。在喷射过程中,应根据工作风压的变化,随时调整其距离,以达到回弹量小、强度高的要求。

④ 喷头与受喷面的角度。

应尽可能使喷头与受喷面垂直，因为在这种情况下，可使部分回弹物被喷出的料束挡回去，回弹率最小，混凝土也最密实。

⑤ 一次喷射厚度。

一次喷射厚度的确定，应综合考虑喷射效率、回弹率、混凝土颗粒间的黏聚力以及喷层与受喷面的黏结力等因素。一次喷射厚度太大时，将使混凝土尤其其顶部因自重而发生坠落或离壳现象。但一次喷射厚度也不宜过小，一般不应小于最大骨料粒径，否则骨料无法嵌入灰浆中，回弹率增大，强度也将受到影响。一次喷射厚度可按表 6-8 选取。

表 6-8 **一次喷射厚度** （单位：mm）

喷射部位	掺速凝剂	不掺速凝剂
边墙	70～100	50～70
拱部	50～60	30～40

⑥ 分层喷射的间歇时间。

在后一层喷射混凝土应在前一层喷射混凝土终凝后进行喷射，若超过 1 h 再喷，应先喷水冲洗湿润混凝土表面，以保证混凝土层间的良好黏结。

6.3 锚喷支护的特点与作用原理

(1) 锚喷支护的特点

锚喷支护的优越性主要体现在机理和工艺上具有一些独特的工作特性。概括起来，其主要有及时性、黏结性、柔性、深入性、灵活性和密封性。这些特性同时也是构成锚喷支护作用原理的基本要素。在设计施工中，能否根据不同类型的围岩，正确地运用这些特性，是能否发挥围岩自支承能力及评价支护加固力学效果和经济效果好坏的关键。

① 及时性。

及时性是指锚喷支护可在地下空间开挖后的很短时间内进行，并立即提供支护抗力的特性。

锚喷支护的及时性，能使围岩强度不因开挖暴露风化而过度降低，且能迅速为围岩提供支护抗力，使围岩由二向应力状态变为三向应力状态，提高岩体的稳定性。

另外，由于锚喷支护可以最大限度地紧跟开挖作业面施工，因此可以充分利用开挖面的空间效应（端部支撑效应），以限制支护前围岩变形的发展，阻止围岩进入松弛状态。图 6-16 所示为工程现场实测结果和三维有限元的计算结果。从图中可以看出，离开挖面一倍洞径处围岩变位要比开挖面处大 2 倍左右。

② 黏结性。

喷射混凝土与围岩能紧密黏结时，黏结力一般可达 1 MPa 以上。黏结性可使围岩表层被裂隙分割的岩块黏结在一起，保持了岩块间的咬合镶嵌。一定厚度的喷层与围岩紧密粘贴，形成围岩-喷射混凝土复合体，保证二者在径向和切向上都共同工作，能更好地调节围岩与支护间的应力状态，提高围岩的自支承能力。

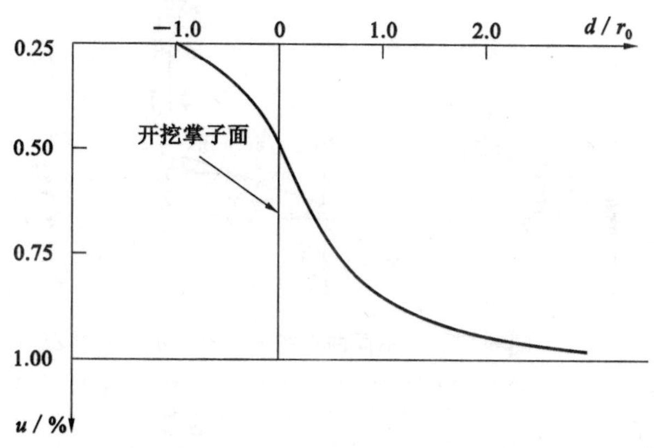

图 6-16　开挖掌子面的空间效应

d—离开掌子面距离；r_0—洞径；u—至开挖面不同距离处围岩变位量占围岩总变位量的百分比

由于喷射混凝土支护同围岩紧密黏结，从结构观点来看，可以认为喷层与围岩间是刚性支座接触，它比传统支护提供的弹性支座接触要优越得多。其在同样荷载作用下弯矩值大大减小，而且洞室周边的大部分范围内不呈现弯曲力矩。以图 6-17 所示的 3 种情况为例，当靠近隧洞顶部某点作用有 334 kN 的力时，经计算可得到以下结果：

a. 图 6-17(a)所示近似于现浇混凝土支护的工作情况，最大弯矩为 130 kN・m，4～10 点也产生了很大弯矩。

b. 图 6-17(b)所示近似于喷射混凝土支护的工作情况，最大弯矩为第一种情况的一半，5～10 点几乎没有产生弯矩。

c. 图 6-17(c)所示相当于钢支架的情况，拱顶处最大弯矩达 39.5 kN・m。

③ 柔性。

虽然喷射混凝土本身是一种脆性材料，但由于其施工工艺上的特点，喷射混凝土与岩体紧密黏结，使它有可能喷得很薄，因此具有一定柔性。这种柔性还可以通过分次喷射、掺入一定量的钢纤维以及与锚杆结合使用等方法来进一步发挥。

根据弹塑性理论，地下洞室开挖后，在围岩不致松散的前提下，维护洞室稳定所需的支撑反力随塑性区的增大而减小(图 6-18 中岩石特性曲线)。再由支护特性曲线(图 6-18)可知：如果支护太“刚”，则支护结构要承受相当大的变形压力，不能充分利用地层抗力；反之，如果支护太“柔”，则会导致围岩松散，产生松散压力，也会使支护结构上所受的荷载明显增大。

由以上分析可知，锚喷支护容易调节围岩变形，能有控制地允许围岩塑性区有适度的发展，以发挥围岩自承能力。

④ 深入性。

所谓深入性，是指锚杆能深入岩体内部一定深度加固围岩的特性。

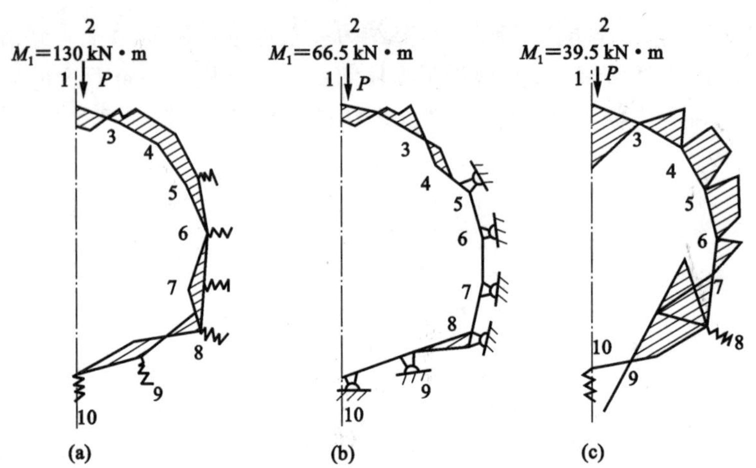

图 6-17 由不同的支护方法产生的弯矩情况

(a) 4～10 点为弹性支承;(b) 4～10 点为弹性支承;(c) 8 点和 10 点为弹性支承

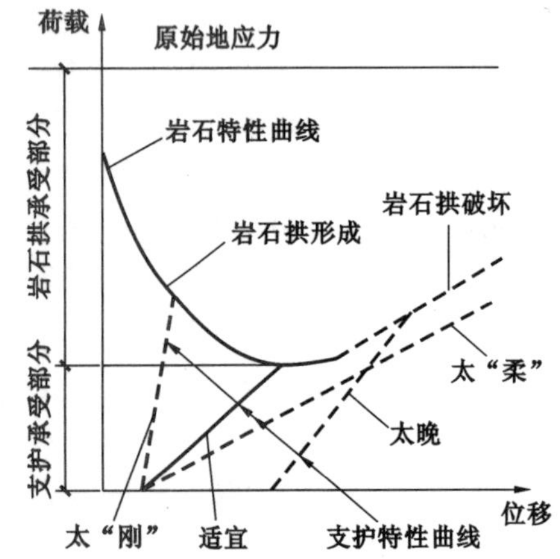

图 6-18 岩石特性曲线与支护特性曲线

⑤ 灵活性。

灵活性是锚喷支护十分重要的工艺特点,主要表现在如下方面:

a. 锚喷支护的类型和参数可根据不同的地质条件而随时调整。

洞室围岩地质条件千变万化,锚喷支护可根据变化了的情况,随时调整锚喷支护类型与参数。另外,锚喷支护既可用于整体加固,又可用于局部加固。

b. 施作工艺的可分性。

锚喷支护的施作既可一次完成,又可分次完成。例如,锚杆与喷层可在两个时期分别完成,喷层又可分次完成。这样的施作工艺有利于达到支护"先柔后刚"的目的,更好地发挥围岩的自承能力,也有利于发挥支护结构的强度。

c. 广泛的适用性。

锚喷支护的适用性很广,对不同地质条件、不同埋深、不同洞室尺寸、不同支护目的(临时支护或永久支护)等一般都可使用,既可在洞室内进行支护加固,又可在地表进行支护加固,而且便于修补,对加固损坏了的锚喷支护或传统支护十分方便、有效。

⑥ 封闭性。

由于喷射混凝土能及时施作,而且是紧密黏结的支护,因此能及时阻止洞内潮气和水对围岩的侵蚀,并阻止地下水的渗流,对制止膨胀岩体的潮解和膨胀是十分有效的,有利于保持岩体的原有强度。

(2) 锚杆支护的力学作用

锚杆支护的主要特点是深入岩体内部。由于安置在岩体中锚杆的弹性模量比岩体的弹性模量大,因此在围岩变形过程中两者产生的变形差就形成了对围岩的约束力。由于锚杆提供的约束力改善了围岩临空面的受力状态，加强了围岩的整体性，从而对围岩起到了支护或加固作用。锚杆的力学作用可细分为以下几个方面。

① 组合作用。

在岩体中安设锚杆后，锚杆将若干层岩石锚固，组合成厚梁层，增加了其抵抗破坏和变形的能力。试验表明，在相同的荷载作用下，板梁组合前后的扰度大小及应力分布情况大不相同(图 6-19)。组合前，层间抗剪能力很差，每层的上缘和下缘分别受压进而受拉。假设有 n 层等厚的板，每一层板看作是简支梁，每层板的断面尺寸为 $b\times h$，则 n 层板自由叠加时，抗弯断面模数 $W_1=nbh^2/6$；当锚杆将 n 层板锚固紧后，即形成一个组合梁，在荷载作用下就如同一块厚度为 nh 的板受弯，这时抗弯断面模数 $W_2=bn^2h^2/6$，则 $W_2=nW_1$，从而大大增加了板系的抗弯强度。

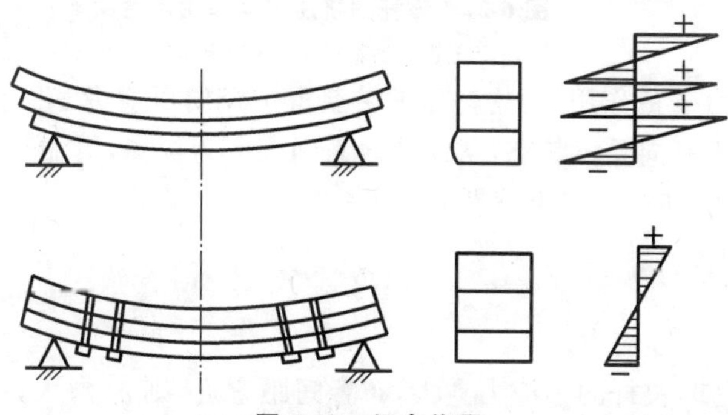

图 6-19 组合作用

在层状岩体中，由于锚杆使各岩层相互挤紧，增大了岩层间的摩擦阻力，而锚杆本身又起抗剪销钉的作用，有效地阻止了岩层间的层间错动，从而提高了岩层的抗弯能力，增加了围岩的稳定性。

② 悬吊作用。

锚杆将不稳定的岩层悬吊在上面坚固稳定的岩层上，或将围岩非弹性变形区内的松动岩石悬吊在深处的稳定岩体之上，使之不能脱落，见图 6-20。

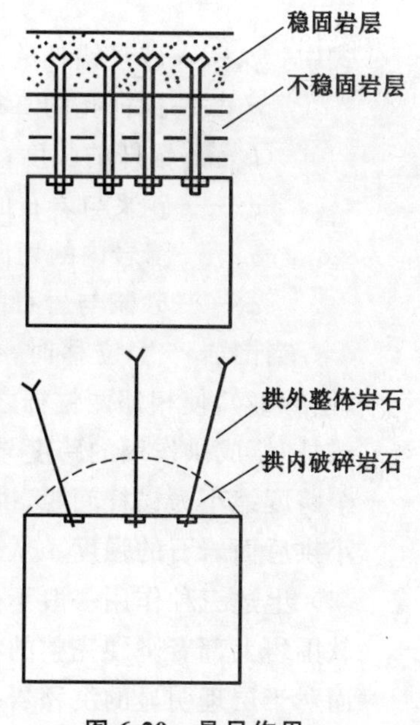

图 6-20 悬吊作用

③ 挤压加固作用。

对于块状和破裂状结构围岩，其共同特点是岩体被纵横交错的弱面所切割，虽然整体稳定性较差，但岩块具有一定的强度。通过系统配置锚杆，提高了弱面上的抗剪强度，阻止了岩石沿弱面转动和滑移，保持了弱面间的挤压结合，相当于在围岩表面形成了一个加筋的稳定岩体自承拱。这种自承拱不仅能维持其自身的稳定，还能阻止其上部围岩的松动和变形。

当采用预应力锚杆锚固时，工程实践和模拟试验证明，按一定间距成组排列的锚杆可将巷道周边一定厚度范围内的围岩组成一个承载环。这是由于在锚杆预应力 p 的作用下，每根锚杆周围形成一个两头带圆锥的筒状压缩区，各锚杆形成的压缩区彼此连通，形成一个厚度为 W 的均匀压缩带(图 6-21)。

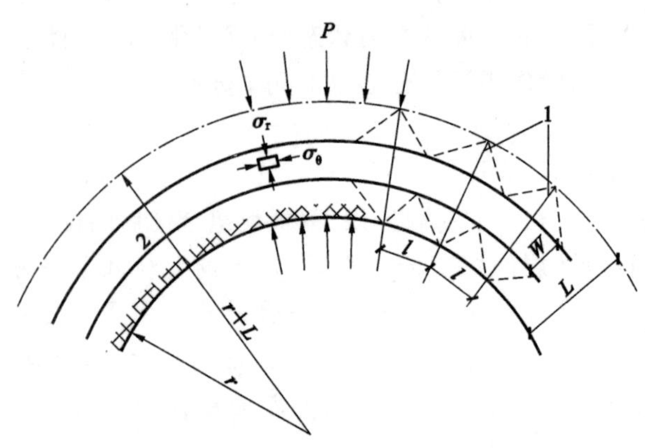

图 6-21 锚杆的挤压加固作用示意图

1—筒状压缩区；2—均匀压缩带

在锚杆预应力 p 的作用下，均匀压缩带获得了径向压应力 σ_r。正是这种径向的压应力使这一圈岩石处于三向受压状态，从而使岩石强度大为提高，增加了围岩的自承能力。

当锚杆间距为 l 时，均匀压缩带上的径向压应力 σ_r 为：

$$\sigma_r = \frac{p}{l^2} \tag{6-1}$$

式中 p——锚杆的预应力。

由式(6-1)可知，锚杆的预应力愈大，布置间距愈近，则 σ_r 愈大，由此产生的环向挤压加固作用也愈明显。

采用砂浆锚杆时，虽然没有施加预应力，但只要按一定间距系统地布置锚杆，同样能提高围岩的承载力。砂浆锚杆的承载能力取决于水泥砂浆与岩石之间的黏结状态，其承载力可按下式计算：

$$p_s = \pi d_s L(c_s + \sigma_\theta \tan\varphi_s) \tag{6-2}$$

式中 p_s——砂浆锚杆的承载力；

d_s——锚杆孔的直径；

L——锚杆的长度；

c_s——砂浆与岩石的黏结力；

σ_θ——围岩内的切向应力；

φ_s——砂浆与岩石的摩擦角。

当围岩产生位移时，锚杆单位长度上的承载力 p_s/L 与 σ_r 的合力将阻止这种位移(图 6-22)，使相邻两锚杆之间的岩块发生所谓的“成拱效应”。发生成拱效应且顶板上没有锚杆时，成拱作用的跨度与巷道宽度相同，形成的自然平衡拱也高。但使用砂浆锚杆后，这个跨度缩小为锚杆间距，拱高也相应地降低，因而松动的岩石将大为减少，并相应地提高了小拱后面岩石的强度。从这个意义上讲，砂浆锚杆系统布置时也发挥了挤压加固作用。

上述三种作用一般不是单独存在的，只不过是对不同围岩的作用程度有所不同。如松软围岩上部有坚硬完整的稳定岩层，以及用锚杆加固局部松动危岩时，悬吊作用是主要的；而对于层理明显的沉积岩，组合作用是主要的；对于块体、破裂状结构围岩，挤压加固作用是主要的。

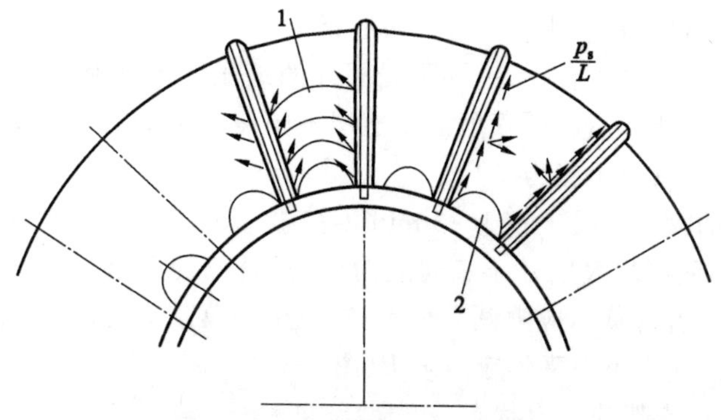

图 6-22 砂浆锚杆作用示意图

1—成拱效应；2—两相邻砂浆锚杆间的松动带

(3) 喷射混凝土的力学作用

喷射混凝土支护之所以能够达到其他形式支护不能达到的良好效果，是因为其独特的施工方法。在喷射过程中，混凝土以高速射向岩面或喷层，使喷层受到连续的冲击，激发了水泥的活性，因此喷射混凝土能紧密地贴在围岩上，并能渗入张开的裂隙中，而且具有较高的黏结力。

喷射混凝土对围岩的力学作用表现在以下三个方面。

① 防护作用。

假设巷道刚开挖时的围岩强度曲线为 ab，根据围岩关键点应力作出的莫尔应力圆为 A，如任由围岩暴露，由于风化、水与时间的作用，围岩强度不断削弱，使强度曲线右移，移到一定程度，例如 $a'b'$，即与莫尔应力圆 A 相切，围岩就开始破坏，如图 6-23 所示。采用任何传统的支护方法，都不能抑制围岩强度的逐渐削弱，只能被动地去承受由围岩强度降低而产生的地压。只有在洞室开挖后立即喷射混凝土，才能解决这个问题，因为喷射混凝土能够在开挖后立即封闭暴露面，并紧贴岩面，隔绝水和空气同岩层的接触，从而既防止了围岩(特别是松软或易风化、易吸水岩层)因吸水潮解和风化而出现的剥落和膨胀现象，又避免了节理间充填料的流失，有效地防止了岩体强度的削弱。

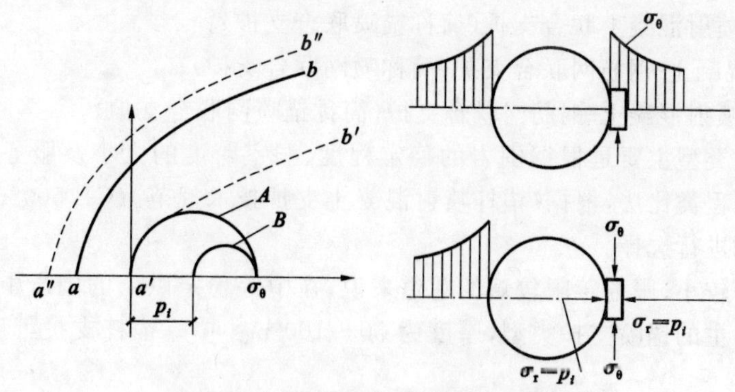

图 6-23 喷射混凝土作用原理示意图

② 加固作用(提高围岩强度)。

喷射混凝土借助高压空气以高速喷到岩面上，使一部分混凝土浆液压入张开的节理或裂隙中，将有裂隙的岩体胶结在一起。这样增加了岩体的整体性，提高了岩体的强度，使强度曲线左移，由 ab 移向 $a''b''$(图 6-23)。被胶结的岩体与外层的喷射混凝土形成一个"岩石-混凝土支护"共同工作的组合拱，一同承受圈外的地压。当喷射混凝土层很薄时，因其具有较高的柔性(与岩体相比)，因而喷射混凝土层不阻碍岩体为寻求自身内在平衡而产生的位移，使围岩充分发挥其自承能力。

掺有速凝剂的喷射混凝土在 1～3 min 内初凝，2～10 min 内终凝，因而能够迅速向围岩提供支承反力 p_i，使围岩表层处于三向应力状态，从而充分利用了岩体在三向受压条件下强度提高的特点。若以莫尔应力圆来表示，则原来的莫尔应力圆 A 由于支承反力由 0 增加到 p_i 而向右移动，并缩小为莫尔应力圆 B(图 6-23)。

③ 改善围岩与支架的应力状态。

传统支架不能与围岩全面均匀地接触，容易在围岩或支架中形成局部的应力集中区，这些部位往往是首先破坏的薄弱环节。

喷射混凝土能保证与围岩充分均匀接触，而且厚薄可由施工人员调节，从而改善了围岩及喷层本身的应力状态。

喷射混凝土支护现场量测和模拟试验都表明，在喷层中几乎不出现因弯矩而引起的拉应力。与普通混凝土刚性支架不同，喷层的破坏形式不是在弯矩作用下被拉裂，而是剪切破坏。

6.4 锚喷支护类型 >>>

锚杆支护和喷射混凝土支护各有所长，根据工程性质及地质条件，除了单一采用锚杆支护或喷射混凝土支护以外，还常常采用联合支护，互相取长补短，并共同发挥作用。锚喷支护类型可分为以下 5 种：

① 锚杆支护；

② 喷射混凝土支护；

③ 锚杆-喷射混凝土联合支护(简称锚喷联合支护)；

④ 喷射混凝土-钢筋网联合支护(简称喷网联合支护)；

⑤ 锚杆-喷射混凝土-钢筋网联合支护(简称锚喷网联合支护)。

锚喷支护类型主要是根据围岩的稳定程度、洞室跨度的大小及服务年限进行选择的。其一般可用工程类比法，根据《锚杆喷射混凝土支护技术规范》(GB 50086—2001)或已建成的类似工程来进行选择。

对于断面较小、服务年限较短的巷道来说，在中等稳定以上的围岩中，一般采用以喷射混凝土支护为主的锚喷支护类型，厚度为 50～100 m。单一锚杆支护可用于处理局部危岩或局部加固。

一般情况下，对整体围岩宜采用喷射混凝土支护或锚喷联合支护；对层状围岩宜采用锚喷联合支护或喷射混凝土支护；对有可能失稳的层状围岩及软硬互层围岩，则必须以锚喷联合支护为主；对块状围岩宜采用锚喷联合支护或锚喷网联合支护；对碎裂围岩宜采用喷射混凝土支护或锚喷联合支护；对散体状和软弱围岩宜采用锚喷网联合支护。

在喷网联合支护、锚喷网联合支护中，钢筋网的作用在于提高喷射混凝土的整体性，使喷层中的应力均匀分布，避免局部应力集中，提高喷射混凝土支护抵抗机械振动和爆破振动的能力，避免围岩局部块体的冒落，还可以防止或减少因混凝土收缩而产生的裂隙。

为了便于施工并使钢筋网起到上述作用，钢筋直径不应过大，网度不应过密。钢筋网主要按结构要求设计，钢筋直径一般为 6～12 mm，钢筋网尺寸为 20 cm×20 cm、20 cm×25 cm、25 cm×25 cm、25 cm×30 cm、30 cm×30 cm。钢筋分主筋和副筋，主筋直径为 8 mm、10 mm、12 mm，沿巷道横断面方向布置，副筋直径为 6 mm 或 8 mm，沿巷道轴向布置。主、副筋交接处用细铅丝捆扎。

钢筋网应根据被支护围岩的实际起伏形状铺设，宜在喷射了一层混凝土之后再铺设，间隙不小于 3～5 cm，钢筋网保护层厚度不小于 3 cm，有水部位不小于 4 cm。钢筋网应与锚杆或专为铺设钢筋网而设置的锚杆连接焊牢，锚钉的锚固深度不得小于 20 cm，牢固程度以喷射混凝土时不产生颤动为原则。开始喷射时，应减小喷头与受喷面之间的距离，并调节喷射角度，使钢筋网背阴面也能塞满混凝土。

6.5 锚喷支护设计 >>>

6.5.1 概述

锚喷支护设计有三种方法，即以围岩分类为基础的工程类比法设计，以计算为基础的理论分析法设计和以量测为基础的现场监控法设计。

锚喷支护的三种设计方法各有利弊，因此应相互渗透、相互补充。在国内外蓬勃兴起的反分析法设计，就是现场监控法设计与理论分析法设计的相互渗透。其既较好解决了岩体力学参数和地应力难取的问题，又完善了现场监控法设计的反馈工作。

工程类比、理论分析、现场监控相结合的设计方法的基本思想是：以围岩勘测分类先行，并贯彻设计和施工的全过程，以现场监控量测作为初步与最终两个设计阶段的纽带和信息反馈的主要定量依据，用理论分析计算从实质和规律性上进行定性指导，互补互校，综合判断洞室的稳定性和指导锚喷支护的设计和施工。采用此法进行锚喷支护设计的程序是：用工程类比法先进行初步设计（依据有关锚喷支护技术规范），再根据工程实际情况（主要是围岩力学属性和岩体结构类型），选择适当的理论计算方法，分析洞室稳定性，验算初步设计的支护参数；在施工中对“围岩-支护”力学动态进行现场监控量测，以其提供的信息和围岩地质情况详勘结果，对原设计中不符部分进行修改，使其适合现场实际情况。工程类比法设计所确定的支护参数作为理论分析法设计和现场监控法设计的初选值，同时也作为编制工程预算和制订施工方案的初步依据；理论分析法设计作为对工程类比法设计的补充和修正，同时有助于分析支护作用实质和特点，并可为其设计提供一些定量或半定量的依据，以便进行综合判断；现场监控法设计作为对原设计和施工的现场检验和调整，使之更合理、可靠、经济。这种方法是一种动态的设计方法，其最大的特点是使地质勘测、设计、施工及监测密切配合，结合为一体，其之间的关系和程序如图 6-24 所示。

在具体设计中,根据围岩地质、力学特点的不同,三种方法的结合可有所侧重。

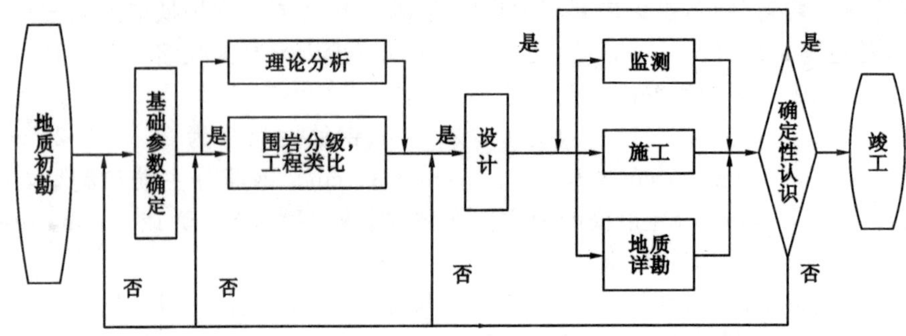

图 6-24 工程类比法设计、理论分析法设计、现场监控法设计相结合的关系和程序图

6.5.2 工程类比法设计

工程类比法设计是当前应用最广的设计方法。工程类比法设计通常有直接对比法和间接类比法两种。直接对比法一般是以岩体强度和岩体完整性、地下水影响程度、洞室埋深、工程的形状与尺寸、施工的方法、施工的质量以及使用要求等方面的因素,将设计的工程与条件基本相同的已建工程进行对比,由此确定锚喷支护的类型与参数。间接类比法一般是根据现行锚喷支护技术规范,按围岩级别、工程跨度来确定拟建工程的锚喷支护类型与参数。图 6-24 所示为工程类比法设计、理论分析法设计、现场监控法设计相结合的关系和程序图。

《锚杆喷射混凝土支护技术规范》(GB 50086—2001)中将围岩级别划分为五级:Ⅰ级、Ⅱ级、Ⅲ级、Ⅳ级、Ⅴ级。该围岩分级采用了多因素定性和定量指标相结合的分类方法,虽然分级表(表 6-9)中没有给出以岩体完整性系数与岩石单轴抗压强度的乘积为主要特征的岩体质量系数,但给出了岩石单轴抗压强度和岩体完整性指标,所以,实际上等于给出了岩体质量系数,并基本上以此作为分级的主要指标。

表 6-9 围岩分级表

围岩级别	主要工程地质特征							毛洞稳定情况
	岩体结构	构造影响程度,结构面发育情况和组合状态	岩石强度指标		岩体声波指标		岩体强度应力比	
			单轴饱和抗压强度/MPa	点荷载强度/MPa	岩体纵波速度/(km/s)	岩体完整性指标		
Ⅰ	整体状及层间结合良好的厚层状结构	构造影响轻微,偶有小断层。结构面不发育,仅有 2~3 组,平均间距大于 0.8 m,以原生和构造节理为主,多数闭合,无泥质充填,不贯通。层间结合良好,一般不出现不稳定块体	>60	>2.5	>5	>0.75	—	毛洞跨度为 5~10 m 时,长期稳定,无碎块掉落

续表

围岩级别	主要工程地质特征							毛洞稳定情况
	岩体结构	构造影响程度，结构面发育情况和组合状态	岩石强度指标		岩体声波指标		岩体强度应力比	
			单轴饱和抗压强度/MPa	点荷载强度/MPa	岩体纵波速度/(km/s)	岩体完整性指标		
Ⅱ	同Ⅰ级围岩结构	同Ⅰ级围岩特征	30～60	1.25～2.5	3.7～5.2	>0.75	—	毛洞跨度为5～10 m时，围岩能较长时间（数月至数年）维持稳定，仅出现局部小块掉落
Ⅱ	块状结构和层间结合较好的中厚层或厚层状结构	构造影响较重，有少量断层。结构面较发育，一般为3组，平均间距为0.4～0.8 m，以原生和构造节理为主，多数闭合，偶有泥质充填，贯通性较差，有少量软弱结构面。层间结合较好，偶有层间错动和层面张开现象	>60	>2.5	3.7～5.2	>0.5	—	
Ⅲ	同Ⅰ级围岩结构	同Ⅰ级围岩特征	20～30	0.85～1.25	3.0～4.5	>0.75	>2	毛洞跨度为5～10 m时，围岩能维持一个月以上的稳定，主要出现局部掉块、塌落
Ⅲ	同Ⅱ级围岩块状结构和层间结合较好的中厚层或厚层状结构	同Ⅱ级围岩块状结构和层间结合较好的中厚层或厚层状结构围岩特征	30～60	1.25～2.5	3.0～4.5	0.5～0.75	>2	
Ⅲ	层间结合良好的薄层和软硬岩互层结构	构造影响较严重。结构面发育，一般为3组，平均间距为0.2～0.4 m，以构造节理为主，节理面多数闭合，偶有泥质充填。岩层为薄层或以硬岩为主的软硬岩互层，层间结合良好，少见软弱夹层、层间错动和层面张开现象	>60（软岩，>20）	>2.5	3.0～4.5	0.3～0.5	>2	
Ⅲ	碎裂镶嵌结构	构造影响较严重。结构面发育，一般为3组以上，平均间距为0.2～0.4 m，以构造节理为主，节理面多数闭合，少数有泥质充填，块体间牢固咬合	>60	>2.5	3.0～4.5	0.3～0.5	>2	

续表

<table>
<tr><th rowspan="3">围岩级别</th><th colspan="7">主要工程地质特征</th><th rowspan="3">毛洞稳定情况</th></tr>
<tr><th rowspan="2">岩体结构</th><th rowspan="2">构造影响程度，结构面发育情况和组合状态</th><th colspan="2">岩石强度指标</th><th colspan="2">岩体声波指标</th><th rowspan="2">岩体强度应力比</th></tr>
<tr><th>单轴饱和抗压强度/MPa</th><th>点荷载强度/MPa</th><th>岩体纵波速度/(km/s)</th><th>岩体完整性指标</th></tr>
<tr><td rowspan="4">Ⅳ</td><td>同Ⅱ级围岩块状结构和层间结合较好的中厚层或厚层状结构</td><td>同Ⅱ级围岩块状结构和层间结合较好的中厚层或厚层状结构特征</td><td>10～30</td><td>0.42～1.25</td><td>2.0～3.5</td><td>0.5～0.75</td><td>>1</td><td rowspan="4">毛洞跨度为 5 m 时，围岩能维持数日到一个月的稳定，主要失稳形式为冒落或片帮</td></tr>
<tr><td>散块状结构</td><td>构造影响严重，一般为风化卸荷带。结构面发育，一般为 3 组，平均间距为 0.4～0.8 m，以构造节理、卸荷、风化裂隙为主，贯通性好，多数张开，夹泥，夹泥厚度一般大于结构面的起伏高度，咬合力弱，构成较多不稳定块体</td><td>>30</td><td>>1.25</td><td>>2.0</td><td>>0.15</td><td>>1</td></tr>
<tr><td>层间结合不良的薄层、中厚层和软硬岩互层结构</td><td>构造影响严重，结构面发育，一般为 3 组以上，平均间距为 0.2～0.4 m，以构造、风化节理为主，大部分微张(0.5～1.0 mm)，部分张开(大于 1.0 mm)，有泥质充填。层间结合不良，多数夹泥，层间错动明显</td><td>>30
(软岩，>10)</td><td>>1.25</td><td>2.0～3.5</td><td>0.2～0.4</td><td>>1</td></tr>
<tr><td>碎裂状结构</td><td>构造影响严重，多数为断层影响带或强风化带。结构面发育，一般为 3 组以上，平均间距为 0.2～0.4 m，大部分微张（0.5～1.0 mm），部分张开(大于 1.0 mm)，有泥质充填，形成许多碎块体</td><td>>30</td><td>>1.25</td><td>2.0～3.5</td><td>0.2～0.4</td><td>>1</td></tr>
</table>

续表

围岩级别	主要工程地质特征							毛洞稳定情况
	岩体结构	构造影响程度，结构面发育情况和组合状态	岩石强度指标		岩体声波指标		岩体强度应力比	
			单轴饱和抗压强度/MPa	点荷载强度/MPa	岩体纵波速度/(km/s)	岩体完整性指标		
Ⅴ	散体状结构	构造影响很严重，多数为破碎带、全强风化带、破碎带交汇部位。构造及风化节理密集，节理面及其组合杂乱，形成大量碎块体。块体间多数为泥质充填，甚至呈石夹土状或土夹石状	—	—	<2.0	—	—	毛洞跨度为5 m时，围岩稳定时间很短，约数小时至数日

注：1. 围岩按定性分级与定量指标分级有差别时，一般应以低者为准。

2. 本表声波指标以孔测法测试为准。当用其他测试方法时，可通过对比试验进行换算。

3. 层状岩体按单层厚度划分为：厚层，大于0.5 m；中厚层，0.1～0.5 m；薄层，小于0.1 m。

4. 一般条件下，确定围岩级别时，应以岩石单轴饱和抗压强度为准，毛洞跨度小于5 m，服务年限短于10年的工程，确定围岩级别时，可采用点荷载强度指标或其他简易方法取代岩块单轴饱和抗压强度指标，并可不做弹性波指标测试。

5. 测定岩石强度，做单轴抗压强度测定后，可不做点荷载强度测定。

在该围岩分级中，考虑了岩石坚硬性、岩体完整性、结构面特征、地下水和地应力状况等因素。该围岩分类规定，对Ⅲ、Ⅳ级围岩，当地下水较发育时，应根据地下水类型、水量大小、软弱结构面多少及其危害程度，适当降级；对Ⅱ、Ⅲ、Ⅳ级围岩，当洞轴线与主要断层或软弱夹层的夹角小于30°时，应降一级。

围岩分级表中的岩体强度应力比可按下式计算：

$$S_m = \frac{K_v R_b}{\sigma_1} \tag{6-3}$$

式中 K_v——岩体完整性系数；

R_b——岩石单轴饱和抗压强度；

σ_1——垂直洞轴线平面的较大主应力，无地应力实测数据时，$\sigma_1 = \gamma H$；

γ——岩石自然容重；

H——覆盖层厚度。

围岩分级表中，前三级围岩基本上是整体稳定的围岩，破坏形式主要是局部块体、层状块体的塌落和片帮，产生的围岩压力主要是松动压力；后两级围岩则是整体不稳定的松散软弱围岩，大都会出现塑性状态，产生的围岩压力主要是变形压力。

《锚杆喷射混凝土支护技术规范》(GB 50086—2001)给出隧洞和斜井的锚喷支护类型和设计参数表(表6-10)和竖井锚喷支护类型和设计参数表(表6-11)。

表 6-10　　隧洞和斜井的锚喷支护类型和设计参数表

围岩级别＼毛洞跨度 B/m	B≤5	5<B≤10	10<B≤15	15<B≤20	20<B≤25
Ⅰ	不支护	50 mm 厚喷射混凝土	①80～100 mm 厚喷射混凝土；②50 mm 厚喷射混凝土，设置 2.0～2.5 m 长的锚杆	100～150 mm 厚喷射混凝土，设置 2.5～3.0 m 长的锚杆，必要时配置钢筋网	120～150 m 厚钢筋网喷射混凝土，设置 3.0～4.0 m 长的锚杆
Ⅱ	50 mm 厚喷射混凝土	①80～100mm 厚喷射混凝土；②50 mm 厚喷射混凝土，设置 1.5～2.0 m 长的锚杆	①120～150 mm 厚喷射混凝土，必要时配置钢筋网；②80～100 mm 厚喷射混凝土，设置 2.0～3.0 m长的锚杆，必要时配置钢筋网	120～150 mm 厚钢筋网喷射混凝土，设置 3.0～4.0 m长的锚杆	150～200 mm 厚钢筋网喷射混凝土，设置 5.0～6.0 m 长的锚杆，必要时，设置长度大于 6.0 m 的预应力或非预应力锚杆
Ⅲ	①80～100 mm 厚喷射混凝土；②50 mm 厚喷射混凝土，设置 1.5～2.0 m 长的锚杆	①120～150 mm 厚喷射混凝土，必要时配置钢筋网；②80～100 mm 厚喷射混凝土，设置 2.0～2.5 m 长的锚杆，必要时配置钢筋网	100～150 mm 厚钢筋网喷射混凝土，设置 2.0～3.0 m 长的锚杆	150～200 mm 厚钢筋网喷射混凝土，设置 4.0～5.0 m 长的锚杆，必要时设置长度大于 5.0 m 的预应力或非预应力锚杆	—
Ⅳ	80～100 mm 厚喷射混凝土，设置 1.5～2.0 m 长的锚杆	100～150 mm 厚喷射混凝土，设置 2.0～2.5 m 长的锚杆，必要时采用仰拱	150～200 mm 厚钢筋网喷射混凝土，设置 3.0～4.0 m 长的锚杆，必要时采用仰拱，并设置长度大于 4.0 m 的锚杆	—	—
Ⅴ	120～150 mm 厚钢筋网喷射混凝土，设置 1.5～2.0 m 长的锚杆，必要时采用仰拱	150～200 mm 厚钢筋网喷射混凝土，设置 2.0～3.0 m长的锚杆，采用仰拱，必要时加设钢架	—	—	—

注：1. 表中的支护类型和参数，是指隧洞和倾角小于 30°的斜井的永久支护，包括初期支护与后期支护的类型和参数；
2. 服务年限小于 10 年及毛洞跨度小于 3.5 m 的隧洞和斜井，表中的支护参数，可根据工程具体情况适当减小；
3. 复合衬砌的隧洞和斜井，初期支护采用表中的参数时，应根据工程的具体情况予以减小；
4. 陡倾斜岩层中的隧洞或斜井易失稳的一侧边墙和缓倾斜岩层中的隧洞或斜井顶部，应采用表中第②种支护类型和参数，其他情况下，两种支护类型和参数均可参用；
5. 对高度大于 15.0 m 的侧边墙，应进行稳定性验算，并根据验算结果，确定锚喷支护参数。

表 6-11　　**竖井锚喷支护类型和设计参数表**

围岩级别 \ 竖井毛径 D/m	$D<5$	$5\leqslant D<7$
Ⅰ	100 mm 厚喷射混凝土,必要时局部设置 1.5～2.0 m 长的锚杆	100 mm 厚喷射混凝土,设置 1.5～2.5 m 长的锚杆,或 150 mm 厚喷射混凝土
Ⅱ	100～150 mm 厚喷射混凝土,设置 1.5～2.0 m 长的锚杆	100～150 mm 厚钢筋网喷射混凝土,设置2.0～2.5 m 长的锚杆,必要时加设混凝土圈梁
Ⅲ	150～200 mm 厚钢筋网喷射混凝土,设置 1.5～2.0 m 长的锚杆,必要时加设混凝土圈梁	150～200 mm 厚钢筋网喷射混凝土,设置2.0～3.0 m 长的锚杆,必要时,加设混凝土圈梁

注:1. 井壁采用锚喷做初期支护时,支护设计参数可适当减小;
2. Ⅲ级围岩中井筒深度超过 500m 时,支护设计参数应予以增大。

国外用于锚喷支护设计的围岩分级主要有岩石质量指标(RQD)分类和巴顿分类等。

岩石质量指标(RQD)分类是一种衡量岩石节理裂隙程度的方法。它是以单位长度钻孔中 10 cm 以上的岩芯占有的比例来确定的,即:

$$\mathrm{RQD}=\frac{10\ \mathrm{cm}\ \text{以上岩芯累计长度}}{\text{钻孔总长度}}\times 100\% \tag{6-4}$$

1969 年,美国伊利诺斯大学迪尔等人在提出这种分类的同时,还相应地给出了所需的支护要求(表 6-12)。

表 6-12　　**RQD 岩石分类及其支护要求**

RQD/%	开挖方法	支护要求
>90 优质	挖掘机	不支护或局部都用喷射混凝土
	传统方法	不支护或局部用 5～8 cm 厚喷射混凝土
75～90 良好	挖掘机	不支护或局部用 5～8 cm 厚喷射混凝土
	传统方法	局部用 5～8 cm 厚喷射混凝土
50～75 一般	挖掘机	拱顶为 5～10 cm 厚喷射混凝土
	传统方法	拱顶为 5～10 cm 厚喷射混凝土
25～50 差	挖掘机	拱及边墙为 10～15 cm 厚喷射混凝土与锚杆共同使用
	传统方法	拱及边墙为大于 15 cm 厚喷射混凝土与钢拱共同使用
<25 很差	挖掘机	拱及边墙为大于 15 cm 厚喷射混凝土与钢拱共同使用
	传统方法	拱及边墙为大于 15 cm 厚喷射混凝土与钢拱共同使用

挪威巴顿等人在 1974 年提出了岩体质量 Q 是六个参数的函数,即:

$$Q=\frac{\mathrm{RQD}}{J_{\mathrm{n}}}\cdot\frac{J_{\mathrm{r}}}{J_{\mathrm{a}}}\cdot\frac{J_{\mathrm{w}}}{\mathrm{SRF}} \tag{6-5}$$

式中　RQD——岩石质量指标;

J_n——节理系数；

J_r——节理粗糙度；

J_a——节理蚀变系数；

J_w——裂隙水降低系数；

SRF——应力降低系数。

Q 在 0.01～1000 范围内变化，将岩体分为九类，并给出了相应的锚喷支护参数。

6.5.3 理论分析法设计

理论分析法设计是锚喷支护设计的重要组成部分，为今后设计的发展方向。但鉴于岩体力学参数难以准确确定以及计算模式方面还存在一些问题，因而其通常只作为工程设计中的辅助手段。锚喷支护对坚硬裂隙岩体与软弱破碎岩体的作用是不同的。前者着重于防止局部危岩的滑移坠落，后者着重于防止围岩整体失稳。

(1) 坚硬裂隙岩体锚喷支护的计算方法

在坚硬裂隙岩体中，围岩的塌落常常从某一局部不稳定岩块的坠落开始。因此，一旦喷层或锚杆不能阻止不稳定岩块的滑移和坠落，保持和加强围岩的咬合、镶嵌与夹持作用，就不能维持围岩的稳定。所以，坚硬裂隙岩体锚喷支护的计算中，一般采用块体平衡法验算危岩的稳定性。

① 喷射混凝土厚度设计。

危岩塌落时，喷层受到了围岩自重产生的力的作用。在这种力的作用下，喷层可能出现冲切破坏，也可能因黏结力不足而引起喷层同岩面之间的撕开破坏(图 6-25)。

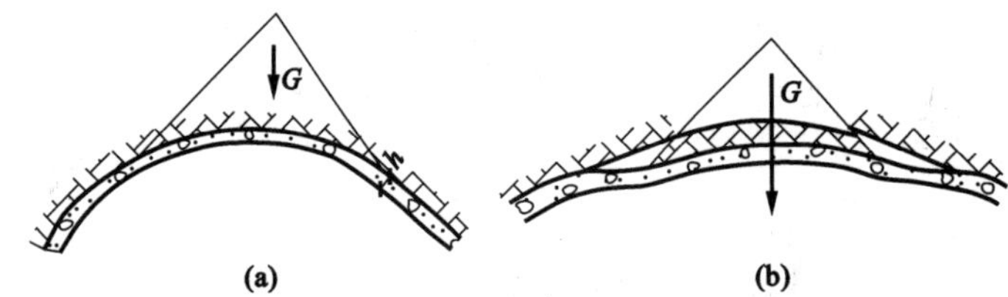

图 6-25 危石坠落时引起的冲切破坏和撕开破坏

(a) 按冲切作用核算；(b) 按撕开作用核算

按冲切作用计算：

$$h \geqslant \frac{KG}{0.75R_t U_r} \tag{6-6}$$

式中 h——喷射混凝土厚度，mm，当 $h>100$ mm 时，仍以 100 mm 计算；

K——安全系数，一般为 1.5～3.0；

R_t——喷射混凝土设计抗拉强度，MPa；

U_r——不稳定块体出露面的周边长度，mm；

G——由危石重量引起的作用力，当危石处于拱顶位置时，G 即为危石重量。

按撕开作用计算：

$$h \geqslant 3.65\left(\frac{G}{U_r C}\right)^{4/3} \cdot \left(\frac{K_0}{E_{sh}}\right)^{1/3} \tag{6-7}$$

式中 C——喷层与岩面间的黏结强度，MPa；

K_0——岩层弹性拉伸系数；

E_{sh}——喷射混凝土的弹性模量。

其他符号意义同前。

喷射混凝土厚度按式(6-6)、式(6-7)计算后，取其中的较大值。

② 锚杆的计算。

当加固拱顶不稳定块体时，锚杆起悬吊作用；当加固边墙不稳定块体时，锚杆起销钉作用，即抗剪作用。

对于可能很快失稳的围岩或危石，以及有较大规模边墙的不稳定块体，可采用预应力锚杆。当具有更大规模的不稳定块体时，还可采用预应力锚索。位于拱顶的预应力锚杆不能起到提高锚杆承载力的作用，但却有抑制围岩变形的作用，因而有利于维持结构面上的黏结力。加固边墙的不稳定块体宜采用预应力锚杆。它将提高锚固效果，因为这时不但是借助锚杆自身抗剪力来提高抗滑力，而且主要是依靠锚杆上的预应力来提高抗滑力。

a. 拱顶锚杆计算。

位于拱顶的局部锚杆用来承受不稳定岩块的自重，因此可按悬吊理论计算。在确定锚杆的间距时，每根锚杆承受的岩石重量不能使锚杆的拉应力超过其设计强度。同时，锚固力要大于锚杆的拉断力，这样才能保证良好的锚固效果。当给锚杆施加预应力时，锚杆除承受岩石重量外，还要承受预应力。

(a) 锚杆长度。

锚杆长度按下式计算：

$$L = L_{锚} + L_{危} + L_{外} \tag{6-8}$$

式中 $L_{锚}$——锚杆锚入稳定岩体的深度；

$L_{危}$——不稳定岩块的厚度；

$L_{外}$——锚杆外露长度。

若采用砂浆锚杆，则要求钢筋抗拉能力小于或等于钢筋与砂浆的黏结力，此时锚杆锚入稳定岩体的长度，应同时满足下列公式：

$$L_{锚} \geqslant K\frac{d_1}{4}\cdot\frac{R_i}{R_{cs}} \tag{6-9}$$

$$L_{锚} \geqslant K\frac{d_1}{4d_2}\cdot\frac{R_i}{R_{cr}} \tag{6-10}$$

式中 d_1——锚杆钢筋的直径，mm；

d_2——锚杆孔直径，mm；

R_i——锚杆钢筋或锚索体设计抗拉强度，MPa；

R_{cs}——水泥砂浆与钢筋的设计黏结强度，MPa；

R_{cr}——水泥砂浆与钻孔壁的设计黏结强度，MPa；

K——安全系数，取 1.5。

当采用楔缝式锚杆时，$L_{锚}$ 应大于锚头长度的 2 倍。

不稳定岩体的厚度 $L_{危}$，通过地质调查确定。在容易发生规则拱顶冒落的情况下，可按普氏法，令 $L_{危}$ 等于自然平衡拱的高度；在层状岩体中，可令 $L_{危}$ 等于顶板岩层挠曲折断的厚度；在可能产生滑落危岩的情况下，可按危岩的最大高度确定。

锚杆外露长度 $L_{外}$，对金属锚杆，为垫板和螺母厚度再加 50～100 mm；对木锚杆，为垫板厚度再加 50 mm；对钢筋砂浆锚杆，通常可取为 50～100 mm。

(b) 锚杆间距。

对于无预应力锚杆，要求每根锚杆承受的岩石重量小于或等于其锚固力或杆体的拉断力，即：

$$K_1 \gamma L_{危} D^2 \leqslant Q \tag{6-11}$$

或

$$K_1 \gamma L_{危} D^2 \leqslant \frac{\pi d_1^2}{4} R_t \tag{6-12}$$

或

$$K_1 \frac{G}{A} D^2 \leqslant Q \tag{6-13}$$

或

$$K_1 \frac{G}{A} D^2 \leqslant \frac{\pi d_1^2}{4} R_t \tag{6-14}$$

式中 Q——锚杆的额定锚固力；

γ——岩石的容重；

K_1——安全系数，可取 2；

G——危石自重；

A——危石的面积；

D——锚杆间距。

其他符号意义同前。

所以

$$D \leqslant \sqrt{\frac{QA}{K_1 G}} \tag{6-15}$$

或

$$D \leqslant \frac{d_1}{2} \sqrt{\frac{\pi R_t A}{K_1 G}} \tag{6-16}$$

对于预应力锚杆，每根锚杆除承受岩石重量外，还要承受预应力。一般预应力为锚固力的 50%～80%。因此，上述计算锚杆间距 D 的公式相应变化为：

$$D \leqslant \sqrt{\frac{QA}{(1.5 \sim 1.8) K_1 G}} \tag{6-17}$$

$$D \leqslant \frac{d_1}{2} \sqrt{\frac{\pi R_t A}{(1.5 \sim 1.8) K_1 G}} \tag{6-18}$$

b. 边墙锚杆的计算。

边墙锚杆主要通过锚杆的抗剪力阻止不稳定块体的下滑，但预应力锚杆中还要计入预加荷载所产生的抗滑力。

对于单面滑动的不稳定块体,可按下式确定锚杆的根数:

$$N=\frac{K_1(G\sin\theta-G\cos\theta\tan\varphi-cF)}{R_{sv}A_s} \tag{6-19}$$

式中 K_1——安全系数,可取 2;

G——不稳定块体重量;

θ——滑动面倾角;

φ——滑动面内摩擦角;

c——滑动面的黏结力;

F——滑动面面积;

R_{sv}——锚杆的设计抗剪强度;

A_s——单根锚杆截面积。

对于由两个结构相交形成的双滑动面,锚杆的根数为:

$$N=\frac{K_1(G\sin\gamma-N_i\tan\varphi_i-N_j\tan\varphi_j-c_iF_i-c_jF_j)}{R_{sv}A_s} \tag{6-20}$$

$$N_i=G\frac{\cos\gamma}{\sin\beta_{ij}}\cos\beta_j \tag{6-21}$$

$$N_j=G\frac{\cos\gamma}{\sin\beta_{ij}}\cos\beta_i \tag{6-22}$$

式中 γ——结构面 i 和 j 组合交线的倾角;

β_{ij}——结构面 i 和 j 的夹角;

β_i——结构面 i 与通过组合交线的辅助垂直面的夹角;

β_j——结构面 j 与通过组合交线的辅助垂直面的夹角;

φ_i,φ_j——结构面 i 和 j 上的内摩擦角;

c_i,c_j——结构面 i 和 j 的黏结力;

F_i,F_j——结构面 i 和 j 的面积;

N_i,N_j——结构面 i 和 j 上的正压力。

③ 锚喷联合支护。

当设有锚杆和喷射混凝土时,不稳定块体重量由锚杆和喷层共同承受。因此,在锚杆计算中,要扣除喷层的承载部分。

(2) 软弱破碎岩体锚喷支护的计算方法

目前,锚喷支护解析计算方法只有轴对称条件下的计算方法。当处于侧压系数 $\lambda\approx1$ 及 $\lambda<0.8$ 两种不同情况下时,喷层的破坏特征是不同的。前者主要验算喷层的压切破坏,后者则按楔形破裂体挤入隧道验算喷层的剪切破坏。

① 轴对称条件下锚喷支护的解析计算。

a. 围岩压力计算。

围岩压力应按有无锚杆两种不同情况分别进行计算。在无锚杆情况下,作用于喷层上的围岩压力按下式计算:

$$P_i=-c\cot\varphi+(P+c\cot\varphi)(1-\sin\varphi)\left(\frac{Mr_0}{4GU_{r_0}^r}\right)^{\frac{2\sin\varphi}{1-\sin\varphi}} \tag{6-23}$$

式中 P_i——围岩压力或需要的支护抗力；

c——围岩黏结力(内聚力)；

φ——围岩内摩擦角；

P——围岩初始应力；

M——围岩弹塑性界面上的应力差；

G——围岩剪切变形模量；

r_0——隧洞半径；

$U_{r_0}^{r}$——围岩洞壁径向位移。

当隧洞周边设有径向锚杆时，无论是端头锚固型锚杆，还是全长黏结型锚杆，都能通过承受拉力限制围岩发生径向位移，改善围岩应力状态，并通过锚杆承受剪力提高锚固区围岩的 c、φ 值。围岩的塑性区半径 R_0、最大松动区半径 R_{max} 均比无锚杆时小，计算围岩压力 P_i 时，应考虑锚杆的作用。

(a) 端头锚固型锚杆。

端头锚固型锚杆可视为两端作用有集中力的锚杆。假设集中力分布于锚固区锚杆内、外端两个同心圆上(图 6-26)，由此在洞壁上产生支护的附加抗力 P_a，而锚杆内端分布力为 $r_0/r_c \cdot P_a$(r_c 为锚杆内端半径)。平衡方程及塑性方程为：

$$\frac{d\sigma_r}{dr}-\frac{\sigma_r-\sigma_0}{r}=0 \tag{6-24}$$

$$\frac{\sigma_r+c_1\cot\varphi_1}{\sigma_0+c_1\cot\varphi_1}=\frac{1-\sin\varphi_1}{1+\sin\varphi_1} \tag{6-25}$$

式中 c_1,φ_1——加锚杆后围岩的黏结力、内摩擦角值，一般可取 $\varphi_1=\varphi$，c_1 根据 c 值由锚杆抗剪力折算而得。

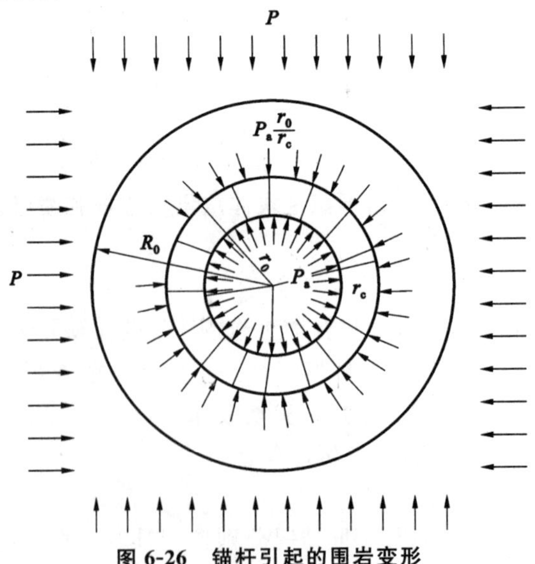

图 6-26 锚杆引起的围岩变形

由式(6-24)和式(6-25)可得：

$$\ln(\sigma_r+c_1\cot\varphi_1)=\frac{2\sin\varphi_1}{1-\sin\varphi_1}\ln r+c \tag{6-26}$$

当 $r=r_0$ 时，$\sigma_r=P_a+P_i$ 可得：

$$c=\ln(P_a+P_i+c_1\cot\varphi_1)-\frac{2\sin\varphi_1}{1-\sin\varphi_1}\ln r_0 \tag{6-27}$$

将式(6-27)代入式(6-26)，得围岩径向应力 σ_r 为：

$$\sigma_r=(P_a+P_i+c_1\cot\varphi_1)\left(\frac{r}{r_0}\right)^{\frac{2\sin\varphi_1}{1-\sin\varphi_1}}-c_1\cot\varphi_1 \tag{6-28}$$

令锚杆内端点的径向应力为 σ_c，并位于塑性区内，则弹塑性界面上围岩径向应力为：

$$\sigma_c=(P_a+P_i+c_1\cot\varphi_1)\left(\frac{r}{r_0}\right)^{\frac{2\sin\varphi_1}{1-\sin\varphi_1}}-c_1\cot\varphi_1 \tag{6-29}$$

$$\sigma_c=P(1-\sin\varphi)-c_1\cos\varphi_1 \tag{6-30}$$

由此得：

$$\sigma_c=(P+c_1\cot\varphi_1)(1-\sin\varphi_1)\left(\frac{r_c}{R_0^a}\right)^{\frac{2\sin\varphi_1}{1-\sin\varphi_1}}-c_1\cot\varphi_1 \tag{6-31}$$

此外，由式(6-28)并考虑锚杆内端的分布力，则有：

$$\sigma_c=(P_a+P_i+c_1\cot\varphi_1)\left(\frac{r}{r_0}\right)^{\frac{2\sin\varphi_1}{1-\sin\varphi_1}}-c_1\cot\varphi_1-\frac{r_0}{r_c}P_a \tag{6-32}$$

根据式(6-31)与式(6-32)，得有锚杆时的塑性区半径为：

$$R_0^a=r_0\left[\frac{(P_a+c_1\cot\varphi_1)(1-\sin\varphi_1)}{(P_i+P_a+c_1\cot\varphi_1)\left(\frac{r_c}{r_0}\right)^{\frac{2\sin\varphi_1}{1-\sin\varphi_1}}-\frac{r_0}{r_c}P_a}\right]^{\frac{1-\sin\varphi_1}{2\sin\varphi_1}} \tag{6-33}$$

当锚杆内端位于塑性区，且在松动区之外时，有锚杆时的最大松动区半径 $R_{\max}^a$ 为：

$$R_{\max}^a=r_0\left[\frac{(P_a+c_1\cot\varphi_1)(1-\sin\varphi_1)}{(P_{i,\min}+P_a+c_1\cot\varphi_1)(1+\sin\varphi_1)}\right]^{\frac{1-\sin\varphi_1}{2\sin\varphi_1}} \tag{6-34}$$

当锚杆内端位于松动区时，$R_{\max}^a$ 为：

$$\begin{aligned}R_{\max}^a&=R_0^a\left(\frac{1}{1+\sin\varphi_1}\right)^{\frac{1-\sin\varphi_1}{2\sin\varphi_1}}\\&=\left\{\frac{(P+c_1\cot\varphi_1)(1-\sin\varphi_1)}{\left[(P_{i,\min}+P_a+c_1\cot\varphi_1)\left(\frac{r_c}{r_0}\right)^{\frac{2\sin\varphi_1}{1-\sin\varphi_1}}-\frac{r_0}{r_c}P_a\right](1+\sin\varphi_1)}\right\}^{\frac{1-\sin\varphi_1}{2\sin\varphi_1}}\end{aligned} \tag{6-35}$$

有锚杆时的洞壁位移 $U_{r_0}^a$ 及围岩位移 U_r^a 为：

$$\begin{cases}U_{r_0}^a=\dfrac{M(R_0^a)^2}{4Gr_0}\\[2ex]U_r^a=\dfrac{M(R_0^a)^2}{4Gr}\end{cases} \tag{6-36}$$

对于端头锚固型锚杆，可按锚杆与围岩共同变形理论获得锚杆轴力：

$$Q=\frac{(u'-u'')E_a f}{r_c-r_0} \tag{6-37}$$

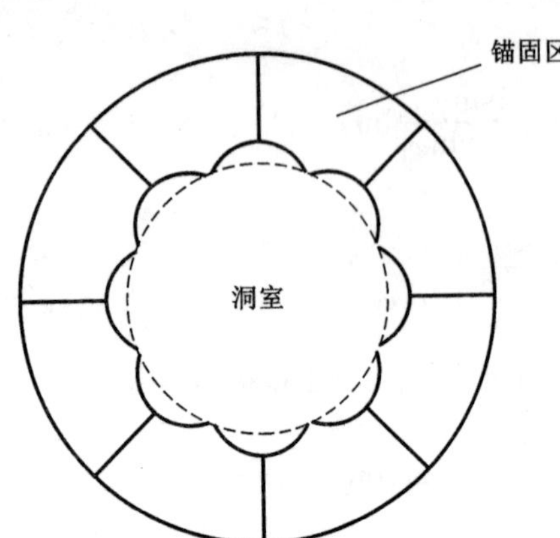

图 6-27 锚杆引起的围岩变形

式中 u'——锚杆外端位移，$u'=\dfrac{M(R_0^a)^2}{4Gr_0}-u_0^a$；

u''——锚杆内端位移，$u''=\dfrac{M(R_0^a)^2}{4Gr_0}-\dfrac{r_0}{r_c}u_0^a$；

u_0^a——锚固前洞壁位移值；

E_a——锚杆的弹性模量；

f——一根锚杆的截面积。

由于锚杆是集中加载的，其围岩变形实际上是不均匀的，如图 6-27 所示，在加锚杆处洞壁的位移量小。因此，在计算锚杆拉力时应乘以一个小于 1 的系数，即：

$$Q=K\frac{u'-u''}{r_c-r_0}E_a f \tag{6-38}$$

K 与岩质和锚杆间距有关，通常岩质好时可取 1；岩质差时取小于 1，如 0.5～0.8。

由 Q 即能算出 P_a：

$$P_a=\frac{Q}{D_1D_2} \tag{6-39}$$

式中 D_1,D_2——锚杆的横向间距和纵向间距。

当锚杆上作用有预应力 Q_1 时，则：

$$P_a=\frac{Q+Q_1}{D_1D_2} \tag{6-40}$$

计算时，需要通过试算求出 P_a、P_i 及 R_0^a，并按式(6-41)和式(6-42)分别求出洞壁位移 $u_{r_0}^a$ 及锚杆拉力($Q+Q_1$)：

$$u_{r_0}^a=\frac{M(R_0^a)^2}{4Gr_0}=u'+u_0^a \tag{6-41}$$

$$Q+Q_1=K\frac{u'-u''}{r_c-r_0}E_a f+Q_1 \tag{6-42}$$

(b) 全长黏结型锚杆。

全长黏结型锚杆通过砂浆传递锚杆的剪力而使锚杆处于受拉状态。在一般岩层条件下，可以认为锚杆与围岩具有共同位移，而略去围岩与锚杆间的相对位移。锚杆轴力沿全长不是均布的(图 6-28)。由图 6-28 可见，锚杆中存在一中性点，该点剪应力为 0，而锚杆在该点上的拉应力(轴力)最大，可见全长黏结型锚杆的受力状况不同于端头锚固型锚杆。

锚杆上任意点的位移为：

$$u_r^a=\left[\frac{M(R_0^a)^2}{4G}-r_0u_0^a\right]\frac{1}{r} \tag{6-43}$$

当 $r_0\leqslant r$(中性点半径)$\leqslant\rho$ 时，锚杆轴力 Q_1 为：

$$\begin{aligned}Q_1&=-\int\left[\frac{M(R_0^a)^2}{4G}-r_0u_0^a\right]E_a f\frac{\mathrm{d}^2\left(\frac{1}{r}\right)}{\mathrm{d}r^2}\mathrm{d}r+c\\&=-\left[\frac{M(R_0^a)^2}{4G}-r_0u_0^a\right]E_a f\frac{1}{r^2}+c\end{aligned} \tag{6-44}$$

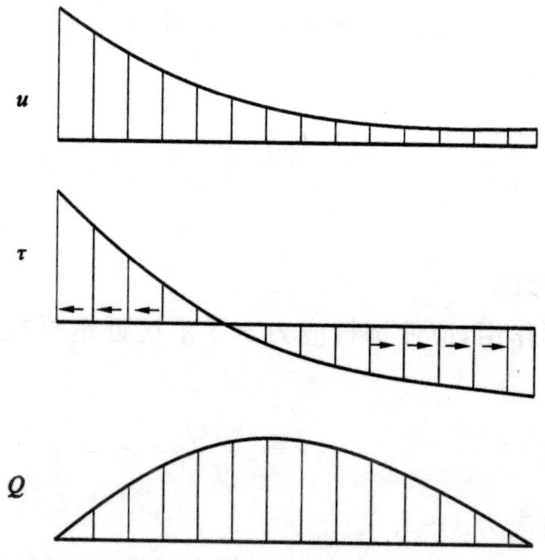

图 6-28 全长黏结型锚杆位移及应力分布图

当 $r=r_0$ 时，$Q=0$，所以有

$$c=\left[\frac{M(R_0^a)^2}{4G}-r_0u_0^a\right]E_af\frac{1}{r^3} \tag{6-45}$$

$$Q_1=\left[\frac{M(R_0^a)^2}{4G}-r_0u_0^a\right]E_af\left(\frac{1}{r_0^2}-\frac{1}{r^2}\right) \tag{6-46}$$

当 $\rho\leqslant r\leqslant r_c$ 时，其轴力 Q_2 为：

$$Q_2=\left[\frac{M(R_0^a)^2}{4G}-r_0u_0^a\right]E_af\left(\frac{1}{r^2}-\frac{1}{r_c^2}\right) \tag{6-47}$$

当 $r=\rho$ 时，$Q_1=Q_2$，即：

$$\frac{1}{r_0^2}-\frac{1}{\rho^2}=\frac{1}{\rho^2}-\frac{1}{r_c^2} \tag{6-48}$$

$$\rho=\sqrt{\frac{2r_0^2r_c^2}{r_0^2+r_c^2}} \tag{6-49}$$

ρ 为锚杆最大轴力处的半径，此处剪力为 0，由此算得锚杆最大轴力为：

$$\begin{aligned}Q_{max}&=K\left[\frac{M(R_0^a)^2}{4G}-r_0u_0^a\right]E_af\left(\frac{1}{r_0^2}-\frac{1}{\rho^2}\right)\\&=K\left[\frac{M(R_0^a)^2}{4G}-r_0u_0^a\right]E_af\left(\frac{1}{\rho^2}-\frac{1}{r_c^2}\right)\\&=\frac{K}{2}\left[\frac{M(R_0^a)^2}{4G}-r_0u_0^a\right]E_af\left(\frac{1}{r_0^2}-\frac{1}{r_c^2}\right)\end{aligned} \tag{6-50}$$

在端头锚固型锚杆中，式(6-38)还可写成：

$$Q=K\left[\frac{M(R_0^a)^2}{4G}-r_0u_0^a\right]E_af\frac{1}{r_0r_c} \tag{6-51}$$

比较式(6-50)和式(6-51)可知，通常 $Q>Q_{max}$，而且 Q_{max} 随着锚杆的增长而增大。

为使计算简化，可用 Q_{max} 或与端头锚固型锚杆等效的轴力 Q' 来代替 Q，由此可对全长黏结型锚杆进行计算。将上述两种锚杆轴力图的面积等效，可求得：

$$Q'(r_c - r_0) = \int_{r_0}^{\rho} Q_1 \mathrm{d}r + \int_{\rho}^{r_c} Q_2 \mathrm{d}r \tag{6-52}$$

由此得：

$$Q' = K\left[\frac{M(R_0^a)^2}{4G} - r_0 u_0^a\right]\frac{E_a f}{r_c - r_0}\left(\frac{\rho - r_c}{r_c^2} + \frac{\rho - r_0}{r_0^2} + \frac{2}{\rho} - \frac{1}{r_0} - \frac{1}{r_c}\right) \tag{6-53}$$

其余计算同前。

b. 锚杆的计算与设计。

为使锚杆充分发挥作用，应使锚杆应力 σ 尽量接近钢材抗拉强度 σ_p，并有一定安全度，即：

$$K_1\sigma = \frac{K_1 Q}{f} = \sigma_p \tag{6-54}$$

锚杆抗拉安全系数应为 1～1.5。

为防止锚杆和围岩一起塌落，锚杆长度必须大于松动区厚度，而且有一定安全度，即要求：

$$r_c > R^a \tag{6-55}$$

$$R^a = r_0\left(\frac{P + c_1\cot\varphi_1}{P_i + P_a + c_1\cot\varphi_1} \cdot \frac{1 - \sin\varphi_1}{1 + \sin\varphi_1}\right)^{\frac{1-\sin\varphi_1}{2\sin\varphi_1}} \tag{6-56}$$

锚杆间距 D_1、D_2 则应满足下式要求：

$$\frac{D_1}{r_c - r_0} \leqslant \frac{D_2}{2(r_c - r_0)} \leqslant \frac{1}{2} \tag{6-57}$$

这样能保持锚杆有一定的实际加固区厚度。此外，D_1、D_2 的合理选择还应使喷层具有适当的厚度，这样才能充分发挥喷层的作用。

c. 喷射混凝土层的计算与设计。

要求喷层对围岩提供足够的反力，以维持围岩的稳定。为了验算围岩稳定性，需要计算最小抗力 $P_{i,\min}$ 以及围岩稳定安全系数 K_2。松动区内滑移体的重力 G 为：

$$G = \gamma b(R_{\max}^a - r_0) = P_{i,\min} b \tag{6-58}$$

根据式(6-34)即能求出 $P_{i,\min}$，由此得：

$$K_2 = \frac{P_i}{P_{i,\min}} \tag{6-59}$$

要求 K_2 值为 2～4.5。

进行喷层强度校核时，要求喷层内壁切向应力小于喷射混凝土抗压强度，按厚壁筒理论有：

$$\sigma_0 = P_i \frac{2a^2}{a^2 - 1} \leqslant R_c \tag{6-60}$$

式中 a——r_0 与 r_i 之比，即 $a = r_0/r_i$，r_0 与 r_i 分别为喷层的外半径和内半径；

R_c——喷射混凝土设计抗压强度。

由此可算出喷层厚度 h 为：

$$h = K_1 r_i\left(\frac{1}{\sqrt{1 - \frac{2P_i}{R_c}}} - 1\right) \tag{6-61}$$

式中 K_1——喷层的安全系数，建议取 1.2～1.5。

② $\lambda<0.8$ 时圆形洞室喷射混凝土支护的计算。

a. 围岩压力计算。

先求剪切体滑移线方程及滑移线长度（图 6-29）。

$$r = r_0 e^{(\theta-\rho)\tan\alpha} \tag{6-62}$$

$$L = r_0 [e^{(\theta-\rho)\tan\alpha} - 1] \tag{6-63}$$

式中 r_0——隧洞半径；

ρ——破裂起始角，对于软弱岩体中的洞室，建议按表 6-13 选用；

α——破坏面与最大主应力作用面的夹角，$\alpha=45°-\varphi/2$。

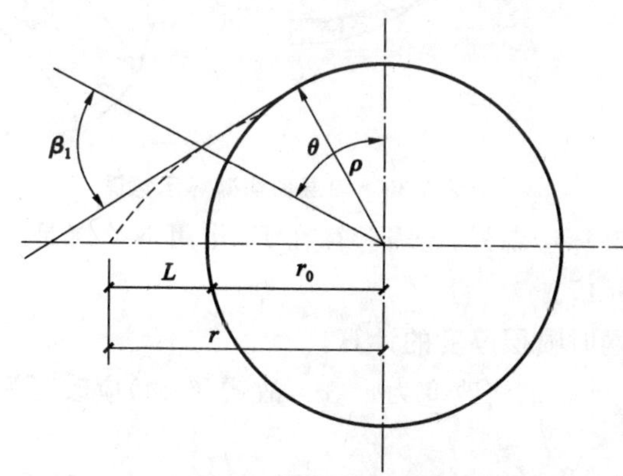

图 6-29 破碎楔体滑移线

表 6-13

λ 与 ρ 值表

λ	0.2～0.4	0.4～0.6	0.6～0.8
ρ	40°～45°	35°～40°	30°～35°

保证喷层不发生剪切破坏时所需的支护抗力 P_i 为：

$$P_i = (P + c\cot\varphi)(1-\sin\varphi)\left(\frac{r_0}{R}\right)^{\frac{2\sin\varphi}{1-\sin\varphi}} - c\cot\varphi \tag{6-64}$$

b. 喷层厚度的计算。

设喷层厚度为 h，则在喷层中剪切面长度 $L_1 \approx h/\sin\alpha$，按莫尔强度理论，破坏面与最大主应力（喷层中切向应力 σ_i）作用面的夹角 $\alpha=45°-\varphi/2$（图 6-30）。按外荷载与剪切面上剪切强度相等的条件得：

$$K_2 P_i \frac{b}{2} = \frac{h\tau_c}{\sin\left(45°-\frac{\varphi}{2}\right)} \tag{6-65}$$

或

$$h = \frac{K_2 P_i b \sin\left(45°-\frac{\varphi}{2}\right)}{2\tau_c} \tag{6-66}$$

式中，K_2 为剪切破坏安全系数，取 1.5～2.0；$b=2r_0\cos\varphi$，$\tau_c=0.2R_c$，τ_c、R_c 分别为混凝土抗

剪强度和轴心抗压强度。

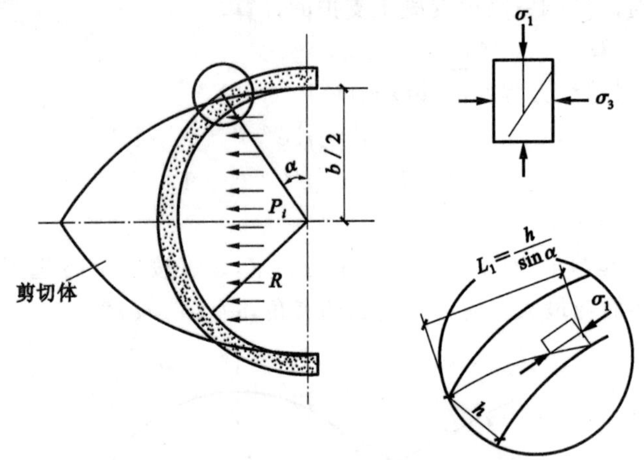

图 6-30 喷层剪切破坏示意图

除考虑上述剪切破坏形态外，还需验算在 P_i 作用下喷层是否出现压切破坏，所以喷层厚度 h 还需满足式(6-61)。

c. 有锚杆和钢筋网时喷层厚度的计算。

当有锚杆时，由于 c、φ 值将改变为 c_1、φ_1，故式(6-64)应改写为：

$$P_i = (P + c_1\cot\varphi_1)(1-\sin\varphi_1)\left(\frac{r_0}{R}\right)^{\frac{2\sin\varphi_1}{1-\sin\varphi_1}} - c_1\cot\varphi_1 - P_a \tag{6-67}$$

锚杆的附加支护抗力 P_a 由式(6-68)确定：

$$P_a = \frac{A_s R_i}{K_1 D_1 D_2} \tag{6-68}$$

式中 A_s——单根锚杆体的截面面积；

R_i——锚杆材料的设计抗拉强度；

K_1——安全系数。

P_a 值还应用锚杆锚固力 Q 进行验算：

$$P_a = \frac{Q}{K_a D_1 D_2} \tag{6-69}$$

P_a 应取式(6-68)和式(6-69)中的较小值。

当喷射混凝土中配有钢筋网时，式(6-67)可改写为：

$$P_i = (P + c_1\cot\varphi_1)(1-\sin\varphi_1)\left(\frac{r_0}{R}\right)^{\frac{2\sin\varphi_1}{1-\sin\varphi_1}} - c_1\cot\varphi_1 - P_a - P_i^t \tag{6-70}$$

附加钢筋网的支护抗力 P_i^t 可按式(6-71)求得：

$$P_i^t = \frac{A_{rt}\tau_{st}}{S\,\frac{b}{2}\sin\left(45° - \frac{\varphi_1}{2}\right)} \tag{6-71}$$

式中 A_{rt}——一根环向钢筋的截面面积；

τ_{st}——钢筋抗剪强度；

S——环向钢筋的间距。

喷射混凝土厚度计算仍可采用式(6-61)和式(6-66)。

合理的设计要求喷层具有合适的厚度,以保证喷层的柔性特点和充分发挥围岩的自承作用。

6.6 隧洞喷射混凝土厚度的计算

【例 6-1】 某圆形隧洞半径为 2 m,埋置深度为 300 m,$c=0.3$ MPa,$\varphi=40°$,$\lambda=0.5$,岩层平均容重 $\gamma=25\ \text{kN/m}^3$,喷射混凝土轴心设计抗压强度 $P_c=11$ MPa。试求喷层的厚度。

【解】 由 $\lambda=0.5$,查表得 $\rho=40°$,则:

$$R = r_0 e^{(\theta-\rho)\tan\left(45°-\frac{\varphi}{2}\right)} = 2e^{(90°-40°)\tan\left(45°-\frac{40°}{2}\right)} = 3(\text{m})$$

$$\frac{b}{2} = r_0\cos 40° = 153\ \text{cm}$$

$$P_i = (P + c\cot\varphi)(1-\sin\varphi)\left(\frac{r_0}{R}\right)^{\frac{2\sin\varphi}{1-\sin\varphi}} - c\cot\varphi$$

$$= (7.5+0.357)\times(1-0.642)\times\left(\frac{2}{3}\right)^{\frac{2\times 0.642}{1-0.642}} - 0.357$$

$$= 0.30(\text{MPa})$$

K_2 取 1.5,$\tau_c=0.2R_c=2.2$ MPa。

由式(6-66)可得:

$$h = \frac{K_2 P_i \sin\left(45° - \frac{\varphi}{2}\right)}{2\tau_c} = \frac{1.5\times 0.30\times 0.423\times 153}{2.2} = 13.2(\text{cm})$$

由式(6-61)可得:

$$h = 1.2\times 200\times\left[\frac{1}{\sqrt{1-\frac{2\times 0.30}{11}}} - 1\right] = 7.2(\text{cm})$$

故采用 14 cm 厚的喷射混凝土层。

如果采用锚杆支护,可采用 $L=1.5$ m 的锚杆,锚杆直径 $d=1.4$ cm,锚杆间距为 0.75 m,锚杆采用 3 号钢,锚固力为 60 kN,安全系数 $K_1=1.2$。

锚杆附加支护抗力 P_a 为:

$$P_a = \frac{\frac{\pi d^2}{4}R_i}{K_1 D_1 D_2} = \frac{0.000154\times 380}{1.2\times 0.75\times 9.75} = 0.085(\text{MPa})$$

$$\frac{\pi d^2}{4}R_i = 0.000154\times 380\times 10^6 = 58.52(\text{kN}) < 60\ \text{kN}$$

采用锚杆后使围岩黏结力由 c 上升到 c_1,则:

$$\tau_a = 0.6R_i = 0.6 \times 380 = 228(\text{MPa})$$

$$c_1 = c + \frac{\tau_a A_s}{D_1 D_2} = 0.3 + \frac{228 \times 1.54 \times 10^{-4}}{0.75 \times 0.75} = 0.363(\text{MPa})$$

$$c_1 \cot\varphi = 0.363 \times 1.19 = 0.433(\text{MPa})$$

支护抗力 P_i 为：

$$P_i = (P + c_1 \cot\varphi_1)(1 - \sin\varphi_1)\left(\frac{r_0}{R}\right)^{\frac{2\sin\varphi_1}{1-\sin\varphi_1}} - c_1 \cot\varphi_1 - P_a$$

$$= (300 \times 25000 \times 10^{-6} + 0.433) \times (1 - 0.642) \times \left(\frac{2}{3}\right)^{\frac{2\times 0.642}{1-0.642}} - 0.433 - 0.085$$

$$= 0.145(\text{MPa})$$

喷层厚度 h 为：

$$h = \frac{K_2 P_i b \sin\left(45° - \frac{\varphi}{2}\right)}{2\tau_c} = \frac{1.5 \times 0.145 \times 0.423 \times 153}{0.2 \times 11} = 6.4(\text{cm})$$

故选喷层厚度为 7 cm。

如果在锚喷支护基础上加钢筋网，钢筋网直径 d=0.6 cm，环向间距为 20 cm，采用 3 号钢，则：

$$P_i^t = \frac{A_{rt}\tau_{st}}{S\dfrac{b}{2}\sin\left(45° - \dfrac{\varphi_1}{2}\right)} = \frac{\dfrac{\pi \times 0.6^2}{4} \times 228}{20 \times 153 \times 0.423} = 0.05(\text{MPa})$$

$$P_i = 0.145 - 0.05 = 0.095(\text{MPa})$$

喷层厚度 h 为：

$$h = \frac{1.5 \times 0.095 \times 0.423 \times 153}{2.2} = 4.2(\text{cm})$$

故选喷层厚度为 5 cm。

独立思考

6-1 按锚杆与被支护体的锚固形式分，锚杆可分为哪几种类型？

6-2 简述喷射混凝土的施工工艺。

6-3 简述锚喷支护的特点及作用机理。

6-4 简述锚喷支护的类型。

6-5 锚喷支护设计方法有哪些？

7 格栅管棚与超前锚杆支护加固

7.1 概 述 >>>

格栅管棚支护加固是各类隧道施工中经常采用的支护加固方法。格栅拱(钢拱架)是将L型钢、U型钢、工字钢、钢轨和钢管等加工成所需要的形状,用整榀安装或杆件拼装的方法,用于地下工程的一种支护结构。施工现场也有用钢筋组焊成格构式钢筋桁架的格栅拱。格栅拱可与喷射混凝土、锚杆、钢筋网复合成格栅拱锚喷网联合支护结构。其可分为刚性格栅拱锚喷网联合支护和可缩性格栅拱锚喷网联合支护。格栅拱与喷射混凝土一起可组成一种刚柔组合的支护结构,既可充分发挥围岩的自承能力,又可承受较大的地压(围岩压力)。因此,格栅支撑适用于较大地压的隧道。实践证明,采用格栅支撑对大断面隧道进行维护是一种十分有效的方法。

格栅拱与管棚相结合,组成格栅管棚复合式支护结构,在松软、浅埋和特浅埋的特殊地层中是一种十分有效的超前支护加固结构。

7.2 管棚法的原理及应用 >>>

为了解决土层和软弱围岩中,特别是较大断面的地下工程中的加固问题,近年来国内外广泛采用管棚支护,特别是最大直径管棚支护越来越显示出其优越性。

在隧道施工中,对于松软、破碎地层,一旦开挖,地层极易发生塌方,有的甚至无自稳时间,所以一般都采取超前支护。也就是在隧道开挖前,在开挖轮廓线外侧,对围岩预先进行处理使其整体性提高,稳定性增加,能承受开挖后的围岩压力和防止围岩变形。

管棚法就是在隧道轮廓线的外侧,按一定的间距钻凿并安装一定管径的钢管,形成钢管棚架。因此,开挖是在超前钢管形成的连续棚架之下进行的,每掘进一定距离架设一榀格栅钢拱架。图7-1所示为施工现场使用的格栅管棚的布置图。

管棚法的基本原理是靠管棚的承载能力,承受隧道围岩的围岩压力,以保持围岩的稳定。管棚法主要应用于以下几个方面(主要是浅埋、松软破碎地层)。

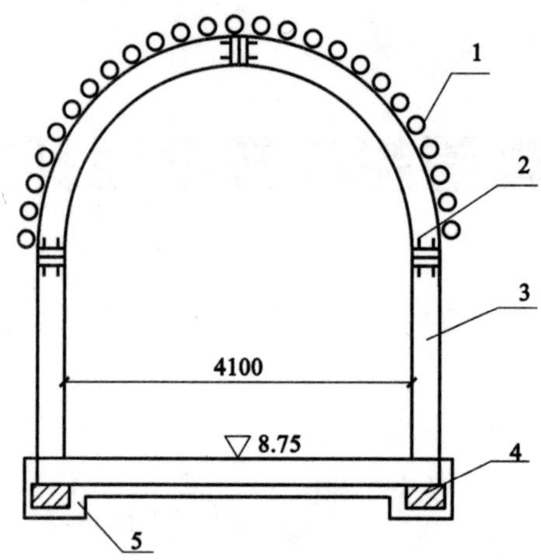

图 7-1 格栅管棚的布置图

1—管棚桩；2—法兰联结部分；3—钢拱架；4—混凝土预制块；5—垫层混凝土

① 作为在公路、铁路下方修建隧洞的超前支护方法；

② 作为在地中及地下结构物下方修建隧道的辅助方法；

③ 作为隧道洞口段施工的辅助方法；

④ 作为大断面隧道施工的辅助方法；

⑤ 作为通过河底、海底、断层破碎带、崩塌性围岩隧道施工的支护加固方法；

⑥ 作为其他施工的方法，如托底、盾构推进地基防护等。

7.3 管棚法的施工工艺 >>>

管棚法的施工工艺流程为：钻孔→安放钢管→管内注浆→格栅钢拱架制作与架设。

(1) 钻孔

在隧道设计开挖轮廓线的外侧(一般距轮廓线 0.3 m)按一定的间距钻孔。若是洞口加固，可钻一排或两排孔距为 0.4～1.0 m 的管孔。孔略向外倾斜，倾斜角一般小于 5°。

在洞口段，由于岩体风化严重，一次成孔比较困难，有些施工单位采用二次或三次塔式钻孔结构，如图 7-2 所示。

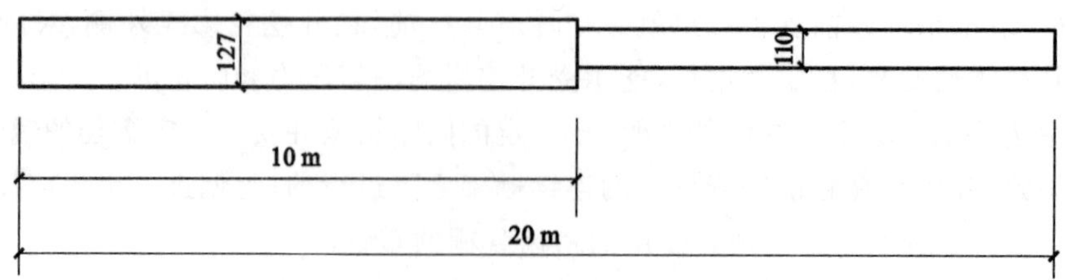

图 7-2 塔式钻孔结构

其钻孔步骤为：

① 用ϕ130 mm 的硬质合金钻头钻进，岩芯管直径为 127 mm，长度为 10 m，一次钻进 10 m 后，再用直径为 76 mm 的钻头钻除管内岩芯；

② 用ϕ112 mm 的钻头钻进，岩芯管直径为 110 mm，钻深约 10 m。

钻孔需要专用的钻孔设备。钻机型号较多，可根据具体情况进行选择。表 7-1 给出土星-881 型双动力头全液压多功能钻机的性能参数。

表 7-1 **土星-881 型双动力头全液压多功能钻机性能参数表**

地层	卵砾石层	土层	土层
钻进工艺	水力反循环	屏蔽螺旋	螺旋
钻孔直径/mm	75	150	400
钻进能力/m	50	30	10(加附件)
转速/(r/min)	后动力头 0～50	后动力头 10	
额定扭矩/(N·m)	后动力头 2000	后动力头	
冲击器频率/(次/min)	800～2500		
冲击功/(N·m)	150～250		
给进推力/N	0～3000		
最大起拔力/N	49000		
给进行程/mm	2000		
最低孔位/mm	3756		
与地面夹角/(°)	仰:35　俯:90		
钻孔精度/%	6		
钻机动力/kW	30(电动或柴油机)		
钻机质量/kg	4000		
外形尺寸/(mm×mm×mm)	长×宽×高=4500×1650×1650		
行走方式	轮轨		

土星-881 型双动力头全液压多功能钻机的主要用途有：管棚施工，工程勘察，可钻锚孔、水平降水孔、灌浆孔、排水孔、爆破孔、小型基桩孔和管道敷设孔等。

该钻机适用地层为：第四纪的复杂地层，尤其在卵砾石层中可高效钻进，也可在基岩中钻进。

该钻机具有以下特点：

① 具有大扭矩动力头，特别适用于螺旋钻进；

② 为钻进卵砾石层，配有液压冲击器，冲击频率连续可调；

③ 冲击器与动力头同时工作，可实现冲击-回转复合钻进；

④ 独特的双壁双管反循环钻进，可连续取样，能满足砂矿钻探及工程勘察取样要求；

⑤ 孔位调整方便、迅速，可钻各种角度的钻孔；

⑥ 具有双动力头钻进系统，在重亚黏土层水平钻进时，钻孔精度可达 6%；

⑦ 前后动力头可单独使用，单一功能不受影响。

屏蔽螺旋钻进法的原理是：套管和麻花钻具同步跟进，钻具反转(顺时针转动)，套管正转，如阻力不大套管可不转推进，钻孔完毕，只需正转钻杆即可退出，被钻头和套管切削下的土由螺旋钻杆从套管内输送到孔外。此法一般适宜在第四纪土层中钻进，其原理如图 7-3 所示。

夹持器作用有两个方面：一是起机外导向作用，二是必要时可夹住套管不让其转动。前动力头是作为套管的螺旋和推进动力，后动力头是作为钻杆的回转动力。钻头是可伸缩的合金钻头，即钻进时两翼合金钻头可张开，直径比套管外径大约 6 mm，退出时合金钻头收缩，直径略小于套管内径(约小 4 mm)，钻杆之间用内六角连接，见图 7-4。

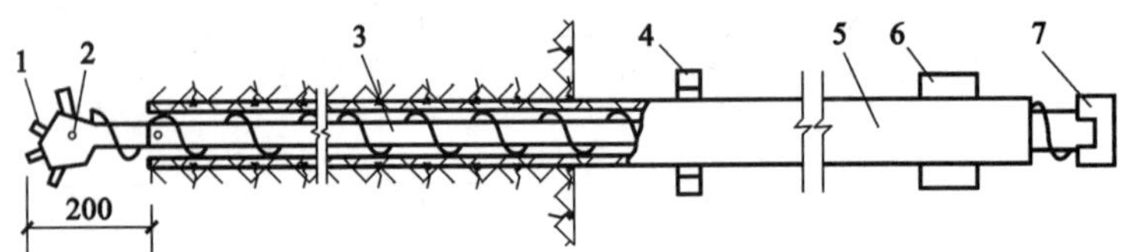

图 7-3 屏蔽螺旋钻进原理图

1—合金齿；2—伸缩钻头；3—麻花钻杆；4—夹持器；5—套管；6—前动力头；7—后动力头

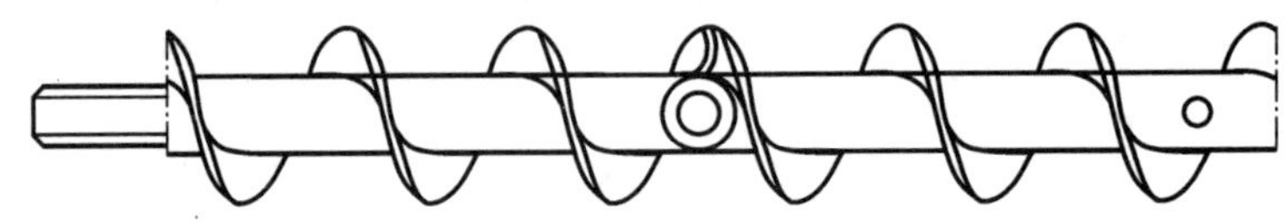

图 7-4 钻杆

(2) 安放钢管

钢管直径一般为 80 mm 左右，管长与钻孔长度相同。有时是钻孔与安放钢管同时进行，如上述屏蔽旋转钻进法，套管即为要安放的钢管。有时是钻孔完成后，再向孔内安放钢管。有时可在管身四周钻一定密度的小孔，小孔直径一般为 10 mm 左右，钢管前端为斜口，以利于插入，其结构见图 7-5。

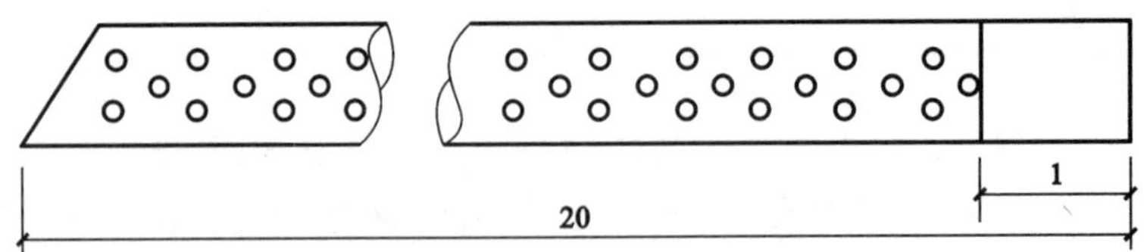

图 7-5 花管结构图(单位：m)

(3) 管内注浆

注浆的作用有两个方面：一是可增大管子的抗弯截面模量，提高抗弯强度；二是增加松软地层的黏结力，提高开挖后自然拱圈的强度。

注浆可采用注浆机进行，浆液水灰比一般为 0.5～1。注浆时一直将孔注满，并用塞子封闭。

采用带小孔的花管时，在压力作用下，水泥砂浆通过花管小孔渗入围岩内且达到一定范围，并充填围岩裂隙。为了保持小孔畅通，砂径必须小于 5 mm，水泥砂浆凝固后，钢管与围岩固结在一起，形成一个承载圈，使围岩得到加固。当地压过大时，可在花管内加 ϕ8 mm 或 ϕ10 mm 的钢筋并注浆，以提高其抗弯强度。

(4) 格栅钢拱架制作与架设

格栅钢拱架可委托有关厂家制作，也可由施工单位现场制作，现场多采用钢筋焊制而成。常见的形式如图 7-6 所示。

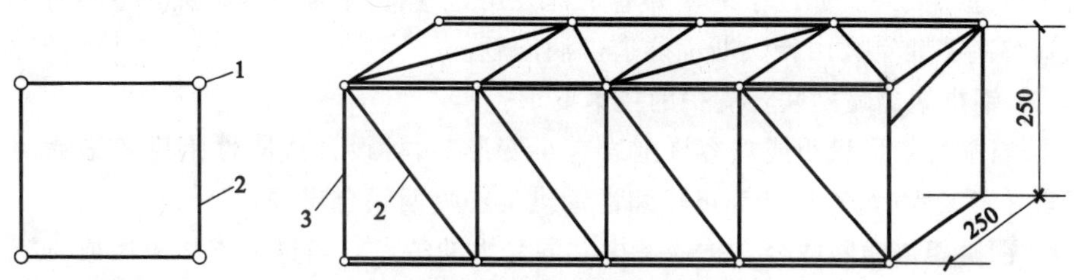

图 7-6 格栅钢拱架结构

1—ϕ25 mm 螺纹钢筋；2，3—ϕ20 mm 螺纹钢筋

整个格栅钢拱架可分为几段，以便于运装。安装前，先在安装部位挖好 40～50 cm 宽的槽，再将格栅钢拱架放入，并且用螺栓将各段连成一体，并点焊在钢管上。安装好格栅钢拱架后，用片石充填格栅钢拱架空隙，并喷射 200# 以上的混凝土将其覆盖，如图 7-7 所示。

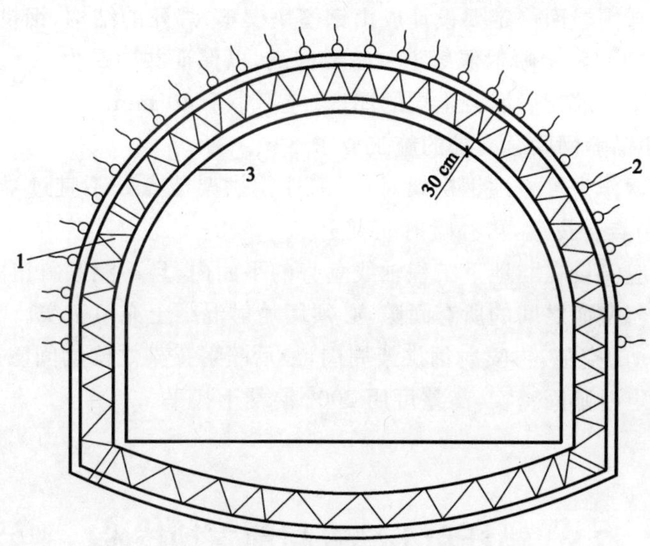

图 7-7 格栅管棚架设示意图

1—格栅拱；2—管棚；3—喷射混凝土

格栅钢拱架设时，要加强测量工作，保证其与隧道轴向垂直，钢拱架架设好后不能倾斜扭曲。

7.4 钢拱架锚喷网联合支护 >>>

格栅管棚法虽然加固效果好，承载能力大，但也存在一些缺点，如工艺复杂，需有专用的钻孔设备，工期长，费用高等。所以，现场也有采用格栅拱与锚喷网联合加固的支护方法，并取得了良好的效果。如辽宁地矿井巷工程公司，采用密集锚杆与格栅拱联合加固施工方案，成功地解决了北京鹰山特大断面隧道进洞问题。

(1) 钢拱架锚喷网联合支护的技术要求

① 当围岩变形量小或只容许围岩有小变形时，可设计成刚性钢拱架锚喷网联合支护；当围岩变形量大时，宜设计为可压缩性钢拱架锚喷网联合支护。

② 钢拱架锚喷网联合支护应考虑共同受力的特点。当锚喷支护未做成，或已做成但尚未发挥作用时，应单独考虑钢拱架受力进行设计。

③ 钢拱架间距一般为 0.6～1.2 m，纵向连接应设置不小于 ϕ22 mm 的钢拉杆。钢拱架的立柱应埋入底板以下一定深度，以增加其抵抗侧向荷载的稳定性。

④ 采用钢管做钢拱架时，管中应注满混凝土，混凝土标号不低于 200#。有条件，或用于高应力围岩支护时，可灌注高强度混凝土，以提高钢拱架支护能力。

⑤ 钢拱架与围岩面一定要设计成由钢楔块楔牢、焊死的结构；钢拱架一定要与锚杆、钢筋网焊接；钢拱架间隙中喷射混凝土一定要饱满，以保证共同受力。

⑥ 钢拱架覆盖的喷射混凝土层的厚度，应不小于 40 mm。

(2) 钢拱架锚喷网联合支护的施工要求

① 采用型钢作为可缩性钢拱架时，可缩性钢拱架节点处不宜过早喷射混凝土，宜等可收缩性钢拱架节点合拢后，再补喷射混凝土。

② 钢拱架应安设在与地下工程轴线垂直的平面内，且不能倾斜扭曲。

③ 钢拱架与壁面之间的所有间隙，必须用喷射混凝土充填密实。喷射顺序是先喷射钢拱架与壁面之间的空隙，再喷射钢拱架周围，最后喷射拱架之间的间隙。

④ 拱脚一定要坚固密实，高差可用 200# 混凝土找平。

7.5 锚杆和小导管超前支护技术 >>>

超前锚杆支护主要是指在工作面前方布置倾斜式锚杆，使锚杆伸入即将开挖的围岩，在开挖前对这部分围岩进行支护。小导管注浆超前支护是指采用锚注的形式进行超前支护，可将破碎的围岩固结和锚固成一个整体，从而显著提高围岩的自承载能力。它是沿初期支护外轮廓线，以一定仰角向掌子面施打 ϕ32～ϕ45 mm 的带泄浆孔的小导管并进行注浆，充分填充岩土体空隙，形成一定厚度的结合体。其作用是：稳定工作面前方的岩土体，以达到控制开挖松弛、坍塌、沉降的目的，从而提高工作面的自稳性。此项技术在软弱围岩的地下工程中得到广泛的应用。

（1）使用范围

小导管注浆超前支护主要适用于自稳时间短的软弱破碎带、浅埋软弱围岩，严重偏压的砂层、砂卵石层、断层破碎带及大面积淋水或涌水的隧道；对结构顶部处于亚黏土、粉细砂、中粗砂等地质松软、空隙较大的地层更为适用，效果明显。

（2）设计原则

为保证工作面开挖时不坍塌，设计及施工时，应充分考虑支护时间、支护类型和支护参数的选择，且小导管注浆超前支护工艺也应与开挖工序等相结合。从图 7-8 中可以看出：

① 在台阶掘进中，要保证上台阶前方不稳定土体的稳定，小导管打入土体的长度必须穿过可能形成的破裂面以外(图 7-9)。

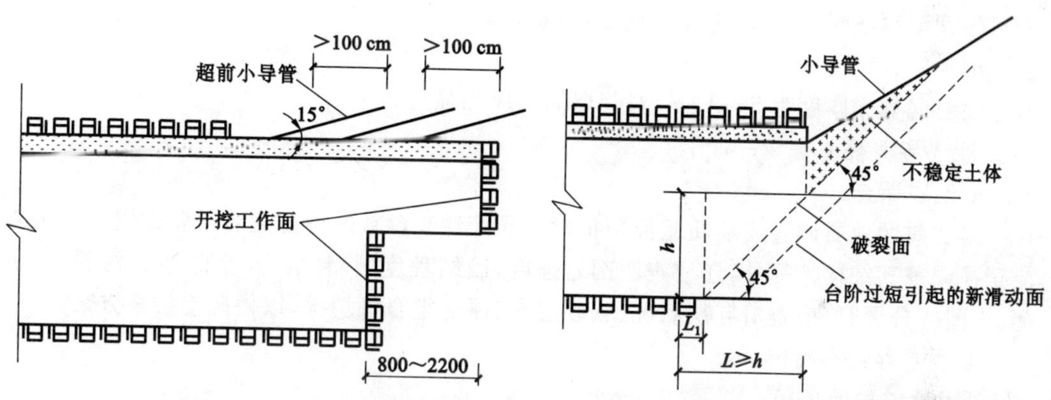

图 7-8 超前锚杆(小导管)预支护示意图

图 7-9 可能形成破裂面时小导管支护示意图

② 小导管的间距应根据工作面前方的地质条件和其自稳能力来确定。

③ 小导管的外插角(与隧道开挖轮廓的夹角 α)应考虑小导管的长度和钢架的间距。

④ 考虑一次掘进进尺及前后小导管之间的搭接长度(图 7-10)。

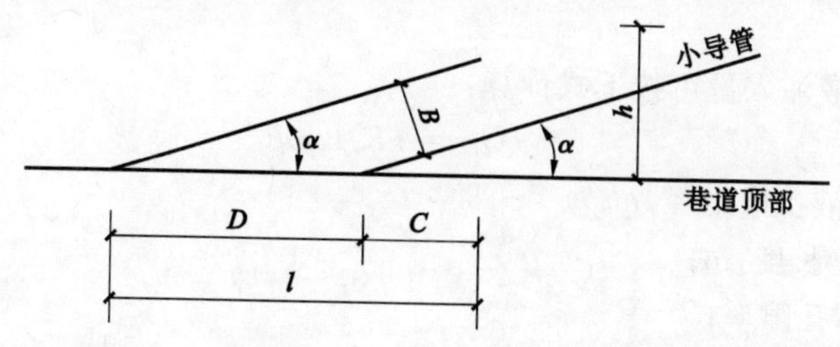

图 7-10 一次掘进尺寸及小导管间的搭接长度示意图

根据现场试验和施工经验，小导管的长度以 3～4.5 m 为宜，外插角以 10°～20°为宜，小导管通常按每米 3～4 根布置，导管之间的搭接长度不宜小于 1.0 m。

（3）小导管的施工技术

① 小导管的加工制作。

小导管的前端加工成圆锥形并封焊严实；管身设若干溢浆孔，孔径为 6～12 mm，孔距为

20～30 cm,按梅花形排列;后端 1 m 范围内不设溢浆孔,管尾设一加固环,并要保持管身顺直。

② 小导管的施工工艺。

a. 布孔。

根据小导管的施工设计和开挖断面的中线,对拱顶外轮廓线中心高程和支距进行布孔放样,并以插钎作为标记控制小导管的间距。

b. 成孔。

先架设方向架,确定打孔方向、位置和仰角,再根据不同地质条件,采用不同成孔设备打孔:一般砂层可用 ϕ20 mm 管以压力风吹孔;粉细砂、亚黏土层可采用风镐推进导管;黏土层可采用煤电钻钻孔;土夹石、风化岩层可使用液压或风枪打眼成孔。孔方向要求顺直,不得弯曲和塌孔等。

c. 插管。

安设小导管时,应对准管孔的方向和角度,必要时用液压或风动推进器将导管推入,并力求导管尾端在同一剖面,外露长度以 30 cm 为宜。

d. 封口。

喷射混凝土厚度为 5～8 cm,对管尾周围应加强封闭。

③ 小导管注浆。

a. 地质调查。

施工前的地质调查或地质超前预报对小导管注浆参数的确定起着重要作用。对围岩除应重视调查其结构特征外,还应查明围岩强度,胶结程度,颗粒成分,空隙率和物理、力学性能;当围岩分层时,应查清互层状况、软硬层次、厚薄组合等情况,以便确定注浆方案。

b. 注浆参数的确定。

(a) 注浆扩散半径。

注浆扩散半径可根据导管密度和现场地质条件经试验确定,一般应考虑注浆范围相互重叠的原则。小导管间距按下式计算:

$$L_0 = (1.5 \sim 1.7) R_k \tag{7-1}$$

式中 R_k——(实测)浆液扩散半径,cm。

(b) 注浆量。

单根导管浆液注入量可按下式计算:

$$Q_L = \pi R_k^2 L \eta \alpha \beta \tag{7-2}$$

式中 R_k——浆液扩散半径,m;

L——导管长度,m;

η——岩体孔隙率;

α——浆液有效填充率;

β——浆液损耗系数。

为简化计算,将 α(0.7～1.0)与 β(1.1～1.4)的乘积假定为 1,则上式可简化为:

$$Q_L = \pi R_k^2 L \eta \tag{7-3}$$

(c) 注浆压力。

在砂质地层采用水泥砂浆或水泥-水玻璃浆液注浆时,注浆压力一般为 0.5～0.9 MPa,

必要时在管口尾部设置止浆塞。粉细砂底层在满足注浆效果的情况下，注浆压力不宜过大，经试验注浆压力一般为 0.3～0.5 MPa，并可按下式计算：

$$P = (0.4 \sim 0.6)\gamma h \tag{7-4}$$

式中 P——注浆压力，kPa；

γ——砂的重度，kN/m³；

h——注浆砂体厚度，m。

c. 注浆材料的选择。

注浆材料应根据地质条件经反复试验进行选择确定，也可参考后面章节有关内容进行选择。

d. 注浆工艺。

针对不同的地层和不同的注浆属性，选定合适的注浆方法和注浆工艺，是实现注浆要求的重要工作。具体注浆工艺流程参考图 7-11 进行，必要时可进行压水试验，然后注浆。

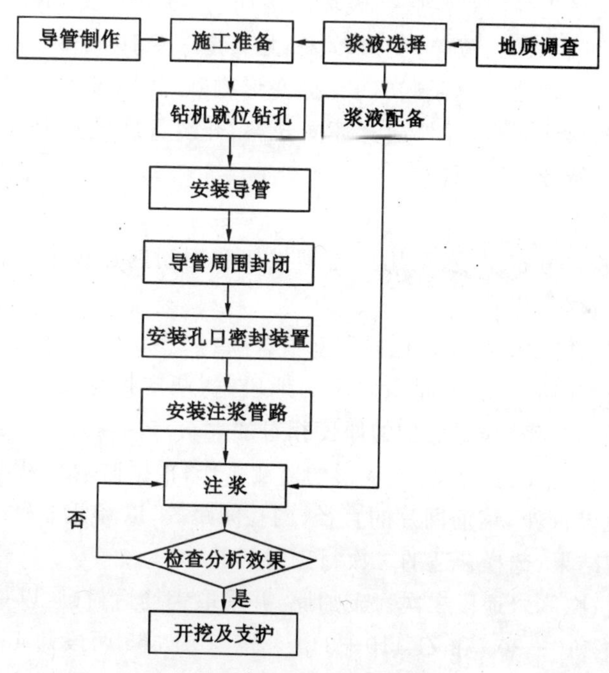

图 7-11 注浆工艺流程图

e. 注浆机具。

注浆机具可视具体情况，采取"土洋结合"和先查验、后试用、再推广的方法，以方便实用和满足注浆效果为原则。

f. 劳动力组织。

根据不同地层的相关参数确定浆液配合比，计算出所需原材料的量，并事先做好准备。注浆必须对注浆的根数、长度、地质参数调查清楚，并做好记录。注浆时由专人测定 pH 值，专人掌握止浆塞的压力表并随时调整注浆压力。注浆完毕应注意清理机具和管路，使其保持畅通。

7.6 工程实例 >>>

7.6.1 工程实例一——格栅钢拱架、锚杆加固隧道膨胀围岩

(1) 病害现象及特征

本工程实例以大运高速公路雁门关隧道为工程对象。雁门关隧道穿越地段的古老变质岩历经多次构造变动，岩石因受挤压，局部地段已高岭土化，应力比较集中的洞段，隧道开挖时易发生体积膨胀或发生较大的塑形变形，造成顶围、侧围不稳，底围出现鼓胀，影响隧道施工和造成衬砌结构发生径向张性胀裂破坏。例如，在隧道左线 ZK110＋270～ZK110＋365 段中导洞开挖后，围岩软弱、破碎，变形较大，尤其是 ZK110＋280～ZK110＋300 和 ZK110＋340～ZK110＋365 两段，中导洞初期支护变形剧烈，钢拱架发生挠变，突起 20 cm 左右，喷射混凝土已呈放射状开裂，并伴随有环向开裂，开裂宽度最大为 3 cm，顶部有掉块现象，说明围岩变形仍在持续。

(2) 处理方法

对有膨胀性软岩分布洞段，采用格栅钢拱架和钢筋网片技术，结合混凝土喷锚支护技术，效果很好，其具体做法是：

① 对应力不太集中的膨胀岩地段用双液浆喷封 2～3 遍，以便使岩石与水和空气隔离。

② 对应力集中洞周出现大面积鼓胀的地段，初期支护尽量采用格栅钢拱架和钢筋网片；钢筋网片应适当加密，喷锚支护的厚度相对加大。

③ 及时进行开挖及支护后围岩变形的监测工作，根据监测结果，随时调整支护参数，如锚杆的直径、长度及间距，钢筋网片的直径、网孔间距等，以降低工程造价。

④ 根据监测结果，选择合适的二次衬砌时间。

⑤ 同类围岩、膨胀岩地段二次衬砌加厚，并采取钢筋后衬砌，以控制以后的变形。如在 ZK110＋280～ZK110＋300 和 ZK110＋340～ZK110＋365 两段计 45 m，按Ⅱ类围岩浅埋段支护形式进行开挖、支护、衬砌，即初期支护：ϕ50 mm 超前小导管注浆预支护，环向间距为 30 cm，$L=4.5$ m，$\alpha=6°$；喷 C25 混凝土 25 cm，ϕ25 mm 中空注浆锚杆 $L=3.5$ m，间距为 80 cm×80 cm；钢筋网 20 cm×20 cm；I20a 型钢拱架支撑纵向间距为 80 cm，EVE 复合室内防水板。二次衬砌模筑 C25 钢筋混凝土：仰拱喷 C25 混凝土 25 cm，模筑喷 C25 钢筋混凝土 40 cm。ZK110＋270～ZK110＋280 和 ZK110＋300～ZK110＋340 两段计 50 m，按Ⅱ类围岩深埋段支护形式进行开挖、支护、衬砌，即初期支护：ϕ50 mm 超前小导管注浆预支护，环向间距为 35 cm，$L=4.5$ m，$\alpha=6°$；喷 C25 混凝土 20 cm；初期支护：ϕ25 mm 中空注浆锚杆 $L=3.5$ m，间距为 80 cm×80 cm；ϕ8 mm 钢筋网 20 cm×20 cm；I18 型钢拱架支护，纵向间距为 80 cm；EVA 复合式防水板。二次衬砌模筑喷 C25 钢筋混凝土：仰拱喷喷 C25 混凝土 20 cm，模筑喷 C25 钢筋混凝土 40 cm。喷射混凝土设备选用成都市岩锋牌 TK961 型湿喷

机(5 m^3/h)；喷射 C25 混凝土配合比为：水灰比为 0.45，水泥∶砂∶碎石∶水＝467∶976∶799∶210，坍落度为 102 mm，速凝剂掺量为水泥用量的 2%～4%。

7.6.2　工程实例二——钢拱架湿喷综合技术加固隧道塌方

(1) 病害现象及特征

① 左线。

ZK107＋890～ZK107＋901 段：2001 年 12 月 25 日开挖到 ZK107＋893 处时，围岩为中风化花岗岩，节理裂隙发育，并伴有地下水渗出，按Ⅳ类围岩开挖并进行初期支护后，拱部仍有掉块及小型坍塌发生；同年 12 月 27 日施工到 ZK107＋901 处时，围岩为中～强风化花岗岩，呈水平节理，节理内为泥质充填，地下水较丰富，拱腰以上部位坍塌严重。

ZK107＋290～ZK108＋115 段：围岩为强～中等风化的混合花岗岩，单块岩石强度低于 30 MPa，并伴有 10～13 个软弱夹层，夹层厚度一般为 5～36 cm，为泥质充填，并伴有地下水渗出，围岩自稳能力极差，坍塌、掉块严重。

ZK108＋651～ZK108＋657 段和 ZK109＋328～ZK109＋343 段：围岩分别为伟晶岩和变质花岗岩，由于风化严重，节理裂隙发育，岩石破碎，且伴有较丰富的地下水渗出，围岩稳定性较差，施工中出现小塌方。

ZK110＋290～ZK110＋297 段：围岩为肉红色中细粒强风化钾长花岗岩，岩石破碎、软弱，完整性差。2003 年 5 月 6 日在 ZK110＋295～ZK110＋297 段微台阶施工中，由于围岩破碎、软弱，致使围岩承载力严重不足，导致初期支护下沉量达 46 cm；同年 5 月 17 日在处理下沉初期支护的过程中，拱部发生坍塌，坍塌高度为 3～7 m[图 7-12(a)]。

ZK110＋365～ZK110＋400 段：中导洞开挖后，围岩为肉红色中细粒钾长花岗岩与黑色斜长角闪片麻岩，节理裂隙发育，并充填软弱夹层，围岩整体性差。2002 年 12 月 21 日，ZK110＋369～ZK110＋384 段中导洞拱部发生坍塌，坍塌高度为 4～6 m[图 7-12(b)]；2003 年 2 月 28 日—3 月 3 日扩挖 ZK110＋389～ZK110＋400 段时拱部发生坍塌，坍塌高度为 1.5～4.7 m[图 7-12(c)]。

ZK111＋728～ZK110＋730 段：围岩受断层影响严重，岩石破碎，有倾角为 70°的滑动面，且有软弱夹层。2002 年 8 月 5 日在开挖过程中，围岩节理发育，呈碎块状，夹粉状，侧墙自稳能力差，拱顶发生由里向外的挤压滑塌，坍塌高度为 1.7～2.2 m；同年 8 月 16 日开挖至 ZK111＋695 时，拱顶再次发生坍塌，坍塌高度为 2.2～3.0 m[图 7-12(d)]。

ZK111＋801～ZK111＋810 段：围岩受断层影响严重，岩石破碎，有倾角为 70°的滑动面，且有软弱夹层。2002 年 7 月 15 日凌晨 4:30，爆破进尺 3.0 m，掌子面到达 ZK111＋810 处，8:00 出完渣，8:10 拱顶下沉 80 cm，由里到外挤压滑塌；其滑塌石渣于 9:00 出完，9:20 顶部下塌，塌方体沿隧道纵向呈上深下浅的楔形体，即拱顶自 ZK111＋807 处滑塌至 ZK111＋801处，底部沿洞深约 0.5 m[图 7-12(e)]。

ZK111＋820～ZK111＋842 段：围岩节理裂隙发育，岩石极为破碎，呈碎块状，夹粉状，岩面潮湿，侧墙自稳能力极差，坍塌掉块严重，拱顶自然坍塌[图 7-12(f)]。

ZK111＋950～ZK112＋010 段：围岩为泥页岩，属于软质岩，为片理构造，自稳能力极差，开挖过程中坍塌掉块严重。

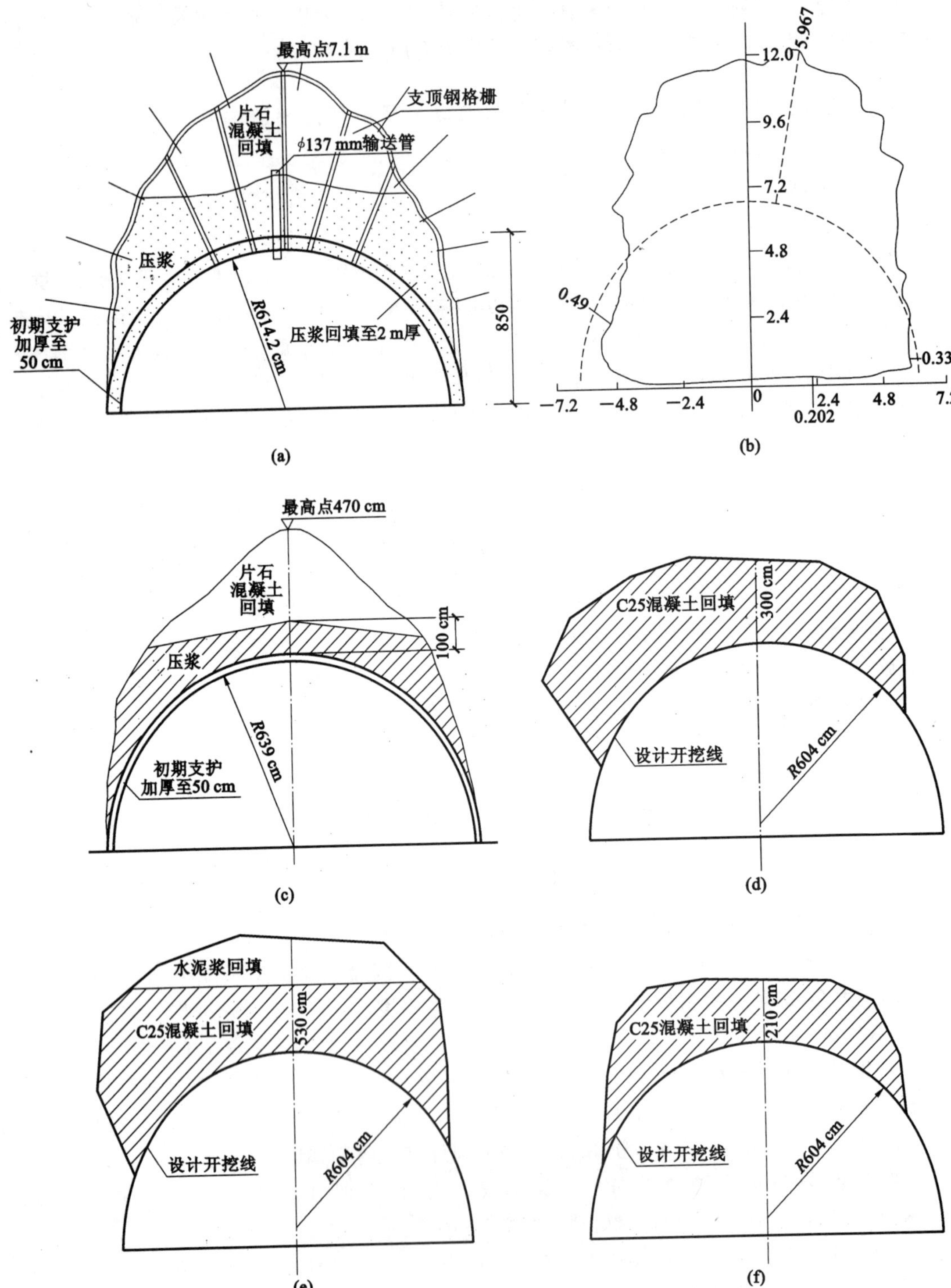

图 7-12 断面坍塌及处治示意图

(a) ZK110＋295；(b) ZK110＋376；(c) ZK110＋906；(d) ZK111＋695；(e) ZK111＋804；(f) ZK111＋840

ZK112＋010～ZK112＋040 段：围岩为泥页岩，属于软质岩，为片理构造，有轻微渗水；受 F_{20} 断层影响，岩体有轻微褶皱，自稳能力极差，坍塌掉块严重，成洞困难。

ZK112＋440～ZK112＋480 段：围岩为泥质岩，为块状散体结构，拱顶及边墙坍塌掉块严重。

ZK112＋490～ZK112＋500 段：围岩为泥质岩，属于软质岩，层理、节理发育，岩体呈块状散体结构，自稳能力极差，坍塌掉块严重。

② 右线。

YK108＋075～YK108＋125 段：围岩为破碎的黑绿色辉绿岩，风化严重，岩石被节理裂隙切割得极其破碎，自稳能力极差，且掌子面有裂隙水渗出，有掉块现象。

YK108＋189～YK108＋202 段：围岩为片麻岩，岩石破碎，风化严重，且裂隙水比较丰富，拱顶出现坍塌。

YK108＋312～YK108＋320 段：围岩风化严重，节理裂隙发育，2002 年 5 月 1 日施工到 YK108＋312 处时，在打炮眼过程中，掌子面出现坍塌，并有较多的裂隙水渗出。

YK110＋900～YK110＋920 段：围岩以严重风化的角闪片麻岩为主，该段处于古风化壳段，受地质构造影响严重，岩石呈粉状、泥砾状松散破碎体，无自稳能力，开挖后发生断层碎屑流。

YK111＋810～YK111＋822.4 段：围岩为混合岩化黑云绿泥岩，受地质构造影响严重，褶皱明显，节理面上有大的划痕，岩体受强烈挤压后呈破碎状，开挖后拱部无自稳能力，坍塌严重，侧壁失稳，成洞困难。

YK111＋910～YK112＋002 段：围岩为泥页岩，属于极弱岩，受 F_{20} 断层影响，节理裂隙发育，岩体很破碎，风化强烈，岩体很湿润，强度小于 5 MPa，无自稳能力，坍塌严重，成洞困难。

YK112＋336～YK112＋350 段：围岩为泥质岩，节理发育，岩体呈块状散装结构，且地下水丰富。2002 年 3 月 28 日施工到 YK112＋338 处时，由于掌子面失稳，引发 YK112＋336～YK112＋350 段拱顶出现大面积塌方，拱顶至拱腰段 ϕ50 mm 超前注浆导管被折弯，已立好五榀钢支撑弯曲报废，平均塌方高度为 3.8 m[图 7-13(a)]。

YK112＋358～YK112＋371 段：围岩为泥页岩，风化严重，呈块状散体结构。2002 年 3 月 15 日 8:30 施工到 YK112＋360 处时，掌子面岩体失稳，引发 YK112＋336～YK112＋350 段拱顶出现大面积塌方，拱顶至拱腰段 ϕ50 mm 超前注浆导管被折弯，已立好五榀钢格栅弯曲报废，平均塌方高度为 2.8 m。

YK112＋428～YK112＋480 段：围岩为水平层状泥页岩，风化严重，呈块状散体结构，且掌子面有大量渗水，围岩自稳能力很差。2002 年 2 月 15—25 日施工 YK112＋428～YK112＋458 段时，坍塌掉块严重；同年 2 月 5 日 YK112＋458～YK112＋468 段左侧拱腰出现约 20 m^3 巨块状泥岩顺层滑塌，造成拱顶大塌方，塌方最大高度为 6.5 m，宽 4.0 m，长 4.0 m，塌方体积约为70 m^3[图 7-13(b)]。2002 年 2 月 3 日 23:00 施工到 YK112＋470 处时，左侧拱腰部分出现塌方，塌方高度为 2.7 m，长 2.0 m，宽 3.0 m，体积约为 15 m^3；同年 4 月 9 日在 YK112＋480 处车行横洞左线开挖中，拱顶坍塌掉块严重。

YK112＋535～YK112＋550 段：围岩全部为泥岩，且拱部约 3 m 高为薄板状结构，中部为极其风化的泥质页岩；下部为 20～40 m 的层状泥岩，开挖后拱部出现渗水，泥岩遇水膨胀，自稳能力差，拱部坍塌严重。

YK112+570～YK112+607 段：围岩下部为泥页岩，上部为灰岩，为单斜构造。2001 年 12 月 25 日施工到 YK112+583 处时，洞室顶部出现较大塌方，塌方高度为 4.0 m，长 2.0 m，宽5.0 m，体积约为 40 m^3[图 7-13(c)]。

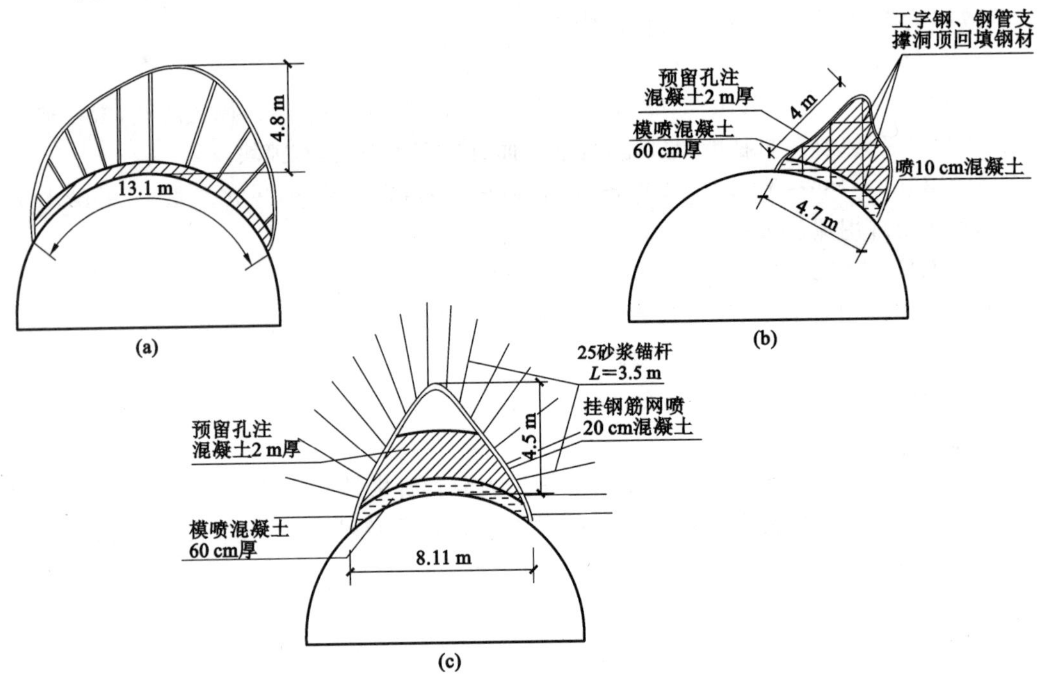

图 7-13 断面塌方及处治示意图

(a) YK112+336；(b) YK112+468；(c) YK112+583

YK112+607 处为构造破碎带，岩层褶皱严重，围岩为泥岩，自稳能力极差，且掌子面出现较大涌水，涌水量达 30 m^3/h，泥岩遇水膨胀，坍塌掉块严重。

(2) 加固方法

对于塌方洞段，首先要采取措施阻止塌方继续扩大，然后对塌方段进行有效的支护、衬砌。

① 对于因地应力不足而发生塌方的洞段主要采取以下措施。

a. 喷射 C25 混凝土封闭暴露的岩石面。

b. 对塌方洞段进行初期支护，并予以加强，对钢拱架进行加密(间距视具体情况而定)，并挂钢筋网；钢拱架用 ϕ22 mm 钢筋纵向焊接连成整体，环向间距为 1 m 左右；钢筋网用 ϕ22 mm锚固剂锚杆锁定，环向间距为 1 m 左右，锚杆长 3～5 m；用工字钢和 ϕ50 mm 钢管支撑洞顶；模喷 25 cm 厚的 C25 混凝土。

c. 对于严重塌方洞段，可首先架设间距为 30 cm 的 ϕ89 mm 棚管，仰角为 3°～5°，棚管顶错开设置 3 层 20 cm×20 cm、ϕ8 mm 钢筋网，棚管下部喷一层 15 cm 厚 C25 混凝土，形成保护圈以利于安全。

d. 施作棚管及初期支护时预埋两根长 3.0 m 的混凝土输送管于坍体内，待模喷混凝土强度达到设计强度后，泵送 C20 混凝土或注入水泥浆回填密实。

e. 对于塌方较轻微的一般洞段，塌方部位可以用衬砌同等级混凝土回填密实。

f. 注单液浆(水泥浆)的施工方法如下。

一般可采用 UB-3 型单液注浆泵。注浆前，先喷射混凝土封闭掌子面以防漏液，对于强行打入的钢管应先冲清管内积物，然后再注浆。注浆顺序由下而上，浆液可用拌和机搅拌，也可人工搅拌。水泥浆水灰比为 1.5∶1、1∶1、0.8∶1 三个等级，注浆由稀到浓逐级变换，即先注稀浆，然后逐渐变浓直到水灰比为 0.8∶1 为止。考虑注浆后需尽快开挖，注浆宜用普通水泥或早强水泥，拌和时可掺入减水剂。

渗入性注浆应按试验所确定的压力及注浆量施工，无试验条件时按注浆半径为 20 cm，由大到小调整，选定压力及注浆量。

劈裂、压密注浆按有效固结厚度大于 40 cm，在施工中由大到小，逐步选取最佳注浆压力及注浆量。注浆宜选用压力在 4.0 MPa 以上的高压注浆泵，当采用额定注浆压力为 1.5 MPa的 UB-3 型单液注浆泵时，压力达到 1.5 MPa 后，将关闭注浆泵，等待几分钟后，待压力降到 0.6 MPa 以下时，再继续注浆，这样反复几次直到压力不再下降为止。

注完浆的钢管要立即堵塞孔口，防止浆液外流。

单液注浆压力突然升高时，可能发生了堵管，应停机检查。当堵管时，应敲打并振动以疏通注浆管，无法疏通时应补管。

② 对于因地下水较丰富而导致洞室围岩失稳发生塌方的洞段应采取以下措施。

除采用上述措施进行支护、加固外，还应注意加强止水和排水工作，主要采用注入水泥-水玻璃双液浆止水。

注浆时将两种不同的浆液分装在两个容器内，采用 ZTG-60/120 型双液注浆泵或两台单液注浆泵按配合比分别吸入两种浆液，使两种浆液在混合器中混合后注入注浆管。

注双液浆时，水泥浆水灰比为 1∶1，水玻璃模数为 2.4、浓度为 35 波美度，水泥、水玻璃浆体积比为 1∶0.5，注浆初压为 0.5 MPa，终压为 2.0～2.5 MPa。初凝时间可用不同配合比和少量磷酸氢二钠来控制。

在注浆过程中，经常发生浆液从其他孔中流出的现象，这种现象称为串浆。发生串浆时，在有多台注浆机的条件下，应同时注浆，无条件时应将串浆孔及时堵塞，轮到该管注浆时，再拔下堵塞物，用铁丝或细钢筋将管内杂物清除并用高压风或水冲洗，然后注浆。

若双液注浆压力突然升高，则关闭水玻璃泵，进行单液注浆或注清水，待泵压正常时再进行双液注浆。

若单液或双液注浆进浆量很大，压力长时间不升高，则应调整浆液浓度及配合比，缩短凝胶时间，进行小泵量低压力注浆或间歇式注浆，使浆液在裂隙中有相对停留时间，以便凝胶，但停留时间不能超过混合浆的凝胶时间。

说明：本章的工程实例一和工程实例二源自专著《地质工程病害处治应用技术——以山西大运高速公路雁门关段隧道及高边坡为例》(郜玉兰，周永昌. 北京：地质出版社，2005)。

7.6.3 工程实例三——洞内＋洞外综合处治方案加固隧道塌方

(1) 工程概况

① 地质概况。

油坊坪隧道是沪昆客运专线长昆湖南段(图 7-14)CKTJ-Ⅸ标段的重点工程,位于湖南省怀化市芷江县,全长 900.76 m,最大埋深 127.4 m。地层为强风化～弱风化砂质板岩和凝灰质板岩,为变余砂质、泥质结构,板状构造,节理、板理发育,岩体破碎,隧道浅埋,易掉块、坍塌。在 DK388＋055 处附近通过断层 F_{510},断裂带附近板溪群马底驿组二段与三段呈整合接触,断层 F_{510} 在隧道纵断面图中的位置如图 7-15 所示;岩体整体破碎、质软,单轴抗压强度小于 15 MPa;层间结合较差,在外力作用下易沿板理面滑脱、破裂;层间富含水,在水的作用下,岩体易膨胀、崩解、泥化,加剧了岩体的破坏。

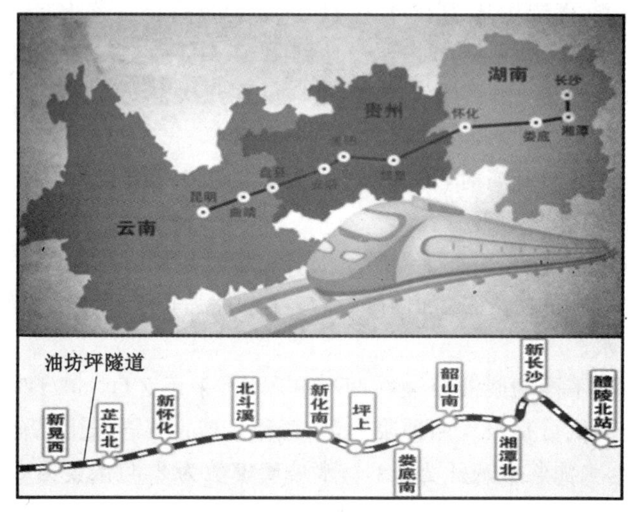

图 7-14 沪昆客运专线长昆湖南段线路图

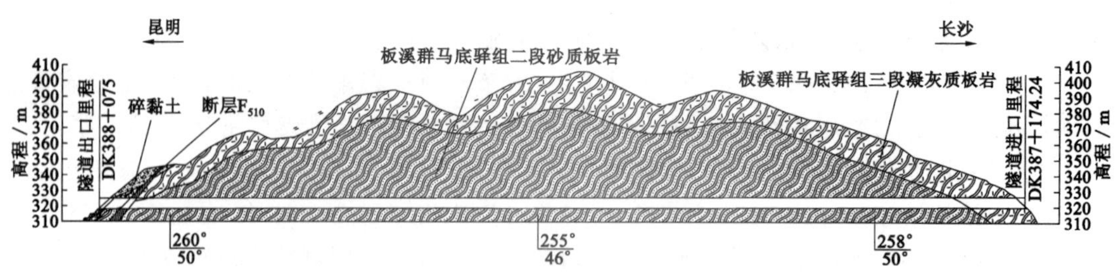

图 7-15 油坊坪隧道纵断面图

② 隧道结构。

油坊坪隧道出口原设计明暗分界里程为 DK388＋065,洞门为 10 m 长直切式洞门,施工工法为明挖法。隧道出口 DK388＋053～DK388＋065 段长度为 12 m,隧道结构为Ⅴ级围岩Ⅴb 偏压型复合式衬砌,施工工法为三台阶七步开挖法。本洞口为桥隧对接洞门,洞口里程为 DK388＋075,与骡马洞大桥长沙方向桥台的台尾对接。

(2) 隧道变形情况

受连降大雨的影响,2012 年 9 月 5 日,油坊坪隧道出口仰坡上方梯田地表开裂,边仰坡喷射混凝土局部出现开裂,导向墙累计下沉约 35 cm。

经勘察发现,现场实际施工的明暗分界里程为 DK388+055.6,该处已施作完成导向墙及大管棚。DK388+035~DK388+055 段的上导初期支护已施作完成,上导初期支护沉降过大,最大值达 30 cm,已造成侵限。隧道出口的矩形截水天沟已全部开挖完成,实际长度为 177 m,天沟混凝土已施工完成 48 m,防水板及钢筋已安装完成但部分区段(长度为 34 m)未浇筑混凝土。

地表主裂缝位于 DK388+019.1~DK388+028.8 段左右侧 5.0~35.0 m,裂缝宽度为 3~10 cm,沿边仰坡后缘呈半圆弧状分布,未见明显错台。受主裂缝牵引影响,隧道正洞上方 DK388+020 处附近出现时断时续的裂缝,长度为 0.5~1.5 m,宽度为 1~2 cm。隧道出口边仰坡坡面 DK388+051.7~DK388+066.0 段再现 4 条不规则一字形裂缝,长度为 6.0~10.0 m,宽度为 4~10 cm。

2013 年 6 月 3 日开始由 DK388+055.7 处向小里程进行换拱,采用风镐凿除混凝土进行换拱,拱架间距为 40~50 cm。

2013 年 6 月 14 日换拱至 DK388+050 处时,发生塌方冒顶,冒顶范围为拱顶环向 6 m、纵向 2 m,在线路右侧二级边坡坡顶处产生约 40 m 长(垂直线路方向)、3 cm 宽裂缝,现场在冒顶范围内施工一环 ϕ108 mm 超前管棚,环向间距为 30 cm、长度为 3 m,对塌方冒顶处打设 L=4 m、ϕ22 mm 砂浆锚杆,并挂设钢筋网,用 ϕ22 mm 钢筋与管棚焊接连成一体,网片上铺设一层防水板,下方喷射 50 cm 厚 C30 喷射混凝土,上方塌方冒顶处回填 C20 混凝土(线路左侧 1.2 m 厚,右侧 0.7 m 厚)。

2013 年 6 月 17 日,在 DK388+047~DK388+050 段再次发生塌方冒顶(环向 8 m、纵向 3 m、深度约 8 m),一级边坡线路右侧出现多条宽度为 2~3 cm 裂缝(长度为 2~5 m),二级边坡坡顶处裂缝宽度扩大至 10 cm,三级边坡处出现多条 3 cm 宽裂缝(长度约为 15 m),四级边坡处出现多条细微裂缝。现场在冒顶范围内施工一环 ϕ89 mm、L=6 m 超前管棚,环向间距为 20 cm,并挂网喷射 40 cm 厚 C30 喷射混凝土,并在上方回填 60 cm 厚 C20 混凝土。

2013 年 6 月 24 日,二级边坡坡顶处裂缝宽度扩大至 20 cm,三级边坡裂缝宽度扩大至 5~8 cm(长度为 18~21 m),现场立即停止换拱施工。在拱顶塌方处继续回填 C20 混凝土,总计 1.4 m 厚。

2013 年 6 月 25 日,线路右侧边坡出现滑层,随即进行山体注浆,在拱顶塌方处继续回填 C20 混凝土。DK388+040~DK388+047 段未换拱处的钢拱架变形加剧,整体向大里程方向倾斜,初支混凝土与钢拱架脱离。

(3) 处治方案

从油坊坪隧道的变形演化历史来看,该隧道从 2012 年 9 月发生塌方以来,变形共历时一年多,足以体现围岩的流变性。鉴于此,经多次论证,提出采用洞内+洞外的综合处治方案,以期顺利通过塌方区,取得了良好的效果。

① 地表裂缝处理和地表小导管加固注浆。

边仰坡所有裂缝采用水泥砂浆进行充填,以防雨水渗入,并用防水布覆盖开裂和塌陷地表;在边仰坡顶部及边缘位置开挖 0.4 m(深)×0.8 m(宽)的临时排水沟,排水沟采用 5 cm 厚水泥砂浆抹面。现场施工情况如图 7-16 所示。

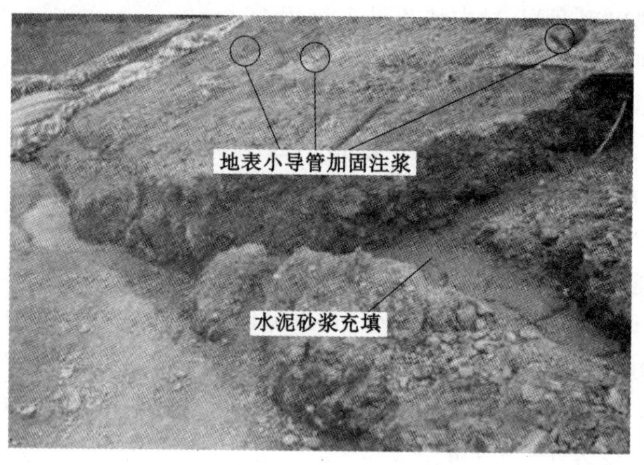

图 7-16 地表裂缝处理和地表小导管加固注浆

为了维持洞口边仰坡的稳定,对仰坡开裂影响区域进行地表小导管注浆加固,小导管长度为 6 m,孔间距为 2 m×2 m,呈梅花形布置;注浆材料选用 1∶1 水泥浆或根据现场确定,注浆压力为 0.5～1.0 MPa。

② 洞内临时支撑。

为防止初期支护进一步变形,在洞口未施作二衬段施工临时仰拱,并增加临时斜撑和竖撑,临时仰拱及斜撑、竖撑均每榀架立一次,斜撑与竖撑布置如图 7-17(现场可根据测量调整各支撑的长度)所示,其施工现场如图 7-18 所示。

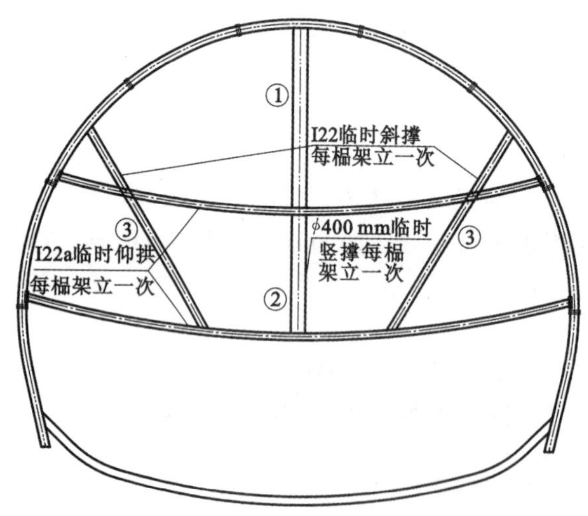

图 7-17 洞内临时支撑布置示意图

①—上台阶封闭时架设;

②、③—上中台阶封闭或上台阶临时仰拱拆除时架设

图 7-18 洞内临时支撑施工现场

③ 洞内径向注浆。

在临时支撑保护下,对洞内 DK388＋024～DK388＋053 段进行初支拱墙范围径向注

浆，采用ϕ42 mm小导管径向注浆加固，小导管采用壁厚3.5 mm、长5.0 m的热轧无缝钢管，孔口间距为2.0 m×2.0 m，呈梅花形布置。注浆孔孔径为10 mm，孔间距为15 cm，呈梅花形布置，尾端止浆段长度不小于30 cm，孔口布置和施工现场情况如图7-19和图7-20所示。

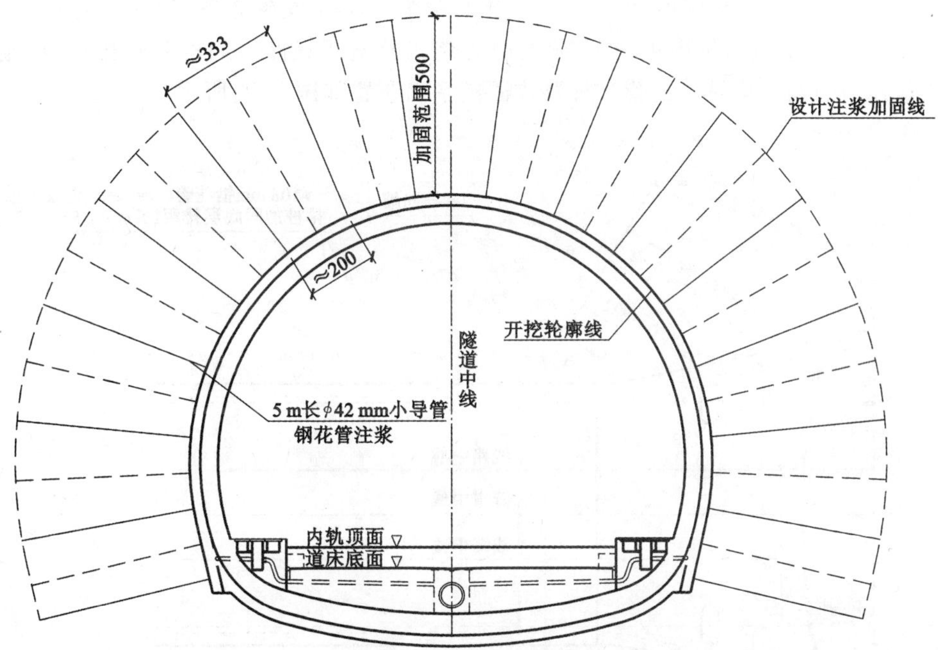

图 7-19 洞内径向注浆孔口布置示意图

图 7-20 洞内径向注浆施工现场

④ 钢管排桩。

为保证隧道两侧围岩的稳定,采用洞内径向注浆同时开始在 DK388＋040～DK388＋060 区段地表布置 ϕ108 mm 钢管排桩。钢管排桩面向洞口大里程方向隧道右侧平行于线路方向布置 4 排、垂直于线路方向布置 4 排,隧道左侧平行于线路方向布置 3 排、垂直于线路方向布置 4 排。钢管排桩管间距为 1.5 m,排间距为 1.5 m,交错布置,钢管直径为108 mm,桩长 17 m。为尽快进行锚固桩施工,施工时先施工垂直于线路方向的钢管排桩,后施工平行于线路方向的钢管排桩。钢管排桩及锚固桩平面布置如图 7-21 所示。

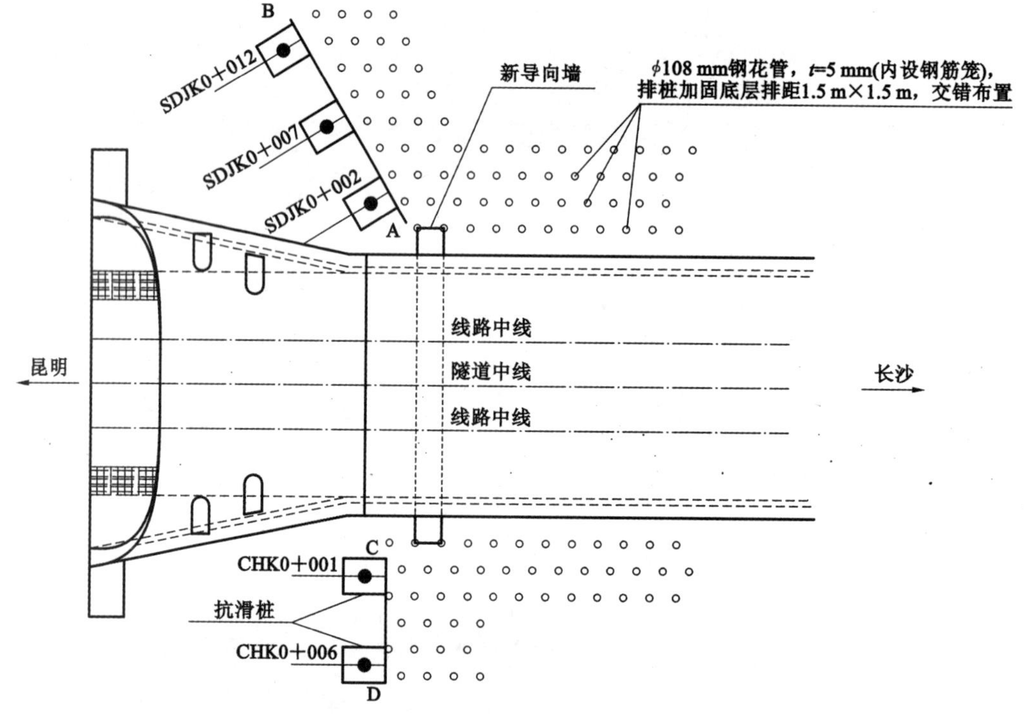

图 7-21 钢管排桩及锚固桩平面布置图

⑤ 护拱。

当洞门施工完成后,应立即在洞门和仰坡之间空出部分施作护拱,护拱施工至仰坡位置,一方面可确保明洞的施工安全;另一方面可对仰坡进行支挡,防止仰坡进一步滑塌。护拱布置如图 7-22 所示(护拱环向长度应根据现场实际情况确定,以拱脚落在两侧岩石上为准)。

⑥ 超前大管棚。

护拱施工完成后,重新施作洞口 30 m 大管棚。大管棚施工完成后,在拱部两侧对称分层回填水泥土并夯实,每层厚度不大于 0.3 m,两侧回填的土面高差不大于 0.5 m,回填至拱顶平齐后,分层满铺回填密实,并创造洞口锚固桩施工平台。大管棚采用 ϕ108 mm×5 mm的无缝钢花管，环向间距为 40 cm,倾角为 1°～3°,方向与路线中线平行,管棚长度为 30 m。

⑦ 换拱。

当超前大管棚及锚固桩施工完成后,可进行洞内初期支护侵限段落的换拱施工。

a. 拆除侵限初期支护。

初期支护的拆除为从进口方向逐榀拆除临时支撑，逐榀扩挖侵限初期支护，采用人工风镐凿除混凝土层，采用气割拆除拱架及钢筋。每次拆除初期支护环向长度略大于一片钢架长度，纵向长度为 40～50 cm，拆除后扩挖至设计轮廓线，将预留沉降量调整为 30 cm。拆除临时支撑时，必须保证前一榀换拱初期支护稳定后，方可拆除下一榀临时支撑。临时支撑拆除顺序为先斜撑后竖撑，以确保隧道结构的稳定。初期支护拆除施工现场如图 7-23 所示。

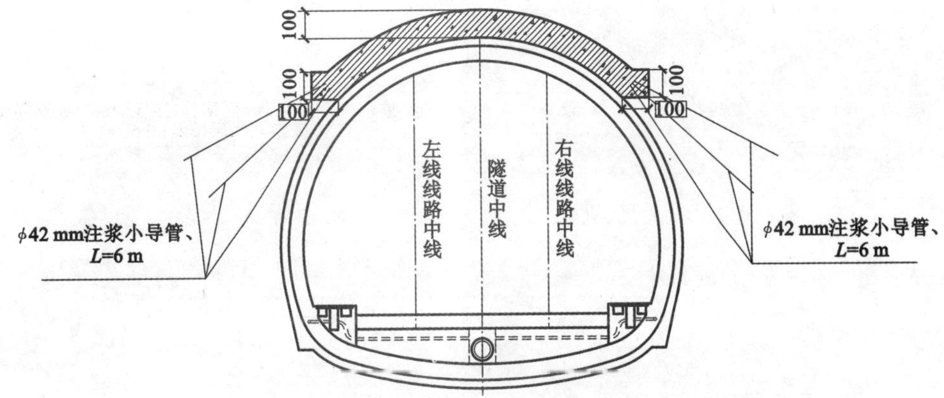

图 7-22　护拱布置示意图

图 7-23　初期支护拆除施工现场

b. 换拱施工。

扩挖后对岩面进行初喷混凝土封闭，然后立即更换加强的 I25 型钢架，将钢架间距调整为 50 cm。钢架架设完成后，相邻钢架采用 ϕ25 mm 钢筋连接，环向间距为 1 m，挂设 ϕ8 mm 钢筋网，网格间距为 20 cm×20 cm，于拱架节点处布设 ϕ42 mm、$L=4$ m 锁脚锚管，锁脚锚管与拱架间用 U 型筋焊接牢固并注浆，并进行径向锚杆施工，喷射 C35 混凝土完成初期支护。在滞后上台阶换拱一段距离之后，进行下台阶开挖，下台阶开挖时应结合监控量测数据设置临时支撑，开挖后及时进行初期支护及仰拱施工，使结构封闭成环。两侧边墙禁止同时开挖，且应错开 5～10 m。换拱现场施工情况如图 7-24 所示。

c.仰拱及二衬施工。

初期支护完成后及时跟进仰拱及二衬施工,仰拱及二衬每 3～5 m 施工一次,及早封闭成环。施工时,仰拱厚度加大至 70 cm,二衬拱墙厚度加大至 60 cm,仰拱及二衬主筋间距由 20 cm 调整为 15 cm,直至出洞。换拱期间应加快洞外锚固桩的施工,锚固桩施工完成后,施作仰坡框架梁,完善洞口,整理排水系统。洞口边仰坡采用 C20 片石混凝土回填。换拱后的隧道洞口全貌如图 7-25 所示。

图 7-24 换拱现场施工情况

图 7-25 换拱后的隧道洞口全貌

独立思考

7-1 简述管棚法的原理。

7-2 简述管棚法的施工工艺。

7-3 钢拱架喷锚网联合支护的技术要求有哪些?

7-4 锚杆和小导管超前支护技术的设计原则包括哪几个方面?

8 边坡坡体加固

20 世纪 80 年代以来，在边坡防治中开始大量采用锚杆(索)技术。锚索是用高强度钢丝束锚固于滑体以下的滑床中，抗拉力大，而预应力锚索则变一般支挡结构物的被动受力为主动受力，对滑体扰动小，又是机械化施工，所以应用前景更为广阔。

8.1 锚 杆 >>>

(1) 锚固原理

锚杆和锚索在加固技术和作用方面存在以下不同点：① 锚杆通常由螺纹钢等杆状硬性材料组成，是一种主动的硬性支护方式。锚索则通常由钢绞线等索状柔性材料组成，是一种主动的柔性支护方式。锚索允许被加固体有较大的变形和位移，而锚杆则在被加固体发生较大变形和位移的情况下发生破坏。② 锚杆的加固深度一般在数米到十余米，而锚索的加固深度一般在数十米甚至百余米。③ 锚杆所能提供的加固力较小，通常为数百千牛，而锚索则能提供数千千牛的加固力。④ 以硬性材料为主的锚杆加固技术，经不断发展已形成不同于锚索的独特系统。因此，以硬性材料为主的锚杆和以柔性材料为主的锚索实际上已经发展为差异越来越大的两个不同的锚固体系。

对于风化严重、节理裂隙发育、岩体破碎的边坡，锚杆加固边坡的最大优点是锚杆主要起支撑混凝土骨架的作用，用锚杆加固后可使锚杆骨架梁和边坡岩体成为一整体。另外，用天沟截水的方法可以将大气降水沿着骨架的沟槽引出坡面，防止降水对坡面的冲刷，保护了坡面的完好性。

锚杆加固边坡的效果归纳为以下三种。

① 锚固效果：边坡稳定性的改善靠伸入滑动面以下的锚固段起作用，滑体滑动时锚杆受拉，可增加滑动面的摩擦阻力。

② 抗剪效果：当边坡发生滑动破坏时，锚杆在滑动面位置受剪，起到抗剪的作用。

③ 虚拟重力挡墙效果：当锚杆不够长，达不到滑动面时，加锚的岩体如同一虚拟重力挡墙起到支撑的作用，主要作用还是增加滑动面的抗滑摩擦阻力。

(2) 锚杆施工

锚杆施工质量的好坏将直接影响锚杆的承载能力和边坡稳定安全，一般在施工前根据工程施工条件和地质条件选择适宜的施工方法，认真组织施工。在施工过程中如遇到与设计不符的地层，应及时报告设计人员，以作变更处理。锚杆施工包括施工准备、钻孔、锚杆制作与安装、注浆、锚杆张拉与锁定 5 个环节。

① 施工准备。

施工前的准备工作包括施工前的地质调查和施工组织设计两部分。施工前的地质调查为施工组织设计提供必要的资料，其内容有：

a. 锚固工程计划、设计图、边坡岩土性状等资料是否齐全；

b. 施工场地调查，施工对交通的影响情况，对于新建中的公路可不考虑；

c. 施工用水、用电条件调查；

d. 边坡工程周边可能对施工造成影响的各种状态调查；

e. 对于城区公路边坡，考虑施工噪声和排污的影响；

f. 掌握作业限制、环保法规或地方法规对施工造成的影响；

g. 其他条件的调查，如施工用便道、气象、安全等条件。

对上述内容进行调查并掌握详细资料后，应制定施工组织设计书，确定施工方法、施工程序、使用机械、工程进度、质量管理和安全管理等事项。施工组织设计书包括工程目的、工程概要、设计锚杆规格和锚固力要求、工程进度、组织编制表、使用机械、临时设施、使用材料、作业程序及人员配备、施工管理与质量控制计划、安全管理计划、应交付工程验收的各种技术资料、施工管理程序图(图 8-1)13 个方面的内容。

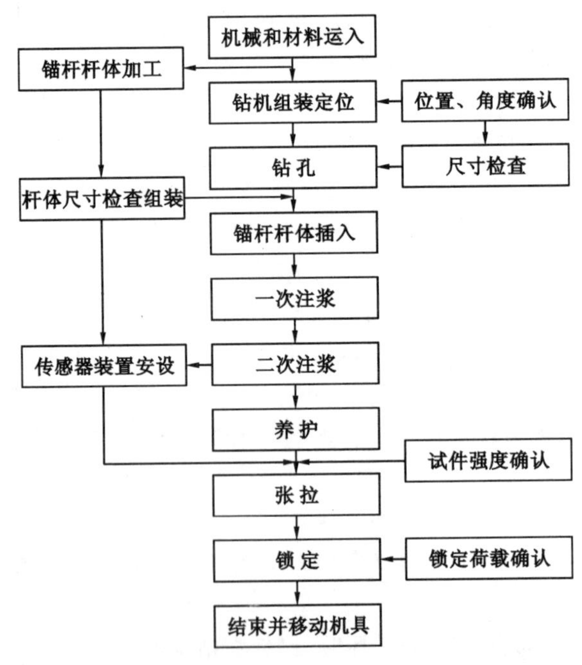

图 8-1 锚杆施工管理程序示意图

② 钻孔。

锚杆(索)施工的第一步就是按照施工图的要求钻孔。钻孔是锚固工程中费用最高、控制工期的作业，因此是影响锚固工程经济效益的主要因素。锚杆钻孔应满足设计要求的孔径、长度和倾角，采用适宜的钻孔方法确保精度，以使后续的杆体插入和注浆作业能顺利进行。钻孔一般要求如下：

a. 在钻机安放前，按照施工设计图采用经纬仪进行测量放线确定孔位以及锚杆方位角，并做标记。一般要求锚孔入口点水平方向误差不大于 50 mm，垂直方向误差不大于 100 mm。

b. 确定孔位后根据实际地层及钻孔方向，选取适当的钻孔机具并确定基座水平定位和立轴倾角（锚杆倾角），钻机立轴的倾角和钻孔的倾角应尽量吻合，其允许的误差只能是岩芯管倾角略大于立轴倾角，不应允许有反向的偏差出现。开孔后尽量保持钻进的导向，在钻进过程中根据实际地层变化情况，随时调整钻进参数，以防止造成孔斜偏差。

c. 在边坡锚固的钻孔过程中，应注意岩芯的拾取，并尽量提高岩芯采取率，以求不断地、准确地划分地层，确定不稳定岩体厚度，判断断裂碎带、滑动面、软弱结构面的位置和厚度，从而验证设计所依据的地勘资料，必要时修改设计。锚孔深度应超过设计长度 0.5～1.0 mm，同时锚固段必须进入中风化或更坚硬的岩层，深度一般不得小于 5 m。

③ 锚杆制作与安装。

棒式锚杆的制作十分简单，一般首先按要求的长度切割钢筋，并一边将外露端加工成螺纹一边安放螺母，然后在杆体上每隔 2～3 m 安放隔离件以使杆体在空中居中，最后对杆体按要求进行防腐处理，这样棒式锚杆的制作便完成。而多股钢绞线的锚杆制作复杂，其锚固段的钢绞线呈波浪形，自由段的钢绞线必须进行严格的防护处理。对于各种形式的锚杆总的要求如下：

a. 严格按照设计进行钢筋（或钢绞线）选材。新进场的钢筋或钢绞线必须验明其产地、生产日期、出厂日期、型号，并核实生产厂家的资质证书及钢筋或钢绞线的各项力学性能指标；同时，需进行抽样检验，以确定其各项参数达到锚固施工要求。对预应力锚固构件，宜优先选用高应力、低松弛的钢绞线，以保证其与混凝土有足够的黏结力（握裹力），同时应保证预应力损失后仍能保持较高的预应力值。

b. 严格按照设计长度进行下料。对进场钢筋经检验达到上述技术要求后，即可进行校直、除锈处理，然后按照施工设计长度进行下料，其长度误差不应大于 50 mm。一般实际长度应比计算长度大 0.3～0.5 mm，但不可下得过短，以致无法锁定或者给后续施工带来不便。

c. 锚杆组装可在严格管理下由熟练人员在工地制作。HPB235、HRB335 钢筋连接时，宜采用对接焊或双面搭接焊，焊接长度不应小于 8 倍的钢筋直径，并采用精轧螺纹钢筋定型套筒连接。锚杆自由段必须按照设计要求进行防腐处理和定位处理。

d. 锚束放入钻孔之前，应检查孔道是否阻塞，查看孔道是否清理干净，并检查锚索体的质量，以确保锚束组装满足设计要求。安放锚束时，应防止锚束扭压、弯曲，注浆管宜随锚体一同放入钻孔，注浆管端部至管底距离宜为 50～100mm，锚束放入角度应与钻孔角度保持一致。在入孔过程中，应注意避免移动对中器，避免自由长度段无黏结护套或防腐体系出现损伤。锚束插入孔内深度不应小于锚束长度的 95%。

④ 注浆。

注浆是锚固的注浆式锚杆施工过程中的一个重要环节，注浆质量的好坏将直接影响锚杆的承载能力。锚孔一般采用水泥浆或水泥砂浆灌注。浆液的拌和成分、质量和灌注方式在很大程度上决定了锚杆的黏结强度和防腐效果。其一般要求如下：

a. 按规定选择水泥浆体材料。选用水泥的强度应为灌浆浆液的 1.5～2 倍，且不宜低于 42.5 级的新鲜普通硅酸盐水泥，对进场水泥应复查力学性能。搅拌浆液所用水中应不含有影响水泥正常凝结、硬化的有害物质。选用砂料的含泥量按质量计不得大于 3%，砂中有害物质(如云母、轻物质、有机物、硫化物等)含量应低于 1%～2%，砂的粒径以中砂(平均粒径为 0.3～0.5 mm)为好，但要求含水率不应大于 3%；外加剂的品种与用量由试验确定，一般情况下，加速浆体凝固的水玻璃掺量为 0.5%～3%；提高浆液扩散能力和可泵性的表面活性剂(或减水剂)(如三乙醇胺)，其掺量为水泥用量的 0.02%～0.05%；为提高浆液的均匀性和稳定性，防止固体颗粒离析和沉淀而掺加膨润土的掺量不宜大于水泥用量的 5%。

b. 锚束浆液在 28 d 龄期后要求抗压强度达到设计强度；当注浆为水泥砂浆时，一般选用灰砂比为 1∶2～1∶1，水灰比为 0.38～0.48，且砂子粒径不得大于 2 mm，而二次高压注浆形成的连续球形锚杆的材料宜选用水灰比为 0.45～0.50 的纯水泥浆。配制好的浆液应具有稳定性好，可在常温、常压下较长时间存放，不易改变其基本性质，不发生强烈的化学反应等特点；同时，浆液要求注浆设备、管路、橡胶制品无腐蚀性、易清洗，浆液固化时无收缩现象(收缩性小)，固化后有一定的黏结性，能牢固地与岩石、混凝土及砂子等黏结。除此之外，还要求浆体配制操作方便、容易掌握，原料来源丰富、价格便宜，能够大规模使用。

c. 注浆作业应连续紧凑，中途不得中断，使注浆工作在初始注入的浆液仍具有塑性的时间内完成；在注浆过程中，边灌边提注浆管，保证注浆管管头插入浆液液面下 50～80 mm，严禁将导管拔出浆液面，以免出现断杆事故。实际注浆量不得少于设计锚索的理论计算量，即注浆充盈系数不得小于 1.0。

d. 二次高压注浆形成连续球形锚杆的注浆中还应注意：一次常压注浆作业应从孔底开始，直至孔口溢出浆液；锚固体的二次高压注浆应在一次常压注浆形成的水泥结石体强度达到 5.0 MPa 时进行。注浆压力和注浆时间可根据锚固体的体积确定，并分段依次自下而上进行。

⑤ 锚杆张拉和锁定。

锚杆的张拉，其目的就是通过张拉设备使锚杆杆体自由段发生弹性变形，从而对锚固结构施加所需的预应力。在张拉过程中，应注重张拉设备的选择、标定、安装、张拉荷载分级、锁定荷载以及测量精度等方面的质量控制，一般要求如下：

a. 张拉设备要根据锚杆体的材料和锁定力的大小进行选择。选择时应考虑它的通用性能，以使其具备除能张拉配套锚具外，还能张拉尽可能多的其他系列锚具的通用性能，做到一项多用；同时，张拉设备应能使预应力筋的拉力既能在已有荷载基础上增加或降低，又能在中间荷载下锚固；最后，张拉设备还应能拉锚以确定预应力的大小。

b. 张拉前对张拉设备进行标定。对于 1000 kN 以下的千斤顶，可用 2000 kN 的压力机进行标定，标定的数据与理论值间的误差应小于 2%。

c. 安装锚夹具前，要对锚具逐个进行严格检查；安装锚具时必须将孔道对中，夹片安装要整齐，裂缝要均匀；理顺注浆管后，依次套入锚垫板、工具锚、限位板，用千斤顶预拉，每根预拉一定荷载后，再套入千斤顶、工具锚、工具夹片等。

d. 张拉前，必须待锚固段、承载台(或梁)等构件混凝土的强度达到设计强度后方能进行张拉，同时必须把承压支撑构件的面整平，将台座、锚具安装好，并保证其与锚索轴线方向垂直(误差小于 5°)。

e. 张拉应按一定程序和设计张拉速度(一般为 40 kN/min)进行。正式张拉前应进行二次预张拉,张拉力为设计拉力的 10%~20%。正式张拉荷载要分级逐步施加,不能一次加至锁定荷载。分级施加荷载和观测变形的时间可按表 8-1 执行。

表 8-1 锚杆张拉荷载分级及观测时间表

张拉荷载分级	观测时间/min		张拉荷载分级	观测时间/min	
	砂质土	黏性土		砂质土	黏质土
$0.10N_t$	5	5	$1.00N_t$	5	10
$0.25N_t$	5	5	$(1.10\sim1.20)N_t$	10	15
$0.50N_t$	5	5	锁定荷载	10	10
$0.75N_t$	5	5			

注:N_t 为锚索设计拉力,即最终锁定荷载。

8.2 预应力锚索

8.2.1 锚索结构

(1) 锚索类型

锚索按施工方法分为注浆型锚固、胀壳型锚固、扩孔型锚固及综合型锚固等;按锚固段结构受力状态分为拉力型、压力型及荷载分散型。目前,广泛使用的为注浆拉力型及注浆压力分散型两种锚索。注浆型锚索采用水泥或水泥砂浆将锚索锚固段固结在岩土体稳定部分,而胀壳型锚索是利用壳式机械锚头与坚硬岩石挤压,形成锚固力。拉力型锚索(图 8-2)主要依靠锚固段提供足够抗力。该类型锚索结构简单,施工方便,造价低,但锚固段受力机制不尽合理。在锚索张拉时,临近张拉段处的界面呈现最大的黏结摩阻力,在锚固段附近岩土体中产生拉应力,且应力集中,使锚固段产生较大的拉应力,浆体容易拉裂,影响抗拔力。

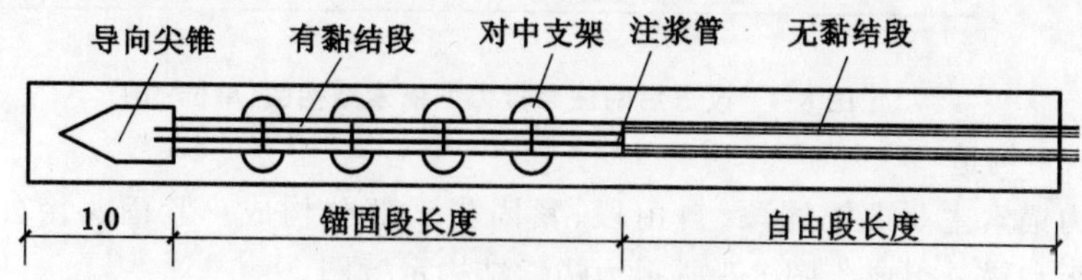

图 8-2 拉力型锚索结构图(单位:m)

压力分散型锚索(图 8-3)采用无黏结钢绞线,借助按一定间距分布的承载体(无黏结钢绞线末端套以承压板和挤压套),使较大的总拉应力转化为几个作用于承载体上较小的压缩力,避免了严重的黏结摩阻应力集中现象,在整体锚固体长度上黏结摩阻应力分布均匀。

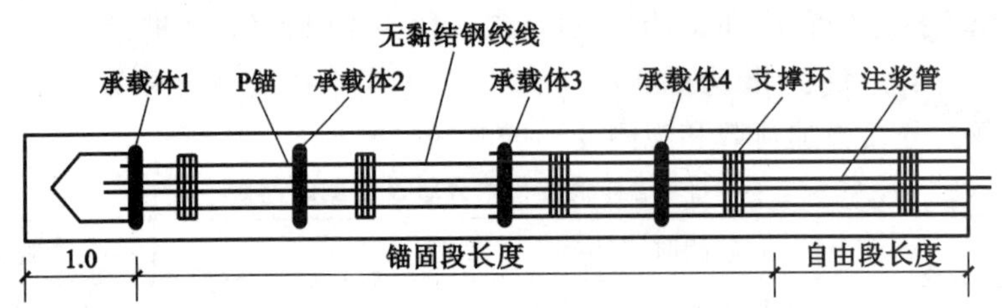

图 8-3 压力分散型锚索结构图(单位:m)

拉力型锚索与压力分散型锚索比较如表 8-2 所示。

表 8-2 拉力型锚索与压力分散型锚索比较

项目	普通拉力型锚索	压力分散型锚索
岩土-水泥浆体的黏结摩阻应力分布状况	沿锚固体长度分布不均匀,应力集中严重,易发生渐进性破坏	沿锚固体长度分布较均匀
岩土-水泥浆体的黏结摩阻应力值	总拉力大,黏结摩阻应力值大	总拉力可分散成几个较小的压力,黏结摩阻应力值显著减小
黏结摩阻强度	注浆体受拉不会引起水泥浆横向扩张而增大黏结摩阻强度	注浆体受压引起水泥浆体横向扩张而增大黏结摩阻强度,对注浆体抗压强度要求较高
锚索承载力	锚固长度超过一定值后,承载力增长极其微弱	锚索承载力随锚固长度的增大而增加
耐久性	注浆体受拉,易开裂,防腐性较差	注浆体受压,不易开裂,防腐性较好
施工工艺	结构施工工艺简单,造价较低	施工工艺相对较复杂

由于注浆拉力型锚索结构简单、施工方便、造价低,故成为目前最常用的锚索。为了改变锚索受拉时水泥浆体受拉开裂及受剪崩裂的纯拉变形性状,在锚索制作时,一般将锚固段制作成枣核状(图 8-4),在钢绞线受拉时使锚固体形成既受拉又部分受压的状态,有效增加钢绞线在锚固体中的黏结力及摩阻力,从而避免水泥浆体纯受拉时开裂形成贯通裂缝。

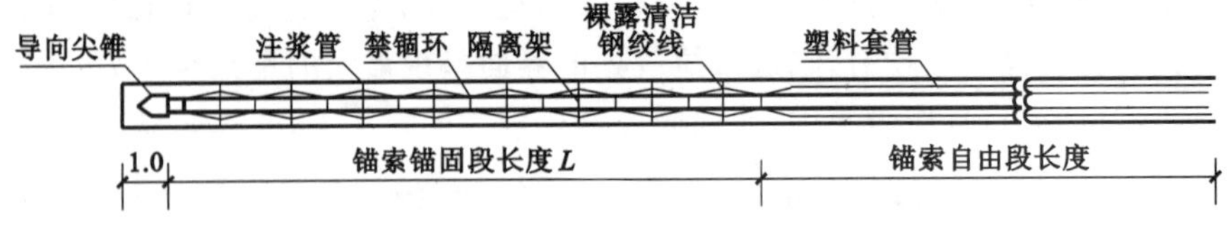

图 8-4 改进后的注浆拉力型锚索结构图(单位:m)

(2) 锚索构造

预应力锚索主要由锚固段、自由段、紧固头三部分构成。紧固头由外锚结构物(垫墩等)、钢垫板和锚具组成。图 8-5 所示为锚索结构示意图。

① 锚固段。

锚固段为锚索伸入滑动面(潜在滑动面或破坏面)以下稳定岩土体内的段落,是锚索结构固定处,通过锚固段周围地层的抗剪强度承受锚索传递的拉力。锚固段通过灌浆形成同心状结构:锚索居中,四周为砂浆裹护。通过砂浆、锚索与孔壁形成整体,而使孔周围的稳固岩土体成为承受预应力的载体。

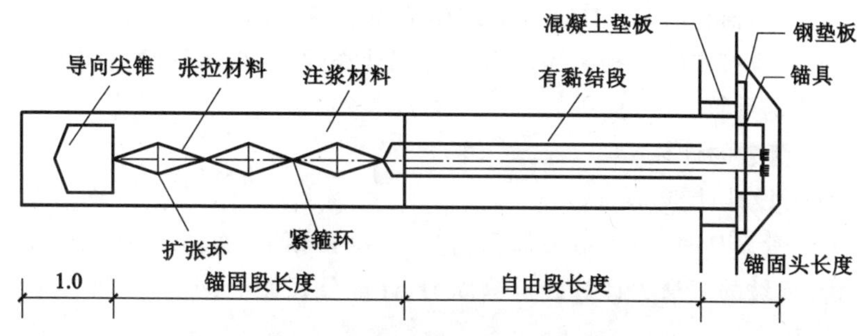

图 8-5 锚索结构示意图(单位:m)

对于拉力型锚索,锚固段锚体主要承受拉力。受拉锚体的拉伸,将导致水泥浆体开裂,当裂缝扩展并贯通时,锚孔周围的侵蚀物质可通过裂缝侵入腐蚀钢绞线。通常在锚索制作时,锚固段每隔 1 m 将钢绞线用紧箍环(隔离架)固定(图 8-5),灌注水泥砂浆后形成枣核状,呈现拉伸与压缩作用,从而改善了锚固体砂浆的受力性状和开裂状态。

对于永久性锚索,通常在锚索外水泥砂浆体中设置隔离波纹套管,使水泥砂浆体中裂纹不致贯通,而形成防护效果。隔离波纹套管可使管内、外水泥砂浆体紧密结合,受力时不至于沿管滑动或破坏,同时隔离波纹套管具有一定的拉伸变形。

一般情况下,为防止钢绞线腐蚀,要求水泥浆或砂浆保护层厚度不小于 20 mm。为使锚索居中定位,应在锚固段中每隔 1～2 m 设置一圈弹性定位片,以确保水泥砂浆体保护层厚度。

② 自由段。

自由段是传力部分,为锚索穿过被加固岩土体部分,其下端为锚固段,上端为紧固头。自由段中每根钢绞线均被塑料套管所套护,为无黏结钢绞线,灌注只使护套与孔壁黏结,而钢绞线可在套管中自由伸缩,可将张拉段施加的预应力传递给锚固段,并将锚固段的反力传递给锚固紧固头。

③ 紧固头。

紧固头是将锚索固定于外锚结构物上的锁定部分,也是施加预应力的张拉部件。紧固头由部分钢绞线、承压钢垫板、锚具及夹片组成,其中钢绞线是自由段的延伸部分,为承力、传力、张拉的部件。待锚索最终锁定后,采用混凝土封闭防护(混凝土封头),混凝土覆盖层厚度不小于 25 cm。

8.2.2 预应力设计计算

预应力锚索可用于土质、岩质地层的边坡加固,其锚固段宜置于稳定岩层内。预应力锚索采用高强度、低松弛钢绞线制作,钢绞线必须符合《预应力混凝土用钢绞线》(GB/T 5224—2014)的规定。对由损伤、严重腐蚀、电烧伤等造成强度降低的锚索材料,在施工中不得采用。

(1) 荷载的分类

预应力在锚索结构物上的荷载种类有:土压、水压、上覆荷载、滑坡荷载、地震荷载和其他荷载等。进行预应力锚索设计时,一般情况下可只计算主力;在浸水和地震等特殊情况下,还应计算附加应力和特殊力。预应力锚索用于整治滑坡时,其设计荷载及滑坡推力按滑坡荷载计算方法进行计算。预应力锚索作为承受侧向土压力的支挡结构或用于边坡加固时，其设计荷载应按重力式挡土墙的有关规定计算，结构物承受的侧向土压力按主动土压力的 1.05～1.4 倍计算。

(2) 设计荷载的计算

① 锚固力设计计算。

预应力锚索设计时，对于滑坡加固，宜采用锚索预应力(抗滑力)的方法计算，通过边坡稳定性分析、滑坡的下滑力计算确定锚固力，计算公式如下：

$$P_t = \frac{F}{\sin(\alpha+\beta)\tan\varphi + \cos(\alpha+\beta)} \tag{8-1}$$

式中 F——滑坡力，kN；

P_t——设计锚固力，kN；

α——锚索与滑动面相交处滑动面倾角；

β——锚索与水平面的夹角，以下倾为宜，不宜大于 45°，一般为 15°～30°；

φ——滑动面内摩擦角。

设计锚固力 P_t 应小于或等于容许锚固力 P_a，即 $P_t \leqslant P_a$。锚固钢材的容许荷载应满足表 8-3 的要求。

表 8-3 **锚固钢材的容许荷载**

项目	永久性锚固	临时性锚固
设计荷载作用时	$P_a \leqslant 0.8P_u$ 或 $0.9P_y$	$P_a \leqslant 0.65P_u$ 或 $0.8P_u$
张拉预应力时	$P_a \leqslant 0.7P_u$ 或 $0.85P_y$	$P_a \leqslant 0.7P_u$ 或 $0.85P_y$
预应力锁定中	$P_a \leqslant 0.8P_u$ 或 $0.9P_y$	$P_a \leqslant 0.8P_u$ 或 $0.9P_y$

注：P_u 为极限张拉荷载(kN)，P_y 为屈服荷载(kN)。

根据每孔锚索设计锚固力 P_t 和所选用的钢绞线强度，可按下式计算每孔锚索钢绞线的根数 n。

$$n = \frac{K_{s1}P_t}{P_u} \tag{8-2}$$

式中 K_{s1}——安全系数，取 1.7～2.0，高腐蚀性地层中取大值；

P_t——锚固钢材极限张拉荷载。

对于永久性锚固结构，设计中应考虑预应力钢材的松弛损失及锚固岩(土)体蠕变的影响，确定锚索的补充张拉力。

锚索间距应以所设计的锚固力能对地基提供的最大张拉力为标准。锚索间距宜为 3～6 m，最小不应小于 1.5 m。

② 锚固体设计计算。

锚固体设计计算主要是确定锚索的束数、锚固段长度、孔径、锚固类型。

a. 安全系数。

在进行锚固设计时，存在许多不确定因素，如地质条件、锚固材料、施工方法等均会对锚固的承载力产生较大影响。表 8-4 给出了不同情况下的安全系数。

表 8-4 锚固设计安全系数

类型	钢绞线		注浆体与锚孔壁界面		注浆体与钢绞线	
	普通地层	高腐蚀性地层	普通地层	高腐蚀性地层	普通地层	高腐蚀性地层
临时性锚固	1.5	1.7	1.5	2.0	1.5	2.0
永久性锚固	1.7	2.0	2.5	3.0	2.5	3.0

当锚索孔为仰孔时，因注浆难度大，不易灌注饱满、密实，故安全系数应相应提高。

b. 锚索的束数。

若一束锚索由几根钢绞线组成，单根钢绞线的极限荷载或破断荷载为 P_u，根据极限荷载设计法，采用一个适当的避免钢绞线产生极限破断的荷载安全系数除以极限荷载来确定其容许荷载，则钢绞线的设计承载力为：

$$P_0 = \frac{nP_u}{K_{s1}} \tag{8-3}$$

式中 P_0——锚索钢绞线的设计承载力(或设计容许荷载)，kN；

n——一束锚索中钢绞线的根数；

P_u——单根钢绞线的极限荷载或破断荷载；

K_{s1}——避免钢绞线产生极限破断的荷载安全系数。

在实际工程中，锚索钢绞线的设计容许荷载一般采用锚索钢绞线极限荷载的 50%～60%，即有一定的安全储备，正常情况下钢绞线不易被拉断破坏。对于高速公路或一级汽车专用公路，锚索钢绞线的设计容许荷载可采用锚索钢绞线极限荷载的 50%；二级公路可采用 55%；三级公路可采用 60%。

为使锚索体中每根钢绞线的受力尽可能均匀，在整体张拉前应进行调直预张拉，将每根钢绞线拉伸拉直。当然，若组成锚索的钢绞线束严重不直，在整体张拉前又未做调直预拉，可能会造成各根钢绞线受力不均，使个别钢绞线受力强度超出钢材极限破断强度。由机械损伤、严重锈蚀、电烧伤等造成强度降低的锚索材料，在施工中应禁用。

③ 锚固段长度计算。

其主要确定锚索锚固段长度、孔径和锚固类型。锚固体的承载力由锚固体对锚孔壁的抗剪强度、水泥砂浆与锚索张拉钢材的黏结强度及钢绞线强度三部分控制，设计时应取小值。

a. 拉力型锚索的锚固段长度计算。

(a) 按水泥砂浆与锚索张拉钢材的黏结强度确定锚固段长度 L_{sa}：

$$L_{sa} = \frac{K_{s2}P_t}{\pi d_s \tau_u} \tag{8-4}$$

式中 d_s——钢绞线的直径，m；

τ_u——锚索张拉钢材与水泥砂浆的极限黏结应力，按砂浆标准抗压强度 f_{ck} 的 10% 取值，kPa。

锚固体的直径应根据设计锚固力、地基性状、锚固类型、张拉材料根数、钻孔能力等因素确定，通常为 100～150 mm。为了增加内锚固段的抗拔能力，也曾有过对内锚固段进行扩孔的做法。这样做要更换钻具，不仅施工困难，还费时，效果不是太好。试验证明，扩孔也没必要。同一钻具可一钻到底,施工方便。对于较软弱的地层,是采取扩孔锚固方案还是采取增大孔径的方案来提高锚固力,可进行综合分析比较后确定。若将位于内锚固段的锚索制作成连续的枣核状,当对锚索进行张拉施加拉力时,钢绞线力求调直,除核中心段外,其余段浆体受挤压,挤压力向内夹紧锚索,向外传至孔壁形成正压力,提供内锚固段的摩擦阻力,以达到提高抗拔能力的目的。

当锚索锚固段为枣核状时:

$$L_{sa}=\frac{K_{s2}P_t}{n\pi d\tau_u} \tag{8-5}$$

式中 d——单根钢绞线的直径,m。

钢绞线同胶结浆液之间的黏结力,与钢筋混凝土中钢筋同混凝土之间的握裹力是一致的。这种握裹力与钢绞线的表面形状、胶结浆体强度有关,这方面的试验资料很少见。此外,列出英国规范建议的钢筋与浆液表面的握裹力(表 8-5)、日本土木工程学会建议的钢筋与浆液表面的握裹力(表 8-6)供参考。在一定条件下,表 8-5、表 8-6 中的建议值也适用于水泥浆或砂浆。纯水泥浆胶结材料强度不小于 40 MPa。

表 8-5 **钢筋与浆液表面握裹力表(英国)**

混凝土强度/MPa 握裹力/MPa 钢筋类型	20	25	30	40 及 40 以上
光面	1.2	1.4	1.5	1.9
螺纹	1.7	1.9	2.2	2.6

表 8-6 **钢筋与浆液表面握裹力表(日本)**

混凝土强度/MPa 握裹力/MPa 钢筋类型	12～14	14～16	16～18	18～20	20～24	24 及 24 以上
光面	0.5	0.6	0.6	0.7	0.7	0.8
螺纹	1.0	1.1	1.2	1.3	1.4	1.6

(b) 按锚固体对锚孔壁的抗剪强度确定锚固段长度 L_a:

$$L_a=\frac{K_{s2}P_t}{\pi d_h\tau} \tag{8-6}$$

式中 τ——锚孔壁对砂浆的极限剪应力,见表 8-7;

d_h——锚固体(钻孔)直径。

表 8-7 **锚孔壁对砂浆的极限剪应力表**

岩土种类	岩土状态	孔壁摩擦阻力/MPa	岩土种类	岩土状态	孔壁摩擦阻力/MPa
岩石	硬岩	1.2～2.5	粉土	中密	0.1～0.15
	软岩	1～1.5			
	泥岩	0.6～1.2			

续表

岩土种类	岩土状态	孔壁摩擦阻力/MPa	岩土种类	岩土状态	孔壁摩擦阻力/MPa
黏性土	软塑	0.03～0.04	砂土	松散	0.09～0.14
	硬塑	0.05～0.06		稍密	0.16～0.2
	坚硬	0.06～0.07		中密	0.22～0.25
				密实	0.27～0.4

安全系数的取值，应结合工程的重要性、τ 值的可靠程度等因素综合选用；也可参考已建工程实际的安全系数类比采用。英国工程界一般认为其为2.0，国际预应力协会(FIP)规范建议 $K_{s2}=2\sim3$。

锚索的锚固段长度采用 L_{sa}、L_a 中的较大值。

对于注浆拉力型锚索，锚索锚固段长度一般为4～10 m，且要求锚固段位于良好地基中。锚索锚固段破坏是从靠近自由段处开始的，灌浆材料与地基间的黏结力逐渐被剪切破坏，当锚固段长度超过8～10 m后，再增加锚固段长度，其锚固力增加很小，几乎不可能提高锚固效果，故并非锚固段长度越长越好。但锚固段太短时，由于实际施工期间锚固地基的局部强度低，故锚固危险性增大，因此设计中一般采用4～10 m。当锚固段计算长度超过10 m时，常采用加大孔径或减小锚索间距或增加孔数等来进行调整。

b. 压力分散型锚索锚固段长度计算。

压力分散型锚索借助一定间距分布的承载体，由若干个单元锚索组成锚固系统，每个单元锚索都有自由的锚固长度，承受荷载通过各自的张拉千斤顶施加。由于组合成这类锚索的单元锚索长度较小，所承受的荷载也较小，锚固长度上的轴力和黏结力分布均匀，使较大的总拉应力转化为几个作用于承载体上较小的压缩力，避免了严重的黏结摩阻应力集中现象，在整个锚固段上黏结摩阻应力分布均匀，从而最大限度地利用了孔壁地层强度。从理论上讲，压力分散型锚索在整个锚固段并无长度限制，锚索承载力随锚固段长度增加而增加。因此，此类锚索可用于孔壁摩阻力较低的软弱地层中。

其锚固段长度计算方法如下。

(a) 按式(8-6)计算确定总的锚固段长度 L_a；

(b) 计算钢绞线根数；

(c) 初拟承载体个数 m，则每个承载体分担的设计锚固力 $P_{t1}=P_t/m$；

(d) 浆体强度检算：

$$\sigma=\frac{4F_{a1}P_{t1}}{\pi D^2}\leqslant f_c \tag{8-7}$$

式中 σ——注浆体计算抗压强度；

f_c——注浆体极限抗压强度，不宜低于40 MPa；

D——注浆体直径。

通过强度检算，当满足浆体抗压强度时，计算所得的 L_a 可作为锚索锚固段长度；如不满足浆体抗压要求，一般采用增加载体个数、提高浆体抗压强度、加大孔径、缩小锚索间距或增加锚索孔数来进行调整。

压力分散型锚索承载体分布间距(单元锚索锚固段长度)不宜小于15倍锚索钻孔孔径,常为3～7 m,设计原则是使每个承载体受力均等,而每个承载体上所受的力应与该承载体注浆体表面的黏结摩阻应力平衡。由于注浆体与土体界面黏结摩阻应力较岩石界面黏结摩阻应力小,因此,承载体间距在土体中比在岩体中大些。设计时,硬质岩中取小值,土体中取大值。

图8-6(a)表明岩土强度未充分发挥,过于安全,设计中可进一步缩短承载体间距和锚固长度。图8-6(b)表明前一个承载体的压力值和分布范围比该承载段黏结摩阻应力及分布范围大,此种设计偏于不安全,设计中可加大承载体间距及锚固长度。图8-6(c)显示合理的设计应当使各承载区段都分布有黏结摩阻应力,在整体锚固长度上,黏结摩阻压应力峰值应也较均匀。

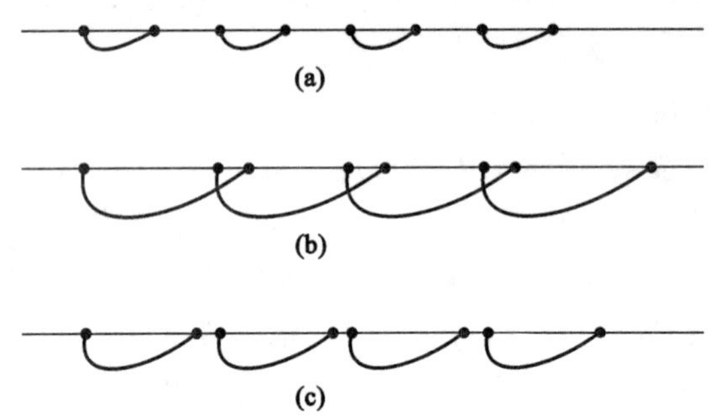

图8-6 几种黏结摩阻应力分布状态

④ 锚索的布置。

a. 锚索间距。

锚索间距以所设计的锚固力能对地基提供最大张拉力为标准。锚索间距一般为3～6 m,最小不小于1.5 m。

b. 锚固角。

按单位长度锚索提供抗滑增量最大时的锚索下倾角为最优锚固角,也可按以下经验公式计算最优锚固角β:

$$\beta = \alpha \pm \left(45^\circ + \frac{\varphi}{2}\right) \tag{8-8}$$

式中 α,φ——滑动面倾角和内摩擦角。

从施工工艺考虑,β一般采用15°～30°。

c. 锚索长度。

锚索总长度由锚固段长度、自由段长度及张拉段长度组成。锚索自由段长度受稳定地层界面控制,在设计中应考虑自由段伸入滑动面或潜在滑动面的长度不小于1 m,自由段长度不得小于3～5 m。张拉段长度应根据张拉机具确定,锚索外露部分长度宜为1.5 m左右。

⑤ 锚索的预应力与超张拉。

a. 锚索初始预应力。

对永久性锚索施加的拉力锁定值应不小于设计锚固力。所施加的张拉力应满足有关规定,即施加设计张拉力时,各段钢丝或钢绞线的平均应力不大于钢材极限抗拉强度的70%。施加的预应力大小应视锚索的使用目的、被加固岩土体及地基性质和状态而定。

对以施加主动预应力来阻止下滑力为目的的锚索设计，如锚索加固滑坡、加固松动岩体，可按照设计锚固力施加预应力。

对于允许变形的锚索复合结构，设计时应考虑锚索与结构的变形协调，使两者能充分发挥作用，一般对锚索所施加的初始预应力为设计锚固力的30%～80%。

当锚索结构用于加固松散岩土体时，由于张拉作用会引起被加固岩土体产生较大的蠕变和塑性变形，通常应通过张拉试验来决定初始预应力值，一般对锚索施加初始预应力为锚固力的50%～80%。为减少被加固岩土体蠕变量，可对地基施加0.9P_y（P_y为屈服荷载）以内且为设计锚固力1.2～1.3倍的张拉力，通过一定周期的几次反复张拉，可减少蠕变量。

b. 预应力损失与超张拉。

预应力损失主要由钢绞线松弛、地层压缩蠕变及锚具的楔滑三部分组成。经研究，预应力损失主要发生在张拉锁定的瞬间，锁定后预应力损失为所施加预应力的10%～20%，其中钢绞线松弛约占4.5%，锚具的楔滑约占1%，地层压缩蠕变占4%～10%。为减少预应力损失，设计中应选用高强度、低松弛的钢绞线和高质量的锚具。另外，还应对锚索进行张拉或超张拉。一般情况下，当锚索自由段为土层时，超张拉值宜为所施加预应力的15%～25%，为岩层时宜为10%～15%。

⑥ 试验与监测设计。

a. 预应力锚固试验。

为验证预应力锚索设计，检验其施工工艺，指导安全施工，在锚固工程施工初期，应进行锚索预应力锚固试验。锚固试件的数量可按工作锚索的3%控制，有特殊控制要求时，可适当增加。

预应力锚固试验按性质可分为破坏性试验和非破坏性试验；按试验目的可分为验证试验、验收试验和特殊试验。设计中验证试验、验收试验和特殊试验均应采用。

b. 原位监测设计。

应根据工程重要性和实际条件，对预应力锚索工作状况和锚固效果进行施工期和使用期的原位监测。通过监测可对工程安全作出定量评价，进行施工安全预报，验证设计的合理性，促进设计水平的提高。监测内容包括锚索工作状况和被锚固对象的加固效果，如表8-8所示。

表8-8 预应力锚索工程原位监测内容

预应力锚索工作阶段	监测内容		监测项目
施工阶段	锚索	锚索的工作状态，锚索的施工质量	锚索张拉力、伸长值、预应力损失
	锚固对象	加固效果	被锚固体的位移和变形
使用阶段	锚索	锚索的工作状态	预应力值变化
	锚固对象	锚固工程的安全状况	被锚固体的位移和变形

8.2.3 预应力锚索地梁

(1) 加固原理

① 预应力锚索地梁结构。

预应力锚索与地梁相结合共同作用加固坡体是预应力锚索在实际工程应用中发展起来

的一种新型支挡结构形式,可将其简称为预应力锚索地梁。这种结构形式主要是利用了预应力锚索抗滑,以及地梁承力、传力的特性,即通过地梁承受巨大的锚索预应力,并且将其传递到被锚固的地层中,从而起到对坡体加固的作用。对预应力锚索地梁结构中的地梁,一般沿用建筑地基基础中计算连续基础的刚性梁或连续梁的方法来计算其内力。由于地梁在锚索与坡体之间起着连接的作用,地梁的设计是否准确、安全,直接关系到预应力锚索地梁结构对坡体的加固效果。

预应力锚索地梁在工程应用中主要有两种结构形式,即预应力锚索单片地梁和预应力锚索框架地梁,平面图如图 8-7 所示。预应力锚索单片地梁是指加固坡体的各地梁之间没有相互联系,单独作为预应力锚索的承力结构置于坡体上,放置的方向为顺坡向放置;预应力锚索框架地梁是指加固坡体的各地梁之间相互交叉联系形成一个整体的框架式结构共同作用,其中各地梁按在坡体上的位置可分为纵梁(或肋柱)和横梁,纵梁指顺坡向放置的地梁,横梁指垂直坡向放置的地梁。一般而言,纵、横梁之间呈相互正交的关系。

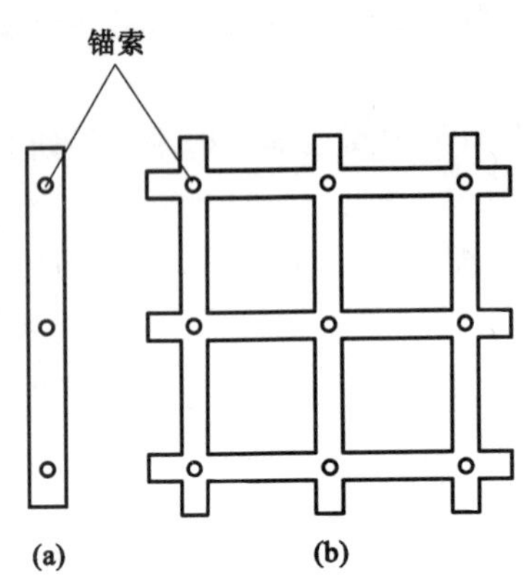

图 8-7 预应力锚索地梁的平面结构形式

(a) 预应力锚索单片地梁;(b) 预应力锚索框架地梁

对于岩体破碎边坡,需要采用锚索(杆)地梁进行支护。

② 预应力锚索地梁加固边坡的作用机理。

在预应力锚索工程中,外锚头位置常处于一种高应力状态区,在外锚头附近的浅层岩土表面出现受拉区,为了降低其高应力水平,避免浅层局部岩土的压缩变形过大,进而引起预应力的损失,发展了预应力锚索地梁。在此类结构中,地梁作为锚索与坡体的连接体除了相当于锚索外锚头的作用外,在工程中,尤其是预应力框架地梁,能加强各锚索之间的联系,保证锚索在抗滑中的均匀性、连续性及整体性,达到完全稳固边坡的目的。

预应力锚索地梁结构中,锚索与地梁共同作用,锚索通过强大的预应力对坡体起到预加固的作用,坡体在预应力的作用下,物理、力学性能得到一定程度的改善,坡体的稳定性得到增强;同时,滑体垂直于滑面方向的压力有较大的增加,增大了滑动面上的摩擦力,从而减小了滑体的下滑力。地梁主要起承受并传递锚固力的作用,同时加强了结构的整体效能。从预应力锚索加固坡体的作用机理可以看出,预应力锚索地梁是一种主动支挡结构,提前对坡体进行加固,以防止坡体出现失稳或稳定性恶化的情况。

③ 预应力锚索地梁的受力阶段分析。

预应力锚索地梁受力状态分为以下三个阶段:

a. 第一阶段为锚索预应力的分级张拉阶段。在此阶段,为了防止地梁出现局部过大的受力而影响工程质量,对地梁上的锚索按一定的顺序分级施加预应力到设计吨位,工程中为了防止预应力松弛,一般均根据具体情况进行超张拉。由于施工时按顺序分级张拉,地梁一般不会出现结构上的破坏,故可不对此阶段的地梁进行内力计算。

b. 第二阶段为锚索预应力张拉完毕后的预应力锚索地梁正常工作阶段。当锚索预应力通过地梁传递到坡体上以后，对坡体提供了维持其设计稳定性所需的潜在抗滑力，从而维持了坡体的稳定。地梁主要承受预应力锚索的锚固力及由此而产生的梁底岩土反力。

c. 第三阶段为预应力锚索地梁的极限状态工作阶段。由边坡岩土体的蠕变效应所引起的坡体长期缓慢变形，或是一些未考虑的坡体上的作用外力的突然变化，都可能最终导致预应力锚索地梁所提供的潜在抗滑力丧失殆尽，这时预应力锚索地梁对边坡体的主动制约机制变成了被动制约机制，即此时由于下滑力超过了支挡坡体的抗滑力，多余的下滑力会通过岩土体的变形作用到预应力锚索地梁上，由预应力锚索地梁来承受。只要此时坡体的变形在允许的范围内，并且锚索还有承载能力，就应充分利用锚索的抗滑能力，保持被支挡坡体的稳定性，所以，此时的地梁设计应与锚索的承载能力相适应，即可认为当任何一束锚索达到其承载能力时，地梁恰好也达到了极限状态。由于在该阶段预应力锚索地梁的工作中已挖掘了其全部的承载能力，因此将其称为预应力锚索地梁的极限状态工作阶段。一旦锚索的承载力超过了其极限，则整个边坡体将由于失去支撑或变形太大而发生失稳破坏。地梁此时的作用除了承受第二阶段的锚索预应力及由此而产生的梁底岩土反力外，还增加了来自边坡岩土体的滑坡推力（下滑力）以及由此而引起的锚索拉力增量作用，只是此时至少有一束锚索达到了其极限承载能力。

预应力锚索地梁的受力首先是在锚索张拉阶段，此时，作用于地梁上的外力主要有：锚索张拉力、梁下岩体的反压力、地梁重力、梁底摩擦力。但后两个相对于前两个非常小，故只需考虑作用于地梁上的两个主要外力，即锚索张拉力和梁下岩体的反压力。工作阶段的地梁受力模式如图 8-8 所示。坡体主动施加压力于结构，结构在这种力的作用下产生内力（主要是锚索拉力），这个内力又通过结构（主要是地梁）反作用于坡体，限制坡体变形，维持坡体稳定。

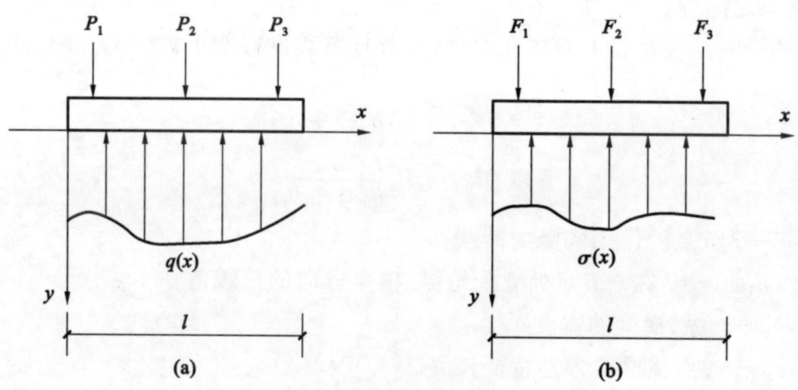

图 8-8　地梁的受力模式

(a) 试验阶段；(b) 工作阶段

(2) 设计计算

① 预应力锚索地梁内力计算。

a. 预应力锚索单片地梁计算模型如图 8-9 所示，其认为地梁是绝对刚性的，梁底地基反力呈直线分布，与岩土体的相互作用不考虑地梁，则只要求出梁底的地基反力集度 P_1、P_2 即可确定地基反力分布，故将其视为一般受力结构，按结构力学方法进行计算即可确定梁任意截面上的内力，据此进行地梁的结构设计。

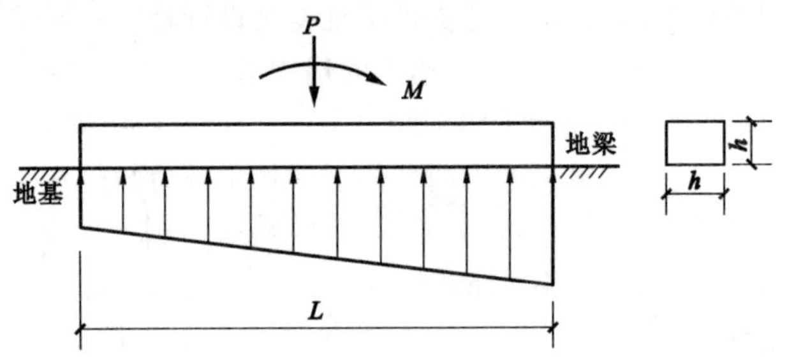

图 8-9 地梁反力分布直线假设

P_1、P_2 的确定，是将地梁视为偏心受压柱，利用偏心受压柱截面上应力分布的求解公式计算地梁的地基反力，即：

$$\left.\begin{matrix} P_1 \\ P_2 \end{matrix}\right\} = \frac{P}{l} \pm \frac{6M}{l^2} \tag{8-9}$$

式中 P——地梁上的总竖向作用力之和，即 $P = \sum P_i$，此处为地梁上各锚索预应力之和；

M——地梁上各竖向作用力对地梁长度方向中心点的弯矩之和；

l——地梁的长度。

b. 对于预应力锚索框架地梁的计算，一般将其拆分为预应力锚索单片地梁（包括纵梁和横梁），再根据预应力锚索单片地梁的计算方法进行计算。拆分的原则是框架节点处的变形协调条件和力的平衡条件。协调变形条件指节点处两个方向的挠度相等，力的平衡条件指框架节点上的力应等于分配于两个方向上梁在此节点处的力之和。在进行荷载分配时，假定纵、横梁之间为铰接，故不考虑节点处两个方向梁交叉产生的扭矩影响，同时也不考虑相邻荷载的影响。根据以上方法和原则，对节点荷载进行两个方向的分配，计算公式为：

$$P_{ix} = P_i \frac{b_x s_x}{b_x s_x + b_y s_y} \tag{8-10}$$

$$P_{iy} = P_i \frac{b_y s_y}{b_x s_x + b_y s_y} \tag{8-11}$$

式中 P_i——i 节点处作用的竖向荷载；

P_{ix}，P_{iy}——P 在 i 节点处分配给纵、横梁方向的荷载值；

b_x，b_y——纵、横梁的宽度；

s_x，s_y——纵、横梁的弹性特征长度。

对于易分解的荷载，分别作用于相应的单片地梁上，按照单片地梁的计算方法得出截面的内力，再进行结构设计。

② 考虑预应力锚索框架地梁的锚索张拉阶段和工作阶段计算。

a. 基本假定。

(a) 当地梁主动作用于坡体时，坡体对地梁的反作用力按 Winkler 假定计算，即 $p=ky$，其中 p 为坡体反压应力，k 为相应的地基弹性系数，y 为坡面在地梁压力作用下产生的方向垂直于地梁底面的位移；

(b) 不考虑纵梁和横梁的扭转效应，即将纵、横梁交点处简化为铰支连接；

(c) 不讨论框架结构与岩体地基的相对刚度对地基压力的影响，认为预应力锚索框架地梁具有一定的刚度。

b.受力分析。

基于纵、横梁之间为铰支连接的假设，将地梁框架“分解”开，拆成纵梁和横梁分别进行受力计算。

(a) 张拉阶段。

预应力锚索地梁的受力首先是在锚索张拉阶段，为简化分析，这里所说的张拉阶段是指张拉刚刚完成的阶段。此时的地梁在形式上可以看成一个倒扣在坡面上的连续梁，锚索抑制点即为连续梁的“支座”，而在连续梁的下表面则作用有指向梁的地基反压力，纵梁和横梁的受力模式如图 8-10 所示。

(b) 工作阶段。

在工作阶段，纵梁与横梁构成的框架在全部锚索张拉结束后，框架地梁整体承受坡体变形所产生的主动土压力，其与坡体间的相互作用机理同单片地梁基本相同。工作阶段的地梁可直接按照倒扣在坡面上的连续梁来计算，纵梁为超静定结构，而横梁为静定结构。两者的受力模式如图 8-10 所示。

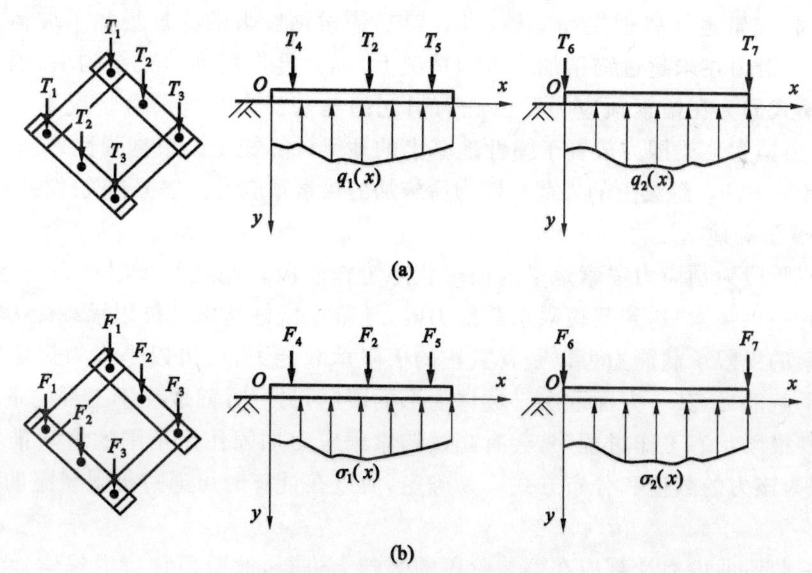

图 8-10 地梁的受力模式

(a) 张拉阶段；(b) 工作阶段

c.计算方法。

(a) 张拉阶段。

把框架地梁拆分成纵梁和横梁分别进行计算。此时无论是纵梁还是横梁，在外力作用下，地梁-地基系统都必须满足两个力学相容关系，即静力平衡条件和变形协调条件。由力的平衡条件和变形协调条件可以得到如下方程：

$$T_4 + T_6 = T_1 \tag{8-12}$$

$$w_1 = w_2 \tag{8-13}$$

(b) 工作阶段。

在此阶段，同样将框架地梁拆分成纵梁和横梁分别进行计算。这时要根据坡体变形或土压力理论求出作用于地梁上地基压力 $\sigma_1(x)$ 和 $\sigma_2(x)$，再求出锚索张拉力。所以，计算地梁的问题就可以看成求解倒扣在坡面上连续梁的内力与支座反力(锚索张力)的问题。对于纵梁，由于中间设有锚索，因此其计算模式应是两侧外伸的两跨超静定连续梁；对于横梁，则可看成单跨简支梁。纵、横梁的计算模式如图 8-10(b)所示。具体求解时，纵梁可采用力矩分配法，首先求出弯矩，进而求出剪力、支座反力等；横梁则直接按简支梁求解得出梁的内力与支座反力。

③ 预应力锚索地梁的设计。

预应力锚索地梁的设计主要是地梁结构设计时的内力计算，关于其上锚索的设计主要是根据锚索应承受的拉力来进行确定，包括型号和锚索的间距、设计拉力等，有时需要根据现场试验确定锚索的极限抗拉能力，然后进行锚索的设计。

如上所述，地梁的受力工作过程划分为三个阶段，其中，第一阶段可不进行地梁的内力计算，所以在此对地梁设计中的第二、三阶段的内力计算进行说明。

第二阶段为预应力锚索地梁的正常工作阶段。在该阶段，由于锚索预应力对坡体进行了预加固，锚索地梁属于主动支挡加固结构，锚索预应力的施加增强了坡体自身的抗滑能力，坡体下滑力在未超过锚索加固力的情况下，不会再作用到地梁结构上，因此此阶段的地梁计算模式即为在锚索预应力及由此而引起的地基反力为外荷载情况下的内力计算。此时，预应力锚索地梁即为放置于弹性地基上的地梁计算模型。根据弹性地基类型的不同，有不同的计算方法。地梁上的外荷载即为所施加的锚索预应力。根据相关的模型即可计算地梁的内力、变形和地基反力。

第三阶段为预应力锚索地梁的极限状态工作阶段。此处的极限状态是指当锚索(只要地梁上有一束锚索)达到其极限承载能力时，地梁也恰好达到其极限承载能力的状态。注意此处锚索的极限承载能力可以是其真正的极限承载能力，也可以是人为规定的某一安全系数下的承载能力，其一方面取决于坡体变形的限制，另一方面取决于工程的重要性等其他因素。在其极限状态工作过程中，会有超过锚索预应力加固作用范围的滑坡推力作用在地梁上，但因为该力的数值和分布方式不易确定，所以在计算时可通过极限状态的概念来进行近似计算。

第三阶段的内力计算应在第二阶段的基础上进行，此阶段预应力锚索地梁已经由主动加固的结构变为了被动加固坡体的支挡结构，其计算模型可视为以锚索作用点为弹性支座的连续梁(或框架)结构，在计算过程中，应考虑地梁与锚索的协调变形，其上作用的增量荷载为滑坡体作用在地梁上的下滑力。如果已知作用于地梁上的荷载增量，则可按弹性支座上的连续梁(框架)结构计算此时地梁内力增量和变形。但由于此阶段作用于地梁上的滑坡推力不易确定，因此可直接近似根据锚索地梁结构的极限工作状态来进行地梁内力的计算。

可假定作用于地梁上的滑坡推力为均匀分布，先设定均匀分布的滑坡推力初值，计算此时地梁在以锚索为弹性支座情况下的内力和变形增量以及锚索的拉力增量，并与第二阶段的计算结果叠加，此时锚索的拉力即为锚索预应力与新增拉力之和，对所有的锚索进行判断，只要有一束锚索达到其极限承载能力，则停止计算，此时的地梁内力和变形即为其极限状态下的相应值。如果锚索均未达到(大于或小于)其极限值,则应调整设定的滑坡推力增量,重新计算,直到有一束锚索达到其极限承载能力为止。

8.2.4 锚索施工

锚索施工是通过一端固定于坡面,另一端锚固在滑动面以内的稳定岩体中穿过边坡滑动面的预应力钢绞线,直接在滑面上产生抗滑阻力,增大抗滑摩擦阻力,使结构面处于压紧状态,以提高边坡岩体的整体性,从而从根本上改善岩体的力学性能,有效地控制岩体的位移,促使其稳定,达到整治顺层滑坡及危岩、危石的目的。其施工工艺和流程如图 8-11 所示。

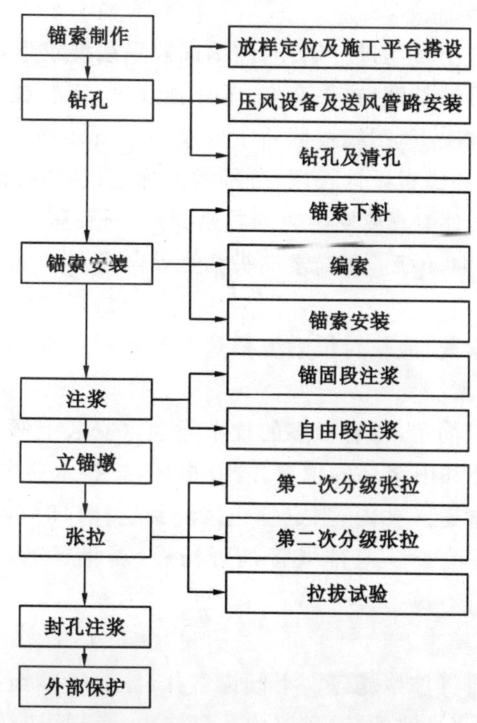

图 8-11 锚索施工工艺及流程图

(1) 钻孔

钻孔是锚索施工中控制工期的关键工序。为确保钻孔效率和保证钻孔质量,采用潜孔冲击式钻机。钻机钻井时,按锚索设计长度将钻孔所需钻杆摆放整齐,钻杆用完,孔深也恰好到位。钻孔深度要超过锚索设计长度 0.5 m 左右。

钻孔结束,逐根拔出钻杆和钻具,将冲击器清洗好备用。用一根聚乙烯管复核孔深,并以高压风吹孔,待孔内粉尘吹干净且孔深不小于锚索设计长度时,拔出聚乙烯管,塞好孔口。

两种特殊情况的处理:

① 渗水的处理。在钻孔过程中或钻孔结束后,从孔中吹出的都是一些小石粒和灰色或黄色团粒而无粉尘,说明孔内有渗水,岩粉多黏附于孔壁。这时,若孔深已够,则注入清水,以高压风吹净,直至吹出清水;若孔深不够,虽冲击器工作,仍有进尺,也必须立即停钻,拔出

钻具,洗孔后再继续钻进,如此循环,直至结束。有时孔内渗水量大,有积水,吹出的是泥浆和碎石,这种情况下岩粉不会糊住孔壁,只要冲击器工作就可继续钻进。如果渗水量太大,以致淹没了冲击器,冲击器会自动停止工作,则应拔出钻具进行压力注浆。

② 塌孔、卡钻的处理。当钻孔穿越强风化岩层或岩体破碎带时,往往会发生塌孔。塌孔的主要标志是从孔中吹出黄色岩粉,夹杂一些原状的(非钻头破碎的、非新鲜的、无光泽的)石块。这时,不管钻进深度是多少都要立即停止钻进,拔出钻具,进行固壁注浆,注浆压力采用 0.4 MPa,浆液为水泥砂浆和水玻璃的混合液,24 h 后重新钻孔。雨季时,常常顺岩体破碎带向孔内渗流泥浆,固壁注浆前,必须用水和风把泥浆洗出(塌入钻孔的石块不必清除),否则,不仅固壁注浆效果差,还容易造成假象。

(2) 锚索制作

锚索在钻孔的同时于现场进行制作,内锚固段采用波纹形状,张拉段采用直线形状。钢绞线下料长度为锚索设计长度、锚头高度、千斤顶长度、工具锚和工作锚的厚度以及张拉操作余量的总和。正常情况下,钢绞线截断余量取 50 mm。将截好的钢绞线平顺地放在作业台架上,量出内锚固段和锚索设计长度,分别做出标记;在内锚固段范围内穿对中隔离支架,间距为 60~100 cm,两对中隔离支架之间扎紧固环一道;张拉段也需每米扎一道紧固环,并用塑料管装套,内涂黄油;最后,在锚索端头套上导向帽。

(3) 锚索安装

向锚索孔内装锚索前,应核对锚索编号是否与孔号一致,确认无误后,再以高压风清孔一次,即可着手安装锚索。

安装下倾锚索比较简单,没有很多的技术问题。安装上倾和水平锚索时要注意以下四点:① 检查定位止浆环和限浆环的位置,若有损坏,按技术要求更换;② 检查排气管的位置和畅通情况;③ 将锚索送入孔内,当定位止浆环到达孔口时,停止推送,安装注浆管和单向阀;④ 锚索到位后,再检查一遍排气管是否畅通,若不畅通,拔出锚索,排除故障后重新送索。

(4) 锚固法注浆

锚固法注浆采用排气注浆施工。下倾锚索孔,注浆管插至孔底,砂浆由孔底注入,空气由锚索孔排出;上倾和水平锚索孔,砂浆由孔口注入,空气压向孔底,由孔底进入排气管排出孔外(水平锚索孔,空气经限浆环进入排气管)。

上倾和水平锚索孔注浆过程中,当排气管不再排气,且有稀水泥浆从排气管压出时,说明注浆已满;对下倾锚索孔注浆时,可采用砂浆位置指示器控制注浆位置。

锚索孔注浆采用注浆机,注浆压力保持为 0.3~0.6 MPa。

(5) 立锚墩

锚墩的作用是把锚具的集中荷载传递到岩面及调整岩面受力方向。为了使锚墩上表面与锚索轴线垂直,预先将一根外径与钻头直径相同的薄壁钢管和垫板正交焊牢,浇筑锚墩前将钢管的另一端插入钻孔即可。

(6) 锚索的张拉

张拉锚索前需对张拉设备进行标定。标定时,将千斤顶、油管、压力表和高压油泵连好,在压力机上用千斤顶主动出力的方法反复试验三次,取三次试验结果平均值,绘出千斤顶出力(kN)和压力表指示的压强(MPa)间的关系曲线,作为锚索张拉时的依据。因为国产压力表初始启动压强不完全相同,所以标定曲线上必须注明标定时压力表号,且使用中不得调换。压力表损坏或拆装千斤顶后,要重新标定。

若锚索由少数钢绞线组成,可采用整体分级张拉的程序,每级稳定时间为 2～3 min;若锚索由多根钢绞线组成,组装长度不会完全相同,为了提高锚索各钢绞线受力的均匀度,采用先单根张拉,3 d 后再整体补偿张拉的程序。

(7) 封孔注浆

补偿张拉后,立即进行封孔注浆。对于下倾锚索,注浆管从预留孔插入,直至管口进到锚固段顶面约 50 cm 为止;对于上倾和水平锚索,通过预留注浆管注浆。孔中的空气经设在定位止浆环处的排气管排出。

(8) 外部保护

封孔注浆后,锚具头部留 50 mm 钢绞线,其余部分截去,其外部包覆厚度不小于50 mm 的水泥砂浆保护层。

8.3 抗 滑 桩 >>>

桩是深入土层或岩层的柱形构件。高速公路边坡防护工程中的抗滑桩通过桩身将上部承受的坡体推力传给下部的侧向土体或岩体,依靠桩下部的侧向阻力来承受边坡的下推力,而使边坡保持平衡或稳定。抗滑桩与一般桩类似,但主要是承受水平荷载。抗滑桩是高速公路边坡防护工程中的常用方案,制作材料从早期的木桩,到近代的钢桩和目前使用的钢筋混凝土桩;断面形式有圆形和矩形;施工方法有打入、机械成孔和人工成孔等方法;结构形式有单桩、排桩、群桩,还有锚桩和预应力锚索桩等。

大量的工程实践表明,抗滑桩能迅速、安全、经济地解决一些边坡坡体防护中比较困难的问题,是目前广泛使用的治理滑坡的有效措施,被誉为治理滑坡的“重型武器”,使治理大型滑坡成为可能,适用于除流塑性滑坡外的各种类型滑坡,尤其在高速公路边坡防护中应用广泛。

8.3.1 基本原理

抗滑桩又称锚固桩,依靠桩与桩周岩(土)体的相互嵌制作用把桩后侧土压力或滑坡推力传递到稳定地层中,利用稳定地层的锚固作用和被动抗力,使坡体或滑坡保持稳定。按桩的材料和施工方法,锚固(抗滑)桩与一般用于基础的桩并无显著区别。目前我国采用的锚固(抗滑)桩主要是人工挖孔就地灌注钢筋混凝土桩。其按桩的变形条件可分为刚性桩和弹性桩;按桩的埋置情况可分为全埋式桩和悬臂式桩。

悬臂式锚固(抗滑)桩采用锚固(抗滑)桩与桩间挡土建筑物(如挡土墙、挡土板、片石垛、桩基托架挡土墙)组成的复合支挡结构,如图 8-12 和图 8-13 所示。常采用锚固(抗滑)桩与桩间挡土板组成的桩板墙。锚固(抗滑)桩主要承受后侧土压力或滑动推力,而桩间挡土建筑物主要起加固路堑边坡的作用。

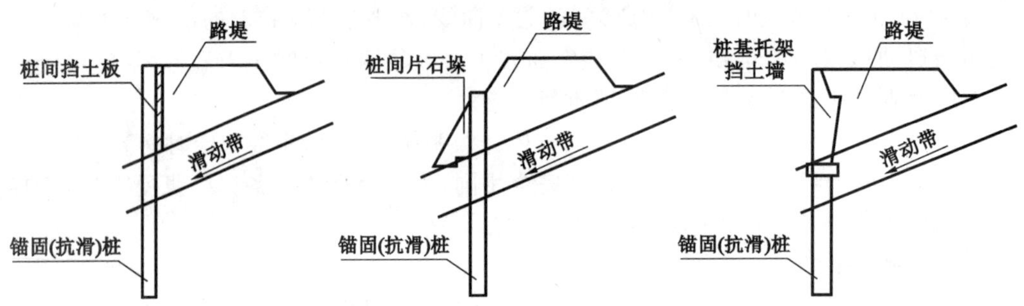

图 8-12 锚固(抗滑)桩与桩间挡土建筑物组成的复合支挡结构(一)

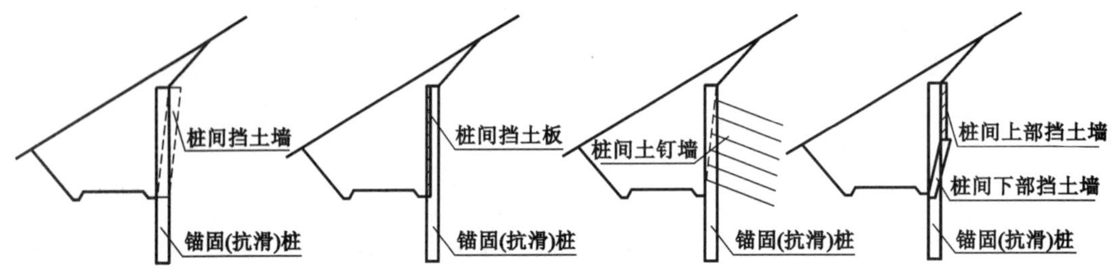

图 8-13 锚固(抗滑)桩与桩间挡土建筑物组成的复合支挡结构(二)

20 世纪 80 年代以来,随着锚索技术的发展,在滑坡防治和边坡加固中开始大量采用锚索工程。锚索桩技术是在桩的顶部施加强劲锚索,从根本上改变原锚固(抗滑)桩的不合理悬臂式受力状态,使之变成上端弹性支承、下端弹性嵌固的受力构件,减小了桩身的内力、桩身的横截面尺寸和桩的埋深,大幅度地降低了工程造价,比一般悬臂式桩方案节省工程造价20%～40%。

目前最常用的是在锚固(抗滑)桩上设置锚索(一般为预应力锚索),与锚固(抗滑)桩组成一个整体形成锚索桩板墙,共同支挡滑坡体。

8.3.2 工程设计

桩板墙由锚固(抗滑)桩和桩间的挡土板两部分组成。锚固(抗滑)桩是主要承力结构。桩板墙可作为路堑、路肩和路堤挡土墙使用,可用于一般地区、浸水地区和地震地区,也可用于滑坡等特殊路基的支挡。

桩板墙设计如下。

(1) 计算步骤

普通锚固(抗滑)桩的设计计算一般可概括为以下步骤:

① 弄清滑坡或可能发生滑坡的原因、性质、范围、厚度,分析其稳定状态和趋势;

② 根据地质横断面及滑动面处岩、土的抗剪强度指标,计算荷载(滑坡推力或土压力);

③ 根据地形、地质及施工条件等确定抗滑桩的位置及范围;

④ 根据荷载大小、地形及地层性质,拟订桩长、锚固深度、桩截面尺寸及桩间距;

⑤ 确定桩的计算宽度,选定地基系数;

⑥ 根据选定的地基系数及桩的截面形式、尺寸，计算桩的变形系数及计算深度，据此判断是按刚性桩设计还是按弹性桩设计；

⑦ 根据桩底的边界条件利用相应的公式计算桩身各截面的变位、内力及侧壁应力等，并计算最大剪力、弯矩及其作用部位；

⑧ 校核地基强度，当桩身作用于地基的弹性应力超过地层容许值或者小于其容许值过多时，应调整桩的埋深，或者调整桩的截面尺寸和间距，重新计算，直至符合要求为止；

⑨ 根据计算的结果，绘制桩身剪力图和弯矩图；

⑩ 对于钢筋混凝土桩，根据计算结果进行配筋设计。

预应力锚索锚固（抗滑）桩的设计计算包括锚索的设计计算和锚固（抗滑）桩的设计计算。其中，锚索的设计计算主要指锚索预应力和承载力的计算；而锚固（抗滑）桩的设计计算则主要指在预应力锚索和滑坡推力作用下的内力和变形计算。无论是锚索还是锚固（抗滑）桩，因为二者作为一个整体共同作用，所以在计算中，应考虑锚索与锚固（抗滑）桩协调变形的问题。

预应力锚索锚固（抗滑）桩的设计计算步骤，目前设计中一般认为基本等同于普通锚固（抗滑）桩的设计计算步骤，只是由于在锚索的设置部位增加了锚索张拉力的影响，相应的桩内力计算中也要考虑锚索张拉力的贡献。对于锚索预应力值的确定，当不考虑桩与锚索的协调变形时，应在全面进行桩的内力计算之前确定；而当考虑桩与锚索的协调变形时，一般锚索预应力的计算与桩内力的计算应同步进行。事实上，虽然预应力锚索锚固（抗滑）桩与普通锚固（抗滑）桩相比只是在桩身某些部位增加了预应力锚索的作用，但二者的受力模式有着明显的不同，而且由于在实际的工程施工中，要先对桩上的锚索进行张拉以施加预应力，之后才是滑坡推力随着滑体与桩的相对变形作用到锚固（抗滑）桩上的过程。因此，在预应力锚索锚固（抗滑）桩的设计计算中，无论是二者的计算方法还是设计计算过程中的考虑因素，预应力锚索锚固（抗滑）桩的设计计算过程都要比普通锚固（抗滑）的设计计算过程复杂得多。

（2）布置原则与荷载种类

① 布置原则。

a. 桩板墙的桩间距、桩长和截面尺寸的确定，应综合考虑满足安全可靠、经济合理的要求。

b. 桩的自由悬臂长度不宜大于 15 m，为矩形截面时，桩截面的短边尺寸不宜小于 1.25 m；桩间距宜为 5～8 m。

c. 锚固段必须置于稳定的地层中。

d. 挂板的一侧应在一个平面内，路堑边坡坡脚设桩板墙时，靠线路一侧应留出锁口和护壁的位置。如果是外挂式板，还应留出挂板的位置。

② 设计荷载的种类。

a. 作用于桩板墙墙背上的设计荷载有列车（汽车）荷载、土压力、滑坡推力、水的浮力、地下水的渗透压力、地震力、施工临时荷载等。

b. 滑坡地段应以滑坡推力与土压力的最不利者作为计算荷载。

c. 桩外荷载的附加安全系数为 1.05～1.1。当桩上设有锚索时，结构承受的侧向土压力应按库仑主动土压力的 1.05～1.4 倍计算。

d. 无论是按弹性地基梁法计算，还是用极限状态法计算，实际的土压力均比库仑主动土压力大。极限状态法设计中，通过增加桩的插入深度来提高安全度。

(3) 桩的设计

滑坡路基到桩上的桩板墙以滑坡推力和土压力的最不利者作为计算荷载。桩后土压力(包括由车辆荷载所引起的侧向压力)的计算与重力式挡土墙的土压力计算相同，即以挡土板后的竖向墙背为计算墙背，按库仑主动土压力计算；如桩是锚索桩，则乘以 1.05～1.4 的增大系数；在滑坡地段，则按滑坡推力计算。

① 桩上作用的滑坡推力计算及桩前滑体的稳定性验算。

a. 桩上作用的滑坡推力计算。

桩上作用的滑坡推力可分为桩后岩土体直接作用的滑坡推力和桩间土体通过土拱作用间接传递到桩上的滑坡推力两部分。所以，整个桩后岩土体作用于锚固(抗滑)桩上的滑坡推力应为桩中心间距范围内的滑坡推力与桩间土体传递给桩前下块岩土体的滑坡推力之差。设桩间土体传递给桩前下块岩土体的滑坡推力为 $R_T L$，则桩应承受的滑坡推力为：

$$E_P = E_T - P_T l - R_T L \tag{8-14}$$

式中 E_P——作用于锚固(抗滑)桩上的滑坡推力；

E_T——桩间距范围内的总滑坡推力；

P_T——桩后滑体单位宽度的滑坡推力；

R_T——桩间土体传递给桩前下块岩土块的滑坡推力；

l——桩间距，即一桩中心与另一桩中心的间距；

L——桩间静距，即相邻两桩内侧面间的距离。

当桩间土体不向下传力时，$R_T=0$，此时作用于桩上的滑坡推力计算式[式(8-14)]可简化为：

$$E_P = P_T l \tag{8-15}$$

式(8-15)即为目前锚固(抗滑)桩设计计算中所采用的计算锚固(抗滑)桩上的滑坡推力荷载计算公式，为式(8-14)的特例。如果 R_T 不大，可直接采用式(8-15)计算；如果其值较大，可考虑充分利用桩前滑体的抗力。通过式(8-14)和式(8-15)的对比可以看出，当桩间土体下传的滑坡推力较大时，目前的计算方法对于锚固(抗滑)桩的结构设计来说可能较为安全，但对于桩前下块的滑体来说则可能偏于不安全。当不考虑桩前滑体的抗力时，应尽量把桩间距控制在桩间土体不向下传力的范围内，或在锚固(抗滑)桩间增设其他抗滑措施，以使桩后及桩间土体的推力全部由抗滑结构来承受。

b. 桩前滑体的稳定性验算。

如果桩前的滑体存在且能提供一定的抗滑力，设置桩时应考虑桩前滑体的稳定性，并尽量充分利用桩前滑体的抗力来维持桩与坡体的稳定。设置锚固(抗滑)桩后，除了前述的桩间土体向下传递滑坡推力外，锚固(抗滑)桩还在滑坡推力作用下产生变形，依靠桩身及桩前滑体、滑床的抗力来共同抵抗滑坡推力，即桩将一部分滑坡推力传递到桩前的岩土体上，这个岩土体的范围也考虑为一个桩间距，所以此范围内桩前岩土体的受力为：

$$E_F = R_P + R_T L \tag{8-16}$$

则桩前单位宽度岩土体所受的滑坡推力为：

$$R_F = \frac{E_F}{l} = \frac{R_P + R_T L}{l} \tag{8-17}$$

式中 E_F——桩前桩间距范围内的岩土体所受的滑坡推力；

R_F——设桩后桩前单位宽度岩土体所受的滑坡推力；

R_P——桩在滑坡推力 E_P 作用下发生变形而对桩前间距范围内的岩土体产生的推力总和。

如不考虑桩前抗力，则桩应按悬臂式桩进行设计。当滑动面为圆弧面，桩前滑体的稳定性验算采用简化 Bishop 法时，可直接根据 R_F 的合力作用点考虑，R_F 对其产生的滑动力矩应小于桩前岩土体的剩余抗滑力矩，以此来考虑桩前滑体的稳定性。

c. 桩的抗滑阻力验算。

为了考虑桩间距过大时土体发生绕桩滑动的可能性，根据极限平衡理论，将桩的绕流阻力作为其最大的抗滑阻力。

假定：Ⅰ. 土层无限广阔并沿水平向对垂直桩作相对运动；Ⅱ. 土层为理想的凝聚材料或莫尔-库仑材料；Ⅲ. 桩表面绝对粗糙。在以上的假定下，推导出矩形和圆形截面桩的绕流阻力计算公式如下。

对于黏性土采用莫尔-库仑破坏准则，矩形截面桩的绕流阻力计算公式为：

$$q_c = (\sigma_c + \sigma_v)\left[\left(e^{\pi\tan\varphi} - K_a\right)a + 2(1-\sin\varphi)\tan\varphi\, e^{\left(\frac{\pi}{2}+\varphi\right)\tan\varphi} b\right] \tag{8-18}$$

式中 q_c——沿桩长方向单位长度的绕流阻力；

σ_c——黏聚压力，$\sigma_c = c/\tan\varphi$，c 为黏聚力；

σ_v——垂直压力；

K_a——主动土压力系数，$K_a = (1-\sin\varphi)/(1+\sin\varphi)$；

φ——土的内摩擦角；

a,b——桩垂直于滑动方向的宽度和平行于滑动方向的高度。

而圆形截面桩的绕流阻力计算公式为：

$$q_c = (\sigma_c + \sigma_v)\frac{(1-\sin\varphi)e^{\frac{\varphi\tan\varphi}{2}}}{4\tan^2\varphi + 1}\cdot \left\{ e^{\pi\tan\varphi}\left[3\tan\varphi\cos\mu + (2\tan^2\varphi - 1)\sin\mu + \sin\mu\right] + \left[3\tan\varphi\sin\mu + (2\tan^2\varphi - 1)\cos\mu - \frac{4\tan^2\varphi + 1}{1+\sin\varphi}\cos\mu\right]d \right\} \tag{8-19}$$

式中，$\mu = \frac{\pi}{4} + \frac{\varphi}{2}$，$d$ 为桩的直径。

当抗滑桩排成一排，两桩中心之间的距离超过下列临界间距 l_c 时：

$$l_c = \left(1 + \frac{1}{2}\tan\mu\, e^{\frac{\pi}{2}\tan\varphi}\right)a + \left(2e^{\mu\tan\varphi}\sin\mu\right)b \tag{8-20}$$

则绕流阻力的计算对于矩形截面桩仍如式(8-19)所示。但当间距再缩小时，阻力将增大，前面的计算公式不再适用，需进行数值计算。根据已有经验计算公式为：

$$\frac{q_r}{q_c} = 1 + (0.45 + 1.4\sin\varphi)\tan^2 \frac{\pi(1 - l/l_c)}{2} \tag{8-21}$$

式中 q_r——桩间距小于临界桩间距时，桩单位长度的绕流阻力。

对于圆形截面桩，如果按 0.8D 的方桩计算，则式(8-18)的计算结果将与直接按式(8-19)计算的结果十分接近。因此，对于间距小于临界间距的圆形截面桩，按 0.8D 的等效方桩计算绕流阻力。

以上各公式计算的是刚好发生绕流滑动时单位桩长上的抗滑阻力，总阻力可以按下式求出：

$$Q_r = \int_0^H q_r \mathrm{d}h \tag{8-22}$$

式中 H——从桩顶到滑动面的深度；

Q_r——所要求的单根桩能提供的最大阻滑力。

② 桩身内力与变形计算。

a. 地基系数。

在抗滑桩计算中的地基系数，目前根据岩层地质特征采用下述两种假定：

(a) 地层为较完整的岩层时，地基系数采用常数，不随深度而变化，通常用符号 K 表示，相应的计算方法称 K 法。

(b) 地基为密实土层或严重风化破碎岩层时，地基系数随深度而呈规律的变化，即相应于地基内深度为 y 处的水平方向地基系数 C_H 为：

$$C_H = m_H y \quad \text{（悬臂桩）} \tag{8-23}$$

或

$$C_H = A_H + m_H y \quad \text{（刚性桩）} \tag{8-24}$$

或

$$C_H = A_H + m_H y^n \quad \text{（弹性桩）} \tag{8-25}$$

其垂直方向地基系数为：

$$C_V = m_V y \quad 或 \quad C_V = A_V + m_V y \tag{8-26}$$

式中 A_H, A_V——常量；

m_H, m_V——水平及垂直方向地基系数的比例系数。

由于地基系数随深度而变化，比例系数通常以符号 m 表示，故相应的计算方法称为 m 法。

b. 桩的刚度。

抗滑桩受到滑坡推力后将发生一定的变形，其变形有两种可能：一是桩的位置虽然发生了偏离，但是桩轴仍保持原有的线形，桩周岩土发生了变形；二是桩的位置和轴线同时发生改变，即桩轴和桩周岩土同时发生变形。前一种桩称为刚性桩，后一种桩称为弹性桩，采用桩的埋置深度与桩的变形系数的乘积来区分。

当按 K 法计算(滑床为岩质)时，采用下式计算桩的变形系数 $\beta(\mathrm{m}^{-1})$：

$$\beta = \left(\frac{KB_P}{4EI}\right)^{\frac{1}{4}} \tag{8-27}$$

式中 K——侧向地基系数，不随深度而变化，$\mathrm{kN/m^2}$。

B_P——桩的计算宽度，m。

E——桩的弹性模量，kPa。

I——桩的截面惯性矩，m^4。

h——桩的埋置深度，m，当 $\beta h \leqslant 1.0$ 时，抗滑桩属于刚性桩；当 $\beta h > 1.0$ 时，抗滑桩属于弹性桩。

按 m 法计算（滑床为土质）时，采用下式计算桩的变形系数 $\alpha(m^{-1})$：

$$\alpha = \left(\frac{m_H B_P}{EI}\right)^{\frac{1}{5}} \tag{8-28}$$

式中　m_H——水平方向随深度而变化的地基系数，m^{-1}。

当 $\alpha h \leqslant 2.5$ 时，抗滑桩属于刚性桩；当 $\alpha h > 2.5$ 时，抗滑桩属于弹性桩。

对于刚性桩，一般将滑动面以上抗滑桩受力段所有的外力均按外荷载考虑，将滑坡推力和桩前滑动面上的抗力折算成的在滑动面上作用的弯矩 M_0 和剪力 Q_0 作为外荷载，将滑动面以下桩周围介质视为弹性体来计算侧向应力和土抗力，从而计算桩身的内力，如图 8-14 所示。

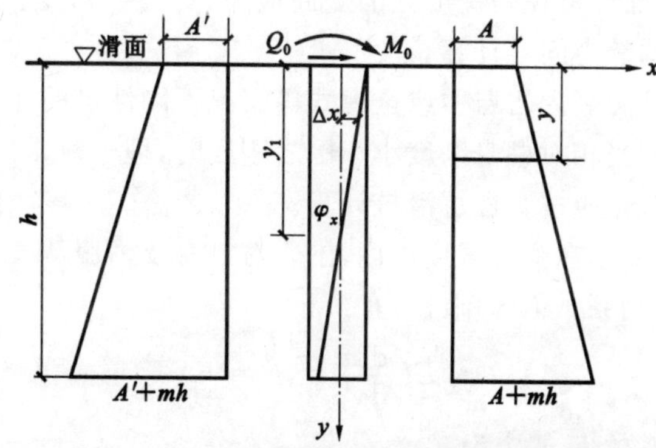

图 8-14　均质土体中刚性桩内力计算示意图

当抗滑桩锚固段位于均匀土层或风化破碎岩层中时，滑动面以下可采用相同的 m 值。当桩底为自由端时，其计算方法如下。

当滑动面处弹性抗力系数为一常数，且 $A=A'$ 时：

变位为：

$$\Delta x = (y_0 - y)\Delta\varphi \tag{8-29}$$

侧应力为：

$$\sigma_y = (A + my)(y_0 - y)\Delta\varphi \tag{8-30}$$

剪力为：

$$Q_y = Q_0 - \frac{1}{2}B_P\Delta\varphi A y(2y_0 - y) - \frac{1}{6}B_P m\Delta\varphi y^2(3y_0 - 2y) \tag{8-31}$$

弯矩为：

$$M_y = M_0 + Q_0 y - \frac{1}{12}B_P\Delta\varphi y^2[2A(3y_0 - y) + my(2y_0 - y)] \tag{8-32}$$

令 $\sum H = 0$，有：

$$\sigma_0 - \frac{1}{6}B_P\Delta\varphi h[3A(2y_0 - h) + mh(3y_0 - 2y)] = 0 \tag{8-33}$$

令 $\sum M = 0$，有：

$$M_0 + Q_0 y - \frac{1}{12}B_P\Delta\varphi h^2[2A(3y_0 - h) + mh(2y_0 - h)] = 0 \tag{8-34}$$

式中 h——滑动面下桩的埋深；

Q_0——作用于滑动面上的剪力；

M_0——作用于滑动面上的力矩；

A——滑动面处地层抗力系数；

y_0——旋转中心至滑动面距离；

φ——旋转角，rad；

B_P——桩的计算宽度，m；

m——地基系数随深度变化的比例系数。

依上可求得滑动面以下任一深度处的侧向应力、剪力和弯矩。滑动面以上桩体侧向应力、剪力和弯矩按结构静力问题计算。

同理，可以求得桩尖嵌入岩层中或全埋式等工况下刚性桩的计算公式。

对于岩床完整者，当相对桩身刚度小于围岩刚度时，埋于滑床部分的桩身受力后桩轴线会发生连续性曲线变形，应按弹性抗滑桩计算。

当桩周围岩体的变形在弹性限度以内，围岩对桩身反力服从文克勒定律时，桩身反力是变位 x 与地基弹性抗力系数 K 的乘积，有：

$$EI\frac{d^4x}{dy^4} = p = Kx \tag{8-35}$$

式中，地基弹性抗力系数 K 假定为：

$$K = A + my^n \tag{8-36}$$

式中 y——从滑动面沿桩轴向下的距离，m；

n——指数，当 n=0、0.5、1.0、2.0 时，K 值图形分别为矩形、抛物线形、三角形和反抛物线形，应根据不同岩性、坡体结构等分别选定。

弹性桩的计算方法有普通法、简化法（无量纲法）和有限单元法等。通常采用普通法。

③ 普通抗滑桩桩身内力与变形计算。

滑动面以上的桩身内力，根据滑坡推力和桩前滑坡体抗力计算。滑动面以下桩身内力，根据滑动面处的弯矩和剪力，以及地基的弹性抗力计算。

a. 滑动面以上桩身内力和变形计算。

滑动面以上桩所承受的外力为滑坡推力和桩前反力之差 E_x，其分布形式一般为三角形、梯形和矩形。内力计算时其按一端固定的悬臂梁考虑。锚固段顶点桩身弯矩 M_0、剪力 Q_0 为：

$$M_0 = E_x Z_x \tag{8-37}$$

$$Q_0 = E_x \tag{8-38}$$

式中 Z_x——桩上外力作用点至锚固段的距离,m。

图 8-15 所示荷载分布图形中,有:

$$\left.\begin{aligned} T_1 &= \frac{6M_0 - 2E_x H_1}{H_1^2} \\ T_2 &= \frac{6E_x H_1 - 12M_0}{H_1^2} \end{aligned}\right\} \quad (8\text{-}39)$$

当 $T_1 = 0$ 时,荷载分布为三角形;当 $T_2 = 0$ 时,荷载分布为矩形。

滑动面以上桩身各点的弯矩 M_y 和剪力 Q_y、水平位移 x_y 和转角 φ_y 按下式计算:

$$\left.\begin{aligned} M_y &= \frac{T_1 y^2}{2} + \frac{T_2 y^3}{6H_1} \\ Q_y &= T_1 y + \frac{T_2 y^2}{2H_1} \end{aligned}\right\} \quad (8\text{-}40)$$

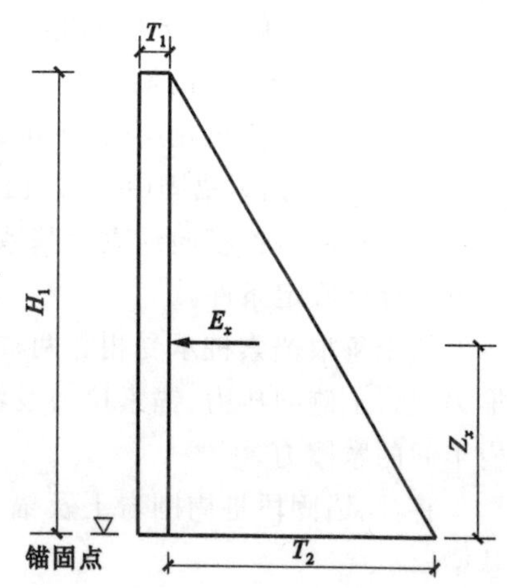

图 8-15 普通抗滑桩桩身内力与变形计算图

$$\left.\begin{aligned} x_y &= x_0 - \varphi_0(H_1 - y) + \frac{T_1}{EI}\left(\frac{H_1^4}{8} - \frac{H_1^3 y}{6} + \frac{y^4}{24}\right) + \frac{T_2}{EIH_1}\left(\frac{H_1^5}{30} - \frac{H_1^4 y}{24} + \frac{y^5}{120}\right) \\ \varphi_y &= \varphi_0 - \frac{T_1}{EI}(H_1^3 - y^3) - \frac{T_2}{24EIH_1}(H_1^4 - y^4) \end{aligned}\right\} \quad (8\text{-}41)$$

式中 y——锚固点以上桩身某点至桩顶的距离。

b. 滑动面以下桩身内力和变形计算。

滑动面以下桩身内力和变形按弹性地基梁计算。在计算滑动面以下桩身内力、位移和侧向压力时,桩的变形系数 α、β 为:

按 K 法计算时,$\beta=\left(\frac{K_H B_P}{4EI}\right)^{\frac{1}{4}}$,其锚固段长度为 βh。

按 m 法计算时,$\alpha=\left(\frac{m_H B_P}{EI}\right)^{\frac{1}{5}}$,其锚固段长度为 αh。

c. 桩的埋深计算。

桩的埋深应根据地基的侧向容许应力计算确定,为了计算方便,可先按经验选取,土质地基取桩长的 1/2,岩石地基取桩长的 1/3,然后根据验算进行适当调整。桩的埋深除应满足构造要求外,主要取决于侧壁的承载能力。因此,桩的埋深与地基的性状有关。

嵌入强风化层以下的最小深度 $h_{D,\min}$ 按下式计算:

$$\left.\begin{aligned} h_{D,\min} &= \frac{4Q_D + \sqrt{16Q_D^2 + 9.45\beta R_a M_D D}}{0.787\beta R_a D} \quad (\text{圆形桩}) \\ h_{D,\min} &= \frac{4Q_D + \sqrt{16Q_D^2 + 12\beta R_a M_D b}}{\beta R_a b} \quad (\text{矩形桩}) \end{aligned}\right\} \quad (8\text{-}42)$$

式中 R_a——饱水状态下岩石的无侧限抗压强度;

β——系数,β=0.5～1,当基岩节理发育时取小值,当节理不发育时取大值;

D——桩的直径;

b——桩顺墙长方向的宽度；

Q_D，M_D——桩的最大剪力和弯矩。

当基岩表面为风化层时，不考虑风化层对桩的作用，且埋置深度自基岩表面算起。

④ 预应力锚索锚固（抗滑）桩桩身内力与变形计算。

锚索锚固桩按横向约束地基系数法进行设计计算，方法如下。

a. 计算假定条件。

假定每根锚索桩承受相邻两桩滑坡推力或岩土侧向压力，作用于桩上的力主要有滑坡推力或岩土侧向压力、锚索拉力及锚固段桩周围岩土作用力，不计桩体自重、桩底反力及与岩土间的摩擦力。

将桩、锚固段桩周围岩土及锚索系统视为一整体，桩简化为受横向变形约束的弹性地基梁。

b. 锚索受力计算。

如图 8-16 所示，假定桩上设置有 n 排锚索，则桩为 n 次超静定结构，桩锚固段顶端 O 点处桩的弯矩 M_0 及剪力 Q_0 计算如下：

$$M_0 = M - \sum_{j=1}^{n} R_j L_j \tag{8-43}$$

$$Q_0 = Q - \sum_{j=1}^{n} R_j \tag{8-44}$$

式中 M，Q——滑坡推力或岩土压力作用于桩 O 点的弯矩、剪力；

R_j，L_j——第 j 排锚索拉力和锚拉点至 O 点的距离。

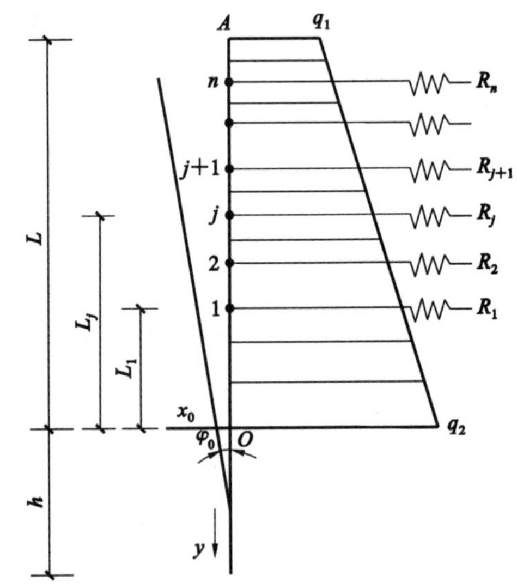

图 8-16 锚索桩结构计算图式

由位移变形协调原理可知，每根锚索伸长量 Δ_i 与该锚索所在点桩的位移 f_i 相等，由此可建立以下位移平衡方程。

$$\Delta_i = f_i \tag{8-45}$$

$$f_i = x_0 + \varphi_0 L_i + \Delta_{iq} - \sum_{j=1}^{n} \Delta_{ij} \tag{8-46}$$

$$\Delta_i = \delta_i (R_i - R_{i0}) \tag{8-47}$$

式中 x_0, φ——桩锚固段顶端 O 点处桩位移、转角；

Δ_{iq}, Δ_{ij}——滑坡推力(或岩土压力)、其他层锚索拉力 R_j 作用于 i 点桩的位移；

R_{i0}——第 i 根锚索的初始预应力；

δ_i——第 i 根锚索的柔度系数，即单位力作用下锚索的伸长量。

$$\delta_i = \frac{l_i}{N E_g A_s} \tag{8-48}$$

式中 l_i, A_s——锚索作用段长度及每束锚索截面面积；

E_g——锚索弹性模量；

N——每孔锚索束数。

当滑坡推力(或岩土压力)为梯形分布时，在其作用下，i 点桩位移为：

$$\Delta_{iq} = \frac{L^4}{120EI}[5q_1(3 - 4\xi_i + \xi_i^4) + q_0(4 - 5\xi_i + \xi_i^5)] \tag{8-49}$$

$$\xi_i = 1 - \frac{L_i}{L}, \quad q_0 = q_2 - q_1, \quad \Delta_{ij} = R_j \delta_{ij} \tag{8-50}$$

式中 δ_{ij}——第 i 根锚索拉力 R_j 作用于桩上 i 点的位移系数，可由结构力学中有关计算公式确定。

若 $j \geqslant i$，则：

$$\delta_{ij} = \frac{L_j^3}{6EI}(2 - 3\gamma + \gamma^3), \quad \gamma = 1 - \frac{L_j}{L_i}$$

若 $j < i$，则：

$$\delta_{ij} = \frac{L_j^2 L_i}{6EI}(3 - \gamma), \quad \gamma = \frac{L_j}{L_i}$$

由地基系数法(简化为多层 K 法)，可计算得：

$$x_0 = \frac{Q_0}{\beta^3 EI}\varphi_1 + \frac{M_0}{\beta^2 EI}\varphi_2 \tag{8-51}$$

$$\varphi_0 = \frac{Q_0}{\beta^2 EI}\varphi_2 + \frac{M_0}{\beta EI}\varphi_3 \tag{8-52}$$

式中 $\varphi_1, \varphi_2, \varphi_3$——桩的无量纲系数；

E, I——桩的弹性模量、截面惯性矩；

β——桩的变形系数。

$$x_0 + \varphi_0 L = \left(\frac{\varphi_1}{\beta^3 EI} + \frac{\varphi_2}{\beta^2 EI}L_i\right)Q_0 + \left(\frac{\varphi_2}{\beta^2 EI} + \frac{\varphi_3}{\beta EI}L_i\right)M_0 \tag{8-53}$$

令

$$A_i = \frac{\varphi_1}{\beta^3 EI} + \frac{\varphi_2}{\beta^2 EI}L_i \tag{8-54}$$

$$B_i = \frac{\varphi_2}{\beta^2 EI} + \frac{\varphi_3}{\beta EI}L_i \tag{8-55}$$

则：

$$x_0+\varphi_0 L=A_iQ_0+B_iM_0 \tag{8-56}$$

将上述相关公式代入式(8-47)，得：

$$A_i\left(Q-\sum_{j=1}^{n}R_j\right)+B_i\left(M-\sum_{j=1}^{n}R_jL_j\right)+\Delta_{iq}-\sum_{j=1}^{n}R_j\delta_{ij}=\delta_i(R_i-R_{i0}) \tag{8-57}$$

整理得：

$$\sum_{j=1}^{n}(A_i+B_iL_j+\delta_{ij})R_j+\delta_iR_i=A_iQ+B_iM+\Delta_{iq}+\delta_iR_{i0} \tag{8-58}$$

令

$$\xi_{ij}=A_i+B_iL_j+\delta_{ij} \tag{8-59}$$

$$C_i=A_iQ+B_iM+\Delta_{iq}+\delta_iR_{i0} \tag{8-60}$$

则：

$$\sum_{j=1}^{n}\xi_{ij}R_j+\delta_iR_i=C_i \tag{8-61}$$

根据式(8-61)求解，可确定各排锚索拉力 R_i 为：

$$R_i=\frac{D_K}{D} \tag{8-62}$$

其中：

$$D=\begin{bmatrix}\varepsilon_{11}+\delta_1 & \varepsilon_{12} & \cdots & \varepsilon_{1j} & \cdots & \varepsilon_{1n}\\ \varepsilon_{21} & \varepsilon_{22}+\delta_2 & \cdots & \varepsilon_{2j} & \cdots & \varepsilon_{2n}\\ \vdots & \vdots & & \vdots & & \vdots\\ \varepsilon_{n1} & \varepsilon_{n2} & \cdots & \varepsilon_{nj} & \cdots & \varepsilon_{nn}+\delta_n\end{bmatrix} \tag{8-63}$$

$$D_K=\begin{bmatrix}\varepsilon_{11}+\delta_1 & \varepsilon_{12} & \cdots & \varepsilon_{1(j-1)} & \cdots & \varepsilon_{1(j+1)} & \cdots & \varepsilon_{1n}\\ \varepsilon_{21} & \varepsilon_{22}+\delta_2 & \cdots & \varepsilon_{2(j-1)} & \cdots & \varepsilon_{2(j+1)} & \cdots & \varepsilon_{2n}\\ \vdots & \vdots & & \vdots & & \vdots & & \vdots\\ \varepsilon_{n1} & \varepsilon_{n2} & \cdots & \varepsilon_{n(j-1)} & \cdots & \varepsilon_{n(j+1)} & \cdots & \varepsilon_{n}+\delta_n\end{bmatrix} \tag{8-64}$$

c. 桩身内力计算。

(a) 非锚固段 OA 桩内力。

令

$$L_0=0,\quad L_n+1=L,\quad R_n+1=0$$

当 $y=L-L_i$ 时，取 $k=n+1-i(i=1,2,3,\cdots,n+1)$，则有：

$$\left.\begin{aligned}Q_y^-&=Q(y)-\sum_{j=1}^{k}R_{n+2-j}\\ Q_y^+&=Q(y)-\sum_{j=1}^{k}R_{n+1-j}\\ M_y&=M(y)-\sum_{j=1}^{k}R_{n+1-j}[y-(L-L_{n+1-j})]\end{aligned}\right\} \tag{8-65}$$

当 $L-L_{i-1}>y\geqslant L-L_i$ 时，取 $k=n+2-i(i=1,2,3,\cdots,n+1)$，则有：

$$\left.\begin{aligned}Q_y &= Q(y) - \sum_{j=1}^{k} R_{n+2-j} \\ M_y &= M(y) - \sum_{j=1}^{k} R_{n+2-j}\left[y - (L - L_{n+2-j})\right]\end{aligned}\right\} \tag{8-66}$$

式中 Q_y,M_y——桩身剪力、弯矩；

$Q(y)$,$M(y)$——仅岩土压力作用于桩上的剪力、弯矩；

k——从桩顶往下数锚索支承点个数。

(b) 锚固段桩身内力。

锚固段桩身内力计算与非锚索一致。

对于嵌岩桩，即桩底嵌固于未风化岩层内有足够深度的桩，可以认为桩底不会发生位移及转动，桩底边界条件可视为固定支承，桩底至基岩顶面(或滑动面)之间的周围岩(土)体可视为弹性支承。这样，预应力锚索嵌岩锚固(抗滑)桩的受力模型就变成顶端为一有限弹性支承、底端固定并置于弹性地基上的梁。对于置于非岩石地基上的锚索桩，或桩底嵌岩深度较小的预应力锚索桩，桩预受力边界条件与嵌岩桩相同，桩底边界条件可以认为只是绕某一点发生转动，而不会发生水平位移，桩底至滑动面或基岩石面之间的周围土体或岩体可视为弹性支承。这样，对于置于非岩石地基上的预应力锚索桩，或嵌岩深度较小的预应力锚索桩，受力模型就变成桩顶为一有限弹性支承、桩底铰支并置于弹性地基上的梁。

d. 锚固段基岩的稳定性计算。

锚固段基岩的稳定性，是关系整体工程成败的关键。因此，对基岩的岩性、产状、节理裂隙的发育情况、风化程度、破碎状况等都要进行详细的了解，确保锚固段有足够的锚固力。

岩体的稳定性，以锚固段底端为顶点，扩散成顶角为 90°的椎体计算抗拉强度，参照下列经验公式计算：

$$T = \frac{1}{3}\pi r^2 h\rho k_3 + \pi rc\,\frac{hk_3}{\cos45^\circ} \tag{8-67}$$

式中 r——扩散角与嵌岩面交点至锚索中心线的垂直距离；

h——倒锥体的高度；

ρ——岩体的重度；

c——岩体的黏结力；

k_3——系数，与地层岩体的性质有关，取 $k_3=0.5\sim0.7$。

锚固段岩体的稳定性一般不起控制作用，但要特别注意锚索孔孔底附近是否存在贯通的节理或裂隙，若存在贯通的节理或裂隙则应采取措施。如将锚索孔打得深浅不一，不能使所有孔底在节理或裂隙的同一侧，或需对裂隙进行注浆固结处理。

⑤ 地基强度校核和桩身变位控制。

对于较完整的岩质岩层和半岩质岩层的地基，桩的最大横向压应力 σ_{max} 应不大于地基横向容许承载力。地基的横向容许承载力可按下式计算：

$$[\sigma] = K_{RH}\eta R \tag{8-68}$$

式中 K_{RH}——水平方向的换算系数，根据岩层构造，可采用 0.5～1.0；

η——折减系数，根据岩层裂缝、风化及软化程度，可采用 0.3～0.45；

R——岩石单轴抗压极限强度，kPa。

桩身作用于围岩的侧向压应力，一般不大于容许强度。必要时，桩周围岩体的侧向容许抗压强度可直接在现场获得，一般按岩石的完整程度、层理或片理产状、层间胶结物的胶结程度、节理裂隙的密度和填充物、各种构造裂面的性质和产状及其贯通等情况，分别采用垂直允许抗压强度的50%～100%。当围岩为密实土或砂层时，其值为垂直允许抗压强度的50%，较完整的半岩质岩层为60%～75%，块状或厚层裂隙少的岩层为75%～100%。

对于一般土层或风化成土、砂砾状的岩层地基，抗滑桩在侧向荷载作用下发生转动变形时，桩前的土体产生被动土压力，而桩后的土体产生主动土压力。桩身对地基土体的侧向压应力一般不大于被动土压力与主动土压力之差。

对于埋入式抗滑桩，当地面无横坡或横坡较小时，如图8-17所示，地基 y 点横向容许承载力可按下式计算：

$$\begin{aligned}[\sigma_H] &= \sigma_b - \sigma_a \\ &= \left[\gamma h \tan^2\left(45^\circ + \frac{\varphi}{2}\right) + 2c\tan\left(45^\circ + \frac{\varphi}{2}\right)\right] - \\ &\quad \left[\gamma h \tan^2\left(45^\circ - \frac{\varphi}{2}\right) - 2c\tan\left(45^\circ - \frac{\varphi}{2}\right)\right] \\ &= \frac{4[(\gamma_1 h_1 + \gamma_2 y)\tan\varphi + c]}{\cos\varphi}\end{aligned} \tag{8-69}$$

式中 $\sigma_b, \sigma_a, [\sigma_H]$——被动土压力、主动土压力、地基的横向容许承载力；

γ_1, γ_2——滑动面以上土的重度和滑动面以下土的重度；

φ, c——滑动面以下土体的内摩擦角和黏聚力；

h_1, y, h——设桩处滑动面至地面的距离、滑动面至计算点的距离和地基至计算点的距离。

当地面横坡较大且 $i<\varphi_0$ 时，见图8-17(b)，地基 y 点的横向容许承载力可按下式计算，为简化公式推导，采用综合内摩擦角。

$$[\sigma_H] = 4(\gamma_1 h_1 + \gamma_2 y)\frac{\cos^2 i\sqrt{\cos^2 i - \cos^2\varphi_0}}{\cos^2\varphi_0} \tag{8-70}$$

式中 φ_0——滑动面以下土体的综合内摩擦角。

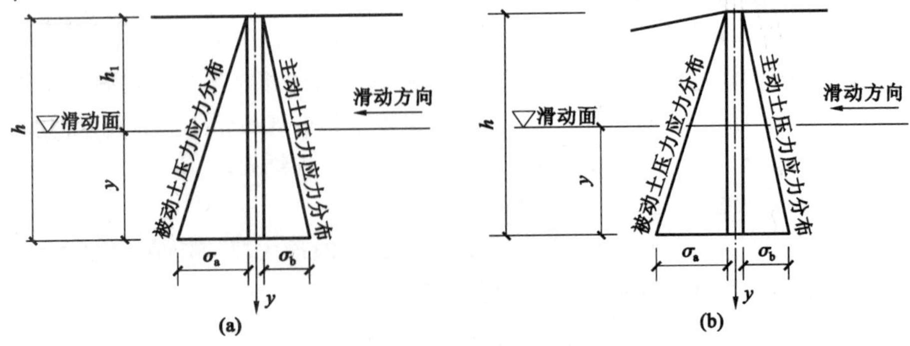

图8-17 埋入式抗滑桩土质地基横向容许承载力计算图式

(a) 地面无横坡或横坡较小；(b) 地面横坡较大

对于悬臂式抗滑桩，当地面无横坡或横坡较小时，见图 8-18(a)，地基 y 点横向容许承载力可按下式计算：

$$[\sigma_H] = 4\gamma_2 y \frac{\tan\varphi_0}{\cos\varphi_0} - \gamma_1 h_1 \frac{1-\sin\varphi_0}{1+\sin\varphi_0} \tag{8-71}$$

当地面横坡较大且 $i<\varphi_0$ 时，见图 8-18(b)，地基 y 点的横向容许承载力可按下式计算，为简化公式推导，采用综合内摩擦角。

$$[\sigma_H] = 4\gamma_2 y \frac{\cos^2 i\sqrt{\cos^2 i-\cos^2\varphi}}{\cos^2\varphi} - \gamma_1 h_1 \cos i \frac{\cos i-\sqrt{\cos^2 i-\cos^2\varphi}}{\cos i+\sqrt{\cos^2 i-\cos^2\varphi}} \tag{8-72}$$

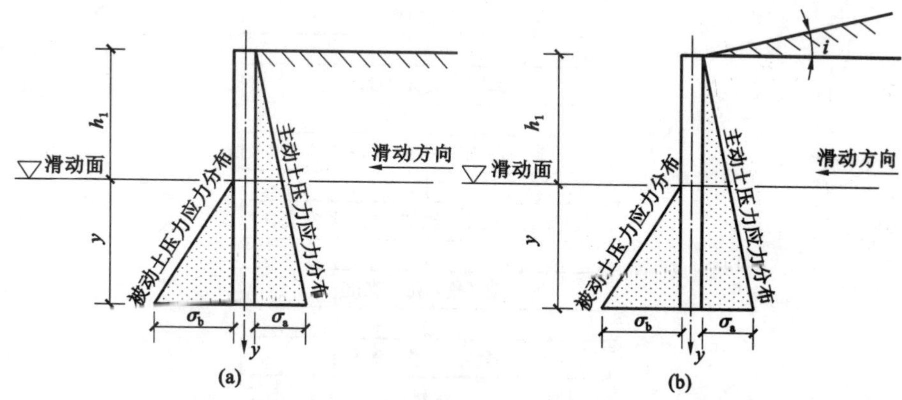

图 8-18 悬臂式抗滑桩土质地基横向容许承载力计算图式

(a) 地面无横坡或横坡较小；(b) 地面横坡较大

围岩在不同部位的极限抗压强度，一般都尽可能通过取代表样品做试验确定，其垂直容许值常为极限值的 1/10～1/4，对于软弱或破碎岩层一般采用较大的系数，对坚硬岩层则取小值。

如桩身作用于地基地层的侧向压应力大于围岩的容许强度，则需调整桩的埋深或截面尺寸和间距，重新设计；但对围岩强度随深度而逐渐增大的情况，可容许在滑动面以下 1.5 m以内产生塑性变形现象，而在塑性变形深度内围岩抗力采用其侧向容许值，故对于一般土层或风化成土、砂砾状的岩层地基，也可只验算滑动面以下深度为 $h_2/3$ 和 h_2(滑动面以下桩长)处的横向压应力是否小于相应的容许压应力。

抗滑桩锚固深度的计算，除应满足强度要求外，地面处桩的水平位移还不宜大于 10 mm。当桩的变形需要控制时，应考虑最大变形量不超过容许值。根据经验可知，抗滑桩的锚固深度一般为总长的 1/3～1/2，对于完整的基岩，约为 1/4。

8.3.3 施工流程

(1) 施工程序

抗滑桩施工多采用机械成孔或人工成孔，现场灌注混凝土施工。

灌注桩是一项质量要求高，施工工序较多，并需在短时间内连续完成的地下隐蔽工程。因此，施工应按程序进行；应备齐技术资料，编制施工组织设计，做好施工准备；应按设计要求、有关规范、规程及施工组织设计，建立各工序的施工管理制度；施工、监理、设计和业主各方应管理到位，监控到位，技术服务的技术跟踪到位，以保证施工有序、快速、高质地进行。

灌注桩施工的一般程序如图 8-19 所示。

灌注桩施工一般应先进行试成孔施工，试成孔的数量不少于 2 个，以便核对地质资料，检验所选的设备、施工工艺以及技术要求是否适宜，同时检验并修正施工技术参数。当出现缩颈、坍孔、回淤、吊脚或出现流砂、地下水量大等情况，不能满足设计要求，或增加了施工难度达不到工期要求时，应重新制订施工方案，考虑新的施工工艺，甚至选择更适合的桩型。

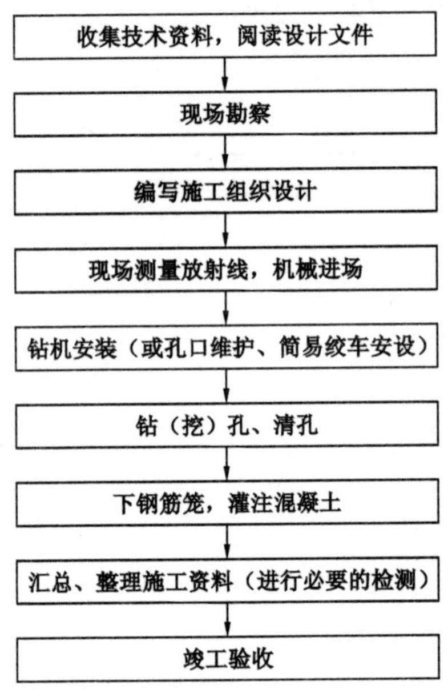

图 8-19 灌注桩施工程序框图

(2) 工艺选择

设桩工艺又称为成孔方法或成孔工艺。灌注桩的施工方法较多，抗滑桩施工常用的是非挤土灌注桩类型。正确、恰当地选择设桩工艺，才能保证施工质量和施工工期。各种设桩工艺适用范围及特点见表 8-9。

表 8-9 各种设桩工艺适用范围及特点

序号	成孔方法	适用范围			对环境的影响
		孔径/mm	孔深/m	土层	
1	人工推钻或机械推钻	600～1600	30～40	黏性土，砂类土，含少量砂砾(粒径小于 10 cm，含量低于 30%)的土	振动小，不需泥浆
2	人工挖孔	800～4000	≤25	各种土石	无噪声，不需泥浆
3	潜水钻成孔	450～4500	≤80	淤泥腐殖土，粉砂，砂类土	振动小，需泥浆
4	正循环钻成孔	400～2500	≤50	黏性粉砂，细、中、粗砂，含少量卵石、砾石的土，软岩	振动小，需泥浆
5	反循环钻成孔	400～4000	≤90	黏性土，砂类土，含少量砾石、卵石的土，软岩	振动小，需泥浆

续表

序号	成孔方法	适用范围			对环境的影响
		孔径/mm	孔深/m	土层	
6	钻斗钻成孔	800～1500	≤40	淤泥质土，黏性土，粉土	有振动，不需泥浆
7	冲抓锥成孔	1000～2000	20～30	淤泥，密实黏土，砂类土，砂砾，卵石	振动大，不需泥浆
8	冲击实心锥成孔	800～2000	≤50	黏性土，砂类土，砾、卵、漂石，软岩	有振动，需泥浆

设桩工艺选择时，应根据具体的地质情况、桩径和桩长、工期要求，并结合机具设备供应情况和各种设桩（成孔）工艺的适用范围和优缺点，灵活、正确地选用。

（3）质量控制

① 一般要求。

抗滑桩是一项质量要求高的工程。抗滑桩的施工质量直接关系到工程的成败。因此，控制施工质量特别重要。施工时必须坚持质量第一的原则，推行全面质量管理。

抗滑桩多采用灌注桩，要特别把好成孔（包括钻孔和清孔）、下钢筋笼和灌注混凝土等几道关键工序。每一道工序完毕后，均应及时进行质量检验，上一道工序不清，下一道工序就不能进行，以免留存隐患。

施工时每一工地应设专职质量检验员，对施工质量进行全面检查监督，质量责任落实到人，落实到每一根桩。灌注桩的质量控制，主要是指钻孔、清孔，钢筋笼制作、安放，混凝土配制、灌注等工艺、工序的质量标准和控制方法，应以设计文件和国家或行业标准为准，制定出切合工程实际和易于操作的具体标准和要求。

② 质量检验及质量标准。

灌注桩钻、挖孔在终孔和清孔后，应进行孔位和孔深检验。孔径、孔形和倾斜度宜采用专用仪器测定，或采用外径为钻孔钢筋笼直径加 100 mm（不大于钻头直径）、长为 4～6 倍桩径的钢筋检孔器吊入钻孔内检测。钻、挖成孔的质量标准见表 8-10，施工允许误差可参考表 8-11。

表 8-10 钻、挖孔的质量标准

项目	允许偏差
孔的中心位置/mm	群桩：100；单排桩：50
孔径/mm	不小于设计桩径
倾斜度	钻孔：小于 1%；挖孔：小于 0.5%
孔深	不小于设计规定
沉淀厚度	符合设计要求，或桩径不大于 1.5 mm，沉淀不大于 300 mm 桩径大于 1.5 mm，或桩长大于 40 m，沉淀不大于 500 mm
清孔后泥浆指标	相对密度：1.03～1.10；黏度：17～20 Pa・s；含砂率：小于 2%；胶体率：大于 98%

表 8-11 灌注桩施工允许误差(JGJ 94—2008)

序号	成孔方法		桩径偏差/mm	垂直允许偏差/%	桩位允许偏差/mm	
					单桩或垂直于轴线方向	沿轴线方向
1	泥浆护壁冲(钻)孔桩	$d \leqslant 1000$	≤−50	1	$d/16$ 且不大于 100	$d/4$ 且不大于 150
		$d>1000$	−50	1	$100+0.01H$	$150+0.01H$
2	振动冲击沉管成孔	$d \leqslant 500$	−20	1	70	150
		$d>500$	−20	1	100	150
3	螺旋钻、机动洛阳铲干作业成孔灌注桩		−20	1	70	150
4	人工挖孔桩	现浇混凝土护壁	±50	0.5	50	150
		长钢套护壁	±20	1	100	200

桩径检测可用专用球形孔径仪、伞形孔径仪和超声波孔壁测定仪等测定;孔深用专用测绳测定,钻深可由核定钻杆和钻头长度来测定;孔底沉淀厚度可用 CZ-IIB 型沉渣测定仪测定;桩位允许偏差可用经纬仪、钢尺和定位圆环测定;垂直度偏差可用定位圆环、测锤和测斜仪测定。

钢筋笼的制作允许偏差见表 8-12。

表 8-12 钢筋笼制作允许偏差

项次	项目	允许偏差/mm
1	主筋间距	±10
2	箍筋间距或螺旋筋螺距	±20
3	钢筋笼直径	±10
4	钢筋笼长度	±50

钢筋笼吊放入孔位置容许偏差:钢筋笼定位高程为±50 mm,钢筋笼中心与桩中心偏差为 10 mm。钢筋笼主筋保护层允许偏差:水下灌注混凝土为±20 mm,非水下灌注混凝土为±10 mm。钢筋笼主筋的焊接接头、接头间距、焊接长度或其他接长方法,均应符合钢筋混凝土结构的相关规定。

③ 施工质量控制要点。

孔位:在现场地面设十字形控制网、基准点,随时复测、校核。

成孔:成孔设备就位后,必须平正、稳固,确保在施工中不发生倾斜、移动和松动。要求现场施工和管理人员充分了解、熟悉成孔工艺、施工方法,有事故预防措施和事故处理方案。同时,规范施工现场管理。

钢筋笼制作:采用卡板成型法或支架成型法。加强箍筋,直径应加大或适当加密。加强筋与主筋定位后,在交接点处点焊固定;对直径较大(2 m 以上)的桩,加强筋可考虑用角钢或扁钢,以增大钢筋笼的刚度,或在钢筋笼内设临时支撑梁。在钢筋笼主筋外侧设钢筋定位器，以控制主筋的保护层厚度和钢筋笼的中心偏差。钢筋笼沉放时，要对准孔位，扶稳，缓慢放入孔中，避免碰撞孔壁；到位后，立即固定。

混凝土灌注：混凝土的配合比严格按混凝土施工规范确定，严格控制其坍落度。一般采用直长导管法（孔内水下灌注）或串筒法（孔内无水灌注）进行连续灌注，成孔质量合格后尽快灌注。灌注充盈系数，一般土控制为1.1，软土控制为1.2～1.3。直径大于1 m的桩应每根桩留有1组试件，且每个台班不得少于1组试件。灌注时高度适当超过桩顶设计高程。当桩的尺寸较大又采用人工成孔时，可考虑采用人工入孔振捣混凝土，以提高桩的浇筑质量。

检测：桩施工后，为检查桩的质量，应进行必要的检测。对桩混凝土质量可采用超声检测、振动检测、钻孔取芯检测、电动激振器检测、水电效应检测等。在有条件的情况下或对于大型滑坡工程，应考虑采用试桩检测。

试桩分鉴定性试桩和破坏性试桩。鉴定性试桩的荷载为设计荷载的1.2～1.5倍，可在一般桩上进行。破坏性试桩的荷载可分级加荷，直到桩破坏，应在专供试验用的桩上进行。

8.4 SNS柔性安全防护系统 >>>

SNS(Safety Netting System)柔性安全防护系统是利用钢丝绳网作为主要构成部分，并以覆盖（主动防护）和拦截（被动防护）两大基本类型来防治各类斜坡坡面地质灾害、爆破飞石、泥石流和岸坡冲刷的柔性安全防护系统技术和产品。其被动防护系统于1956年首先由瑞士布鲁克集团研制开发并应用于雪崩防护。之后随着科学技术和经济建设的不断发展，特别是进入20世纪80年代后，经过工程技术人员不断的实践和探索，该系统在技术上已日趋完善，形成了一种成熟的柔性防护新技术，产品类型也愈来愈多并实现了标准化，在斜坡安全防护特别是崩塌落石防护领域得到了大量的推广应用。该系统技术自1995年引入我国以来，在短短的几年时间里，已成功地应用于国内铁路、公路、水电站、矿山和市政工程的大量工点，解决了传统防治措施难以解决的大量难题。

坡面地质灾害防治的目的并不是一定要阻止灾害（自然现象）的发生，而是一定要阻止其带来的危害。因此，可从防止灾害发生（主动防护）和避免造成危害（被动防护）两个方面考虑，具体方法的选取主要取决于对有关现场灾害类型特征的正确确定及其风险水平评估、防治工程投资和维护费用等因素。

SNS柔性安全防护系统可分为主动防护系统和被动防护系统两大类。主动防护系统是将以钢丝绳网为主的各类柔性网覆盖或包裹在需防护的斜坡或危石上，以限制坡面上岩土体的风化剥落或破坏以及危岩崩塌，或者将落石运动控制在一定范围内。其后一功能本质上应归为被动防护，但在SNS系统中由于其结构形式与主动防护系统相似，因此为叙述和分类方便，仍将其归为主动防护，并将两者分别称为标准主动防护和主-被动防护而加以区分。被动防护系统是将以钢丝绳网为主的栅栏式柔性拦石网设置于斜坡上一定位置处，用于拦截斜坡上的滚落石以避免其破坏保护的对象，当设置于泥石流区内时，便可形成拦截泥石流体内固体大颗粒的柔性格栅坝。

8.4.1 SNS 主动防护系统

(1) 基本类型及功能特点

SNS 主动防护系统通过锚杆和支撑绳固定方式将钢丝绳网和(或)格栅网覆盖在有潜在地质灾害的坡面上,从而实现防护的目的,如图 8-20 所示。主动防护系统按用途、防护能力和结构形式的不同分为标准主动防护系统和主-被动防护系统。

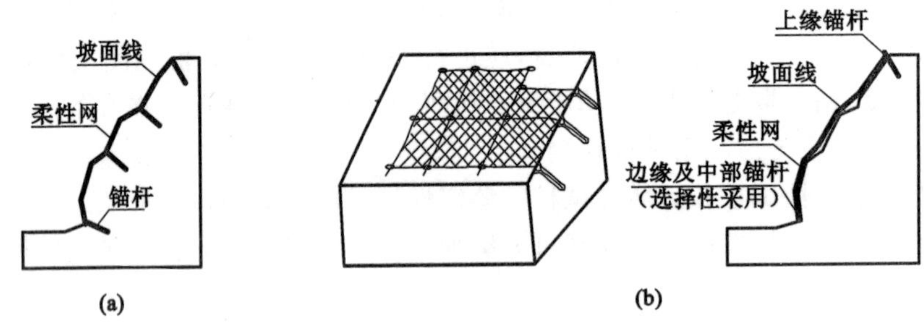

图 8-20 SNS 主动防护系统示意图

(a) 标准主动防护系统;(b) 主-被动防护系统

图 8-20(a)所示为标准主动防护系统,常用于坡面崩塌、风化剥落、溜坍、溜滑或塌落类地质灾害的防护,其固定系统由锚杆和锚杆间的支撑绳构成。其通过固定在锚杆或支撑绳上并施以一定预张拉的钢丝绳网和(或)格栅网,对整个边坡形成连续支撑,其预张拉作业使系统尽可能紧贴坡面,并形成了阻止局部岩土体移动或在发生细小位移后将其裹缚于原位附近的预应力,从而实现其主动防护(加固)的功能。该系统在施工工艺上为确保其尽可能紧贴坡面,锚杆孔口应开凿孔口凹坑,使与支撑绳相连的钢丝绳锚杆的外露环套不高出坡面。该系统在作用原理上类似于喷锚支护和锚钉墙等面层护坡体系,但因其柔性特征能使系统将局部集中荷载向四周均匀传递以充分发挥整个系统的防护能力,从而使系统能承受较大的荷载,且由于系统的敞开性,地下水可以自由排泄,避免了因地下水压力的升高而引起的边坡失稳。该系统除能稳定边坡外,还能抑制边坡遭受进一步的风化剥蚀,且对坡面形态、特征无特殊要求,不破坏和改变坡面原有的地貌形态和植被生长条件。其敞开特征在一定条件下可允许配套实现坡面人工植被防护,绿色植物能够在其敞开的空间内自由生长,植物根系的固土作用与坡面防护系统结为一体,从而抑制坡面破坏和水土流失。

图 8-20(b)所示为主-被动防护系统,在形式上与标准主动防护系统相似,但发挥的是被动防护作用。其与标准主动防护系统的主要差别在于无须进行系统锚固和预张拉来确保系统尽可能地紧贴坡面,仅需自然覆盖(披挂)于坡面或使系统离坡面一定距离悬空覆盖。其允许落石在系统与坡面构成的相对封闭空间内有控制地顺坡面滚落,直至坡脚或坡上平台而不危及安全防护区域,对崩塌落石发生区域集中、频率较高的高陡边坡是一种非常有效的防护方法。它与被动防护系统相比的主要优点在于清理工作十分简便,并可避免被动防护系统防护高度不足时可能发生的落石飞越,且在边坡高度不太大时。该方法更为经济,两者在一定条件下可配合应用。该系统除主要用作崩塌落石防护外,还可用作爆破飞石防护。

(2) 结构配置及防护功能

SNS 主动防护系统按构成材料的不同,可分为钢丝绳网系统、TECCO(特种钢丝格栅)

系统和铁丝格栅(普通钢丝格栅)系统三类。其中,钢丝绳网系统和铁丝格栅系统,通过钢丝绳锚杆和支撑绳固定方式,将钢丝绳网、铁丝绳网或针丝格栅网覆盖在有潜在崩塌落石灾害的坡面上,从而实现防护的目的。表 8-13 列出了主动防护系统的分类特征及其防护功能。

表 8-13 **主动防护系统分类(据阳友奎,2000)**

分类	网型	固定方式	防护功能
GAR1	钢丝绳网	边沿锚固+支撑绳+缝合绳	落石(主-被动防护系统,限制落石运动范围)
GAR2	钢丝绳网	系统锚固+纵横向支撑绳+缝合绳,孔口凹坑+张拉	坡面加固,抑制大块崩塌和风化剥落、溜坍、溜滑
GPS1	钢丝绳网+格栅	同 GAR1	同 GAR1(有小块落石时选用)
GPS2	钢丝绳网+格栅	同 GAR2	同 GAR2(有较小危石块体时选用,标准主动防护系统)
GPS3	钢丝绳网+格栅+喷种草籽	同 GPS2	同 GPS2+抑制水土流失+坡面绿化
GER1	格栅	同 GAR1,但用铁线缝合	同 GAR1(落石块体较小时选用)
GER2	格栅	同 GAR2,但用铁线缝合	同 GER1,但防护能力略强
GES1	格栅+喷种草籽	同 GER1	同 GER1+抑制水土流失+坡面绿化
GES2	格栅+喷种草籽	同 GER2	同 GER2+抑制水土流失+坡面绿化

(3) 施工工艺

① 清除坡面防护区域内威胁施工安全的浮土及浮石,对不利于施工安装和影响系统安装后正常功能发挥的局部地形(局部堆积体和凸起体等)进行适当修整。

② 根据地形条件放线测量确定锚杆孔位,孔间距可有 0.3 m 的调整量,在孔间距允许的调整量范围内,尽可能在低凹处选定锚杆孔位;对非低凹处或不能满足系统安装后尽可能紧贴坡面的锚杆孔(一般连续悬空面积不得大于 5 m^2,否则宜增设长度不小于 1.0 m 的局部锚杆,该锚杆可采用直径不小于 ϕ16 mm 的带弯钩的钢筋锚杆或直径不小于 2ϕ12 的双股钢绳锚杆),应在每一孔位处凿一深度不小于锚杆外露环套长度的凹坑,一般口径为 20 cm,深 20 cm。

③ 按设计深度钻凿锚杆孔并清孔,孔深应大于设计锚杆长度 5~10 cm,孔径不小于 42 mm;当受凿岩设备限制时,构成每根锚杆的两股钢绳可分别锚入两个孔径不小于 35 mm 的锚孔内,形成人字形锚杆。两股钢绳间夹角为 15°~30°,以达到同样的锚固效果;当局部孔位处因地层松散或破碎不能成孔时,可以采用断面尺寸不小于 0.4 m×0.4 m 的 C15 混凝土基础置换不能成孔的岩土段。

④ 注浆并插入锚杆,采用标号不低于 M20 的水泥砂浆,宜用灰砂比为 1∶1.2~1∶1,水灰比为 0.45~0.50 的纯水泥浆,水泥宜用 42.5 号普通硅酸盐水泥,优先选用粒径不大于 3 mm的中细砂,确保浆液饱满,在进行下一道工序前注浆体养护不少于 3 d。

⑤ 安装纵、横向支撑绳，拉紧后两端各用2～4个(支撑绳长度小于15 m时为2个，大于30 m时为4个，其间为3个)绳卡与锚杆外露环套固定连接。

⑥ 从上至下铺格栅网，格栅网间重叠宽度不小于5 cm，两张格栅网间以及必要时格栅网与支撑绳间用ϕ1.5 mm铁丝进行扎结。当坡度小于45°时，扎结点间距一般不得大于2 m；当坡度大于或等于45°时，扎结点间距一般不得大于1 m(有条件时本工序可在前一工序前完成，即将格栅网置于支撑绳之下)。

⑦ 从上至下铺设钢丝绳网并缝合，缝合绳为ϕ8 mm钢丝绳，每张钢丝绳网均用一根长约31 m(或27 m)的缝合绳与四周支撑绳进行缝合并预张拉，缝合绳两端各用两个绳卡与网绳进行固定联结。

8.4.2 SNS被动防护系统

(1) 基本类型及功能特点

SNS被动防护系统是一种能拦截和堆存落石的柔性拦石网。图8-21所示为四类结构形式的SNS被动防护系统横断面示意图，并列出了其标准化的能量分级。图8-22所示为迄今国内应用最多的RX-050型SNS被动防护系统结构示意图。其主要技术基础背景和功能特点如下：① 与传统拦挡结构的主要差别在于，系统的柔性和强度足以吸收和分散传递预计的落石冲击动能并使系统受到的损伤最小，一改传统的刚性或低强度低柔性结构为高强度柔性结构，以实现系统防护功能的最大化和维护工作量的最小化；② 以落石的冲击动能作为主要的设计参数，避开了传统结构设计中以荷载作为主要设计参数时所存在的冲击动荷载难以确定的问题，已开发完善了足以适应各种形式和规模崩塌落石的不同标准化形式(RX型、CX型、AX型和CAN型)，其防护能量一般为40～2350 kJ，并已能对高达5000 kJ的更高能级进行特殊设防；③ 系统产品的开发和定型以大量的现场试验为基础，并由此实现了系统各构成部件的标准化均衡设计，它能在系统的设计弹性范围内安全地吸收落石的动能，并将其转化为系统的变形能而加以消散，且这种功能基本上与落石在网上的冲击点位置无关，给系统的设计选型和标准化带来了极大的方便；④ 在设计上不仅考虑了安装的便捷，还考虑了在悬崖这样的恶劣地形条件下能实现安装，即用少量的锚杆和少量的开挖来实现快速的施工安装；⑤ 系统部件全部实行标准化的工厂生产，现场施工除少量的以锚杆安装为主的基础施工外，主要为积木式的装配作业，施工安装和维修人员仅需要少量常规简单机具即可进行系统的安装、维修和部件更换；⑥ 系统的结构和基础形式简单，对各种复杂地形具有极强的适应性。

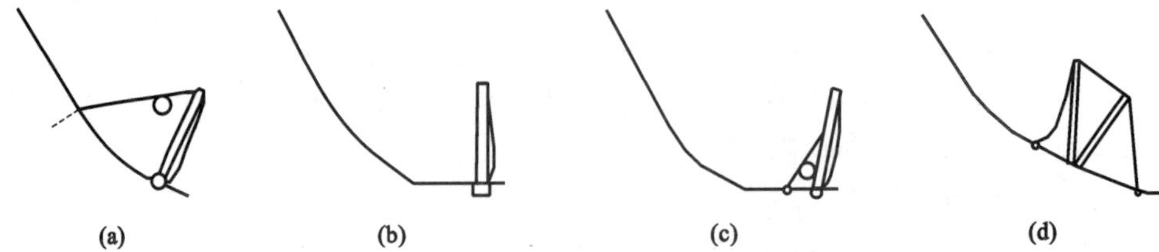

图8-21 SNS被动防护系统横断面示意图及其标准能级

(a) RX型；(b) AX型；(c) CX型；(d) CAN型

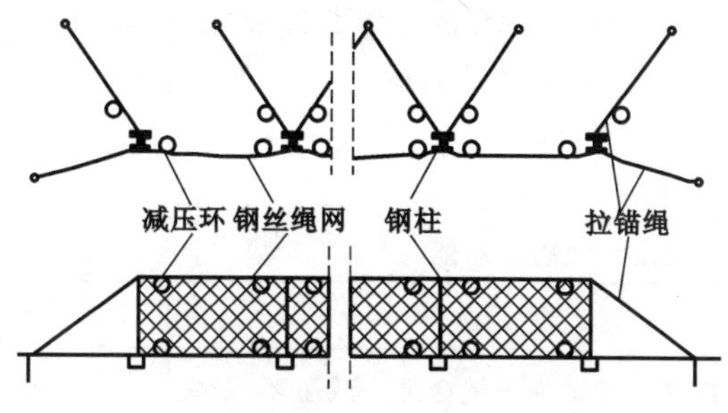

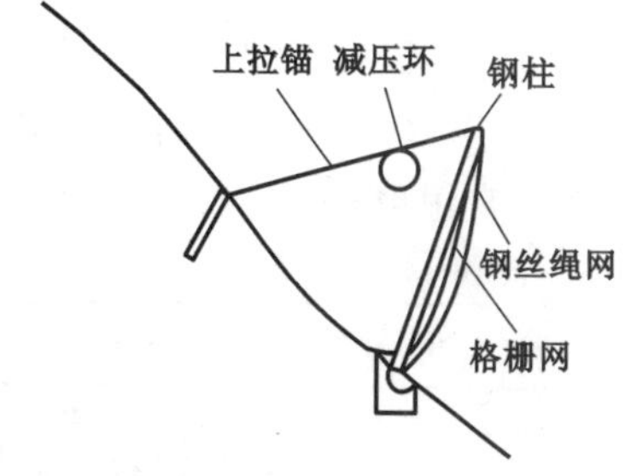

图 8-22 RX-050 型 SNS 被动防护系统示意图

整个系统由钢丝绳网(需拦截小块落石时附加一层铁丝格栅)、固定系统(锚杆、拉锚绳、基座和支撑绳)、减压环和钢柱四个主要部分构成,系统的柔性主要来自于钢丝绳网、支撑绳和减压环等结构,且钢柱与基座间也采用可动联结以确保整个系统的柔性匹配。

① 钢丝绳网:钢丝绳网是系统的主要构成部分,且往往是遭受冲击的第一部分,必须将来自落石的冲击力传递到支撑绳、拉锚绳等其他部件上,并最终传给锚杆。由于钢丝绳网具有非常高的强度和弹性内能吸收能力,只要对落石特征进行了正确的分析并进行了正确的系统设计选型,在大多数情况下它是无须维护的。此外,钢丝绳网(以及系统的其他钢丝绳制品)由热镀锌的高强度(1770 MPa)钢丝绳加工而成(分为菱形和环形网,环形网也可由钢绞线或钢丝加工而成),从而确保了其防腐能力,目前其设计使用寿命可达 30～50 年。

② 支撑绳和减压环:冲击荷载必然从钢丝绳网传给支撑绳,因此在设计上必须确保支撑绳具有与网内冲击点位置无关的恒定响应特征,在特定位置设置摩擦式减压环的双支撑绳设计形式除实现了这一功能外,还实现了能量消散,绳网下垂和维护需求间的最佳平衡。减压环为对系统起过载保护作用从而避免其他部件发生严重破坏的重要部件,是迄今为止最简单有效的消能元件结构形式。它为一在结点处按预先设定的力箍紧的环状钢管,使用时钢丝绳从钢管内穿过,当与减压环相连的钢丝绳所受拉力达到一定程度时,减压环启动并通过发生塑性位移来吸收能量,且当冲击能量在设计范围内时,能多次接收冲击能量而发生位移,从而实现其过载保护功能。

③ 钢柱和锚杆:钢柱的主要作用是作为系统的直立支撑,钢柱与基座间的可动联结确保了钢柱遭受直接冲击时基座地脚螺栓免遭破坏;与各拉锚绳相连的柔性双股钢丝绳锚杆,其嵌套鸡心环或套管的环套设计能最好地吸收高冲击荷载,尤其是当锚杆轴线与其受力方向不在同一直线上时,这种锚杆形式具有最好的自适应能力。当落石冲击拦石网时,其冲击力通过网的柔性首先得以消散,并将剩余荷载从冲击点向绳网系统周边逐级加载,最终传到锚固基础和稳定地层,且由锚杆及其基础承受的该最终剩余荷载已达到很小的程度。由于加载途径由具有不同荷载消散能力的各种部件构成,为合理确定系统各部件的结构尺寸,应确保各部件的柔性和承载能力相互匹配,使整个系统处于均衡的最佳状态,避免此强彼弱的不合理设计带来的材料浪费。对此,为避开难以弄清各加载途径内所分担的荷载大小这一技术难题,在 SNS 被动防护系统的开发过程中,除应通过对系统进行理想化条件下的理论计算来实现均衡化设计(即实现系统各构成部件的安全系数近于相等,并将薄弱环节预留在最易修复或更换之处,以避免过载时系统部件的大范围变形破坏)之外,主要通过大量的室

内外试验来实现标准化和均衡化设计，从而通过确保系统施工作业标准化、快速化和设计最优化来达到使 SNS 被动防护系统科学、经济和安全可靠的目的。

(2) 结构配置及防护功能

常用被动网结构配置及防护功能见表 8-14。

表 8-14 常用被动网结构配置及防护功能

型号	网型	结构配置	主要防护功能
RX-025（常用简单型菱形网）	DO/08/350	钢柱＋支撑绳＋拉锚绳＋缝合绳＋减压环[钢柱(间距为 10 m)，带消能环的 ϕ14 mm 双支撑绳和 ϕ16 mm“1”字形上拉锚绳（每跨 3 个消能环），ϕ14 mm侧拉锚绳（单绳），DO/08/250/4×5 m^2 钢丝绳网，ϕ8 mm 缝合绳，格栅网]	拦截撞击能在 250 kJ 以内的落石
RX-050（普通常用型菱形网）	DO/08/200	同 RX-025[钢柱（间距为 10 m)，带消能环的 ϕ16 mm双支撑绳和 ϕ16 mm 人字形上拉锚绳（每跨 6 个消能环），ϕ16 mm 侧拉锚绳（单绳），DO/08/200/4×5 m^2 钢丝绳网，ϕ8 mm 缝合绳，格栅网]	拦截撞击能在 500 kJ 以内的落石
RX-075（常用型菱形网）	DO/08/150	同 RX-025[钢柱（间距为 10m)，带消能环的 ϕ18 mm双支撑绳和 ϕ16 mm 人字形上拉锚绳（每跨 10 个消能环），ϕ18 mm 侧拉锚绳（单绳），DO/08/150/4×5m^2 钢丝绳网，ϕ8 mm 缝合绳，格栅网]	拦截撞击能在 750 kJ 以内的落石
RX I-025（环形网）	R5/3/300	钢柱＋支撑绳＋拉锚系统＋缝合绳	同 RX-025
RX I-050（环形网）	R7/3/300	同 RX I-025	同 RX-050
RX I-075（常用型环形网）	R7/3/300	同 RX-025	同 RX-075
RX I-100（环形网）	R9/3/300	同 RX-025[钢柱（间距为 9 m)，带消能环的 ϕ18 mm双支撑绳和 ϕ16 mm 人字形上拉锚绳（每跨 10 个消能环），ϕ18 mm 侧拉锚绳（单绳），DO/08/120/4×4.5 m^2 钢丝绳网，ϕ8 mm 缝合绳，格栅网]	拦截撞击能在 1000 kJ 以内的落石
RX I-150（环形网）	R12/3/300	同 RX-025	拦截撞击能在 1500 kJ 以内的落石
RX I-200（环形网）	R19/3/300	同 RX-025	拦截撞击能在 2000 kJ 以内的落石

(3) 施工工艺

① 主要机具。

空压机 1 台，YT-28 型风动凿岩机 2 台，砂轮切割机 1 台，10 kN(1T)紧线葫芦 2 台等。

② 基座安装。

a. 清除或就地临时处理坡面防护区域内影响施工安全的浮土及浮石；

b. 测量确定锚杆及基座位置；

c. 按设计并结合现场实际地形对钢柱和锚杆基础进行测量定位，开挖至基岩并钻凿钢柱地脚锚杆孔，孔径不小于 45 mm，插入并注浆后进行基础混凝土浇筑。

③ 钢柱及上侧拉锚绳安装。

将钢柱顺坡向上放置并使钢柱底部位于基座处，把上拉锚绳的挂环挂于钢柱顶端挂座上，然后将上拉锚绳的另一端与对应的上拉锚杆环套连接并用绳卡固定；将钢柱缓慢抬起并对准基座将钢柱底部插入基座，最后插入连接螺杆并拧紧。通过上拉锚绳按设计方位调整好钢柱的方位，拉紧上拉锚绳并用绳卡固定。上拉锚绳安装好后，按同样步骤进行侧拉锚绳的安装。

④ 支撑绳安装。

a. 上支撑绳安装。

将第一根上支撑绳的挂环固定于端柱的底部，然后沿系统走向调直上支撑绳并将其置于基座的下侧，将减压环调节就位（距钢柱约 50 cm），同一根上支撑绳上每一跨的减压环相对于钢柱对称布置；将该上支撑绳的挂环挂于端柱的顶部挂座上；在第二根钢柱处，用绳卡将上支撑绳固定于挂座的外侧（仅用 30％标准紧固力）；在第三根钢柱处，将上支撑绳放在挂座内侧。如此相间将上支撑绳安装在基座挂座的外侧和内侧，直到本段最后一根钢柱处并向下绕至该钢柱基座处的挂座上，再用绳卡暂时固定；再次调整减压环位置，当确信减压环全部正确就位后拉紧上支撑绳并用绳卡固定。第二根上支撑绳和第一根的安装方法相同，只不过是反方向安装而已，且其减压环位于第一根上支撑绳减压环同一跨的另一侧。在距减压环约 40 cm 处用一个绳卡将两根上支撑绳相互连接（仅用 30％标准紧固力）。

b. 下支撑绳安装。

将第一根下支撑绳的挂环挂于端柱基座的挂座上，然后沿系统走向调直下支撑绳并将其置于基座的外侧，将减压环调节就位，同一根下支撑绳上每一跨的减压环相对于钢柱对称布置；在第二个基座处，用绳卡将下支撑固定于挂座的外侧（仅用 30％标准紧固力）；在第三个基座处，将下支撑绳放在挂座内下侧。如此相间将下支撑绳安装在基座挂座的外侧和内下侧，直到本段最后一个基座处并将下支撑绳缠绕在该基座的挂座上，再用绳卡暂时固定；检查确定减压环全部正确就位后拉紧下支撑绳并用绳卡固定；按上述步骤安装第二根下支撑绳，但需反向安装，且其减压环位于第一根下支撑绳减压环同一跨的另一侧；在距减压环约 40 cm 处用一个绳卡将两根下支撑绳相互连接（仅用 30％标准紧固力）。如此在一挂座处形成内下侧和外侧两根交错的双下支撑绳结构。

⑤ 钢丝绳网的安装。

a. 钢丝绳网的就位。

将钢丝绳网编号，并在钢柱之间按照对应的位置展开；将一根起吊钢丝绳穿过钢丝绳网上缘网孔（同一跨内两张网同时起吊），一端固定在一根临近钢柱的顶端，另一端通过另一根钢柱挂座绕到其基座处并暂时固定；用紧绳器将起吊绳拉紧，直到钢丝绳网上升到上支撑的水平为止，再用绳卡将网与上支撑绳暂时进行松动连接，同时也可将网与下支撑绳暂时连接以确保缝合时更为安全，此后起吊绳可以松开抽出；重复上述步骤直到全部钢丝绳网暂时挂到上支撑绳为止，并侧向移动钢丝绳网使其就位于正确位置；将缝合绳按单张网周边长的 1.3 倍截短，并在其中点做上标记。

b. 钢丝绳网的缝合。

从系统的一端开始，先将缝合绳中点固定在每一张网上缘中点处的支撑绳上。从中点开始用一半缝合绳向左逐步将网与两根支撑绳缠绕在一起，当到达柱顶挂座时，将缝合绳从挂座的前侧穿过(不能缠绕到挂座上)并转向下，继续重复上述步骤直到基座挂座处，同样从挂座的前侧穿过并继续转向右缠绕一根不带减压环的下支撑绳，直到连接两根支撑绳的绳卡之处；从此处开始又用缝合绳将网与两根下支撑绳缠绕在一起，直到跨越钢丝绳网下缘中点 1 m 处为止，最后用绳卡将缝合绳与钢丝绳网固定在一起。绳卡应放在离缝合绳末端约 0.5 m 处。以相同的方法完成另一半缝合绳的缝合，最后使左、右侧的缝合绳端头重叠 10 m。

⑥ 普通钢丝格栅网安装。

格栅网应铺挂在钢丝绳网的内侧，并应叠盖钢丝绳网上缘并向网外侧折 15 cm，然后用扎丝固定在网上；格栅网底部应沿斜坡向上敷设 0.5 m 左右，为使下支撑绳与地面间下留缝隙，用石块将格栅网底部压住；每两张格栅网间叠盖约 10 cm；用扎丝将格栅网固定在网上，每平方米固定 2～4 点。

8.5 工程实例——SNS 主动防护系统在获青公路边坡治理工程中的应用

(1) 工程概况

获青公路北起获各琦铜矿，经原那仁宝力格苏木查干温都尔重丘区，横穿狼山山脉，沿杨贵沟布线，终点为青山镇，与固察线相交。该路线全长 59 km，沿线地形条件复杂，为深山峡谷区，地形控制点间高差大，新构造运动较为活跃，是半干旱地区线路工程的典型代表。

由于设计标准较低，沿线岩石节理发育、风化严重，加上建设期间开挖施工不到位等原因，边坡岩石松动，多处路段经常发生崩塌、碎落、滚石等规模不等的地质灾害，尤其经雨水冲刷后，道路两侧的边坡与石块滑落现象更为频繁，严重危及行车安全。为了彻底解决获青公路边坡安全隐患，需对获青公路沿线边坡进行治理。

以 K54＋500～K54＋600 段边坡为例。由于爆破松动及公路切坡后地势变陡，目前常有小规模掉块现象发生，严重威胁过往车辆和行人的生命财产安全，边坡上部为砾石类土，中密不均，混有块石，下部以辉绿岩为主，为强风化、致密结构，节理裂隙发育，呈块状分布，岩石松动，局部掉块，切坡地段坡体较陡并产生了卸荷拉张裂隙，致使切坡处岩体较为破碎，稳定性较差。图 8-23 所示为 K54＋500～K54＋600 段边坡全貌。

(2) 治理方案

① 工程布置。

本设计工程包括：坡面清危、SNS 主动防护系统和排水工程。首先以清除危岩为主，施工前遵循能清则清的原则尽量清除危岩带坡体表面已经松动的破碎岩体，清坡坡比控制为 1∶0.97～1∶0.67，并应考虑与自然斜坡相衔接，采用人工清除方式，严禁爆破，清除不应对边坡整体稳定造成影响；清危后采用 SNS 主动防护系统防治坡面落石。获青公路 K54＋500～K54＋600 段边坡治理工程平面布置如图 8-24 所示。

图 8-23 K54＋500～K54＋600 段边坡全貌

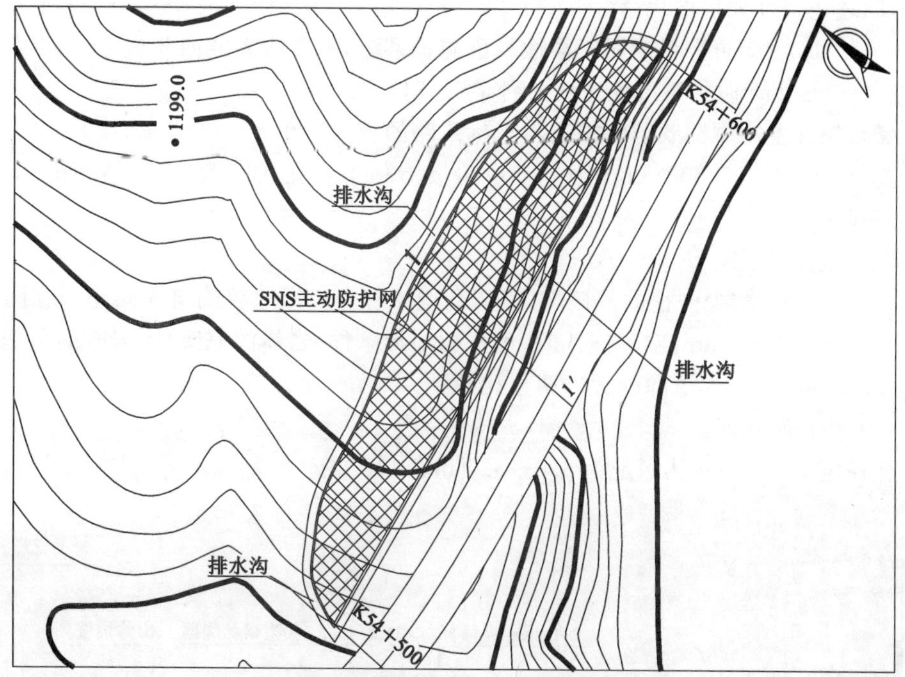

图 8-24 获青公路 K54＋500～K54＋600 段边坡治理工程平面布置图

② 坡面清危。

a. 坡面上分布的松动危岩体，采用人工作业清除，避免放炮，同时避免对整个危岩带造成扰动。现场根据块体大小确定风钻、风镐切割方法或将其相互结合使用。

b. 危岩清除后采用人工装车转运，对于块体体积较大部分，破碎后装车转运。

c. 清理按由坡顶向坡脚方向进行，在清危过程中避免诱发崩落灾害。

d. 坡面清危前应做好坡脚及其周围的安全防护工作，并确保施工人员的安全，设专人负责。

e. 清除危石时，应尽量减少因人工松动危石而造成危岩体的整体崩落、弹跳、冲击。

f. 在对裂隙较为发育的危岩体进行清除时应先采取临时防护措施，防护措施采用双排钢管脚手架，搭设高度以达到危岩体高度的 2/3 以上为宜，并采用钢缆及锚杆等进行固定，脚手架间采用竹跳板进行拦挡，并在外侧设置防护网，防止细小块体坠落。

g. 块石经人工清除后转运至安全区域，不得产生新的安全隐患。

③ SNS 主动防护系统。

a. 系统说明。

(a) SNS 主动防护系统以柔性钢丝绳网系统覆盖有潜在危岩落石的坡面，其纵横交错的 ϕ16 mm 纵向支撑绳和横向支撑绳与 4.5 m×4.5 m 正方形模式布置的锚杆相联结，由支撑绳构成的每个 4.5 m×4.5 m 网格内铺设有一张或两张(根据设计的单层或双层钢丝绳网确定)4 m×4 m 的 DO/08/300 型钢丝绳网，每张钢丝绳网与四周支撑绳间用缝合绳缝合联结并进行预张拉。该预张拉工艺能使系统对坡面施以一定的法向预紧压力，从而提高危岩体的稳定性，阻止崩塌落石的发生，同时，在钢丝绳网下铺设小网孔的 SO/2.2/50 型格栅网，以阻止小尺寸岩块的塌落。

(b) SNS 主动防护系统属于柔性轻型防护系统，不会增大坡面荷载，有利于坡体稳定。

(c) SNS 主动防护系统能适应各种地形条件，且不破坏坡面现有形态。

(d) SNS 主动防护系统的施工不干扰线路的正常行车。

获青公路 K54＋500～K54＋600 段边坡治理工程立面图及 1—1 剖面图如图 8-25 和图 8-26所示。

b. 方案设计。

(a) 孔位：在减少开挖的基础上，充分利用原有的地形地貌确定孔间距。孔间距初步定为 4500 mm×4500 mm，实际施工时，可根据地形条件、岩体的完整性、岩石的节理裂隙等因素在 4200～4800 mm 范围内适当调整孔间距。

(b) 孔径和孔深。

孔径定为 40 mm，孔深定为 3.0～3.5 m。

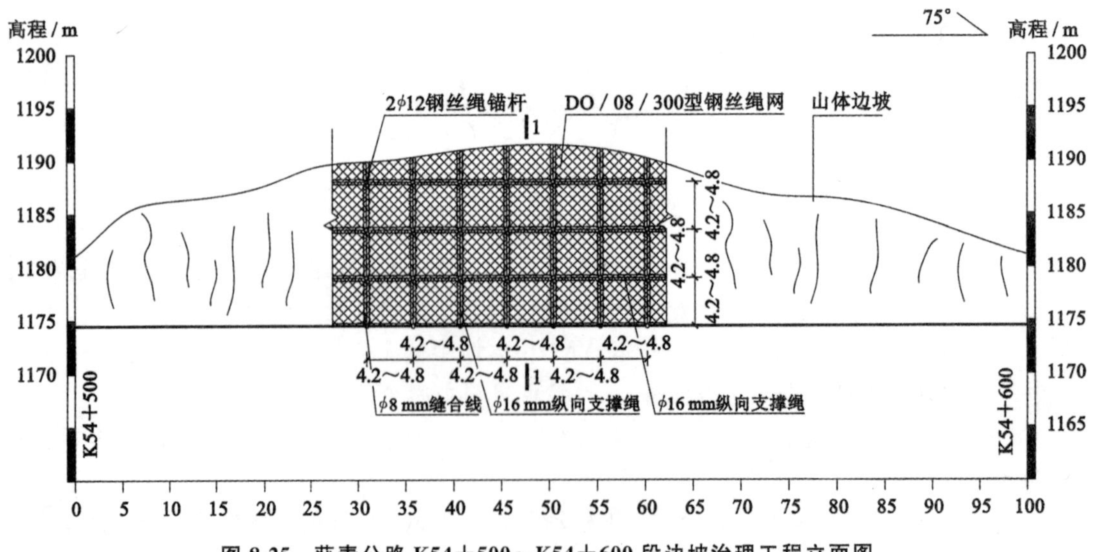

图 8-25 获青公路 K54＋500～K54＋600 段边坡治理工程立面图

(c) 钻孔方位。

在确保向下倾斜的角度不小于 15°的基础上,钻孔方向宜与所在位置坡面垂直。

(d) 凹坑尺寸。

在每一钢丝绳孔位处凿一直径为 200 mm、深度为 200 mm 的凹坑。

(e) 钢丝绳锚杆直径和长度。

采用 2ϕ12 双股钢丝绳锚杆,根据边坡地质岩体特征及可能出现的局部破坏面的倾角确定钢丝绳锚杆长度,初步确定钢丝绳锚杆长度为 2.5~3.0 m。顶部采用长度不小于 3.0 m 的钢丝绳锚杆锚固处理,锚杆向下倾斜 10°,根据具体岩性特征可适当调整。挂网做法和钢丝绳锚杆大样图如图 8-27 和图 8-28 所示。

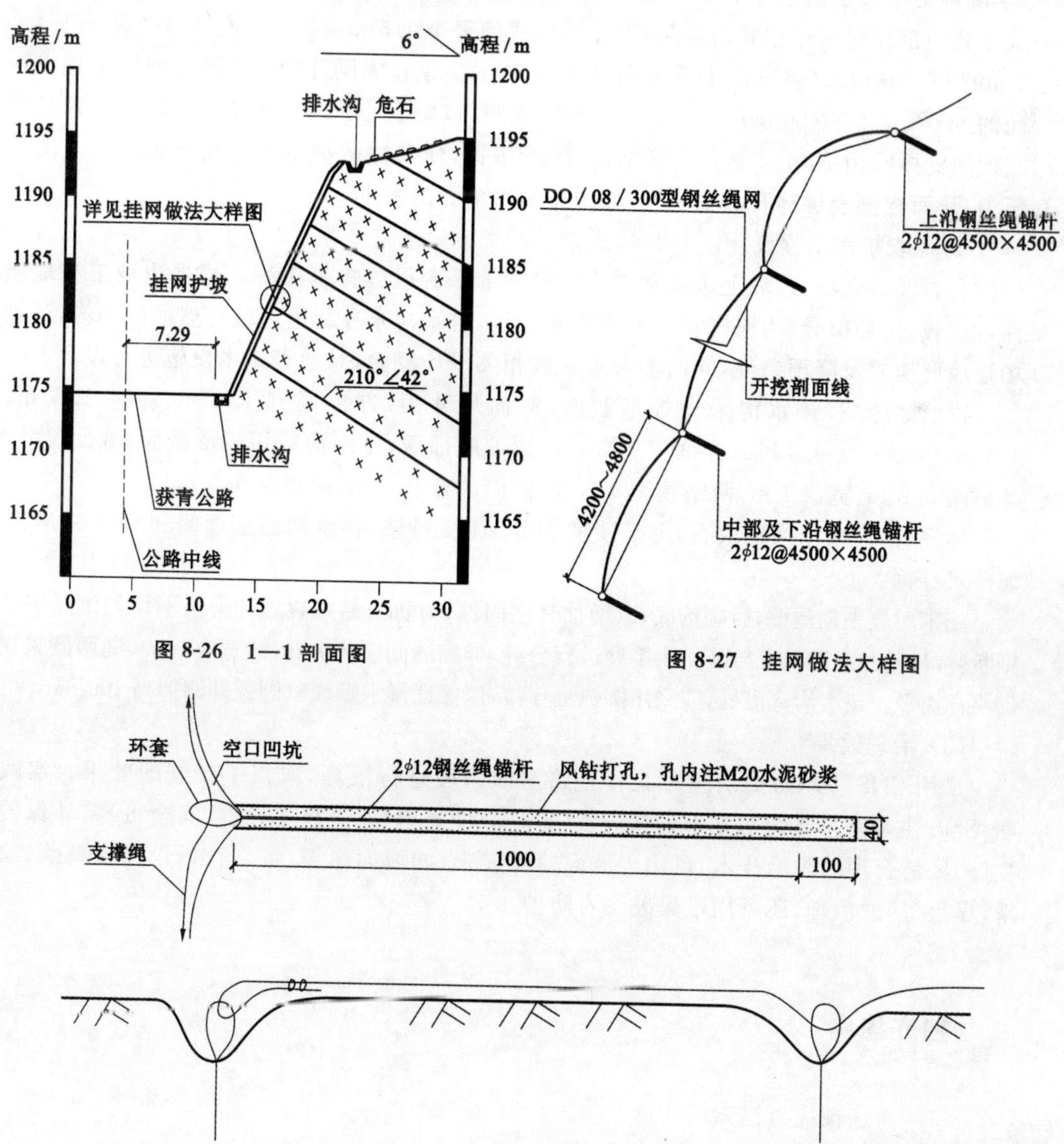

图 8-26 1—1 剖面图

图 8-27 挂网做法大样图

图 8-28 钢丝绳锚杆大样图

(f) 灌浆参数。

钢丝绳锚杆置于钻孔中心位置后灌浆，采用 M20 水泥砂浆，水泥砂浆的灰砂比为 1∶1.2～1∶1、水灰比为 0.45～0.5，水泥采用 425# 普通硅酸盐水泥，优先选用粒径不大于 3 mm的中细砂，以确保浆液饱满，为防止注浆体发生体缩，应掺入适量微膨胀早强剂。在施行下一道工序前，注浆体养护不少于 3 d；根据边坡岩石性质，建议锚杆与注浆体容许黏结强度为 0.12 MPa，极限黏结强度为 0.35 MPa。

(g) 支撑绳及钢丝绳网。

采用 GPS2 型 SNS 主动防护系统，用 ϕ16 mm 纵向支撑和横向支撑绳与 4.5 m×4.5 m (实际施工中可根据地形条件在 4.2 m×4.2 m～4.8 m×4.8 m 之间做适当调整)正方形模式布置的钢丝绳锚杆相联结，在由支撑绳构成的每个 4.5 m×4.5 m 网格内铺设一张 4 m×4 m的 DO/08/300(ϕ8 mm、网孔间距为 300 mm)型钢丝绳网，同时，在钢丝绳网下铺设小网孔的 SO/2.2/50(网孔间距为 50 mm)型格栅网，以防止小尺寸岩块的塌落，每张钢丝绳网与四周支撑间用 ϕ8 mm 缝合绳联结，并进行张拉，使柔性防护系统对坡面施以一定的预紧压力，从而提高表层碎石的稳定性，以防止崩塌落石的发生。

④ 地表排水工程设计。

在边坡的底部、边坡上边缘和挡土墙的顶部平台设置排水工程。根据边坡工程地质条件，以“截、排和引导”为原则设计地表排水工程，排水沟充分利用边坡自然形成的沟谷；结合场地地形地貌及降雨条件，同时参考本区域相关设计经验，对地表排水设施进行设计。

边坡边缘截、排水沟采用梯形截面，截面尺寸为：外侧底宽 1.0 m、顶宽 1.5 m、高 0.8 m，内侧底宽 0.45 m，沟底厚 0.3 m。边坡底部截、排水沟采用矩形截面，截面尺寸为：外侧高 0.8 m、宽 1.1 m，两壁顶宽 0.3 m，内侧底宽 0.5 m，沟底厚 0.3 m。

沟底、两侧采用浆砌块石，砌筑砂浆采用 M7.5 砂浆，排水沟内壁两侧和底部用 M10 水泥砂浆抹面。

施工时应先砌沟壁，后砌沟底，以增加其坚固性；为防止温差裂缝和渠道不均匀沉降造成沟渠断裂，衬砌时应在渠道与陡坎衔接处进行分缝，伸缩缝间距为 8 m，缝宽 30 mm，缝两侧采用浆砌块石找平。截水沟弯道处，应采用圆弧形连接，以保证排水畅通。圆弧外侧加高 100 mm。

(3) 治理效果

采用 SNS 主动防护系统对获青公路沿线边坡进行治理，取得了较好的效果。实践证明，SNS 主动防护系统对地形的适应性强，是一种简单易行、技术先进、安全可靠、环保效果良好、经济合理的防治技术，可用于坡面地质灾害(如坡面崩塌、危岩、落石、风化剥落、溜坍滑、塌落等)的治理，还可用于爆破飞石防护。

独立思考

8-1 简述预应力锚索的构造。

8-2 简述抗滑桩的基本原理及施工流程。

8-3 简述 SNS 主动防护系统和被动防护系统的基本类型和功能特点。

9 边坡病害工程加固

本章针对预应力锚索框架、预应力锚索抗滑桩、锚杆框架、抗滑桩及抗滑挡墙存在的多种常见结构病害，分别提出了加固措施。

9.1 预应力锚索框架加固措施

(1) 预应力锚索加固措施

① 采用预应力锚索补强加固。

预应力锚索框架的预应力锚索出现结构病害时，可采用预应力锚索进行补强加固。补强加固的预应力锚索要满足：a. 锚固段应穿过变形体破裂面后一定的距离；b. 和原有的预应力锚索要有一定的间距，如果最小间距满足不了《岩土锚杆(索)技术规程》(CECS 22:2005)的要求，则要沿预应力锚索伸入方向与原预应力锚索的锚固段错开，见图 9-1。

新增加的预应力锚索与新增加的竖肋连接，竖肋要紧靠原有框架的竖肋，见图 9-2。在与横梁交叉处凿除横梁混凝土，新增竖肋的纵向钢筋穿过横梁，其内力计算和配筋采用独立连续梁法或弹性地基梁法。竖肋厚度和原有框架厚度一致且宽度按满足截面配筋的要求和地基承载力要求确定。预应力锚索补强加固也可以采用在原有框架中间设置十字梁或锚墩的方法设计。

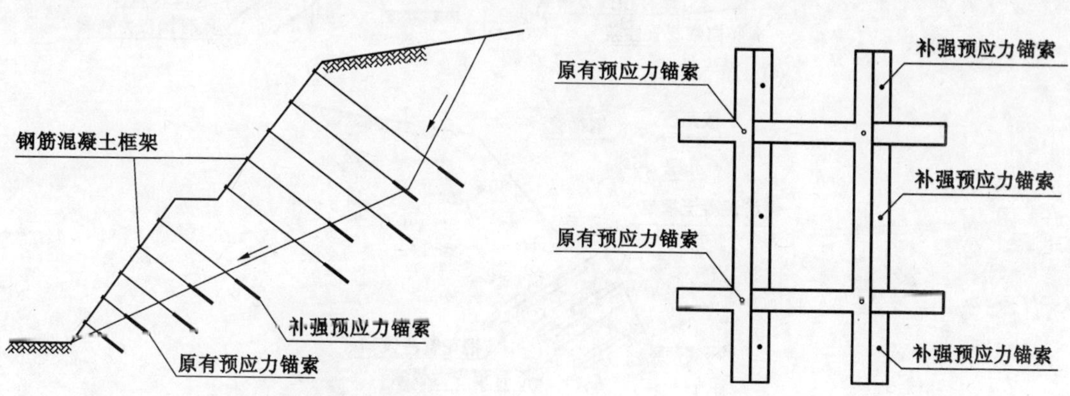

图 9-1 预应力锚索补强加固断面图　　图 9-2 预应力锚索补强加固立面图

② 采用预应力锚索抗滑桩加固。

预应力锚索框架由于预应力锚索的作用，具有主动受力的结构特点，采取补强加固措施时应使其符合这一特点。由于预应力锚索抗滑桩也具有主动受力的特点，故可采用其对预应力锚索框架进行加固，见图 9-3。设计时可以根据需要补强加固的力 ΔF_{d}，在适宜的位置设计预应力锚索抗滑桩，但在采用预应力锚索抗滑桩时要注意：a. 桩具有良好的持力层条件；b. 边坡不会产生越顶滑动现象；c. 在桩顶以上不会产生新的边坡病害。

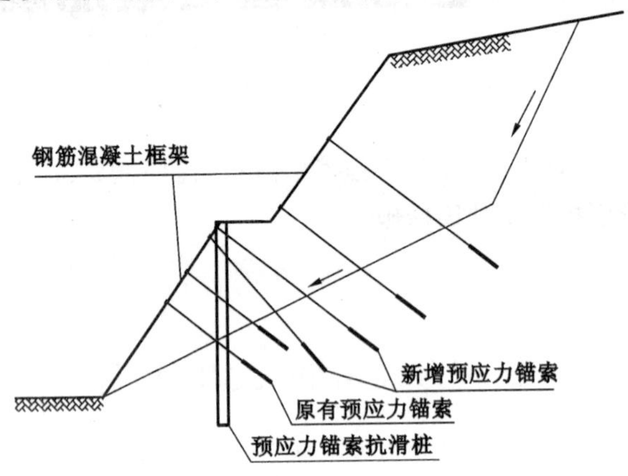

图 9-3 预应力锚索抗滑桩补强加固断面图

③ 采用注浆类措施加固。

注浆类加固措施，不仅能起到较好的抗滑作用，还能提高岩体的强度，特别是能提高岩体沿破裂面的强度，也就减小了边坡的破坏力，因此可以采用这类措施对预应力锚索框架缺损病害进行补强加固，见图 9-4。

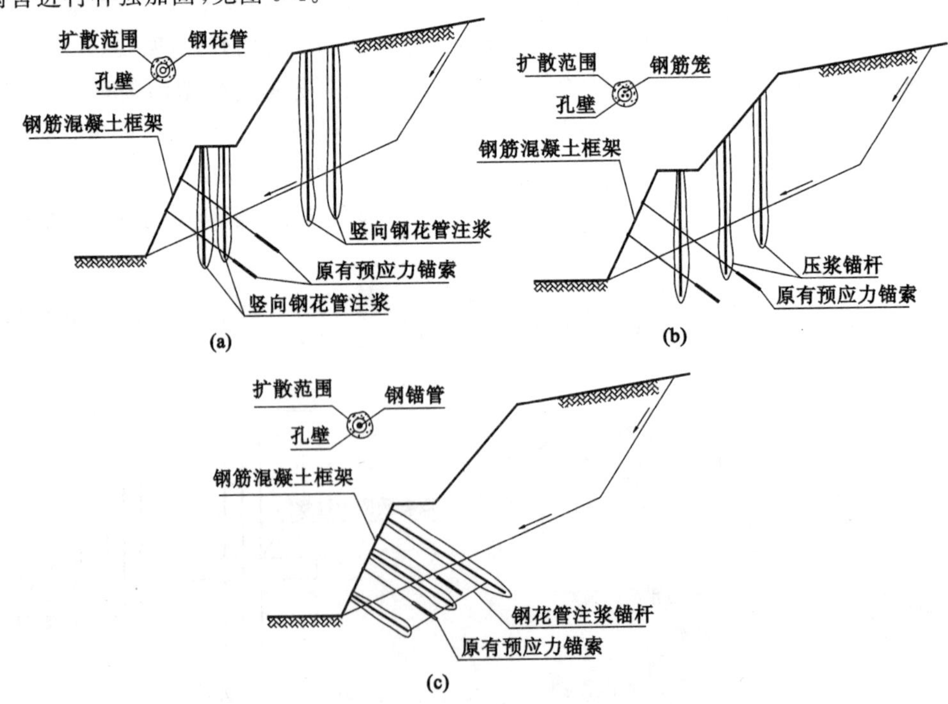

图 9-4 注浆类措施加固预应力锚索框架

(a) 竖向钢花管注浆加固预应力锚索框架；(b) 压浆锚柱加固预应力锚索框架；(c) 钢花管注浆锚杆框架加固预应力锚索框架

注浆类加固措施适用于：a. 面积较大，但破裂面较浅的变形体；b. 整体刚度较差，不宜采用大吨位集中加固措施，而适宜采用分散型小吨位加固措施的变形体；c. 边坡底部承载力较低的变形体；d. 注浆对破裂面强度提高明显的变形体。

④ 不适宜的加固措施。

抗滑挡墙、悬臂式抗滑桩等以被动受力为主的抗滑结构，不适宜加固预应力锚索框架，除非预应力锚索框架完全失效而对边坡没有加固作用，需要重新设计抗滑工程。

⑤ 其他措施。

在对预应力锚索框架进行补强加固时，宜采用地下水、地表水排水措施和坡面防护措施。

(2) 框架加固措施

① 框架梁跨中缺损病害加固。

框架梁中易出现两种缺损病害：a. 截面抗弯能力不足；b. 弯曲裂缝较大。对于这两种缺损病害，均可以采用加大跨中截面和增加纵向受力钢筋的方法来处理。设计施工的要点为：a. 将原有的混凝土表层凿除，露出梁的箍筋和纵向受力钢筋；b. 将新增纵向受力钢筋两头与原有的纵向受力钢筋焊接，纵向受力钢筋可以紧靠原受拉钢筋，当紧靠不能满足要求时，可在靠河侧重新布置一排受拉钢筋，新增受拉钢筋和原有受力钢筋的间距要满足规范要求；c. 将新增箍筋和原有的箍筋焊接；d. 立模浇筑混凝土；e. 混凝土养护；f. 恢复四周被破坏的坡面防护措施。

如果这种病害轻微，则可以采用碳纤维或钢板进行补强加固。

② 框架梁节点缺损病害加固。

框架梁节点处有可能出现的缺损病害有：a. 截面靠山侧抗弯能力不足；b. 截面靠山侧出现较大的弯曲裂缝；c. 截面出现斜向剪切裂缝。对这三种缺损病害都可以采用扩大节点的方法进行处理，见图 9-5。

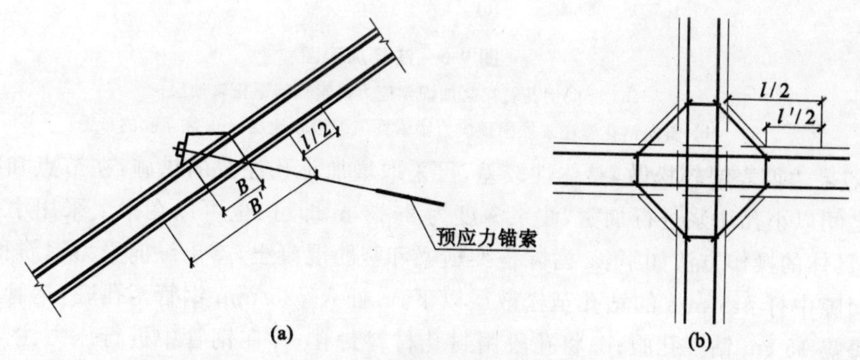

图 9-5 框架梁节点加固图

设计施工要点为：a. 从节点附近的侧面凿除混凝土，露出框架梁的纵向受力钢筋；b. 将新增加的斜向受力钢筋以 45°夹角与框架梁的竖肋和横梁钢筋焊接；c. 在节点的水平方向和竖直方向新增设箍筋，分别与竖肋和横梁焊接；d. 立模浇筑混凝土；e. 混凝土养护；f. 恢复四周被破坏的坡面防护措施。

(3) 边坡地基加固措施

① 框架梁凹陷加固。

框架梁凹陷是由于框架梁下部边坡岩土承载力较低，这种情况可采用注浆的方法进行加固，加固的深度以超出软弱层的厚度为准。注浆孔的方向可选择两种方式：a. 竖直方向，b. 与预应力锚索的方向一致。注浆孔沿梁的节点和跨中对称布置，见图 9-6。

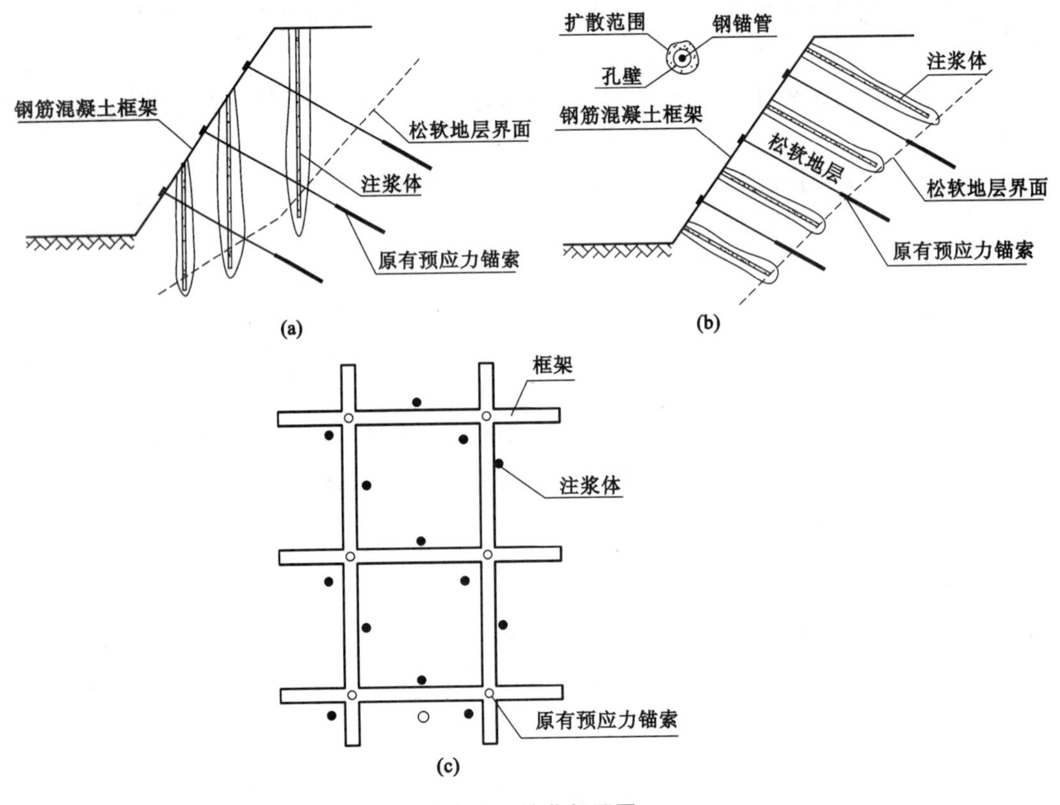

图 9-6 注浆加固图

(a) 竖向钢花管注浆加固预应力锚索框架下松软地层；

(b) 斜向钢花管注浆加固预应力锚索框架下松软地层；(c) 注浆孔的布置

如果边坡表层较松散，整体性较差，可采取增加小孔注浆的措施：在节点和跨中深层注浆孔之间以小孔注浆进行加密，注浆深度为 2～3 m 即可；也可以在梁上采用小孔注浆加固措施，具体的操作方法如下：a. 凿除框架横梁和竖肋混凝土，露出纵向受力钢筋和箍筋；b. 在钢筋间隙中打 ϕ45 mm 的钻孔至松散层以下；c. 插入 ϕ25 mm 钢管至孔底，钢管与岩土接触部分每隔 15 cm 钻一孔眼；d. 将孔段用封孔材料封孔；e. 在钢管中进行压力注浆；f. 恢复凿除的混凝土。

② 采用扩大框架节点和截面尺寸的方法加固。

对于注浆效果较差的地层，如表层的岩土泥质含量高、灌浆效果差，可采用加大节点和截面尺寸的方法进行加固。节点尺寸加大方法可参考图 9-5。截面尺寸的扩大方法为采用竖肋横梁左右向下对称扩大的原则，增加的纵向受力钢筋要贯通一榀框架，箍筋要与原有箍筋焊接。

(4) 框架悬空加固措施

框架要根据底部悬空的原因、范围和发展趋势选用不同的方法进行加固。如果框架底部的岩土仅仅是松动,从框架底部脱落,则可以采用注浆的方法进行加固,见图 9-6;如果已发生一定规模的坍塌,则可采用沙袋或浆砌片石填补加锚索(杆)框架的方法进行加固;如果仅仅是由于水的软化作用,则可采用排出地下水或地表水的方法进行加固。

(5) 坡面防护加固措施

为使环境美观,建议根据边坡的坡度采用以下两种措施:① 坡度小于 1∶1,单榀框架的面积较小,可采用堆砂土袋和恢复植被的方法进行防护;② 坡度大于 1∶1 或坡度小于并接近 1∶1,但单榀框架的面积较大,可采用六棱砖覆土植草、喷混植生、三维网植草等方法进行防护。

(6) 预应力锚索框架的整体加固措施

当预应力锚索框架的各个组成部分不存在缺损病害,但预应力锚索框架的整体安全存在问题时,或者边坡病害体的稳定性不足时,可对预应力锚索框架进行整体加固。整体加固措施可参照预应力锚索的加固措施选择。

9.2 预应力锚索抗滑桩加固措施 >>>

(1) 预应力锚索加固措施

① 通过增加预应力锚索进行结构加固。

如果预应力锚索的锚固条件好且桩的性能良好,仅仅是原有预应力锚索的锚固不够或者存在缺损病害,则可通过增加预应力锚索的方法可进行加固。根据新增预应力锚索设置位置的不同,分别选择图 9-7 和图 9-8 所示的两种方法进行加固。

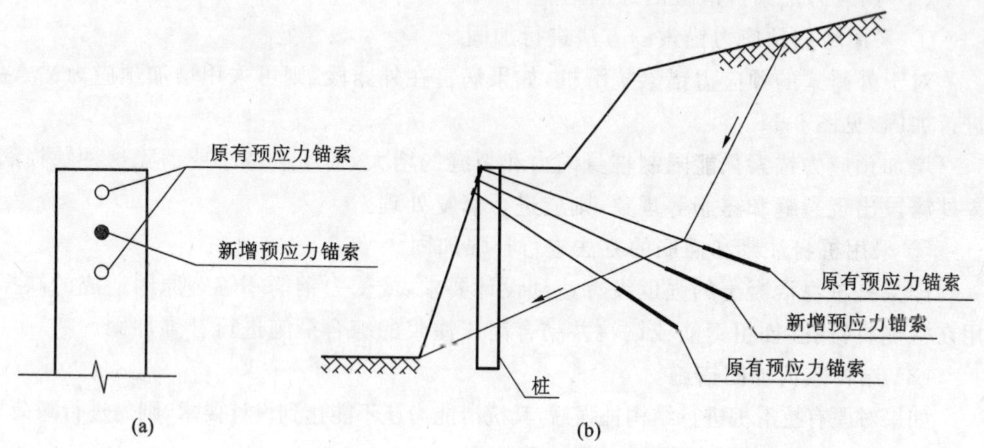

图 9-7 桩顶设预应力锚索加固示意图

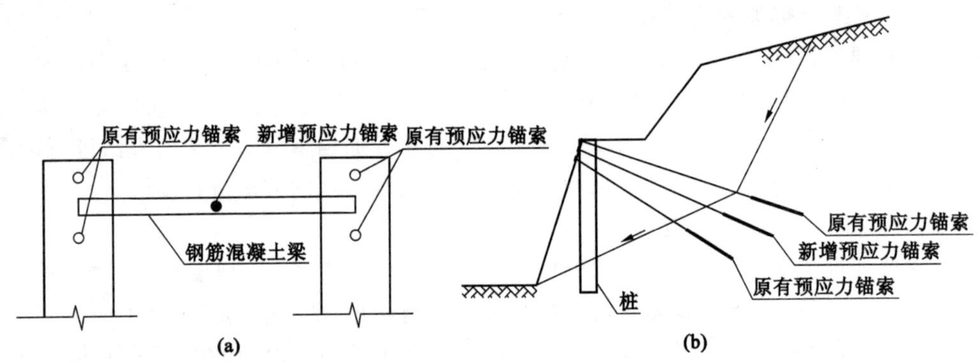

图 9-8 桩间设预应力锚索加固示意图

采用增加预应力锚索加固的前提条件，是通过增加预应力锚索能够恢复原有预应力锚索抗滑桩的支挡效果。

② 减小预应力锚索抗滑桩受力进行减荷加固。

加固过程中，会遇到两种情况：a.预应力锚索的锚固条件较差，采用增加预应力锚索的费用较高；b.根本不具备锚固条件，如地层对预应力锚索有腐蚀作用而使锚固力不能恢复。在这两种情况下，就要采用减小原有预应力锚索抗滑桩受力的方法进行加固；在没有锚固条件的情况下，将原有的预应力锚索抗滑桩视为普通抗滑桩进行加固，加固方法可采用增加抗滑桩措施(图 9-9)，也可采用注浆加固措施。

a.采用增加预应力锚索抗滑桩的方法进行加固。

当滑动面埋深较大时，可采用增加预应力锚索抗滑桩的方法进行加固，根据地形条件、变形体空间分布，将新增加的预应力锚索抗滑桩设置在原有预应力锚索抗滑桩的中间[图 9-9(a)]，或设在河侧[图 9-9(b)]，或设在山侧[图 9-9(c)]。

b.采用注浆措施加固。

当滑动面埋深较浅且滑坡范围较大时，可采用注浆措施进行加固，见图 9-10。

(2) 预应力锚索抗滑桩的加固措施

① 采用增加预应力锚索的方法进行加固。

对于外露式的预应力锚索抗滑桩，如果病害在外露段，则可采用增加预应力锚索的方法进行加固，见图 9-11。

增加预应力锚索只能限制桩身内力和裂缝的增大，而不会减小或消除这种缺损病害，如果外露段出现裂缝和露筋等现象，则应进行修复处理。

② 采用桩身注浆和插筋的方法进行补强加固。

如果是桩身混凝土的强度没有达到设计要求，或受力钢筋不够等原因造成的缺损，可采用在桩侧打钻孔，插粗钢筋或钢轨并结合高压注浆的综合措施进行补强加固。

(3) 结构减荷加固措施

如果对原有抗滑桩进行结构补强后，其抗滑能力还不能达到设计要求，则需进行减荷加固。

① 增加预应力锚索抗滑桩进行减荷加固。

在滑面较深，需要提供的加固力较大时，可采用增加预应力锚索抗滑桩的方法进行减荷加固。新增预应力锚索抗滑桩的加固位置，可参考图 9-9。

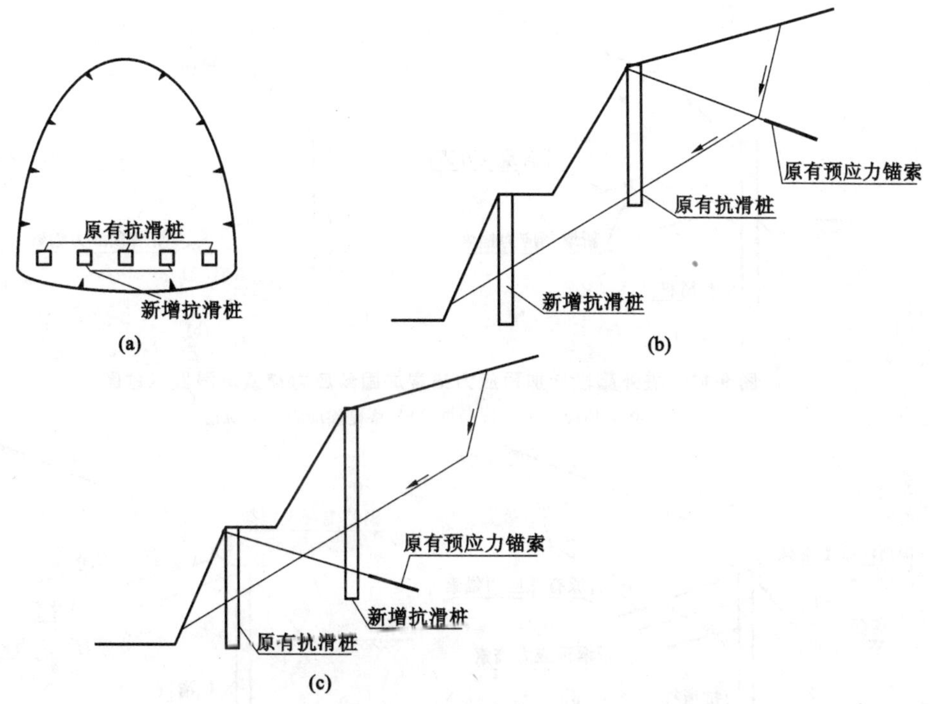

图 9-9 增加预应力锚索抗滑桩的加固方法示意图

(a) 桩间增设桩;(b) 桩河侧增设桩;(c) 桩山侧增设桩

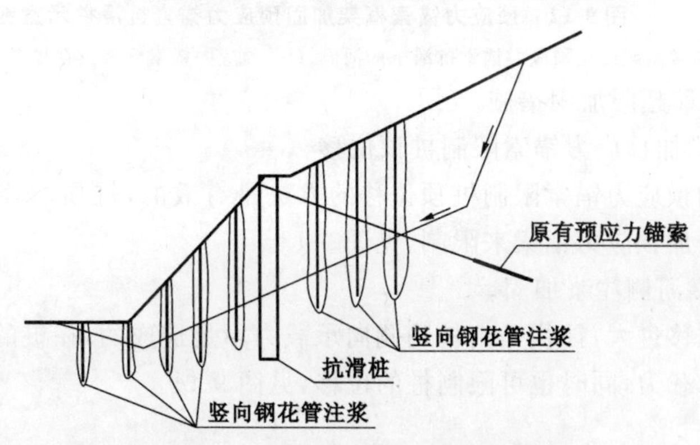

图 9-10 竖向钢花管注浆加固示意图

② 采用注浆措施进行减荷加固。

当滑面位置较浅,滑坡面积较大时,可采用竖向钢花管注浆的方法进行加固,钢花管的设置如图 9-10 所示。

③ 采用预应力锚索框架进行减荷加固。

由于预应力锚索框架和预应力锚索抗滑桩都可通过施加预应力,使其变形协调一致,因此,可以采用预应力锚索框架进行减荷加固,见图 9-12。

在需要提供的加固力较小时,也可以采用普通预应力钢筋锚杆框架进行加固,在原有预应力锚索发挥作用的情况下,不宜采用被动受力的抗滑挡墙、普通抗滑桩进行加固。

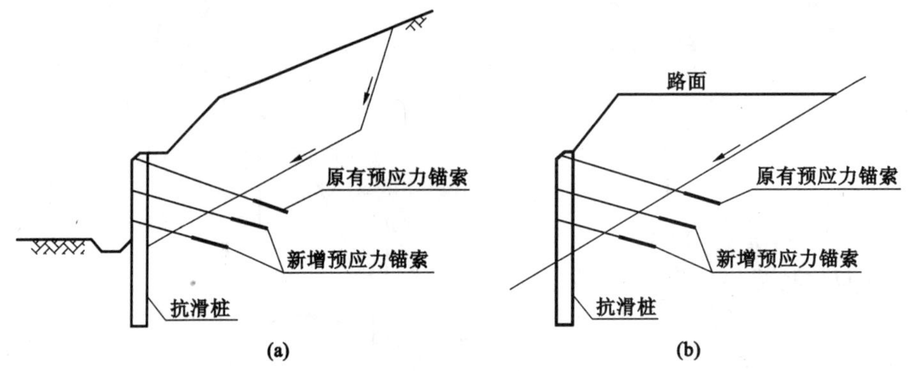

图 9-11 桩外露段增加预应力锚索加固预应力锚索抗滑桩示意图

(a) 路堑预应力锚索抗滑桩；(b) 路堤预应力锚索抗滑桩

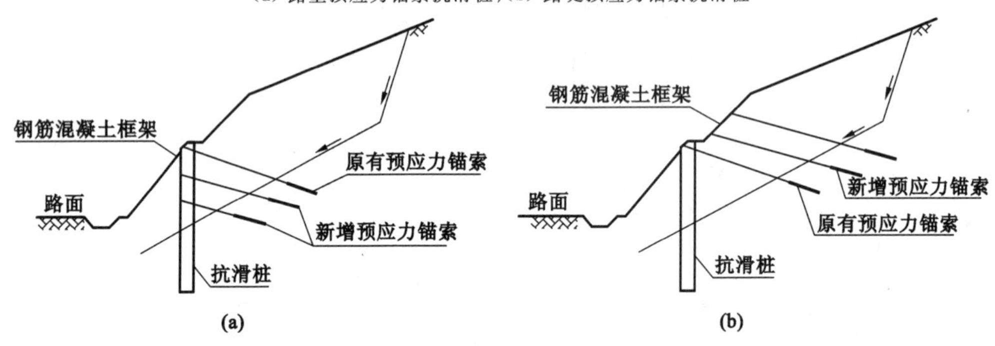

图 9-12 预应力锚索框架加固预应力锚索抗滑桩示意图

(a) 预应力锚索框架设在预应力锚索抗滑桩的河侧；(b) 预应力锚索框架设在预应力锚索抗滑桩的山侧

(4) 桩顶位移超限加固措施

① 在桩上增加预应力锚索限制桩顶位移。

在桩上增加预应力锚索限制桩顶位移的方法是有效的，桩顶位移过大可以通过在桩的外露段或桩顶增加预应力锚索来限制，见图 9-13。

② 在桩的靠河侧注浆加固。

桩的侧向位移过大，往往是由桩的侧向承载力不足造成的，在桩的靠河侧嵌固段注浆可提高桩的侧向承载力，同时也可限制桩的位移，见图 9-14。

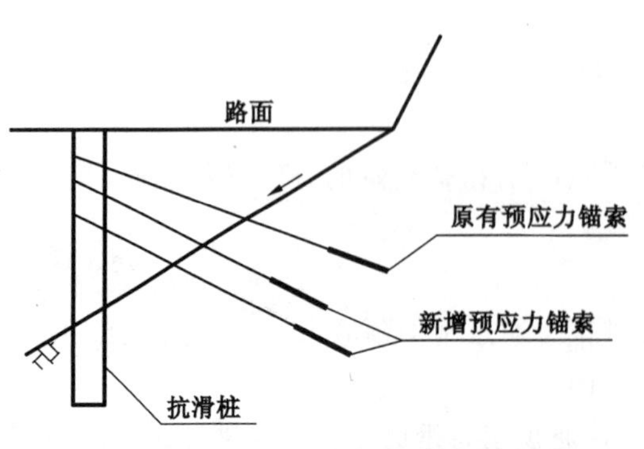

图 9-13 增加预应力锚索限制预应力锚索抗滑桩桩顶位移示意图

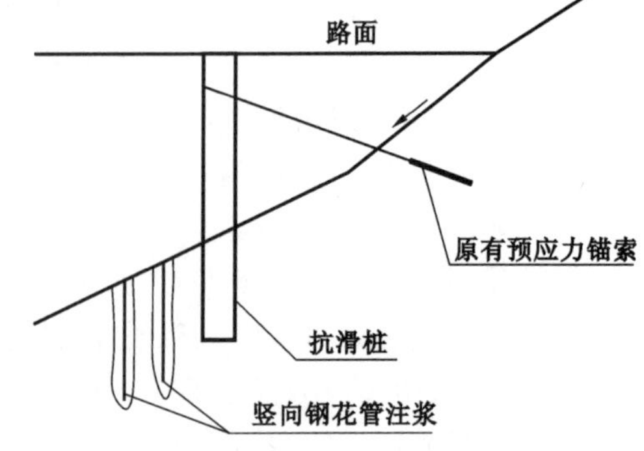

图 9-14 预应力锚索抗滑桩桩前注浆提高侧向承载力加固图

(5) 桩的侧向承载力不足的加固措施

桩侧向承载力不足表现为桩的侧向位移往往过大，可以采用增加预应力锚索的方法限制桩的侧向应力增加。其加固的方法为：对路堑边坡，采用图 9-7 和图 9-8 所示的方法；而对路堤、路肩边坡，采用图 9-11(b)和图 9-13 所示的加固方法。

当桩河侧嵌固段侧向承载力不足时，可以通过注浆加固措施提高。其加固方法为：对路堑边坡，参考图 9-10 所示的方法；对路堤边坡，参考图 9-14 所示的方法。

(6) 滑坡越顶破坏的加固措施

① 原有预应力锚索抗滑桩。

采用预应力锚索抗滑桩加固措施将所有力传递到原有预应力锚索抗滑桩上，进行结构加固，加固的方法为：a. 接长原来的预应力锚索抗滑桩，在原来的预应力锚索抗滑桩顶部竖向植筋，再浇筑混凝土，接长部分和原有的预应力锚索抗滑桩形成一个整体，桩接长部分靠山侧填补浆砌片石，与山侧坡面相接，见图 9-15(a)，或者在桩间设钢筋混凝土挡土板，在挡土板靠山侧夯填土，见图 9-15(b)；b. 在桩顶以上设抗滑挡墙，抗滑挡墙底部应嵌入桩顶以下一定的深度，见图 9-16。

② 预应力锚索框架。

桩的越顶破坏是在预应力锚索抗滑桩的顶部形成的新的剪出口，采用预应力锚索框架可以提高沿新剪出口滑动的安全系数，也可减小预应力锚索抗滑桩的受力，见图 9-17。

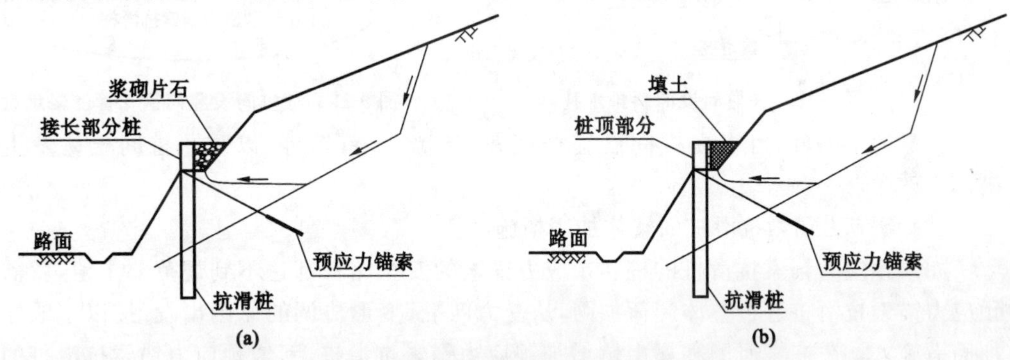

图 9-15 采用接长预应力锚索抗滑桩的方法进行加固

(a) 浆砌片石填补；(b) 挡土板填土

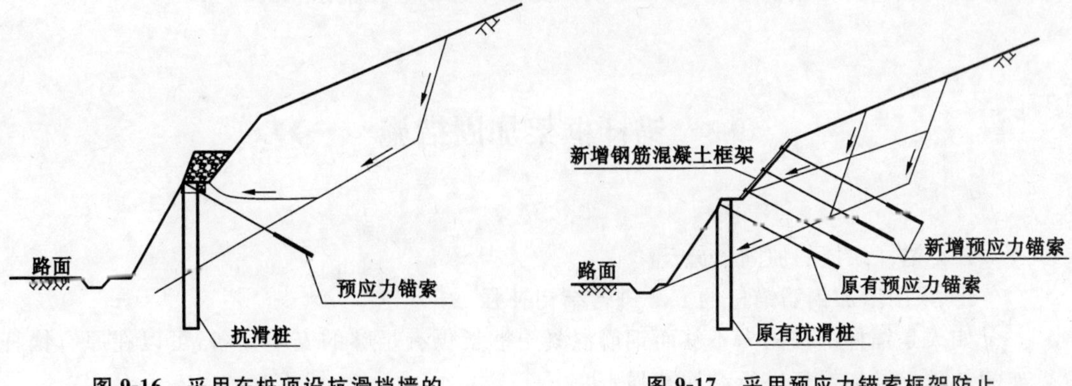

图 9-16 采用在桩顶设抗滑挡墙的方法进行加固

图 9-17 采用预应力锚索框架防止桩越顶破坏

如果越顶的力较小，可以采用普通锚杆框架来代替预应力锚索框架起作用。在越顶段还可以采用注浆提高岩土体强度的方法进行加固。

(7) 土拱效应失效的加固措施

① 采用排水措施提高桩间土强度的方法进行加固。

土拱效应的失效，往往是由桩间岩土的含水量大引起的桩间土的强度降低，可以采用仰斜排水孔、截排水隧洞等提高岩土体的强度的措施进行加固，见图 9-18。

② 桩间注浆加固。

在桩间采用竖向钢花管注浆加固的方法来提高土的强度，使其形成土拱效应，见图9-19。

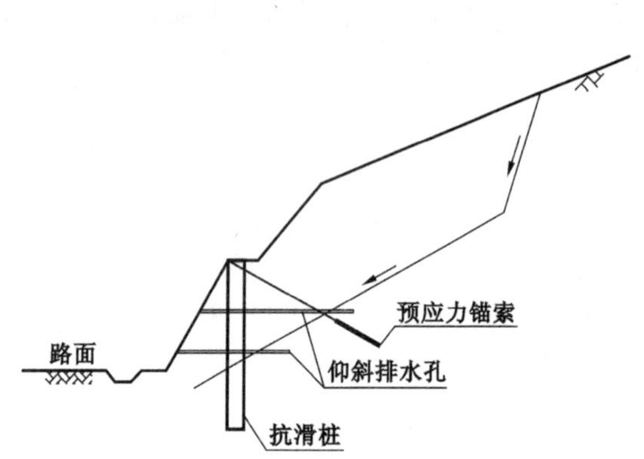

图 9-18 在桩间设仰斜排水孔

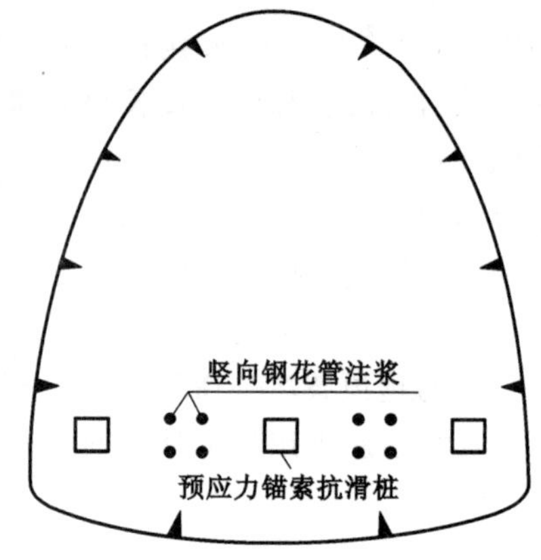

图 9-19 在桩间设竖向钢花管注浆示意图

根据地形条件，可以在桩间设锚杆框架、挡墙、土钉墙等，以防止桩间土体发生挤出破坏。

(8) 预应力锚索抗滑桩的整体加固措施

如果预应力锚索抗滑桩的桩和预应力锚索的安全储备都达不到规范要求值，就需要对预应力锚索抗滑桩进行整体卸荷加固，从受力匹配、变形协调的原则出发，按以下顺序选择加固措施：① 在桩靠河侧和靠山侧增加预应力锚索抗滑桩，新增预应力锚索抗滑桩的位置参考图 9-9；② 增加预应力锚索框架，见图 9-17；③ 采用注浆加固方法，见图 9-10；④ 如果是外露式的预应力锚索抗滑桩，可在桩的外露段增加预应力锚索，见图 9-11。

9.3 锚杆框架加固措施 >>>

(1) 锚杆缺损的加固措施

① 采用增加钢筋锚杆的方法进行结构补强。

如果是锚杆的锚固力不够而钢筋混凝土框架仍有足够的安全储备，可以在原有锚杆框架的基础上增加锚杆进行结构补强。

新锚杆的位置布置及其已有框架的连接有三种方法：a. 在框架竖肋的跨中增设锚杆，见

图 9-20，锚杆与已有框架的连接方法为凿除部分框架混凝土，将杆体头部弯曲，用支力将钢筋与框架连接，然后恢复凿除部分的混凝土，见图 9-20(b)，也可以用钢垫板加螺母的方式连接，见图 9-21(c)；b. 在横梁的跨中设新锚杆，与框架的连接也可以采用图 9-20(b)所示的方式；c. 在原有框架的中间增设十字交叉梁，在其节点处设置新锚杆，如同新增框架一样。

如果需要，可采用预应力钢筋(管)代替普通钢筋，其与框架的连接按图 9-20(b)所示的方式设计。

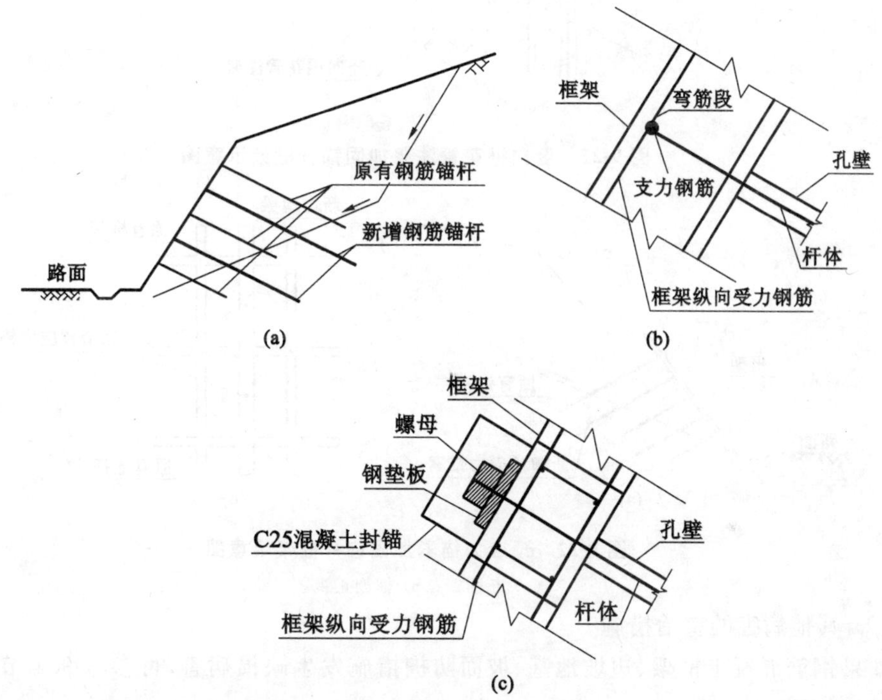

图 9-20 利用钢筋锚杆加固锚杆框架示意图

(a) 断面图；(b) 新增锚杆节点图；(c) 新增锚杆十字梁节点图

② 采用结构减荷的加固措施进行加固。

如果框架的安全储备不高且锚杆的锚固条件不好，可采用增加其他工程的措施进行加固，以下措施可供选择。

a. 竖向钢花管注浆加固。

采用竖向钢花管注浆加固锚杆框架，见图 9-21。

b. 采用预应力锚索加固。

如果需要提供的加固力较大或滑动面埋深较大，可采用增加预应力锚索的方法进行加固，见图 9-22。在原有框架竖肋的中间增加尺寸较大、配筋较强的地梁，将预应力锚索设置在地梁上，预应力锚索和框架横梁交叉部位可以先凿除原横梁混凝土，待地梁钢筋制作安装后再一次浇筑，也可以通过在锚杆框架框格的中间增设十字梁或以锚墩的方式进行加固。

c. 采用抗滑桩和抗滑挡墙加固。

当锚杆(索)的锚固条件较差时，可以采用抗滑桩、抗滑挡墙进行加固。

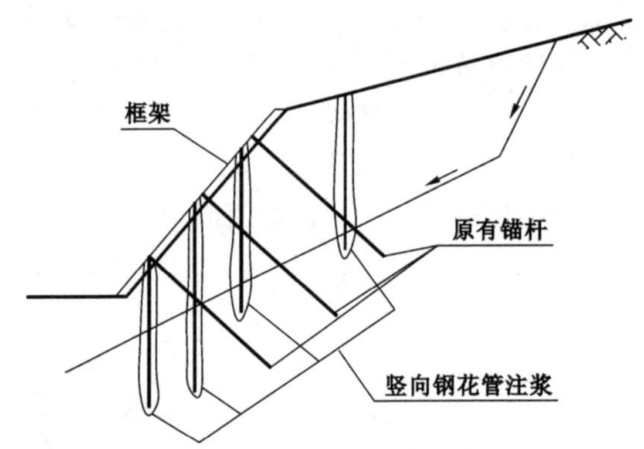

图 9-21 竖向钢花管注浆加固锚杆框架示意图

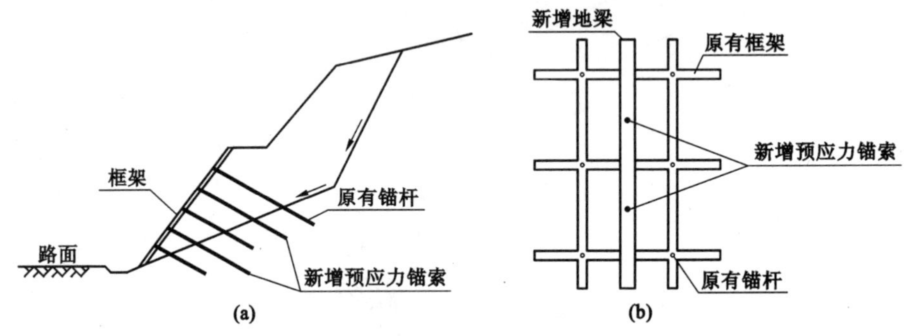

图 9-22 预应力锚索加固锚杆框架示意图

(a) 断面图；(b) 框架正视图

(2) 其他病害的整治措施

如果钢筋混凝土框架、边坡地基、坡面防护措施发生缺损病害，可参考 9.1 节中的相关措施进行加固。

(3) 锚杆框架的整体加固措施

当锚杆和框架的安全储备都较低、框架的整体作用工程效果较差时，可按以下顺序选择加固方法：① 增加钢筋锚杆或钢锚管，见图 9-20；② 采用竖向钢花管注浆，见图 9-21；③ 增加预应力锚索，见图 9-22；④ 采用普通抗滑桩或抗滑挡墙。

9.4 抗滑桩加固措施 >>>

(1) 补强加固措施

① 采用增加预应力锚索的方法进行结构补强加固。

对于外露式的抗滑桩，如果缺损病害在外露段，可采用增加预应力锚索的方法进行加固，见图 9-23。如果外露段出现裂缝和露筋等现象，需要进行修复处理。

增加预应力锚索只能限制桩身内力和裂缝的增大，而不会消除或减小已存在的变形破坏。

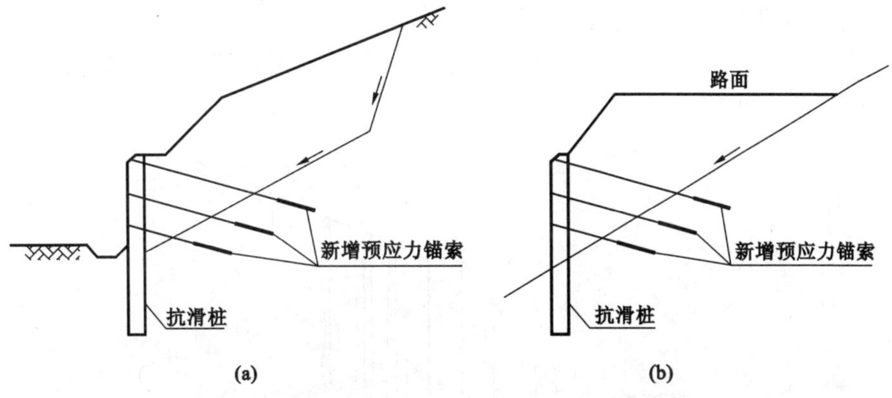

图 9-23 抗滑桩外露段设预应力锚索加固示意图

(a) 路堑预应力锚索抗滑桩；(b) 路堤预应力锚索抗滑桩

② 采用桩身注浆和插筋的方法进行补强加固。

由桩身混凝土的强度没有达到设计要求或受力钢筋不够等原因造成的缺损，可采用避开桩身的纵向受力钢筋打钻孔，插粗钢筋或钢轨，并结合高压注浆的综合措施进行补强加固。

(2) 结构减荷加固措施

当对原有的抗滑桩采用结构补强后，不能恢复设计要求的抗滑能力时，就需要进行减荷加固。

① 通过增加抗滑桩进行减荷加固。

当滑面较深，需要提供的加固力较大时，可通过增加抗滑桩进行减荷加固。新增抗滑桩的加固位置见图 9-24。

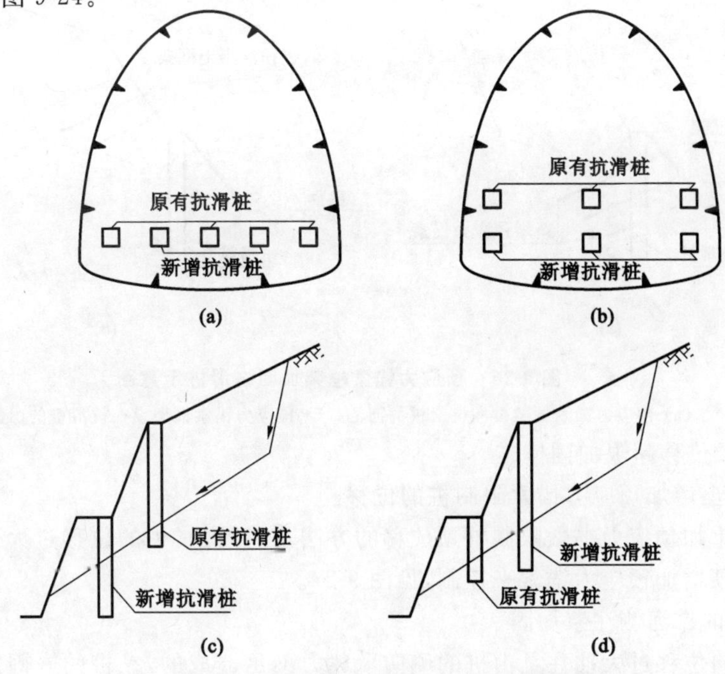

图 9-24 采用增加抗滑桩加固示意图

(a) 桩中间增设抗滑桩；(b) 桩河侧增设抗滑桩(平面图)；(c) 桩河侧增设抗滑桩(剖面图)；(d) 桩山侧增设抗滑桩

② 通过注浆加固措施进行减荷加固。

当滑面位置埋深较小，滑坡范围较大时，可通过竖向钢花管注浆方法进行加固。钢花管的设置可参照图 9-25。

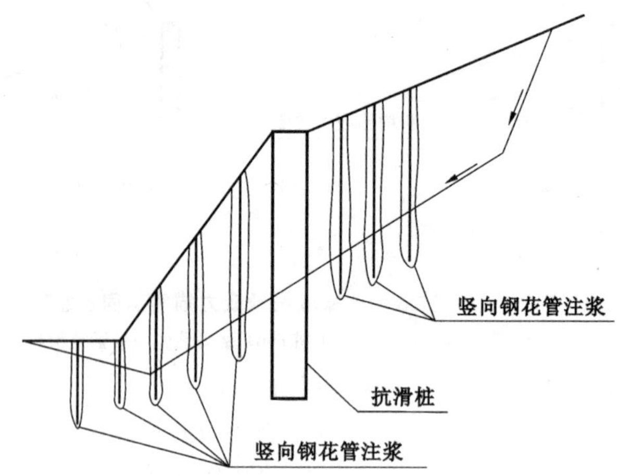

图 9-25 竖向钢花管注浆加固抗滑桩示意图

③ 采用预应力锚索框架进行减荷加固。

由于预应力锚索框架和预应力锚索抗滑桩，都可通过施加预应力使原有抗滑桩的受力不再增加，因此可采用预应力锚索框架进行减荷加固，见图 9-26；当需要加固的力较小时，也可采用普通预应力钢筋锚杆框架进行加固。

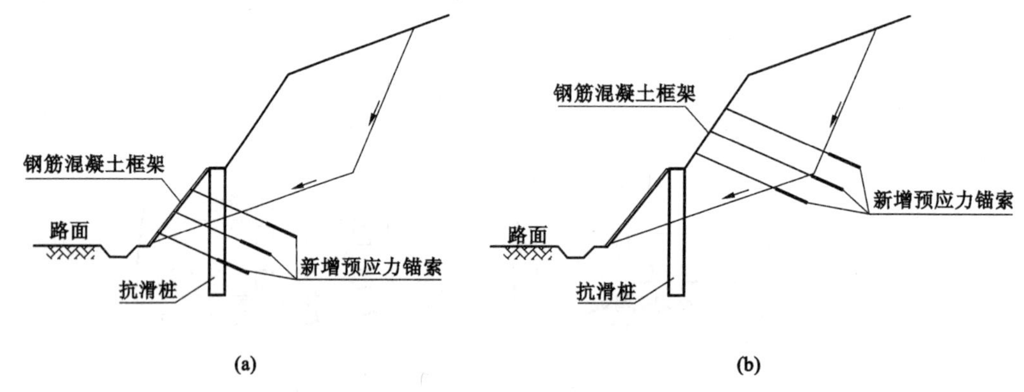

图 9-26 预应力锚索框架加固抗滑桩示意图

(a) 预应力锚索框架设在抗滑桩的河侧；(b) 预应力锚索框架设在抗滑桩的山侧

(3) 桩顶位移超限加固措施

① 在桩上增加预应力锚索限制桩的位移。

在桩上增加预应力锚索限制桩顶位移的方法是有效的，桩的位移过大可以通过在桩的外露段或桩顶增加预应力锚索来控制，见图 9-27。

② 在桩的靠河侧注浆加固。

桩的侧向位移过大往往是由桩的侧向承载力不足造成的，在桩的嵌固段靠河侧注浆可提高桩的侧向承载力，同时也可限制桩顶位移，见图 9-28。

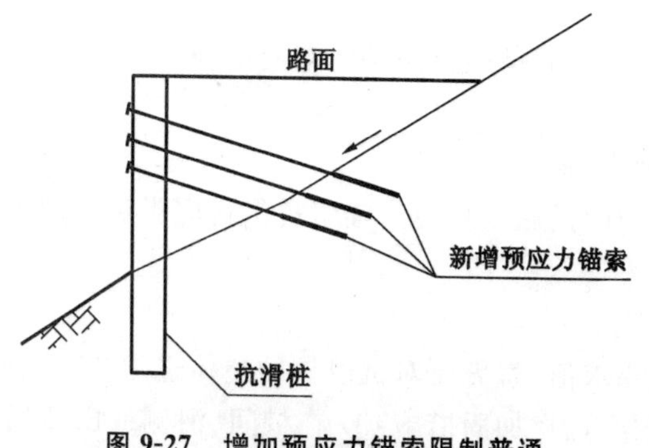

图 9-27 增加预应力锚索限制普通抗滑桩桩顶位移

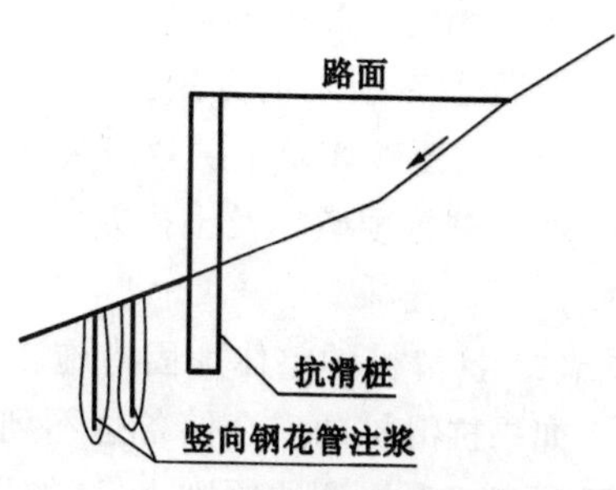

图 9-28 抗滑桩桩前注浆提高侧向承载力的加固

当桩的侧向位移较大时，会造成路面出现裂缝、路基松动，除采用以上两种方法对边坡进行加固外，还可以同时在松动的路基范围内进行注浆加固。

(4) 桩侧向承载力不足的加固措施

① 增设预应力锚索限制桩侧向岩土应力的增加。

桩的侧向岩土应力增加，可以采用增设预应力锚索来限制。其方法具体如下：对路堑边坡，采用图 9-29 和图 9-30 所示的方法加固；对路堤、路肩边坡，采用图 9-23(b)所示的方法加固。

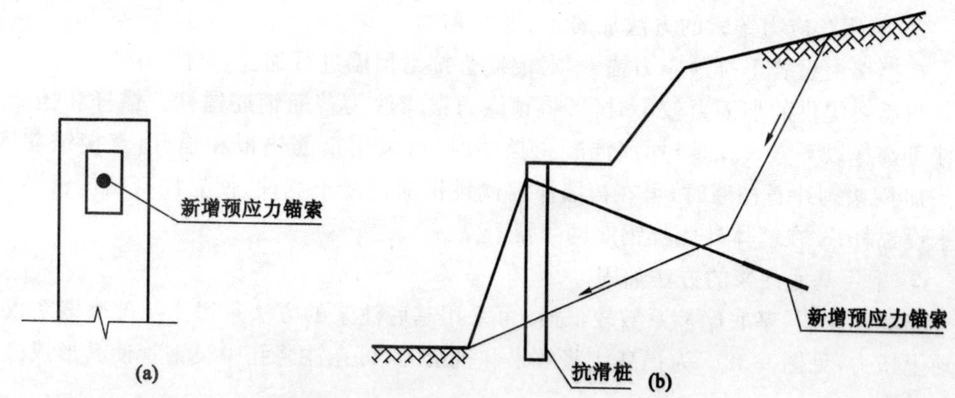

图 9-29 在桩顶设预应力锚索加固示意图

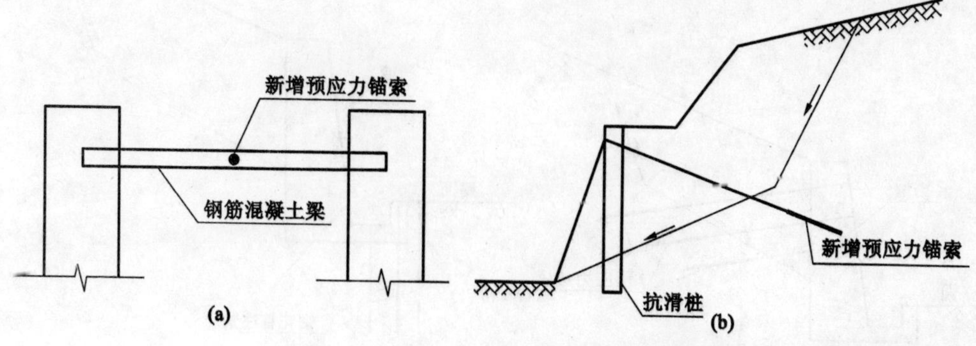

图 9-30 在桩间设预应力锚索加固示意图

② 在桩嵌固段靠河侧注浆加固。

桩的侧向承载力不足时，可以通过注浆加固措施提高桩的侧向承载力。对于路堤边坡，可参考图 9-28 所示的方法。

(5) 越顶破坏及土拱效应失效的加固措施

抗滑桩越顶破坏及土拱效应失效的加固措施与预应力锚索抗滑桩同类破坏的加固措施相同。

(6) 抗滑桩的整体加固措施

如果抗滑桩的安全储备达不到规范要求值，就需要对抗滑桩的整体进行卸荷加固，从受力匹配和变形协调的原则出发，按以下顺序选择加固措施：① 在桩间、河侧或山侧增加抗滑桩，新增抗滑桩的位置可参考图 9-24；② 增加预应力锚索框架，见图 9-26；③ 采用注浆加固技术，见图 9-25；④ 如果是外露式的抗滑桩，可在桩的外露段增加预应力锚索，见图 9-23。

9.5 抗滑挡墙加固措施

(1) 基础滑动破坏的加固措施

① 采用预应力锚索的方法加固。

在挡墙上设若干排预应力锚索，对混凝土抗滑挡墙进行加固，见图 9-31。

当需要提供的加固力较小时，可将预应力锚索改为普通钢筋锚杆。锚杆和挡墙之间的连接可选择以下方式：a. 当加固混凝土挡墙时，可采用钢筋垫板和锚具，直接锚在墙体上；b. 当加固浆砌片石挡墙时，可在挡墙靠河侧设钢筋混凝土立柱，使立柱与墙体密贴，并在立柱上设锚杆；c. 在墙体外侧挂钢筋网喷混凝土。

② 采用基底注浆的方法加固。

当地基软弱、基底摩擦系数较低时，可采用基底注浆的方法来提高基础摩擦系数和增加被动土压力，见图 9-32。为提高注浆效果和抗滑力，可在注浆孔中设钢管使其形成微型桩。

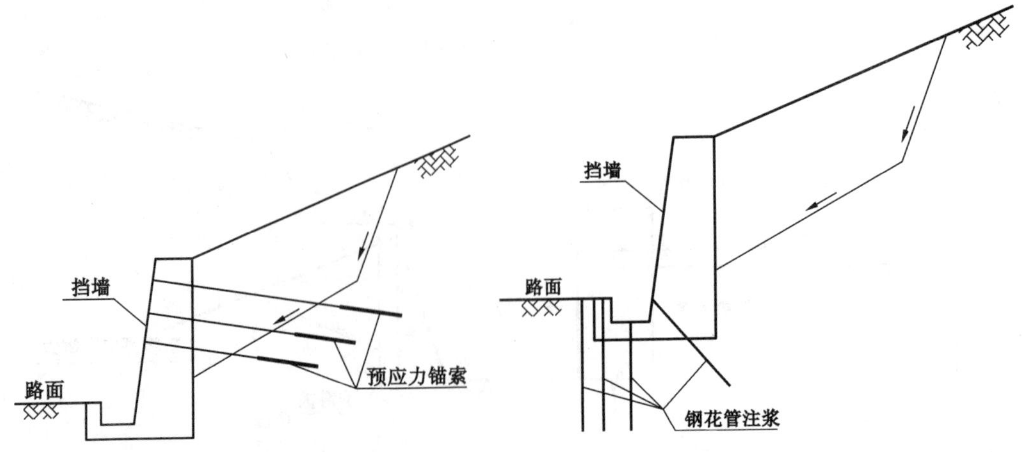

图 9-31 预应力锚索加固挡墙示意图

图 9-32 基底注浆加固挡墙示意图

③ 套墙和支撑墙加固法。

套墙是在原墙外侧加宽基础和加厚墙身，见图 9-33(a)。新、旧基础和墙身的结合方法是凿毛旧基础和旧墙身，必要时设钢筋锚栓或石榫增强联结。

增建支撑墙加固法，是通过在挡墙外每隔一定的间距增建支撑墙。支撑墙基础的埋置深度、尺寸、间距应通过计算确定，见图 9-33(b)。

④ 竖向锚杆加固法。

在墙体打竖向预应力锚杆，通过加预应力增加抗滑力进行加固，见图 9-34。

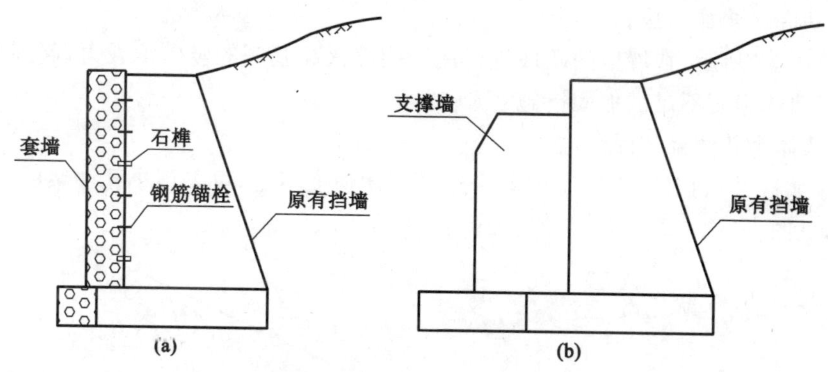

图 9-33 套墙和支撑墙加固法

(a) 套墙；(b) 支撑墙

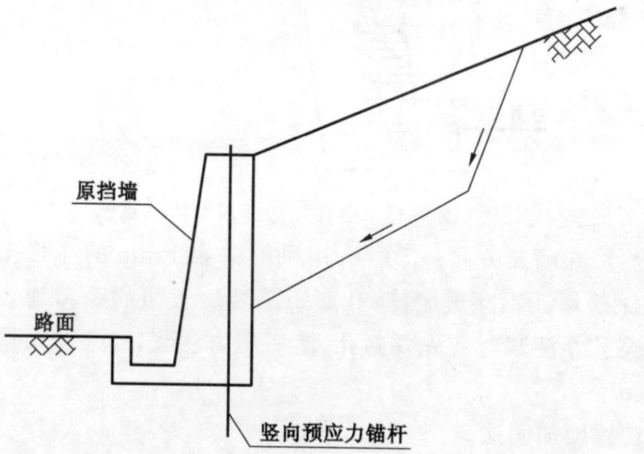

图 9-34 竖向预应力锚杆加固法

(2) 墙体倾覆破坏的加固措施

① 锚杆(索)加固法。

采用锚杆(索)加固法(图 9-31)来抵抗墙体的倾覆破坏是有效的，但锚杆(索)的增设位置应尽可能提高，以获得更大的抗倾覆力矩。

② 套墙和支撑墙加固法。

套墙和支撑墙(图 9-33)能增大挡墙的抗倾覆力矩，其对抵抗墙体的倾覆破坏是有效的。

③ 竖向锚杆加固法。

竖向锚杆加固法(图 9-34)也能增大墙体的抗倾覆力矩,其对抵抗墙体的倾覆破坏也是有效的。

(3) 基础不均匀沉陷的加固措施

① 锚杆加固法。

如图 9-31 所示,在竖向荷载没有增加的情况下,挡墙的抗倾覆力矩增加,也就减少了墙趾部位的竖向应力,起到加固的效果。

② 基底注浆加固法。

如图 9-32 所示,在墙体的基底进行注浆能够提高基底的竖向承载力,起到加固的效果。

(4) 墙体强度不足的加固措施

① 墙体小孔注浆加固法。

对于浆砌片石挡墙,由施工问题引起的墙体强度不足,可采用小孔注浆的方法对墙体进行加固,见图 9-35。

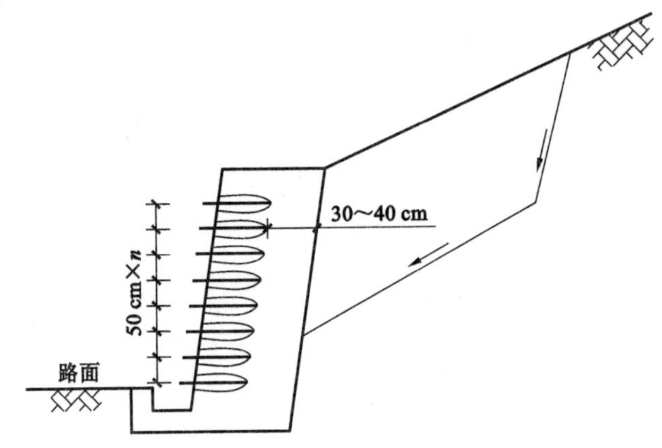

图 9-35 小孔注浆加固墙体示意图

具体方法为:a. 在墙高方向每 50 cm 用风枪钻 ϕ45 mm 的注浆孔,注浆孔在水平方向呈梅花形布置,孔深要保证不穿透墙体,孔底距挡墙后表面的距离为 30～40 cm;b. 自下而上注浆,每一个注浆孔在注浆时首先要封孔,然后压力注浆,如果注浆量较大,可采用间歇的方式注浆。

② 套墙和支撑墙加固法。

套墙和支撑墙加固法(图 9-33),可增大墙体的截面,加固墙体,防止墙体发生强度不足的发生破坏。

为减小套墙和支撑墙的截面尺寸,可采用钢筋混凝土代替普通混凝土和浆砌片石。

(5) 沿软弱层滑动的加固措施

这种病害是挡墙设计埋深不够,原有挡墙无抗滑能力所致的。应根据软弱层滑动面位置和强度,重新设计治理措施或在原挡墙设计的基础上采取有效的加固措施。

(6) 墙顶位移超限加固措施

墙顶位移超限可能是由抗滑、抗倾、基底不均匀沉陷、沿软弱层滑动等一种或几种原因造成的,要先具体分析其形成原因,再有针对性地按前面所提的五种方法选择加固措施。

9.6 工程实例——高速公路边坡病害加固治理工程

9.6.1 工程概况

(1) 地形地貌

梅河高速公路 K111＋286～K111＋433 段右侧边坡为五级坡，最大挖方高度为 46.0 m。场区所处地貌属于剥蚀丘陵斜坡地貌，山间沟谷发育，地形起伏大。山顶高程为 160.0 m，沟谷地面高程约为 88.0 m，线路向西沿山间沟谷右侧边缘穿行，线路走向为 220°～230°方向。

(2) 地层岩性

根据地质勘探揭露，场区内地层由第四系坡残积(Q^{dl+el})粉质黏土及泥盆系(D)变质砂岩和千枚岩组成，具体描述如下。

① 第四系坡残积层。

粉质黏土，褐黄色、稍湿、硬塑，含较多直径为 2.0～10.0 mm 的石英砾和砂岩砾，土质不均匀，黏性较差，黏聚力较低，失水后干松，泡水易软化，厚度一般为 1.0～3.0 m。

② 泥盆系(D)砂岩。

其按风化程度划分为强、中、微风化变质砂岩三层。

a. 强风化变质砂岩：褐黄色、浅灰色、灰色，风化强烈，岩体破碎，岩体中节理、裂隙较发育，岩芯破碎，强度不均匀，多夹中风化变质砂岩，两者相间，局部呈"互层状"。

b. 中风化变质砂岩：浅褐黄色、灰色，变余结构，厚层状构造，节理、裂隙较发育，岩芯破碎，呈块状、碎块状，局部呈短柱状，岩质较坚硬，但强度不均匀，软硬相间，夹薄层状风化岩，局部见硅化现象，夹 10～30 cm 厚度不等的石英脉。局部与微风化岩呈过渡状。

c. 微风化变质砂岩：浅灰色、灰色，变余结构，厚层状构造，岩石裂隙较发育，沿裂隙面见钙质薄膜，强度不甚均匀。岩芯呈短柱状、长柱状，岩质较新鲜，致密、坚硬。

(3) 地质构造

地质构造较复杂，主要受莲花山、博河主断裂及龙川断裂的影响。该断裂带由一系列 NE 向断裂组成，带内岩石热液蚀变强烈，硅化、破碎严重，岩体节理、裂隙、小揉皱等发育。边坡位于断裂影响带内，岩层产状较凌乱，岩层的产状与线路(走向为 220°～230°方向)斜交，对边坡的变形影响较小。在现场调查中发现，在边坡体上普遍存在一组贯通的顺坡向缓倾的软弱结构面(带)，此结构面(带)在路线左侧便道的东南侧的产状为 115°∠31°；便道北东侧结构面的上部岩土呈砂土状和碎石土状，强度较低，而下部岩土呈块状和碎块状，岩体相对较完整，强度较高。此软弱结构面在平面上呈波状起伏，产状有一定的变化，但总体上向临空方向倾斜。滑坡后缘为 140°∠54°向临空的陡倾结构面，滑坡的左侧界依附于 NW50°的结构面。此结构面的方向与边坡两侧自然沟的方向一致。

(4) 水文地质条件

边坡范围内地下水按其赋存特征及类型可分为第四系土层中的孔隙潜水和基岩裂隙水两种类型。

① 第四系土层中的孔隙潜水。

孔隙潜水赋存于残积层土层中。坡残积层以黏粒为主,为相对的滞水层,孔隙潜水径流方向受地形影响,一般随地形变化由坡顶向坡脚排泄,其补给区接近排泄区,属于浅循环地下水。

② 基岩裂隙水。

基岩裂隙水赋存于泥盆系砂岩中。在区内多为强风化岩和中风化岩,因为受构造影响,岩体破碎,节理、裂隙较发育,所以透水性较好。

一级边坡的K111+315~K111+350段、二级边坡的K111+340~K111+430段、三级边坡的K111+330~K111+430段、四级边坡的K111+350~K111+370段普遍出水,且出水量较大,说明岩体中有阻水带,此阻水带经推测是顺坡向的与滑动面一致的压性结构面(带),从出水的分布看,阻水带有多层。

9.6.2 边坡变形破坏过程

(1) 第一次滑动

第一次滑动发生于2004年11月中旬,滑动时边坡已开挖到坡脚,一、二级边坡已进行框架支护,一级边坡预应力锚索未张拉,二级边坡预应力锚索已进行张拉,三、四级边坡已进行拱形骨架加挂网喷土植草,五级边坡坡面未护坡。其滑动前工程布置立面图见图9-36。

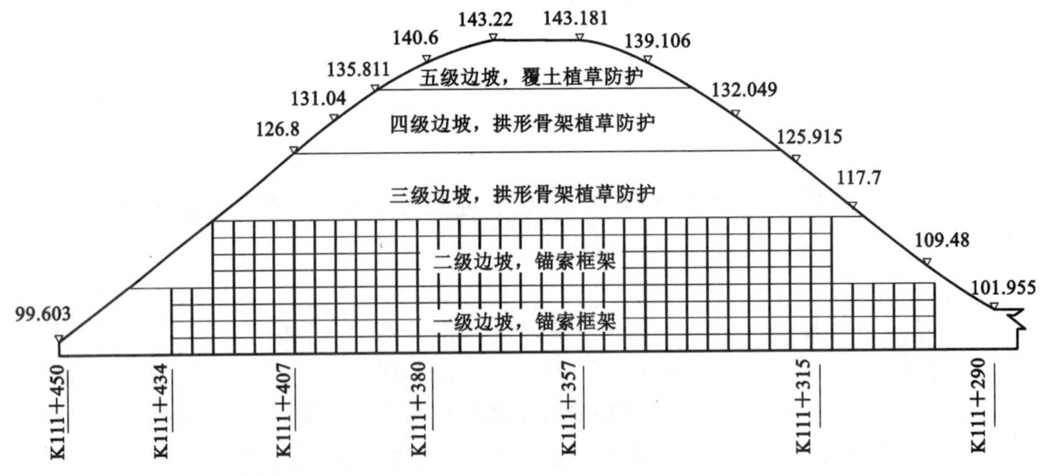

图9-36 第一次滑动前梅河高速公路K111+286~K111+433段右侧边坡工程布置立面图

(2) 第二次滑动

在2004年11月边坡发生第一次滑动后,进行了设计变更,对三、四级边坡采用预应力锚索框架加固,一级平台设钢花管注浆,新增加固工程于2005年4月全部完成,6月中下旬雨季期间发生了第二次滑动。根据深部位移观测资料和地面裂缝的分布情况,滑动面主要分为两层，根据变形速率的大小划分为 2 个区，即Ⅰ区和Ⅱ区。Ⅰ区里程为 K111＋280～K111＋360 段，Ⅱ区里程为 K111＋360～K111＋430 段。

① Ⅰ区：K111＋280～K111＋360 段。

a. 滑动前的加固防护措施。

维持一、二级边坡的预应力锚索框架方案，在一级平台增设 3 排竖向钢花管注浆，钢花管设计长度为 15.0 m，呈梅花形布置，其设计断面见图 9-37。

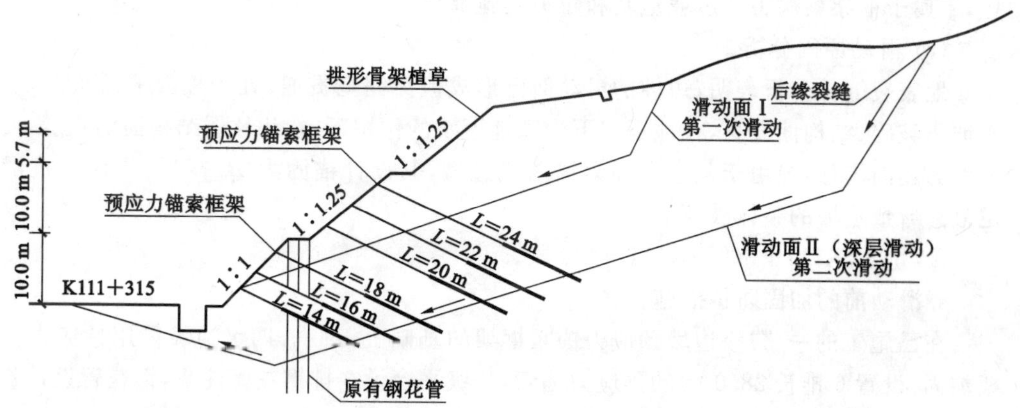

图 9-37 第二次滑动前 K111＋315 处断面（Ⅰ区滑动面Ⅱ）设计图

b. 边坡病害分析。

(a) 边坡病害。

该区变形主要表现为深层滑动。滑坡出口在路基边沟附近反翘剪出。边沟盖板外移，在 K111＋310 处为 1.5 cm，而在 K111＋325 处为 3.5 cm，裂缝分布的范围为 K111＋300～K111＋360 段。滑坡的后缘出现下错外移裂缝，长 30 多米，张开约 15 cm，下错约 10 cm。自四级平台小里程端向山侧出现长 30 多米、走向为 NW50°的滑坡左侧裂缝，此裂缝断断续续贯穿到一、二、三级平台及边坡体上，并在此裂缝向大里程方向约 10 多米处，存在断断续续与之平行的裂缝。

根据 K111＋329.5 处（一级平台）横断面方向水平位移观测曲线，在孔深为 12～12.5 m 处，从 2005 年 6 月 11 日至 2005 年 6 月 27 日，滑坡变形约 10 mm，变形速率为 0.63 mm/d，累计变形量为 20 mm。从 2005 年 2 月开始观测其初期在孔深为 7～7.5 m、3.5～4.0 m 处表现为不明显的变形。将各变形数据汇总及分析并列于表 9-1。

表 9-1 Ⅰ区（滑动面Ⅱ）深部位移观测数据分析表

断面位置	变形位置	观测期限	变形量/mm	变形速率/(mm/d)	备注
K111＋329.5 处一级平台	12～12.5 m（深层滑动面Ⅱ）	6 月 11 日—6 月 27 日	10	0.63	以 0.14 mm/d 长期蠕动，降雨时，以 0.63 mm/d 滑动
		2 月 23 日—7 月 16 日	20	0.14	

这些变形迹象表明，在当地连续暴雨期间（2005 年 6 月），滑坡已整体滑动，且变形较大，6 月 27 日—7 月 16 日间的观测数据说明滑坡的变形不明显，处于暂时的相对稳定状态。

(b) 结构病害。

根据地质裂面调查，对图 9-37 中滑动面Ⅱ进行分析，预应力锚索锚固段设计长度 $L=10.0$ m，锚固段部分位于滑床内，根据相关计算，锚固段平均有效长度 $L_a=3.1$ m，则预应力锚索实际允许锚固力 $P_d'=L_a/L\times P_d=3.1/10\times P_d=0.31P_d$，说明预应力锚索设计允许锚固力 P_d 降低，病害类型为预应力锚索的锚固长度不足。

二级边坡 K111＋350～K111＋360 段框架横梁错断，这是由边坡滑动引起的框架梁破坏，不属于框架梁病害。边坡地基和防护措施都较好。

(c) 滑动原因分析。

地表裂缝的分析表明，边坡的滑动面已形成但为完全贯通，处于极限平衡状态，这是由于坡体破碎、结构面发育，在地下水下渗和地下水的作用下，软化软弱结构面的强度，使边坡下滑力逐渐增加，但由于预应力锚索锚固段过短，其设计锚固力 P_d 降低，提供的抗滑力不足最终导致边坡的整体破坏。

② Ⅱ区：K111＋360～K111＋430 段。

a. 滑动前的加固防护措施。

在已施工的一、二级边坡预应力锚索框架的基础上，对三、四级边坡采用预应力锚索框架加固，设置 6 排长 28.0 m 的预应力锚索，一级平台设 3 排钢花管注浆，钢花管设计长度为 15.0 m。其设计断面见图 9-38。

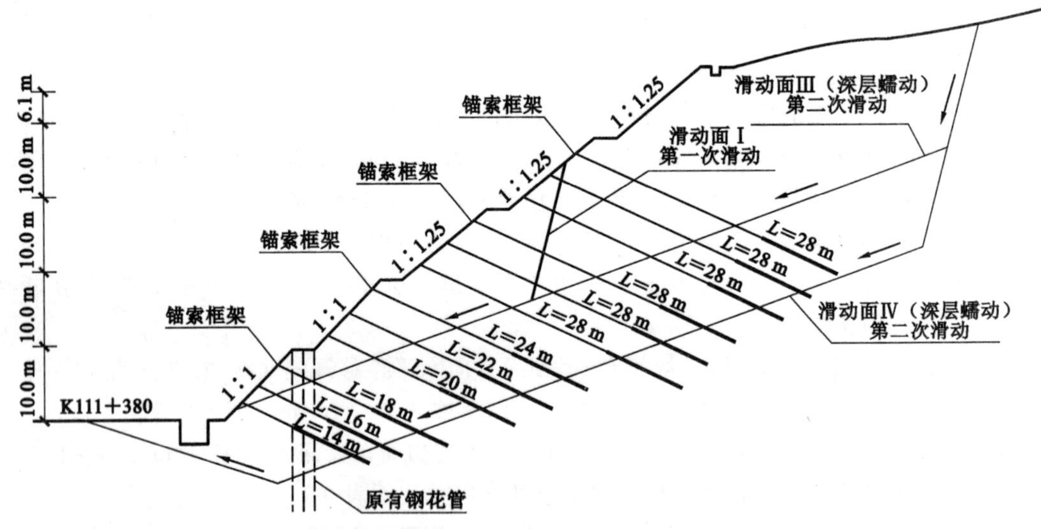

图 9-38 第二次滑动前 K111＋380 处断面设计图

b. 边坡病害分析。

(a) 边坡病害。

Ⅰ. 浅层滑动区(Ⅱ区滑动面Ⅲ)。

由 K111＋363.5 处右侧(三级台面)横断面方向深部位移观测曲线可知，2005 年 6 月 11 日—6 月 27 日孔深 10.0～12.0 m 处变形量约为 10 mm，平均变形速率为 0.63 mm/d；6 月 15 日—6 月 27 日，变形量为 15.3 mm，平均变形速率为 0.70 mm/d；从 2005 年 2 月 17 日开始，观测到累计变形量达 45 mm。位移变形较大，变形速率较大。

由 K111＋395.5 处右侧(一级平台)横断面方向水平位移观测曲线可知,在孔深 4.5～5.5 m 处,2005 年 6 月 11 日—6 月 27 日,变形量为 6.67 mm,平均变形速率为 0.41 mm/d。从 2005 年 2 月 17 日开始,观测到累计变形量达 27 mm,说明该处有滑动变形。

Ⅱ.深层蠕动区(Ⅱ区滑动面Ⅳ)。

由 K111＋363.5 处右侧(三级平台)横断面方向深部位移观测曲线可知,在孔深约 22 m 处,2005 年 6 月 5 日—6 月 27 日,变形量为 4.4 mm,平均变形速率为 0.20 mm/d;2005 年 2 月 17 日—7 月 16 日,累计变形量达 13.3 mm,由此说明在深部 22 m 处长期存在蠕动变形。

由 K111＋395.5 处右侧(一级平台)横断面方向水平位移观测曲线可知,在孔深 11.5 m 处,2005 年 6 月 11 日—6 月 27 日,变形量为 3.05 mm,平均变形速率为 0.19 mm/d;到 2005 年 6 月 27 日,累计变形量达 8.8 mm,这说明该层有蠕动变形。

将各变形数据汇总及分析列于表 9-2。

表 9-2 **Ⅱ区(滑动面Ⅲ、Ⅳ)深部位移观测数据分析表**

断面位置	变形位置	观测期限	变形量/mm	变形速率/(mm/d)	备注
K111＋363.5 处右侧(三级平台)	10.0～12.0 m(浅层滑动面Ⅲ)	6 月 11 日—6 月 27 日	10.0	0.63	浅层:以 0.20～0.30 mm/d 长期蠕动,降雨时以 0.41～0.70 mm/d滑动。 深层:降雨时以 0.19～0.20 mm/d 蠕动,长期以 0.07 mm/d 蠕动
		6 月 5 日—6 月 27 日	15.3	0.70	
		2 月 17 日—7 月 16 日	45.0	0.30	
	22.0 m(深层蠕动面Ⅳ)	6 月 5 日—6 月 27 日	4.4	0.20	
		2 月 17 日—7 月 16 日	133.0	0.07	
K111＋395.5 处右侧(一级平台)	4.5～5.5 m(浅层滑动面Ⅲ)	6 月 11 日—6 月 27 日	6.67	0.41	
		2 月 17 日—6 月 27 日	27	0.20	
	11.5 m(深层蠕动面Ⅳ)	6 月 11 日—6 月 27 日	3.05	0.19	
		2 月 17 日—6 月 27 日	8.9	0.07	

根据以上分析,该段滑坡在一级平台深 4.5～5.5 m 处、三级平台深 10.0～12.0 m 处存在浅层滑动,在 2005 年 6 月连续暴雨期间变形速率达 0.41～0.70 mm/d,2005 年 2 月 7 日—7 月 16 日累计变形量为 27～45 mm。该层(滑动面Ⅱ)处于滑动状态,观测初期变形较大,后期变形相对较小,主要是各级预应力锚索作用的结果。

在一级平台深 10～12.5 m、三级平台深 22.0 m 处,2005 年 6 月在暴雨期间变形速率为 0.19～0.20 mm/d,2005 年 2 月 7 日—7 月 16 日累计变形量达 8.9～13.3 mm,这说明该层(滑动面Ⅳ)处于滑动前的蠕动状态。

(b) 结构病害。

Ⅰ.浅层滑动区(Ⅱ区滑动面Ⅲ)。

根据地质裂面调查,对图 9-38 所示滑动面Ⅲ进行分析,预应力锚索锚固段除四级边坡的预应力锚索少部分锚固段未穿过滑动面外,其余锚固段均位于滑床内,但边坡已出现滑动破坏迹象,这说明预应力锚索的设计锚固力 P_d 不足,现有预应力锚索荷载 P 超过设计锚固力 P_d,其病害类型为预应力锚索的长度不足。预应力锚索框架梁、地基边坡、坡面防护措施良好。

Ⅱ.深层蠕动(Ⅱ区滑动面Ⅳ)。

根据地质裂面调查,对图 9-38 所示滑动面Ⅳ进行分析,预应力锚索锚固段设计长度 $L=10.0$ m,锚固段部分位于滑床内,根据相关计算,锚固段平均有效长度 $L_a=4.2$ m,则预应力锚索实际允许锚固力 $P_d'=L_a/L\times P_d=4.2/10\times P_d=0.42P_d$,说明预应力锚索设计锚固力 P_d 降低,病害类型为锚固段锚固力不足。预应力锚索框架梁、边坡地基、坡面防护措施良好。

(c) 滑动原因分析。

坡体中存在多层倾向临空的软弱结构带,边坡开挖后曾经发生过第一次滑动变形,经采用预应力锚索框架加固后,阻止了第一次滑动。第一次滑动阻止后,地表水和地下水对深层软弱结构带产生软化作用,滑坡向深层的软弱带发展,引起深层滑动,原有的一、二、三、四级边坡预应力锚索框架不足以抵挡深层滑动。

9.6.3 加固措施

(1) Ⅰ区加固措施

① 对已有预应力锚索框架进行加固。

对现有各级边坡的预应力锚索框架增加预应力锚索进行加固,紧贴原有框架的每条竖梁增设 1 条预应力锚索地梁,地梁规格与现有地梁相同。在一级边坡 K111+298～K111+376 段、二级边坡 K111+310～K111+376 段、三级边坡 K111+331～K111+376 段,每根地梁增加 4 排预应力锚索,在四级边坡 K111+331～K111+376 段增加 2 排预应力锚索,预应力锚索孔径为 130 mm。

② 在小里程端刷方边坡增加预应力锚索框架。

在一、二、三级边坡上分别增加 11 根、12 根和 15 根预应力锚索。

③ 在自然边坡上增加预应力锚索地梁。

在里程 K111+292～K111+325 段自然边坡上,按间隔为 3.0 m 共设 12 条预应力锚索地梁,自下而上在其中 9 条地梁上设 3 排预应力锚索,其余 3 条地梁上设 2 排预应力锚索;预应力锚索地梁的截面尺寸为 0.6 m×0.6 m。地梁上的预应力锚索孔径为 130 mm。

④ 在坡脚增加竖向钢花管注浆加固措施。

在 K111+286～K111+376 段坡脚增加 2 排竖向钢花管注浆孔,孔深 12.0 m,排距为 2.0 m,纵向间距为 3.0 m,呈梅花形错开布置。

病害加固工程断面设计见图 9-39。

(2) Ⅱ区加固措施

① 对已有预应力锚索框架进行加固。

对现有各级边坡的预应力锚索框架增加预应力锚索进行加固,紧贴原有框架的每条竖梁增设 1 条预应力锚索地梁,地梁规格与现有地梁相同,在一级边坡 K111+376～K111+397 段、二级边坡 K111+376～K111+421 段、三级边坡 K111+376～K111+406 段每根地梁增加 4 排预应力锚索,在四级边坡 K111+376～K111+391 段增加 2 排预应力锚索,预应力锚索孔径为 130 mm。

② 在坡脚增加竖向钢花管注浆孔。

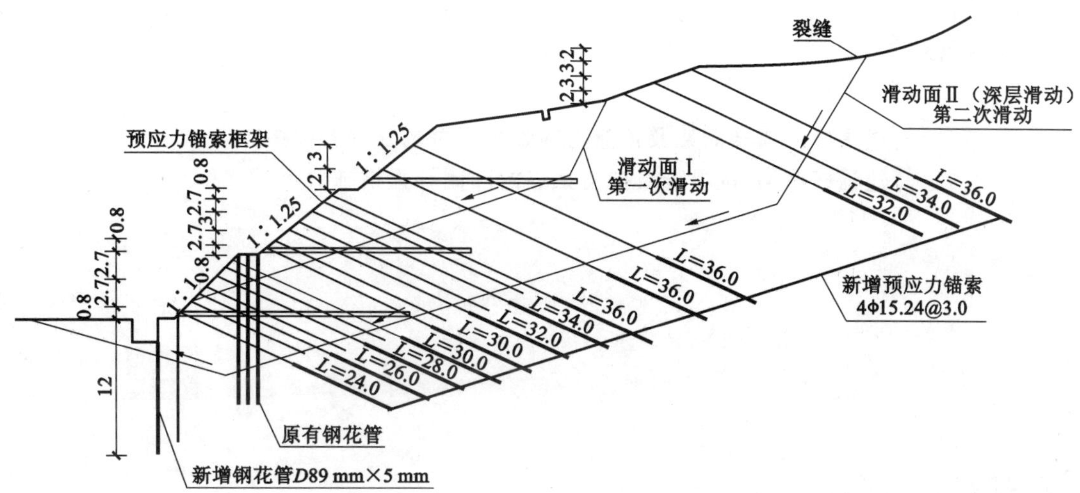

图 9-39 第二次滑动后梅河高速公路 K111+315 处加固断面设计图(单位:m)

在 K111+376～K111+433 段坡脚增加两排竖向钢花管注浆孔，孔深 12.0 m，排距为 2.0 m，纵向间距为 3.0 m，呈梅花形错开布置。

病害加固工程断面设计见图 9-40。

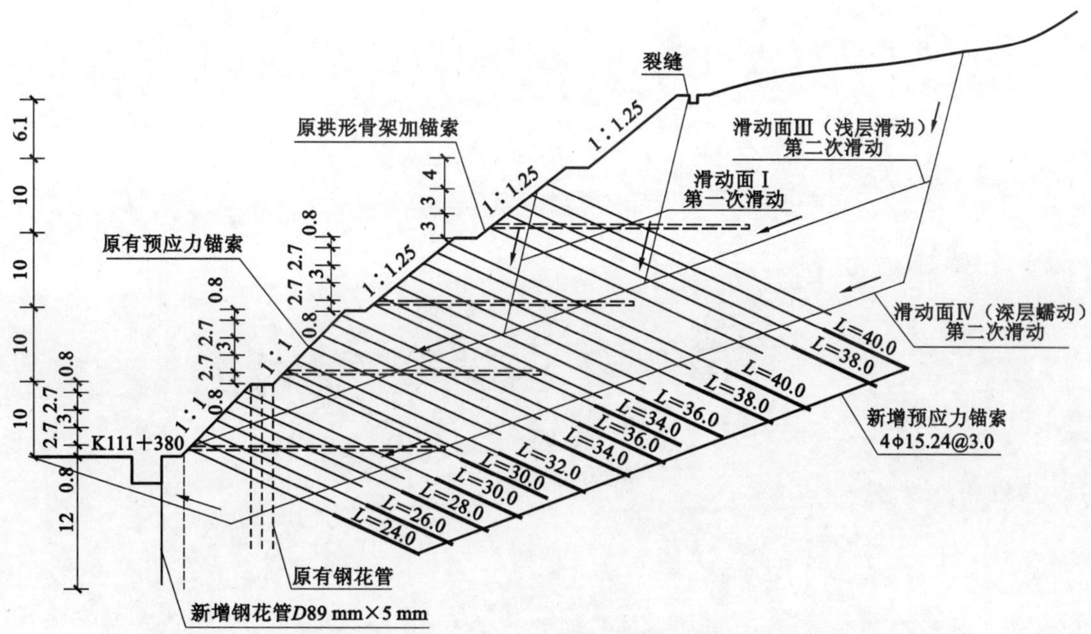

图 9-40 第二次滑动后梅河高速公路 K111+380 处加固断面设计图(单位:m)

说明：本章的工程实例源自专著《边坡病害及治理工程效果评价》(张玉芳，王春生，张从明. 北京：科学出版社，2009)。

独立思考

9-1 简述预应力锚索框架及预应力锚索抗滑桩的加固补强措施。

9-2 简述锚杆框架、抗滑桩及抗滑挡墙的加固补强措施。

10 劲芯水泥土桩复合地基加固

10.1 概 述 >>>

(1) 研发背景

劲芯水泥土桩技术(Stiffened Deep Mixing Pile Method,简称 SDM 工法)是在水泥土桩基础上发展起来的一种用于加固软弱土地基和深基坑支护工程的新工法。劲芯水泥土桩是在水泥土桩成桩后,在水泥土桩体内沉入或制作高强度、高模量的劲性芯桩而形成的芯桩与水泥土共同工作,承受荷载的一种新桩型。

劲芯水泥土桩的组成与传统匀质桩型不同,是由刚性芯桩外包水泥土组成的,如图 10-1所示。芯桩强度高,对桩身抗压有利,外包水泥土价廉,与土的接触面积大,对增加桩周侧阻力有利。桩体上部的荷载传递给芯桩,芯桩将其通过水泥土与芯桩之间的黏结力传递给水泥土,然后再传递给地基土,这样从芯桩到土体通过水泥土的过渡形成了强、中、弱的渐变过程,形成一种中间强度高、四周强度低的合理的桩身结构,充分发挥了芯桩和水泥土的性能,提高了承载力,降低了造价。

劲芯水泥土桩复合地基加固法具有施工简单、噪声低、无污染、质量稳定、造价低、地基承载力高和变形小的优点,因此应用前景广阔。

(2) 劲芯水泥土桩类型

目前,劲芯水泥土桩应用及研究发展很快,其工法名称及施工、设计计算方法虽不尽相同,但其结构组成从本质上是一样的,即在水泥土桩基础上沉入或制作劲性芯桩而形成的组合结构,承载机理基本相同,如河北省的混凝土芯水泥土组合桩、刚性芯复合桩,天津地区的劲性搅拌桩,上海、江苏等地区的加芯水泥土复合桩,云南省的加芯搅拌桩等。综合国内外研究及应用成果,将上述的有关成果统一命名为劲芯水泥土桩。

劲芯水泥土桩的桩身构造和施工工艺有多种形式。水泥土桩的成桩方法,除了常用的深层搅拌、粉喷和高压旋喷外,还可以采用沉管灌注预拌塑性水泥土或预成孔后填入分实十硬性水泥土的工艺,如河北工业大学已申报专利的“柱锤冲扩劲芯水泥土桩”技术。劲性芯桩可以采用混凝土、钢筋混凝土、钢管、型钢等多种材料制作;劲性芯桩长度可以根据材料特性和工程需要采用短芯[图 10-2(a)]、等长芯[图 10-2(b)]和长芯[图 10-2(c)];沿深度方向,劲性芯桩可以采用等截面[图 10-2(b)、(c)]和变截面[图 10-2(a)];劲性芯桩截面可以是方形、圆形、圆环形,也可以采用组合截面,如图 10-3 所示,图中阴影部分表示劲性芯桩。

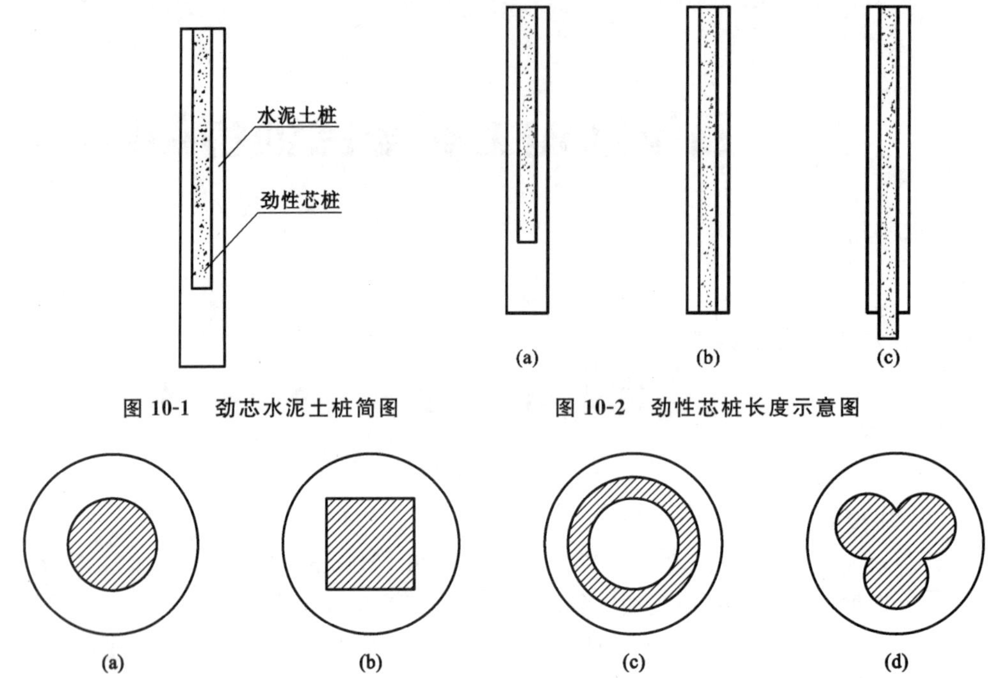

图 10-1　劲芯水泥土桩简图

图 10-2　劲性芯桩长度示意图

图 10-3　劲性芯桩截面示意图

为了增加劲性芯桩和水泥土之间的摩阻力，还可以在劲性芯桩侧表面增加刻痕、凸凹等。目前，工程上采用较多的是短芯、变截面钢筋混凝土预制芯桩。劲芯水泥土桩的构造类别和施工工艺分类汇总于图 10-4。

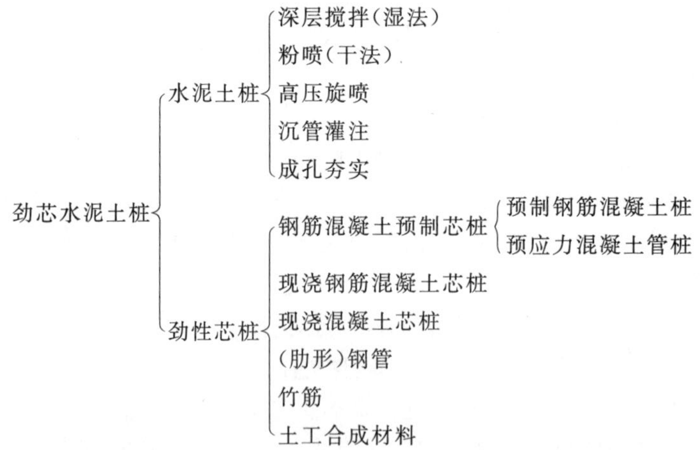

图 10-4　劲芯水泥土桩的构造类别及施工工艺分类

(3) 劲芯水泥土桩特点

与其他既有桩型相比，劲芯水泥土桩有以下优点。

① 适用范围广。

劲芯水泥土桩是在水泥土桩基础上开发的，适用于多高层建筑工程和公路工程。只要适宜用水泥土桩(水泥土搅拌桩、粉喷桩、高压旋喷桩等)的工程都可以采用劲芯水泥土桩。

② 承载力强，可调性强。

劲芯水泥土桩综合了水泥土搅拌桩和钢筋混凝土桩的优点，使竖向荷载通过桩芯较均匀地传递给水泥土，再由水泥土利用较大的摩阻面积传递给承载力较弱的软土地层，既发挥并利用了劲性芯桩的强度，又达到了提高地基承载力的目的。劲性芯桩的材料、芯桩长度可以根据工程需要灵活选择。经过合理的设计，单桩承载力可以达到 500～2000 kN，复合地基承载力特征值可以达到 200 kPa 以上。

③ 施工速度快、质量稳定。

劲芯水泥土桩利用了水泥土桩的施工机械和施工方法，可以在原来的水泥土搅拌桩机的设备上加一套静压设备，或采用水泥土桩成桩设备和静压桩或混凝土灌注桩设备轮流作业，即可完成成桩过程，有施工速度快、质量稳定的优点。

④ 噪声低、无污染。

劲芯水泥土桩克服了打入桩的噪声和挤土以及钻孔灌注桩泥浆污染问题，也克服了水泥土搅拌桩搅拌不均匀、质量不稳定的问题。

⑤ 经济效益显著。

劲芯水泥土桩的经济性十分明显，费用较钢筋混凝土预制桩节约 30%～50%，较钻孔灌注桩节约 40%～50%，有较可观的社会经济效益。

10.2 混凝土芯水泥土组合桩复合地基设计计算 >>>

劲芯水泥土桩既可作为桩基础，又可作为复合地基的竖向增强体。目前，劲芯水泥土桩复合地基设计计算已日臻成熟，经有关主管部门批准已颁布了相应的地方标准，如天津市工程建设标准《劲芯水泥土桩技术规程》(DB 29-102—2004)、河北省工程建设标准《混凝土芯水泥土组合桩复合地基技术规程》(DB 13(J)50—2005)等。下面结合《混凝土芯水泥土组合桩复合地基技术规程》(DB 13(J)50—2005)对混凝土芯水泥土组合桩复合地基设计计算进行介绍。

10.2.1 基本要求

混凝土芯水泥土组合桩复合地基适用于淤泥、淤泥质土、黏性土、粉土、素填土等地基。对欠固结土层、杂填土、有机土层及塑性指数较高的黏土或当地下水具有腐蚀性时，应通过试验确定其适用性。

(1) 工程勘察与室内外试验

采用混凝土芯水泥土组合桩处理地基，应具有建筑场地岩土工程勘察资料，并对地基处理的目的、处理范围和处理后要达到的技术指标有明确要求。设计前应进行拟处理土层的室内水泥土配合比试验，确定合适的固化剂、外掺剂及其掺量，为设计施工提供相应龄期的水泥土强度及其工程特性参数。水泥土强度宜取 28 d 龄期立方体试块的抗压强度，其 28 d

抗压强度不宜小于 0.8～1.0 MPa。

施工前宜按照建筑物地基基础设计等级和场地复杂程度，在有代表性的场地上进行成桩试验或试验性施工，并进行必要的测试，以检验设计、施工参数和处理效果，如达不到设计要求，应查找原因并采取措施或修改设计及施工方案。

(2) 设计要点及设计流程

① 设计要点。

混凝土芯水泥土组合桩复合地基的设计，主要是确定组合桩的单桩及复合地基承载力、面积置换率、加固深度、芯桩类型和几何尺寸，以及选择水泥土搅拌桩固化剂、外掺剂的种类及掺量等。

a. 固化剂。

固化剂可选用水泥或其他有效的固化材料。水泥固化剂宜选用强度等级为 32.5 级及 32.5 级以上的普通硅酸盐水泥。水泥掺量宜为被加固湿土重的 12%～20%。对含水量高、有机质含量多的土层，还可采用专用土壤固化剂作为固化材料。

b. 布桩。

桩位平面布置可根据上部结构特点和基础形式采用三角形或方形布置，对条形基础可采用单排或双排布置；桩可只布置在基础平面范围内；桩距宜为 2～4 倍桩径，当在饱和软黏土中成桩时，桩距宜适当加大。

混凝土芯水泥土组合桩的桩长应根据土质及上部结构对承载力及变形的要求确定，原则上宜穿透软弱土层到达较硬土层。

c. 芯桩的构造要求。

(a) 芯桩直径(边长)与水泥土搅拌桩直径之比 a_d 不应小于 0.30，芯桩外包水泥土厚度应不应小于 120 mm，芯桩下水泥土桩桩长不应大于 1.5 m，芯桩长细比不应大于 80。

芯桩尺寸和长度不仅应满足桩身强度及承载力要求，还应保证芯桩与水泥土桩的协同工作。根据水泥土与混凝土芯桩黏结试验，其黏结力约为 $0.2f_{cu}$，据此推算其芯径比 a_d 应大于 0.3 才可保证芯桩与水泥土之间不发生滑移，从而保证水泥土与芯桩共同受力。为增加混凝土芯桩与水泥土结合力，混凝土芯桩也可做成结节状或外壁加肋或槽。当缺乏工程经验时，宜进行芯桩摩阻力验算，要求芯桩桩周总侧向摩阻力大于或等于水泥土桩周总侧向摩阻力。

另根据试验对比及有限元分析，芯桩过短不但满足不了桩身长度的要求，而且不利于荷载的有效传递，因此芯桩底面以下的纯水泥土桩段不宜过长。经分析对比，建议芯长比 a_l 应大于 0.80，当水泥土搅拌桩长度较大或芯桩下水泥土强度较低时取大值。目前，工程中芯桩下纯水泥土桩桩长多为 1.0～2.0 m。当桩端持力层为坚硬土层或埋藏较深时，芯桩也常通长或超长设置($a_l \geqslant 1$)。

(b) 预制钢筋混凝土芯桩宜采用楔形，桩身截面尺寸不宜小于 220(顶)～120 mm(底)，等截面预制芯桩直径(边长)不宜小于 200 mm；桩身配筋按吊运条件计算确定，主筋直径不宜小于 8 mm；混凝土强度等级不宜低于 C25；桩身接头不宜超过两个。

预制芯桩可采用楔形(双面或单面)或柱形，截面可采用方形、矩形、多边形，有条件时也可采用预应力混凝土管桩。实践表明，楔形芯桩不但便于压入，而且垂直度较易控制，故应优先选用。

(c) 现浇芯桩可采用素混凝土或钢筋混凝土制作，直径不宜小于 300 mm，桩身混凝土强度等级不宜低于 C15；当采用现浇钢筋混凝土芯桩时，可按构造配筋，根据芯桩直径大小配置 4～6 根直径不小于 8 mm 的纵筋，纵筋长度不宜小于 3～4 m。

现浇芯桩加配构造筋，主要为防止由挤土、开槽等偶然因素造成的断桩，当土质较好且有施工经验时也可以不设。当 $a_1>1$ 时，纵筋宜通长设置。

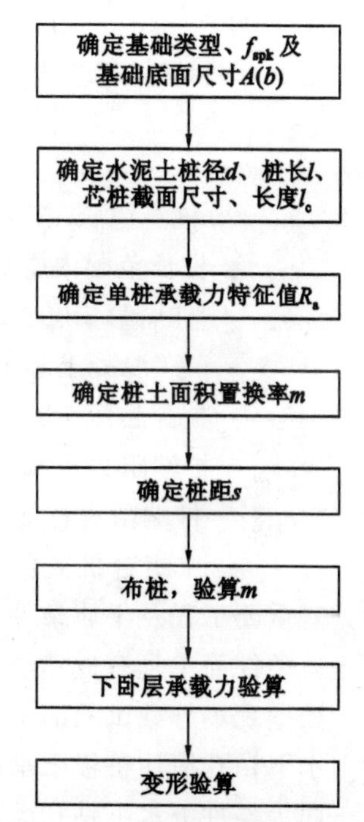

图 10-5 混凝土芯水泥土组合桩复合地基设计流程

d. 水泥土桩。

湿法施工水泥土桩桩长不宜大于 20 m，干法施工不宜大于 15 m。水泥土搅拌桩的桩径不应小于 500 mm。

e. 褥垫层设置。

桩顶和基础之间应设置褥垫层，褥垫层厚度可取 200～300 mm，其材料可选用中粗砂、石屑或级配砂石，最大粒径不宜大于 20 mm。褥垫层平面尺寸每边超过基础边缘不应小于 300 mm。对公路路堤等柔性基础，宜设置土工格栅加筋垫层或灰土等刚度较大的垫层。

② 设计流程。

设计流程见图 10-5。

10.2.2 复合地基承载力计算

(1) 复合地基承载力特征值 f_{spk}

混凝土芯水泥土组合桩复合地基承载力特征值 f_{spk}，应通过现场复合地基荷载试验确定。试验按《建筑地基处理技术规范》(JGJ 79—2012)执行，当按相对变形值确定复合地基承载力特征值时，可取 s/d 或 s/b 等于 0.006～0.008 时所对应的压力。

初步设计时也可按下式进行估算：

$$f_{spk}=m\frac{R_a}{A_p}+\beta(1-m)f_{sk} \tag{10-1}$$

式中 f_{spk}——复合地基承载力特征值，kPa；

m——面积置换率；

R_a——单桩竖向承载力特征值，kN；

A_p——劲芯水泥土桩截面面积，按水泥土搅拌桩桩径计算，m²；

β——桩间土承载力折减系数，可视土质情况取 0.4～0.8；

f_{sk}——加固后桩间土承载力特征值，kPa，宜按当地经验取值，或取天然地基承载力特征值。

(2) 单桩竖向承载力特征值 R_a

单桩竖向承载力特征值 R_a，应通过现场荷载试验确定。试验按《建筑地基基础设计规范》(GB 50007—2011)的有关规定执行。

当 $a_l \leqslant 1.0$ 时，初步设计也可按下式进行估算：

$$R_a = u_p \sum_{i=1}^{n} q_{si} l_i + \alpha q_p A_p \tag{10-2}$$

式中 u_p——桩身周长，按水泥土搅拌桩桩径计算，m；

n——桩长范围内所划分的土层数；

q_{si}——桩周第 i 层土的侧阻力特征值，kPa，宜按当地经验取值，无当地经验时，可参考《混凝土芯水泥土组合桩复合地基技术规程》(DB 13(J)50—2005)确定；

l_i——桩穿越第 i 层土厚度，m；

α——桩端阻力折减系数，依芯桩尺寸及桩端土质情况取 $\alpha=0.3\sim0.7$；

q_p——桩端阻力特征，kPa，宜按当地经验取值，无当地经验时，可参考《混凝土芯水泥土组合桩复合地基技术规程》(DB 13(J)50—2005)确定。

对重要工程及土质条件复杂的场地，应采用单桩荷载试验确定单桩承载力特征值 R_a；对土质条件简单且有成熟经验的地区，其也可采用经验公式进行估算。

根据现场静载试验的统计结果，混凝土芯水泥土组合桩的极限承载力实测值，与同等条件下水下钻孔灌注桩极限承载力计算值相近，经分析对比，混凝土芯水泥土组合桩侧摩阻力高于同等条件下水下钻孔灌注桩侧摩阻力，而其桩端阻力比水下钻孔灌注桩略小；与同等条件下水泥土搅拌桩相比，无论是侧摩阻力，还是桩端阻力，均有明显的提高。因此，混凝土芯水泥土组合桩可按水泥土搅拌桩外围尺寸，参照水下钻孔灌注桩有关参数进行承载力估算。当 $a_l>1$ 时，底部芯桩侧阻力按芯桩成桩工艺确定。

考虑混凝土芯水泥土组合桩的桩底为水泥土或部分为水泥土，其桩端阻力比灌注桩有所降低，因此乘以折减系数 α。α 值应依据芯径比 a_d、芯长比 a_l 大小及桩端下土质确定，当 a_d 较大且芯桩通长设置时 α 可取大值，当桩端为纯水泥土时 α 应取小值。芯桩超长设置($a_l>1$)时取 $\alpha=1.0$，其桩端阻力按芯桩截面面积及相应的成桩工艺确定。

单桩竖向承载力特征值 R_a 还应符合下式要求：

$$R_a - Q_{si} \leqslant \eta_c A_{ci} f_c + \eta f_{cu}(A_p - A_{ci}) \tag{10-3}$$

式中 R_a——按式(10-2)计算的单桩竖向承载力特征值，kN；

η_c——芯桩混凝土强度折减系数，预制芯桩取 $\eta_c=0.9\sim1.0$，现浇芯桩取 $\eta_c=0.7\sim0.8$；

A_{ci}——计算截面处芯桩截面面积，m^2；

f_c——混凝土轴心抗压强度设计值，kPa，应符合现行国家标准《混凝土结构设计规范》(GB 50010—2010)的规定；

η——桩身水泥土强度折减系数，桩顶处取 $\eta=0$，其他截面可取 $\eta=0.3\sim0.5$；

Q_{si}——计算截面以上桩周总侧阻力特征值，kN；

f_{cu}——与桩身水泥土配合比相同的室内水泥土试块(边长为 70.7 mm 的立方体)，在标准养护条件下 28 d 龄期的立方体抗压强度平均值，kPa。

确定单桩竖向承载力特征值 R_a 时，应考虑桩身强度的要求，为偏于安全，桩顶处不考虑水泥土桩受力，即取 $\eta=0$。因为受桩侧阻力的影响，桩身轴力沿深度方向递减，所以混凝土芯水泥土组合桩可按变强度进行设计，桩身实际受力可考虑桩侧阻力有利影响，见图 10-6。

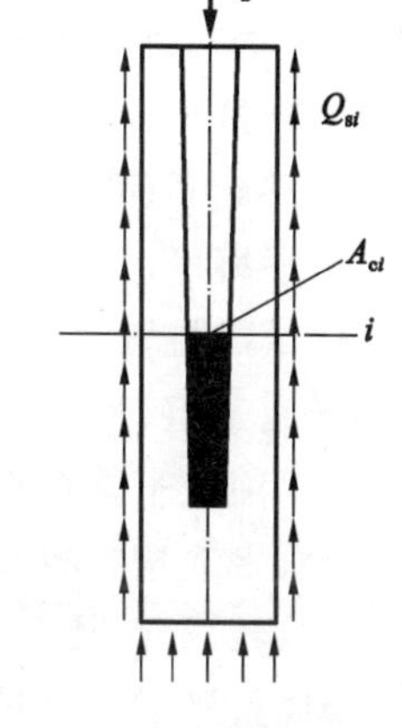

图 10-6 桩身强度验算示意图

式(10-3)中 $\eta_c A_{ci} f_c$ 引自《建筑地基基础设计规范》(GB 50007—2011)，η_c 值可按实测 R_a 反算得到。实际设计时，应选代表性断面进行桩身强度验算。

当桩身水泥土强度不低于 0.8 MPa 且桩身构造满足有关要求时，也可按下式进行简化计算：

$$R_a \leqslant \eta_c f_c A_c \tag{10-4}$$

式中 A_c——芯桩顶截面面积。

(3) 下卧承载力验算

当混凝土芯水泥土组合桩处理深度以下存在软弱下卧层时，应按现行《建筑地基基础设计规范》(GB 50007—2011)的有关规定进行下卧层承载力验算。

10.2.3 变形计算

地基处理后的变形计算应按照现行《建筑地基基础设计规范》(GB 50007—2011)的有关规定进行。其中，复合土层的压缩模量可按下式确定：

$$E_{sp} = E_s \frac{f_{spk}}{\beta f_{sk}} \tag{10-5}$$

式中 E_{sp}——复合土层压缩模量，kPa；

E_s——桩间土压缩模量，kPa，可按天然地基取值。

变形计算经验系数 ψ_s 应根据当地沉降观测资料经统计分析后确定，无实测资料时，可按《建筑地基处理技术规范》(JGJ 79—2012)中的水泥粉煤灰碎石桩法确定。

混凝土芯水泥土组合桩复合地基变形允许值，根据上部结构类型及土质情况，按现行《建筑地基基础设计规范》(GB 50007—2011)的有关规定确定，或按当地经验取值。

10.3 混凝土芯水泥土组合桩施工 >>>

混凝土芯水泥土组合桩施工包括水泥土桩施工和芯桩成桩两个主要过程。水泥土桩的形式主要有水泥土搅拌桩(包括干法和湿法)和高压旋喷桩两类；芯桩主要有预制桩和灌注桩两类。目前，工程上常用的混凝土芯水泥土组合桩是水泥土搅拌桩(湿法)与预制钢筋混凝土芯桩的组合。下面结合《混凝土芯水泥土组合桩复合地基技术规程》(DB 13(J)50—2005)对混凝土芯水泥土组合桩复合地基施工及质量检验进行介绍。

(1) 施工准备

施工前应具备下列文件资料:

① 建筑场地岩土工程勘察资料;

② 基础平面布置图及基础底面标高;

③ 混凝土芯水泥土组合桩桩位平面布置图及技术要求;

④ 试成桩资料或工艺试验资料;

⑤ 施工组织设计及进度计划。

施工前应平整场地并清除地上和地下障碍物,当表层土松软时应碾压夯实。当表层杂填土中所含大块物料较多时,可在施工前进行翻槽并清除大块物料,然后分层回填碾压;当地下水位较高时,还应做好排水工作。

场地整平后应测量场地整平标高,桩顶设计标高以上宜预留 0.5 m 以上土层。桩位放线定位应按幢号设置建筑物轴线定位点和水准基点,并采取妥善措施加以保护。建筑物轴线定位点和水准基点,应由建筑承建单位施放,并经甲方或监理单位验收。

根据桩位平面布置图在施工现场布置桩位,桩位放线偏差不应大于 50 mm,桩位确定后填写放线记录,经有关部门验收后方可施工。桩位点应设有不易被破坏的明显标记,并应经常复核桩位位置以减少偏差、避免露桩。

(2) 施工机械

混凝土芯水泥土组合桩施工机械由水泥土搅拌桩机和压桩机或钻孔灌注桩机等组成。有条件时应优先采用专用混凝土芯水泥土组合桩机。混凝土芯水泥土组合桩机为沧州市机械施工有限公司研制的专利产品,为实现混凝土芯水泥土组合桩作业而研制,整机为液压步履式,可完成深层搅拌、静力压桩、振动沉管、柱锤夯扩等多种作业。

湿法施工深层搅拌水泥土桩机采用单头搅拌桩机,其配套装置为灰浆集料筒、注浆泵、水泥浆拌和机和拌浆池等。

① 深层搅拌水泥土桩机应配置深度计量装置、升降速度调节和显示装置、垂直度指示和调整装置、转速及电流显示仪等。

② 灰浆集料筒和拌浆池可预先制作或在现场砌筑,其贮浆量不宜小于每根桩注浆体积的 50%,并宜在集料筒内设置反映灰浆体积的刻度和标尺。

③ 注浆泵应采用可调式灰浆泵,并应配置流量、泵压等记录装置。

压桩机可采用自行式微型静力压桩机,其设备自重和压桩力应与芯桩贯入阻力相匹配,并应配置垂直度调整和压桩力记录装置。

当芯桩采用钻孔灌注桩成型时,水泥土搅拌也可采用粉体喷搅法(干法)。干法施工适用于干作业成孔现浇芯桩或淤泥、淤泥质土等饱和松软土层,其施工设备应符合《建筑地基处理技术规范》(JGJ 79—2011)的有关规定。钻孔灌注桩可采用振动沉管灌注桩机、长螺旋钻孔灌注桩机或机动洛阳铲成孔灌注桩机等。

(3) 施工作业

① 混凝土芯水泥土组合桩施工步骤。

a. 搅拌桩机就位、调平;

b. 搅拌、喷浆(喷粉);

c. 静力压入预制钢筋混凝土芯桩或制作现浇混凝土（钢筋混凝土）芯桩；

d. 移位，重复上述步骤进行下一根桩施工。

② 水泥土桩施工。

a. 深层搅拌法（湿法）施工。

深层搅拌法施工及质量控制按《建筑地基处理技术规范》(JGJ 79—2012)中水泥土搅拌法的有关要求执行。根据混凝土芯水泥土组合桩的特点，还应做好以下几点：

(a) 水泥浆应搅拌均匀，防止发生离析，宜用浆液比重计测定浆液配合比及搅拌均匀程度，注入贮浆筒时应过滤。水泥浆宜在搅拌桩施工前 1 h 内搅拌。

(b) 严格按照试成桩或工艺试验确定的有关工艺标准进行施工；施工前应对有关设备参数重新进行标定，如注浆泵单位时间输送量(m^3/min)、搅拌机升降速度(m/min)等；开工前应进行施工技术交底。

(c) 宜采用提升喷浆，喷浆提升速度、遍数应与注浆泵单位时间输送量(m^3/min)相匹配，喷浆提升速度不宜超过 1.0 m/min 并宜采用定值；搅拌升降速度不宜大于 2 m/min；工作电流不应大于额定值；停浆面应高出桩顶设计标高 200～300 mm。

在预(复)搅下沉时，也可以采用喷浆的施工工艺，但必须确保最后一次喷浆后，桩长上下至少再重复搅拌一次。

(d) 芯桩底部至组合桩底部应充分搅拌，必要时可增加喷浆量和搅拌次数，搅拌桩底座浆时间不少于 30 s。

(e) 施工时应防止冒浆和同心钻，在塑性指数较高的黏土中施工时，宜增加搅拌次数。

(f) 施工中应做好施工记录，重点是每根桩水泥用量、水灰比、每延米喷浆量（喷浆遍数、时间）及搅拌深度等，喷浆量及搅拌深度必须采用经国家计量部门认证的监测仪器进行自动记录。

(g) 施工中应保持搅拌桩机底盘的水平和导向架的垂直，搅拌桩的垂直度偏差不应大于 1%；桩位施工偏差不应大于 50 mm；成桩直径和桩长不应小于设计值。

b. 粉体喷搅法（干法）施工。

粉体喷搅法（干法）施工应符合《建筑地基处理技术规范》(JGJ 79—2012)的有关规定。

(4) 芯桩类型及成桩工艺

① 预制钢筋混凝土芯桩制作及沉桩。

a. 预制钢筋混凝土芯桩制作要求及质量控制。

(a) 预制钢筋混凝土芯桩宜在工厂制作，以保证质量和便于规模生产。目前预制钢筋混凝土芯桩已形成系列，不仅方便设计选用，还为工厂成批生产创造了条件。当施工现场有条件时，也可在现场预制。芯桩施工质量应符合《建筑地基基础工程施工质量验收规范》(GB 50202—2002)的有关要求。

(b) 预制钢筋混凝土芯桩在使用前，必须严格检查其外观质量，并检查出厂合格证。

(c) 多节预制钢筋混凝土芯桩单节长度应根据设备条件、制作场地、运输装卸能力和经济指标等各项因素综合确定，单节长度不宜大于 9 m。

b. 沉桩施工要求。

目前，预制钢筋混凝土芯桩多采用静压法施工，条件允许时也可以采用锤击法施工。

(a) 沉桩前应将搅拌桩附近泥浆清理干净,直至可准确分辨出搅拌桩的轮廓,经核对确认桩中心位置无误后方可沉桩。芯桩与搅拌桩中心施工偏差不应超过 30～50 mm,桩长较大时取小值。

(b) 静力压入混凝土芯桩时间间隔应经现场试验确定,当预制芯桩下沉困难时也可启用振锤。为减小桩阻力,宜在水泥土搅拌桩完成后 30 min 内进行;压桩过程中应连续贯入,尽量减少接桩停桩时间,振锤作为辅助下沉措施,在居民区内慎用。

(c) 为确保桩身垂直度,在沉桩前应复查压桩机导向架垂直度。芯桩开始沉入水泥土后,由专人沿两个方向核对桩身垂直度,确认桩身垂直度后方可继续沉桩,芯桩插入时垂直度偏差不应超过 0.5%。

芯桩桩顶标高应严格控制,施工时应逐桩进行桩顶标高测量。当芯桩桩顶标高低于设计标高时,应于开槽后用与搅拌桩直径相同的高标号细石混凝土将桩顶补至设计标高;当芯桩高出设计标高的高度小于 300 mm 时,可于开槽后将高出部分剔除,严禁使用大锤硬砸,宜采用锯桩机进行截桩或通过人工剔凿沟槽截桩,防止因剔凿芯桩而损坏桩身混凝土,当桩顶水泥土松散或损坏时,应剔除并用细石混凝土补齐或增设混凝土桩帽。当芯桩高出设计标高的高度大于 300 mm 或因沉桩间隔时间过长、桩身偏斜等造成无法继续下沉时,应与设计商商定进行补桩或采取其他补救措施。

(d) 芯桩沉入施工地面以下后,用送桩器将芯桩压至预定深度,芯桩桩顶标高施工偏差不应大于±50 mm。

(e) 沉桩工序完毕后填写施工记录,应注明沉桩施工中出现的问题。

(f) 接桩时可采用预埋钢板焊接,应尽量减少焊接时间,并应保证接桩后桩身的垂直度。接桩时其入土部分桩段的桩头宜高出地面 0.1～0.5 m。

② 现浇混凝土芯桩制作。

现浇混凝土芯桩施工要求及质量控制按《建筑桩基技术规范》(JGJ 94—2008)的有关规定执行。现浇混凝土芯桩可采用振动沉管或干作业钻孔(如螺旋钻孔、机动洛阳铲成孔等)灌注成桩,其施工工艺的关键是如何保证沉管或钻具顺利下沉且不发生坍孔或缩颈的质量事故,其他与一般混凝土灌注桩施工要求基本相同,因此可按《建筑桩基技术规范》(JGJ 94—2008)有关规定执行。为保证桩顶质量,施工时桩顶不得偏低,凿除浮浆及劣质桩头后,必须保证暴露的桩顶混凝土强度达到强度设计值。其一般宜超灌 0.3～0.5 m。

10.4 混凝土芯水泥土组合桩质量检验、承载力检测及工程验收 >>>

(1) 成桩质量检验

混凝土芯水泥土组合桩质量检验主要包括:水泥土搅拌桩施工、预制芯桩制作及沉桩(或现浇混凝土芯桩施工)3 个工序过程的质量检验。

① 水泥土搅拌桩施工质量检验。

施工过程中应随时检查施工记录,并对照预定的施工工艺对每根桩进行质量评定。对不合格的桩应根据具体情况采取补强或加强邻桩等措施。对每根桩的施工情况进行如实记录、检查,是确保成桩质量的关键。

水泥土搅拌桩检查的重点是:水泥土强度等级及用量、桩位、桩长、搅拌头转数和升降速度、复搅拌次数和复搅拌深度、喷浆数量及时间、停浆处理方法等。

对重要工程或因土质复杂造成水泥土搅拌桩成桩质量可靠性较低的工程,可在压桩前或制作现浇混凝土芯桩前,用工程钻机取软芯,鉴别水泥掺量和搅拌均匀程度,必要时可制作试块测定水泥土立方体抗压强度。检测数量应根据具体情况由设计确定,但不宜少于3根。由于混凝土芯水泥土组合桩的构造特点,钻取水泥土芯样困难较大,当需对水泥土搅拌均匀程度及水泥土强度进行评定时,可在压桩前或制作现浇混凝土芯桩前,用工程钻机取软芯判定水泥掺量及搅拌均匀程度,必要时也可制作试块用与桩身相近的条件进行养护并测定水泥土立方体强度。如因取芯时间延误造成压桩困难,可复搅拌后再沉桩。如采用干作业成孔灌注混凝土芯桩,水泥土桩质量检验可结合成孔钻取水泥土进行。

② 芯桩质量检验。

预制钢筋混凝土芯桩质量检验应按照有关规定执行,对于批量生产的预制钢筋混凝土芯桩还应出具产品质量合格证。当预制钢筋混凝土芯桩为工厂批量生产的定型产品时,可简化预制钢筋混凝土芯桩的质检手续。

预制钢筋混凝土芯桩的沉桩质量检验主要包括:芯桩与搅拌桩中心偏差、桩身垂直度、沉桩深度及桩顶标高、接桩质量等。

现浇混凝土芯柱或钢筋混凝土芯桩质量检验,可根据其施工方法参照《建筑地基基础工程施工质量验收规范》(GB 50202—2002)的有关规定执行。现浇混凝土芯桩完整性检验可采用动测法,检验方法和数量可参照《建筑基桩检测技术规范》(JGJ 106—2014)的有关规定执行或根据当地经验由设计人员会同各方协商确定,每一单体工程抽检数量不宜少于10根。

③ 沉桩后质量检验。

基槽开挖后应检查桩位、桩径、桩数、芯桩中心偏差、桩顶标高及质量;当浅层土质复杂时,还应检查槽底土质情况。如其不符合设计要求,应采取有效的补救措施。复合地基承载力不仅取决于桩身质量,还与桩间土性状及承载力密切相关。因此,当地质条件复杂时,除应对竖向增强体进行检验外,还应对桩间土进行检验,检验可采用轻便动力触探结合验槽方法进行。

(2) 承载力检测

混凝土芯水泥土组合桩复合地基竣工验收时,应采用单桩或多桩复合地基或单桩载荷试验检验其承载力,检测数量宜取施工总桩数的1%,每个单体工程不应少于3点。当桩间表层土松软或不考虑桩间土受力时,也可仅进行单桩载荷试验。

载荷试验宜在成桩28 d后进行,若提前检测应采取有效措施,可加入早强剂,以缩短养护时间,待水泥土及现浇混凝土满足试验加载条件时方可进行。

(3) 工程验收

混凝土芯水泥土组合桩复合地基工程验收应在基坑开挖后,由建设单位会同施工、设计、监理等部门共同进行。组合桩质量及承载力满足设计要求后,还应对桩位、桩径、桩顶标高等进行验收，组合桩验收合格后方可进行褥垫层和基础的施工。

工程验收应包括下列资料：

① 桩位施工图、图纸会审纪要、设计变更、材料检验报告等；

② 经审定的施工组织设计或施工方案及执行中的变更情况；

③ 桩位测量放线图及工程桩位复核签证单；

④ 预制混凝土芯桩验收及质量合格证；

⑤ 成桩质量及芯桩完整性检测报告；

⑥ 单桩或复合地基检测报告；

⑦ 竣工图和竣工报告。

10.5 工程实例 >>>

10.5.1 工程实例一——天津市红桥区房地产交易大厦复合地基设计

(1) 工程概况与地质条件

天津市红桥区房地产交易大厦为六层框架结构，局部为七层，施工场地地基土从上而下描述如下。

① 人工填土：黑灰色，以煤炭为主，夹炉灰、石子及少量黏性土，厚度为1.6～2.2 m。

② 黏土：黄褐色，局部底部夹有黑灰色，硬塑～可塑，无层理，属于高压缩性土，厚度为2.2～2.3 m，孔隙比e=0.89，液性指数I_L=0.38，压缩模量E_s=4.22 MPa；

③ 粉质黏土夹粉土：黄褐色，可塑～软塑，局部流塑，属于中压缩性土，厚度为2.8～3.6 m，孔隙比e=0.78，液性指数I_L=0.88，压缩模量E_s=8.42 MPa。

④-1 粉质黏土：灰褐色，流塑，夹有少量贝壳，属于中压缩性土，厚度为0.9～1.3 m，孔隙比e=0.84，液性指数I_L=1.22，压缩模量E_s=5.42 MPa。

⑤-2 粉质黏土：灰褐色，湿～很湿，中密～密实，夹有少量贝壳，属于中压缩性土，厚度为1.4～2.5 m，孔隙比e=0.82，液性指数I_L=8.8，压缩模量E_s=9.08 MPa。

⑥-3 粉质黏土：灰褐色，软塑，夹有少量贝壳，属于中压缩性土，厚度为2.4～2.9 m，孔隙比e=0.83，液性指数I_L=0.90，压缩模量E_s=7.06 MPa。

⑦ 粉土夹粉质黏土：灰褐色，湿，中密，夹有贝壳，属于中压缩性土，厚度为2.5～3.3 m，孔隙比e=0.67，液性指数I_L=0.55，压缩模量E_s=10.24 MPa。

⑧-4 粉质黏土：黄褐色，可塑，属于中高压缩性土，厚度为2.8～4.0 m，孔隙比e=0.75，液性指数I_L=0.64，压缩模量E_s=5.32 MPa。

(2) 设计计算施工参数

工程建筑面积为8000 m^2，采用柱下独立基础，钢筋混凝土芯水泥土桩加固地基，要求复合地基承载力特征值不小于250 kPa。水泥土搅拌桩直径为500 mm，桩长12 m；预制钢筋混凝土芯桩截面尺寸，顶部为220 mm×220 mm，底部为120 mm×120 mm，桩长9 m，芯桩混凝土强度等级为 C25。水泥土搅拌桩水泥掺入比,上部 7 m 段为 15%,下部 5 m 段为 20%,水泥土 $f_{cu}\geqslant 2$ MPa,水灰比设计值要求不大于 1.20,搅拌桩施工要求六搅三喷。桩顶与基础之间设置 200 mm 厚土石屑垫层。

① 单桩计算。

a. R_a 计算。

根据各土层土性指标,按式(10-2)计算 R_a,式中 q_{si}、q_p 值参考《混凝土芯水泥土组合桩复合地基技术规程》(DB 13(J)50—2005)附录 C 取值。

$$\begin{aligned}R_a &= u_p\sum_{i=1}^{n}q_{si}l_i + \alpha q_p A_p\\ &= 1.57\times(8.36+78.75+72+14.3+\\ &\quad 39+53+2.7)+0.5\times 350\times 0.19625\\ &= 455(\text{kN})\end{aligned}$$

实际设计时取用单桩承载力特征值 $R_a=350$ kN。

b. 桩身强度验算。

利用式(10-3)验算桩身强度:

$$R_a-Q_{si}\leqslant\eta_c A_{ci}f_c+\eta f_{cu}(A_p-A_{ci})$$

(a) 芯桩桩顶截面混凝土强度验算。

$$\eta_c A_{ci}f_c=0.9\times 0.22^2\times 11.9\times 1000=518(\text{kN})>455\ \text{kN}$$

故桩顶截面混凝土强度满足设计要求。

(b) 芯桩中截面(桩顶下 4.5 m 深处)混凝土强度验算。

$$R_a-Q_{si}=350-189.4=160.6(\text{kN})$$

$$\begin{aligned}\eta_c A_{ci}f_c+\eta f_{cu}(A_p-A_{ci}) &= 0.9\times 0.17^2\times 11900+\\ &\quad 800\times(0.19625-0.17^2)\\ &= 443(\text{kN})\end{aligned}$$

满足 $R_a-Q_{si}\leqslant\eta_c A_{ci}f_c+\eta f_{cu}(A_p-A_{ci})$,故芯桩中截面强度满足设计要求。

(c) 芯桩底端(桩顶下 9.0 m 深处)水泥土强度验算。

$$R_a-Q_{si}=350-325=25(\text{kN})$$

$$\eta f_{cu}(A_p-A_{ci})=800\times 0.19625=157(\text{kN})$$

满足 $R_a-Q_{si}\leqslant\eta_c A_{ci}f_c+\eta f_{cu}(A_p-A_{ci})$,故芯桩底端水泥土强度满足设计要求。

c. 芯桩侧摩阻力计算。

按边长为 0.17 m 的等截面芯桩计算,桩身水泥土强度 ηf_{cu} 取 0.8 MPa;混凝土芯桩与水泥土之间的摩阻比 $\alpha=0.194$,则芯桩可提供的极限侧摩阻力值为:

$$0.194\times 0.8\times(0.17\times 4\times 9.0)\times 1000=949(\text{kN})>2R_a=700\ \text{kN}$$

故芯桩侧摩阻力满足设计要求。

② 布桩。

基底土层为人工填土,故根据式(10-1),β 取 0.4,$f_{sk}=100$ kPa,则桩土面积置换率为:

$$m=\frac{f_{sk}-\beta f_{sk}}{\dfrac{R_a}{A_p}-\beta f_{sk}}=\frac{100-40}{1786-40}=0.034$$

实际工程中桩按桩距为1000 mm布置，如图10-7所示。

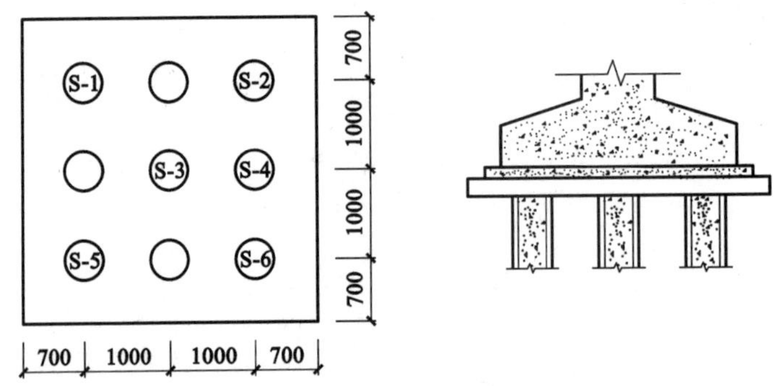

图10-7 布桩示意图

(3) 检测结果

组合桩施工结束后，随机抽取6根桩进行单桩承载力竖向静载试验。各点试验Q-s曲线见图10-8。试验结果表明，6根试验桩单桩竖向极限承载力基本值不小于700 kN，而且6组试验桩最终沉降量为7.46～11.95 mm，残余变形量为2.47～4.62 mm，沉降量差异不大，相对较均匀，故该场地单桩竖向极限承载力达到700 kN，满足设计要求。

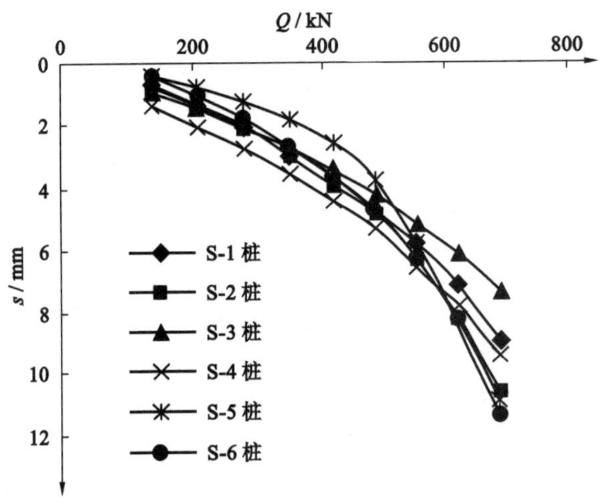

图10-8 试验桩Q-s曲线

10.5.2 工程实例二——劲芯水泥土桩加固处理上海某住宅小区地基工程

上海某住宅小区是一个现代化的示范居住区，其中6层的A1型住宅楼平面尺寸为41.4 m×9.9 m，采用条形基础，砖墙承重，为现浇混凝土楼板结构。原桩基设计采用微型预制混凝土方桩，截面尺寸为200 mm×200 mm，桩长16 m，共计322根。后改用钢筋混凝土芯水泥土桩，共计用桩78根，由于劲芯水泥土桩单桩承载力显著增大，节省了用桩量，与预制桩相比造价降低了45%。该小区已经建成，使用情况良好。

工程场地土层由上到下划为6层：填土，厚1.5 m；褐黄色粉质黏土，厚1.7 m；灰色砂质粉土，厚1.8 m；灰色淤泥质黏土，厚10.3 m；灰色黏土、粉质黏土，厚6.9 m；暗绿色、草黄色粉质黏土，厚4.6 m。进行了两组6根桩的静载试验，试验参数及试验结果见表10-1。

表10-1 试桩参数及试验结果

试桩编号	桩长/m	桩径/mm	芯桩截面边长/mm	芯长/m	极限承载力/kN	桩顶沉降/mm
W-1	18.0	700	桩顶220 桩端150	17.0	>1300	>24.76
W-2	18.0	700	桩顶220 桩端150	17.0	1320	16.06
W-3	18.0	700	桩顶220 桩端150	17.0	1200	21.82
W-4	24.0	700	桩顶220 桩端150	23.0	>2000	>21.92
W-5	24.0	700	桩顶220 桩端150	23.0	2070	27.38
W-6	24.0	700	桩顶220 桩端150	23.0	2070	26.25

注：1. 芯桩强度等级为C30，钢筋为4Φ14。
2. 水泥土搅拌桩水泥掺入比为20%，水灰比为0.8～1.2。
3. 加载采用快速加载法。

说明：本章的工程实例源自专著《岩土工程治理新技术》(周国钧. 北京：中国建筑工业出版社，2010)。

独立思考

10-1 目前，劲芯水泥土桩有哪些类型？

10-2 简述劲芯水泥土桩的特点。

10-3 简述混凝土芯水泥土组合桩的施工工艺。

11 超高压喷射注浆加固

11.1 概 述 >>>

注浆法是一种古老而又年轻的地基处理常用方法。它采用气压、液压或电化学原理，在软弱地基中灌入各种能固化土壤的浆液使地基凝固而提高土体强度，降低其渗透性和增加土体抗变形能力。所以，注浆法是一种用于加固砂性土地基、湿陷性黄土地基和一般有孔隙的黏性土地基的有效方法。

上述的注浆法通常采用常压或低压注浆作业，浆液在地基中总是向薄弱层面渗透，人们无法有效地控制加固方向、加固体直径、加固深度等。为了达到定向灌浆加固地基，20世纪70年代又开发出一种新颖的、可控的注浆技术——高压喷射注浆法。

高压喷射注浆法，在国内又称高喷法，它是利用高压喷射流（水流或水泥浆流），从钻机、钻杆端部的喷嘴（直径仅为1.5～2.5 mm）高速喷出，以巨大的水力能量切割钻杆周围的土体，从而将喷射流中的固化剂和被切割、粉碎的土体均匀混合，形成具有一定形状（圆柱状、扇状、薄片状）的水泥土加固体。

日本首先将高压喷射技术用于地基加固和防水帷幕，形成一种特殊的地基加固技术，即CCP工法（它是单以水泥浆为喷射流的单管法）；随后又开发出二重管法（以高压水泥浆和低压空气为喷射流）以及同时喷射高压清水、压缩空气和低压水泥浆的三重管法。这一系列方法经过不断改进，已经成为实用性很强的方法，在许多国家和地区得到应用。我国从20世纪70年代后期开始进行高压喷射注浆的试验和工程应用，还通过大量的工程实践形成了我国唯一的“三重管喷射注浆工法（三重管旋喷桩）加固地基”国家级工法（编号为YJGF-03-91）。根据国内外同行的共识，一般的注浆压力不大于10 MPa。而高压喷射注浆的水泥浆压力一般不大于20 MPa，水压力为20～35 MPa。具体分类见表11-1。

表11-1 喷射注浆法分类

方法分类	单管法	二重管法	三重管法
喷射方式	浆液喷射	浆液、空气喷射	水、空气喷射，浆液注入
硬化剂	水泥浆	水泥浆	水泥浆
常用压力/MPa	15.0～20.0	15.0～20.0	高压20.0～40.0 低压0.5～3.0

续表

方法分类	单管法	二重管法	三重管法
喷射量/(L/min)	60～70	60～70	高压 80～150 低压 60～70
压缩空气/kPa	不使用	500～700	500～700
旋转速度/(r/m)	16～20	5～16	5～16
桩径/cm	30～60	60～150	80～200
提升速度/(cm/min)	15～25	7～20	5～20
旋喷桩直径/m	0.5～0.6	0.6～0.8	0.8～1.0

随着地基加固工程的加固深度越来越大，要求形成的水泥土加固体直径也越来越大，而随着我国机械制造业总体水平的提高，特别是制泵业的快速发展，目前我国已能生产出大流量高压水泵(最高泵压力为 70 MPa，流量为 100 L/min)和超高压水泥浆泵(泵压力为 50 MPa，流量为 80 L/min)，于是我国正式出现了“超高压喷射注浆”的崭新技术，从而满足了更大桩直径、更高水泥土桩身强度的工程要求。

目前，岩土工程中超高压喷射注浆技术具有以下特点。

① 国际上通常把施工中水的喷射压力达 40 MPa 以上甚至更高或浆液的喷射压力达 35 MPa 以上甚至更高的喷射注浆施工，称为超高压喷射注浆工艺。以往普通的高压喷射注浆施工的压力：单管法为 20 MPa，三管法为 30～35 MPa。

② 施工深度：高压工艺最大施工深度可达 25 m，超高压可达 50 m。

③ 加固体直径：超高压施工比高压施工的范围明显增大，且桩身强度沿桩身变化不大，即受土层参数分布的影响较小。

④ 在使用等量土层硬化剂的条件下，固结体强度明显提高。

11.2 超高压喷射注浆工艺的应用范围 >>>

① 地基加固处理：旋喷桩与持力层地基形成复合地基，大大提高了原地基的承载力，减小了下卧层变形，现发展到高层建筑的地基加固处理，如厦门汇腾大厦(25 层)旋喷桩地基加固处理。

② 深基坑旋喷桩封底加固，防止基坑隆起。

③ 深基坑周边旋喷连续墙截水帷幕。

④ 深基坑灌注桩间旋喷桩止水帷幕。

⑤ 开挖边坡稳定加固。

⑥ 挡土围堰和地下工程：桥墩基础、地下管道开挖支护挡水和地下管道堵漏等。

⑦ 地下铁道和隧道工程：用于开挖掘进的水平预支护(水平超高压喷射注浆)。

⑧ 防渗帷幕墙施工：水库坝基、防汛防水堤坝和基础及建筑物的止水防渗墙施工。

⑨ 建筑基础补强：加层建筑、危房和梁柱扩径基础的加固补强。

⑩ 其他：铁路、公路路基加固处理，灌注桩补强，防止小型塌方滑坡，锚固基础等。

11.3 超高压喷射注浆加固地基的原理和方法

(1) 加固原理

超高压喷射注浆通过对土体的切割及现场土和水泥浆的搅拌加固土体或者由于空气-水的冲击，在某种程度上使部分土体被浆液置换。超高压喷射注浆的基本工艺类型有单管法、二重管法和三重管法。单管法中超高压浆液兼作射流介质；二重管法以超高压浆液和超高压水(或压缩空气)作为射流介质；三重管法的射流介质是超高压水、浆液和压缩空气。

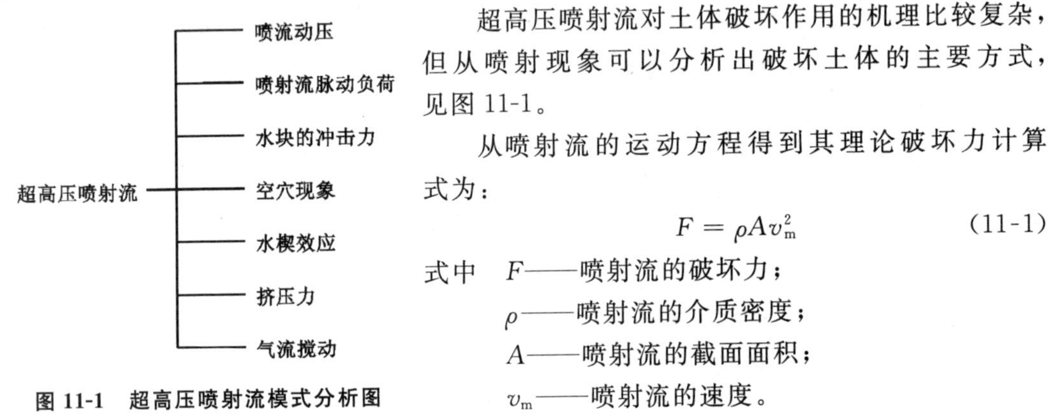

图 11-1 超高压喷射流模式分析图

超高压喷射流对土体破坏作用的机理比较复杂，但从喷射现象可以分析出破坏土体的主要方式，见图 11-1。

从喷射流的运动方程得到其理论破坏力计算式为：

$$F = \rho A v_m^2 \tag{11-1}$$

式中 F——喷射流的破坏力；

ρ——喷射流的介质密度；

A——喷射流的截面面积；

v_m——喷射流的速度。

由式(11-1)可知，提高泵压力是增大高速喷射流破坏力最合理的方法。

超高压喷射注浆形成固结体主要是下列作用的结果。

① 切割作用：喷射流在高压或超高压下，从直径为 1.7～2.5 mm 的喷嘴射出，出口速度高达 160 m/s 以上(超高压喷速可达 360 m/s)，高速喷射流使土体承受极大的动水压力和沿孔隙作用的水力劈裂力，土体在以上力及脉动压力和连续喷射等综合作用下发生破坏。

② 搅拌升扬作用：当压缩空气在水束(或浆液束)周围形成气幕后，大大减小了水束(或浆液束)的摩擦力，使水束(或浆液束)的能量不过早消失，能使喷射长度有效提高 3～6 倍。由于空气的作用，混合液沿钻孔壁与喷射管路间冒出地面时呈沸腾状，增加了搅拌升扬能力，地层中细颗粒更容易被带出地面，改变了地层颗粒级配。

③ 充填挤压作用：连续灌注的浆液充填喷射切割的沟槽。浆柱的静压作用使浆液对原地层进行挤压。

④ 浆液固结作用：在静压和脉动注浆作用下，浆液向孔周围地层扩散，提高了原地基的强度和防渗能力。

(2) 加固方法

根据喷射方法的不同,超高压喷射注浆法可分为单管法、二重管法和三重管法,如图 11-2 所示。

二重管法又称浆液、气体喷射法,是用两根喷射管,将超高压水泥浆和空气同时横向喷射[图 11-2(b)]。水泥浆在四周形成的空气膜的条件下喷射,加固范围较大,加固直径可超过 1 m。

三重管法是一种水、气喷射,浆液灌注的方法,即用两根喷射管使高压水和空气同时横向喷射,并切割地基土体,借空气的上升力把破碎的土由地表排出;与此同时,另一根喷射管将水泥浆以稍低压力喷射注入被切割、搅拌的地基中,使水泥浆与土混合达到加固的目的[图 11-2(c)],其加固直径可达 1.5~2 m。

二重管法和三重管法都是将水泥浆(或水)与压缩空气同时喷射,除可延长喷射距离外,还可促进废土的排除,增大切削能力,减轻加固体单位体积的重量。

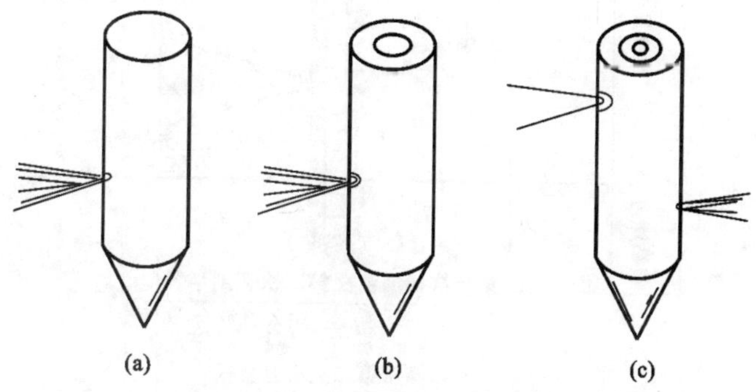

图 11-2 超高压喷射注浆法

(a) 单管法;(b) 二重管法;(c) 三重管法

11.4 超高压喷射注浆工艺的优化类型

超高压喷射注浆工艺除与普通高压喷射注浆工艺有相同的工艺(如单管工艺、二重管工艺和三重管工艺)之外,其最具代表性、最优化的工艺类型是以下两种。

(1) 二重管双超高压喷射工艺

该工艺又称双高压新双管工法。其主要是进行两次切削破坏土层,第一次是上段超高压水喷射流体切削破坏土层,紧接着的第二次是下段的超高压浆液(基本是水泥系硬化剂)喷射流体,在第一次切削土层的基础上再对土体进行切削,这样便增加了切削深度,加大了固结直径。通常成桩直径在 1.0 m 以上,最大可达 2.0 m。二重管双超高压喷射工艺如图 11-3 所示。

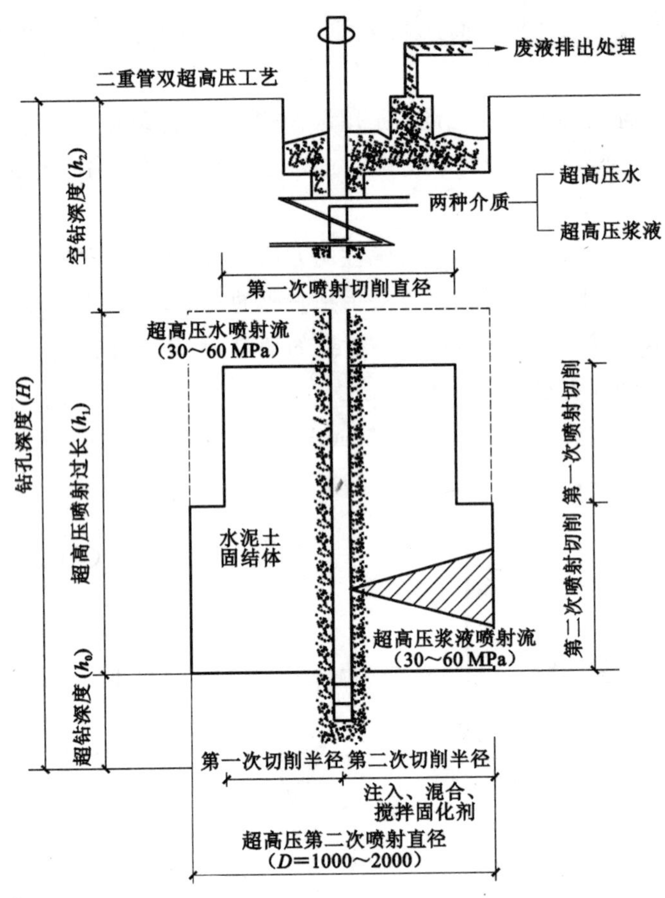

图 11-3 二重管双超高压喷射工艺图

(2) 三重管双超高压喷射工艺

该工艺又称双高压新三管工法。其与日本的 RJP 工法基本相同，只是 RJP 法是沿管具中心轴正反向 180°摆动，形成圆形固结体；而双高压新三管工法是沿管具中心轴 360°转动，形成圆形固结体。三重管双超高压喷射工艺如图 11-4 所示。

其主要是进行两次切削破坏土层，第一次是上段超高压水和压缩空气的复合喷射流体切削破坏土层，紧接着的第二次是下段的超高压浆液（基本是水泥系硬化剂）和压缩空气的复合喷射流体，在第一次切削土层的基础上再次对土体进行切削，这样便增加了切削深度，加大了固结直径。通常成桩直径在 2.0 m 以上，最大可达 3.2 m。

双高压新三管工法形成的固结体无侧限抗压强度在淤泥与淤泥质土中为 0.5～1.0 MPa，在黏性土中为 1.0～3.0 MPa，在砂质粉土中为 2.0～6.0 MPa，在砂卵层中为 10.0～20.0 MPa。

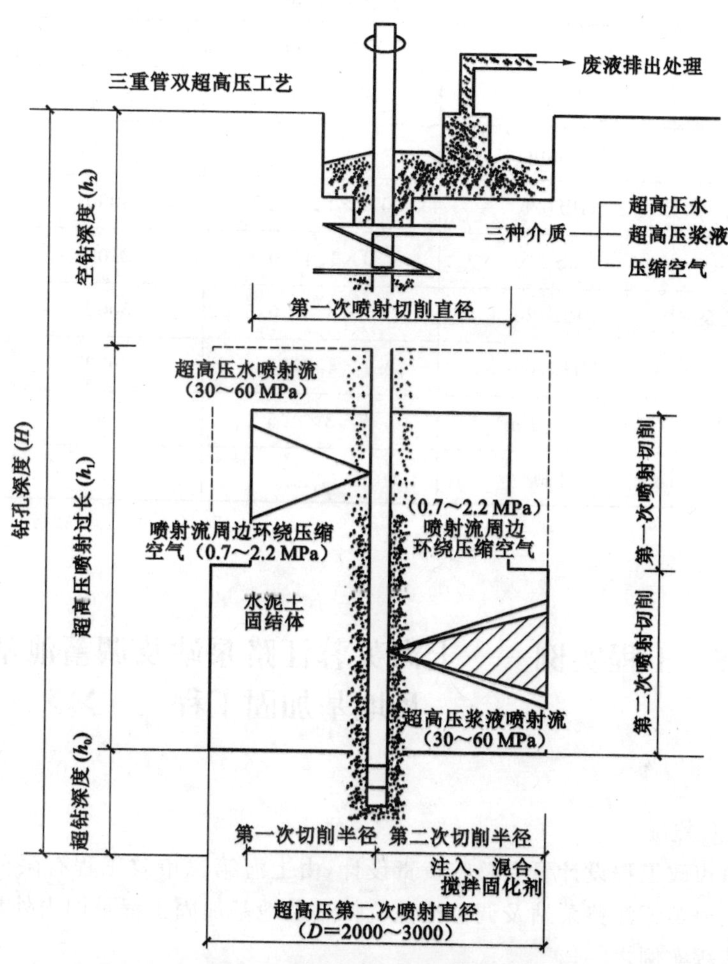

图 11-4 三重管双超高压喷射工艺图

超高压喷射注浆主要喷射参数和浆液配合比如表 11-2 所示。

表 11-2 超高压喷射注浆主要喷射参数和浆液配合比

施工参数内容	参数常用范围	现阶段施工标准
浆液喷射压力/MPa	30～40	34
水喷射压力/MPa	38～40	38
压缩空气压力/MPa	0.7～2.2	1.4
水泵流量/(L/min)	70～110	75
浆泵流量/(L/min)	85～120	90
浆液配合比	0.6∶1～1.5∶1	1∶1

主要的设备配置如表 11-3 所示。

表 11-3 主要设备配置

设备名称	型号	尺寸/m	质量/kg	动力/kW
地质钻机	XY-2B	1.5×2.4×1.7	2000	15
全套管钻机	Klemma	—	10000	280
旋喷钻机	GPD-25	5.0×9.0×25	9000	38
超高压水泵	3S-2	1.0×1.4×0.4	2100	75
超高压泥浆泵	XPB-120	2.1×3.5×0.8	5000	110
空气压缩机	VHP700	2.1×4.2×1.9	4000	224
浆液搅拌机	自制 1.8 m^3	ϕ1.3×1.5	500	22
水泥上料机	自制	—	—	11

11.5 工程实例——上海芙蓉江路泵站及调蓄池基坑帷幕及地基加固工程 >>>

(1) 工程概况

由上海市政工程设计研究总院负责设计，由上海第二市政工程有限公司第四分公司负责施工的上海芙蓉江路泵站及调蓄池基坑帷幕及地基加固工程是国内外较早的几项超高压喷射注浆工程实例之一。

施工内容为：ϕ1.20 m 三重管高压旋喷桩注浆 1191.82 m^3，ϕ2.00 m 三重管双超高压摆喷注浆 316.72 m^3。

超高压喷射注浆法和高压喷射注浆法是利用钻机把带有特殊喷嘴的注浆管钻进土层的预定位置后，以超高压或高压设备使浆液或水成为高压流从喷嘴中喷射出来，冲击破坏土体，钻杆以一定的速度向上旋转提升或往复摆动提升，使浆液与土颗粒强制冲击和搅拌，待浆液凝固后，使注入的水泥浆液和土拌和形成新的固结体。

本工程的特点是要求达到超大直径而采用了超高压喷射注浆法。

(2) 施工工艺流程

超高压喷射注浆施工工艺流程可分为钻机就位、钻预导孔、旋喷机就位、下注浆管、旋喷注浆、冲洗移位与充填灌浆等。施工工艺流程如图 11-5 所示。

① 钻机就位。

将导孔钻机安置在设计的孔位上，使钻杆头对准孔位中心，桩位放样误差应小于 5 cm。同时为保证钻孔达到设计要求的垂直度，钻机就位后，必须进行水平校正，使其钻杆轴线垂直对准钻孔中心位置。

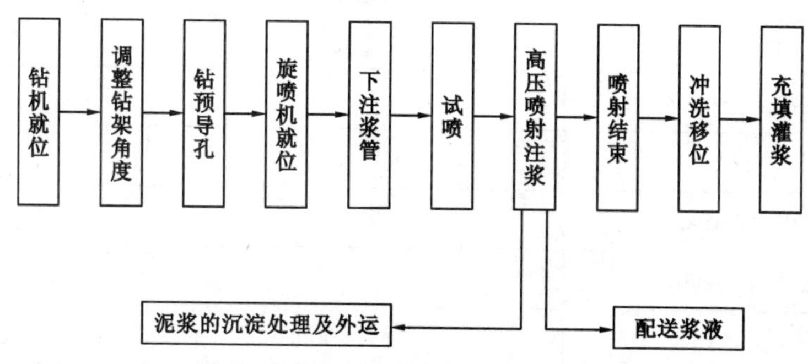

图 11-5 超高压喷射注浆施工工艺流程图

② 钻孔。

喷射桩位经放线定位复核合格后，用工程钻机成孔，钻头直径为 150 mm，成孔深度大于设计深度 0.5 m。钻机应找平，钻进中不得发生倾斜、移动，垂直度偏差应小于 1/100，以确保桩间距和桩体搭接质量。

③ 下管。

下喷管前先检查和调试水嘴、气嘴和喷浆嘴是否完好畅通；下喷管时必须垂直对准孔心，以保证喷管提升和旋转。将喷管插入地层预定的深度后，方可开泵送浆。

④ 注浆。

当喷射注浆管插入预定深度后，先开浆泵，然后再高压水及压缩空气，孔口冒浆正常时方可旋转提升，由下而上进行切割喷射注浆。技术人员根据施工参数时刻注意检查浆液初凝时间、注浆流量、风量、压力、旋转提升速度等参数是否符合设计要求，并且随时做好记录。

当浆液初凝时间超过 20 h 时，应及时停止使用该水泥。

⑤ 回灌。

超高压喷射注浆在固结过程中，顶部收缩出现凹穴，喷射灌浆完毕后，应继续向孔内灌注浆液，直到液面不再下沉为止，以确保桩体桩顶标高、水泥结石强度。

⑥ 冲洗。

施工完毕，应将注浆管等机具设备冲洗干净，管内、机内不得残存水泥浆。

⑦ 排污。

先将旋喷桩废浆排至泥浆池，再泵入密封罐车外运至弃浆场，或者待废浆凝固后进行废土外运。

⑧ 移动机具。

把钻孔机(或旋喷钻机)等设备移到新孔位上。

(3) 施工工艺参数

施工工艺参数如表 11-4 所示。

表 11-4 **施工工艺参数表**

内容	高压旋喷	超高压摆喷
桩体水泥掺入量/(kg/m³)	500	500
水灰比	0.8～1.0	0.8～1.0
水压力/MPa	30～34	30～34
水流量/(L/min)	75	75
喷嘴个数及孔径	2,ϕ1.8 mm	1,ϕ3.4 mm
空气压力/MPa	0.5～0.7	0.5～0.7
空气流量/(m³/min)	1.0～1.5	1.0～1.5
泥浆压力/MPa	1.0	20
泥浆流量/(L/min)	50～70	50～70
注浆管提速/(cm/min)	12～15	5～7
注浆管转速/(r/min)	10～15	10～15

(4) 施工机具配置

除表 11-5 中所列主要机具设备外，还要配备辅助设备，如配电装置、高压胶管、水管、排污管等。

表 11-5 **主要施工机具配置表**

序号	名称	型号	数量	功率/kW
1	导孔钻机	GXY-150 型	1	11
2	旋喷机	GPD-16 型	1	20
3	高压清水泵	3DS2 型	1	75
4	空压机	VF6/10 型	1	45
5	高压泥浆泵	GPD-90 型	1	90
6	泥浆泵	BW-160 型	1	5.5
7	排污泵	PNL 型	1	7.5
8	搅拌机	自制	1	3
9	储浆罐	自制	1	3
10	电焊机	—	1	12

(5) 施工场地布置

根据本工程施工环境的场地特点，按照材料运距，便于运输和存放，水电接头方便，机具设备联系紧密，便于集中管理，尽量缩短各种管路的距离且移动方便，冒浆易于处理等原则，除把旋喷机、钻机按施工顺序布置在场地不同位置外，其他配套机具及辅助设施均布置在场地边且与旋喷机相近的位置。

(6) 劳动力组织

根据本工程的特点，施工实行每天两班工作制，每班工作 12 h。各种机具设备的劳动力配置如表 11-6 所示。

表 11-6　**机具设备的劳动力配置表**

职位名称	工作内容	人数
机长	全面组织协调管理	1
技术员	技术、质量、资料	1
班长	安排当班生产	2
钻工	钻导孔、做标记	3
旋喷工	操作旋喷主机	4
泵工	操作高压水泵、空压机	2
泥浆工	拌浆、操作泥浆泵	2
普工	备料、排水、排浆、移管线	4
机修工	设备维修保养	1
电工	各种用电装修、安全用电	1
总计		21

表 11-6 所示为单台设备施工人员配置表。另外，加上项目工程师、质检员、材料员等管理人员，旋喷机组约为 25 人。

(7) 日产分析及总工期

计划每台套设备每昼夜施工 7 根桩，总工作量约为 131 根桩，总施工工期为 20 d(不包括机械进出场时间和进场准备时间)。

(8) 质量保证措施及检验

① 技术保证措施。

a. 严格按照设计图纸进行现场定位放线。预导孔完成后，将孔口盖好，防止旋喷冒浆灌入孔中而无法施工，同时在孔口做好标记，供旋喷施工时辨认。

b. 施工时，导孔孔位与设计孔位的偏差不大于 5 cm，孔斜率不大于 1%。实际孔位、孔深及钻孔内地下障碍物、洞穴、涌水、漏水及与工程地质报告不相符合的情况均应详细记录，并及时报告甲方、监理方和总承包方，请示处理解决方法。

c. 将注浆管下放至孔中设计深度，使喷射注浆参数达到规定值，待孔口返浆后，再提升注浆管。施工时，如果因长度不够需接管，或者因事故中断后继续施工，注浆管的搭接长度即回插深度不小于 0.5 m。

d.旋喷桩由于浆液离析作用，一般均有不同程度的收缩，造成固结体(桩)顶部出现一个凹穴，其收缩程度随土质、浆液的析出性、固结体的长度和直径等因素而有所不同。根据以往施工经验，三重管旋喷时收缩量一般为0.5 m左右。因此，施工高程应超过桩设计标高1 m，不足部分采用静压填充灌浆，反复数次直至孔口不再下沉且凝固体高程不低于超喷后桩顶的高程为止。充填液可用冒浆并加入15%～20%的水泥。

e.在喷浆过程中，往往有一定数量的颗粒，随着一部分浆液沿着注浆孔冒出地面。通过对冒浆的观察，可及时了解地层状况、旋喷的大致效果和旋喷参数的合理性。根据以往经验，冒浆(内有土颗粒、水及水泥)量小于注浆量的20%时为正常，超过20%或完全不冒浆时，必须及时查出原因并采取如下相关措施：

(a) 提高喷射压力；

(b) 适当减小喷嘴压力；

(c) 加快提升和旋转速度；

(d) 查明地层是否有洞穴等。

② 质量控制要点。

在本次工程中，施工必须严格按照和遵守《建筑地基处理技术规范》(JGJ 79—2012)的有关条文和设计图纸、要求进行施工，以确保工程质量。质量控制要点如下。

a.施工前对施工人员进行全面的技术和安全交底。

b.旋喷桩施工采用按序施工方式，连续施工。

c.正式施工前，各机械必须试运转，待各机械性能稳定，参数符合设计要求后方可施工。

d.钻机塔架必须安放稳定，导孔垂直度应满足设计要求，钻孔过程中遇到的异常现象必须准确记录，需经技术人员同意后方可终止钻孔。

e.空压机、高压水泵施工参数必须满足设计要求，当出现压力骤然下降或上升现象时，必须停机检查原因，排除故障后方可恢复工作。

f.水、气、浆输送管线必须密封和畅通，如出现泄漏或堵塞，必须立即排除。

g.严格按照配合比制备浆液，搅拌时间不少于3 min，经过滤后方可使用，且必须在240 min内用完。

h.喷射时水、气、浆各部分操作人员要密切配合，特别是送浆人员和孔口操作人员要保持联络。一旦发现问题，立即通知旋喷机操作工停止提升旋喷机，排除故障后方可继续提升旋喷机。

i.喷射达到设计高程后，即停止喷射，提出注浆管并移开旋喷机，开始制浆或将废浆回灌至孔内，直至孔口浆液不再下沉为止。

j.应准确、及时、完整地做好各项施工记录。记录内容包括桩号，桩长，下管深度，开喷时间，终喷时间，中断喷射的原因、时间和深度等(参见有关记录表格)。

k.深度保证：通过注浆管长度控制，并需填写记录。

l.桩体成型保证：根据试桩参数、土层选定流量、压力及旋转和提升速度控制。

m.摆喷保证：为保证桩径，加固好盾构底部土体，采用二次喷射法。下管前计算好下管深度，调整好喷嘴方向，使之对准两根钻孔桩之间。注浆管下到设计标高后，边提升边喷射高压水，进行第一次水力切割。注浆管提到桩顶标高时再次下放注浆管至桩底标高，一边提升一边喷射高压水和高压泥浆，形成更大的加固桩体。

③ 材料保证措施。

a. 认真进行原材料检验。进场的水泥材料，供货单位必须提供质量保证书，工地按规定做好复验、抽验，待复验合格后方可投入使用。凡是不合格的材料，一律清仓退货，不得使用，并要做好不合格材料的退场签证记录。

b. 进场的水泥一律堆放在水泥库中，水泥库的搭设需符合要求，不同标号的水泥严禁混合堆放。

c. 其他小型材料进场后一律集中放置在现场仓库，不得乱堆乱放。

d. 加强材料管理，建立工、料消耗表。

说明：本章的工程实例源自专著《岩土工程治理新技术》(周国钧. 北京：中国建筑工业出版社，2010)。

独立思考

11-1 简述超高压喷射注浆工艺的应用范围。

11-2 简述超高压喷射注浆加固地基的原理。

12 锚杆静压加固

12.1 概　　述 >>>

锚杆静压是我国自主创新开发的一项地基加固新技术。经过大量工程实践总结经验，编制了《锚杆静压桩技术规程》(YBJ 227—1991)。该项技术覆盖面很广。从基础托换加固到新建工程的地基加固，从小截面桩的加固扩展到 ϕ600 mm×14 mm 钢管桩的加固，压桩重由 50 t 增大到 500 t，从多层民用建筑基础托换加固到高层建筑桩基事故处理，以及高速公路桥基事故托换加固，应用该项技术可化险为夷，收效十分明显。

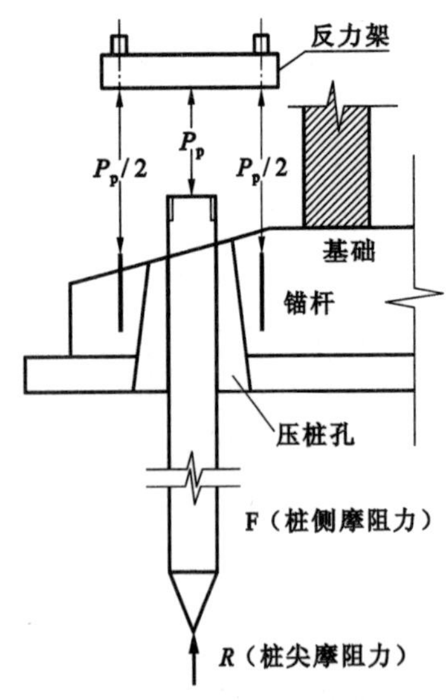

图 12-1 压桩时力系平衡示意图

(1) 锚杆静压桩的原理

锚杆静压桩的工作原理就是利用建(构)筑物自重，先在基础上开凿出压桩孔和锚杆孔，再埋设锚杆或在新建建(构)筑物基础上预留压桩孔和预埋锚杆，通过反力架用千斤顶将预制桩逐根经压桩孔压入地基中。当压桩力(P_p)达到 $1.3P_a$(P_a为单桩的容许承载力)和满足设计桩长要求时，便可认为满足设计要求。将桩与基础迅速连接在一起，该桩便能立即承受上部荷载，减小基底地基土的压力，阻止建(构)筑物继续发生不均匀沉降，从而达到地基加固的目的。锚杆静压桩的力系平衡见图 12-1。

(2) 锚杆静压桩工法的优点

锚杆静压桩是锚杆和静压桩两项技术巧妙结合而形成的一种桩基施工新工艺，也是一项地基加固处理新技术。其加固机理类同于静压桩，受力直接、桩基质量可靠。

工程实践表明，锚杆静压桩工法具有以下优点：

① 施工设备轻便、简单，移动灵活，操作方便，可在狭小的空间[尺寸为 1.5 m×2 m×(2～4.5 m)]进行压桩作业，特别适用于大型地基加固机械无法进入施工现场的地基加固工程；

② 压桩施工工程中无振动、无噪声、无污染，对周围环境无影响，可做到文明施工，适用于密集的居民区内的地基加固施工，尤其适用于老城区改造，以及在密集建筑群内新建多层建筑时，不允许污染环境的地基加固工程；

③ 对于新建桩基工程，施工时可采用桩基逆作法，即与上部建筑同步施工，不另占用桩基施工工期，可缩短工程的总工期，具有良好的综合经济效益；

④ 可在车间不停产、居民不搬迁情况下进行基础托换加固，特别适用于老厂房技术改造、建筑加层、倾斜和开裂建(构)筑物的托换加固、缺陷桩的补桩加固工程；

⑤ 锚杆静压桩配合掏土或冲水，可成功应用于倾斜建(构)筑物的纠倾工程中；

⑥ 采用锚杆静压桩施工，传递荷载过程和受力性能非常明确，可直接测得每根桩的实际压桩力和桩的入土深度，对施工质量检验有可靠保证；

⑦ 设备投资少、能耗低，材料消耗少，所以加固费用低，具有明显的技术经济效益；

⑧ 锚杆静压桩的施工可不占用有效施工工期。

该项新技术已于 1985 年 7 月在南京通过中华人民共和国冶金部部级技术成果鉴定。1991 年，锚杆静压桩技术被中华人民共和国建设部评为一级(国家级)工法。

(3) 锚杆静压桩的适用范围

① 锚杆静压桩适用于加固处理淤泥质土、黏性土、人工填土和粉性土，可应用于已建、新建多层和小高层建(构)筑物及中、小型工业厂房的地基处理和托换加固工程。

② 锚杆静压桩特别适用于以下几种地基处理和托换加固工程：

a. 在城市改造的密集建筑群中和稠密居民区内，不允许有振动、噪声、环境污染以及施工场地狭小或施工高度受限制的新建或改建的建(构)筑物的地基处理工程。

b. 既有建(构)筑物基础的不均匀沉降引起上部结构荷载开裂或基础倾斜的托换加固工程。

c. 多层建(构)筑物加层、高层建(构)筑物桩基事故工程和吊车荷重增大的工业厂房基础加固工程。

d. 在新建的建(构)筑物需要采用桩基，但不具备单独打桩工期的情况下，采用桩基逆作施工法进行地基处理的工程。

e. 高层桩基事故的基础托换加固和改造工程的基础补桩加固工程。对于单桩承载力设计值较大的桩基工程，可用锚杆静压大直径钢管桩进行补桩加固。

f. 地下工程上浮的抗拔桩加固工程。

12.2 锚杆静压加固地基的设计与施工 >>>

(1) 设计

① 桩基竖向承载力计算。

按地基土对桩的支承能力确定单桩竖向承载力设计值时，宜进行静载荷试验，其按下式确定：

$$R_{\mathrm{d}} = \frac{R_{\mathrm{k}}}{\gamma_{\mathrm{R}}} \tag{12-1}$$

式中 R_{d}——单桩竖向承载力设计值，kN；

R_k——单桩竖向极限承载力标准值，kN；

γ_R——单桩竖向承载力分项系数，取 $\gamma_R=1.6$。

当没有进行桩的静载荷试验时，按地基土对桩的支承能力确定的单桩竖向承载力设计值，可根据地基勘察报告提供的土层相关数据由下式估算确定：

$$R_d=\frac{R_{sk}}{\gamma_s}+\frac{R_{pk}}{\gamma_p}=\frac{U_p\sum f_{si}l_i}{\gamma_s}+\frac{f_pA_p}{\gamma_p} \tag{12-2}$$

式中 U_p——桩身截面周长，m；

f_{si}——桩侧第 i 层土的极限摩阻力标准值，kPa；

f_p——桩端处土的极限摩阻力标准值，kPa；

l_i——第 i 层土的厚度，m；

A_p——桩端横截面面积，m^2；

γ_s——总侧摩阻力的分项系数，可按端阻比 ρ_p 由表 12-1 查用；

γ_p——桩端阻力的分项系数，可按端阻比 ρ_p 由表 12-1 查用；

ρ_p——端阻比，即桩的极限端阻力标准值与桩的极限承载力标准值之比。

表 12-1 **分项系数 γ_p、γ_s**

ρ_p	0.05	0.10	0.15	0.20	0.25	0.30	0.35	0.40	0.45
γ_p	1.02	1.05	1.08	0.12	1.18	1.24	1.30	1.14	1.50
γ_s	1.64	1.70	1.75	1.79	1.82	1.83	1.80	1.80	1.69

$$\rho_p=\frac{R_{pk}}{R_{pk}+R_{sk}} \tag{12-3}$$

式中 R_{pk}——桩的极限端阻力标准值，kN；

R_{sk}——桩侧总极限摩阻力标准值，kN。

确定桩基竖向承载力的方法还有：根据静力触探试验确定，通过桩身强度确定。

② 桩的数量。

桩的数量应根据单桩竖向承载力设计值 R_d 结合上部结构荷载情况通过计算确定。

③ 压桩孔。

压桩孔一般布置在墙体的两侧或柱子四周，其布置见图 12-2，并尽量靠近墙体或柱子。

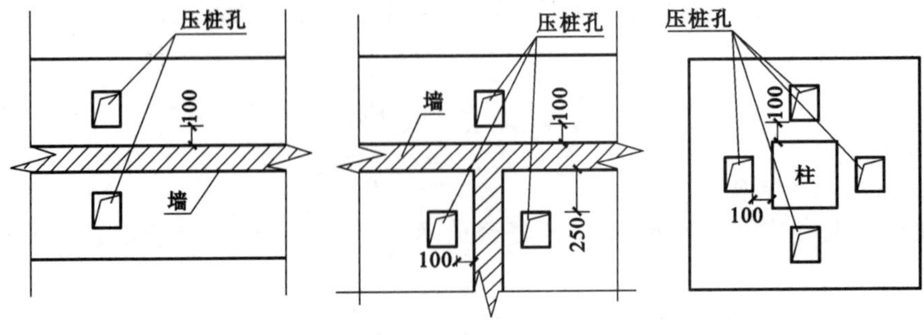

图 12-2 压桩孔布置图

用于新建基础时，压桩孔的截面形状可做成上小下大的锥形，压桩孔洞口的底板、板面应设保护附加钢筋。压桩孔构造见图 12-3。

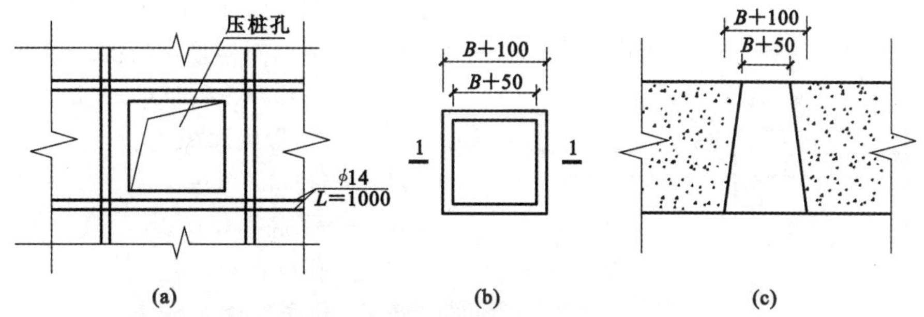

图 12-3 预留压桩孔构造图

(a) 压桩孔平面图；(b) 压桩孔 1—1 剖面图；(c) 底板、板面附加钢筋

用于既有建(构)筑物原有基础时，压桩孔可由人工或机械开凿，孔形要求略呈上小下大的锥形。

④ 接头。

当桩承受水平力、抗拔力和进行 7 度抗震设计时，应采用焊接接头；桩仅承受垂直压力时也可采用硫黄胶泥接头。

⑤ 封桩。

桩顶增加四根抗拔钢筋，再采用 C30 微膨胀混凝土进行封桩。

由于压桩施工可以直接测得压桩力，设计时可以不考虑多节桩接头的强度折减和长细比对桩承载力的影响。如 250 mm×250 mm 混凝土方桩在多项工程中桩长已达 30 m，桩身长细比已达 120，全桩总段数将近十段，但单桩承载力仍可达 400～500 kN。

⑥ 桩段构造设计。

a. 桩身材料可采用钢筋混凝土、预应力混凝土和钢材。

b. 钢筋混凝土桩的截面形状有方形和圆形两种，通常采用方形，其边长为 200～400 mm，圆形管桩直径为 300～400 mm，钢管桩直径为 187～600 mm；

c. 桩段长度应考虑室内高度和施工搬运方便，桩段长度一般为 1～3 m，常用的为 2.5 m；

d. 用于单桩承载力设计值大于 1500 kN 者，宜选用锚杆静压大直径钢管桩；

e. 钢筋可选用Ⅰ级和Ⅱ级钢筋，桩身混凝土强度等级一般为 C30～C35，钢材为 Q235 钢。

⑦ 桩基承台的计算。

a. 在梁和基础边缘拓宽压桩承台植筋计算。

在梁和基础边缘拓宽压桩承台植筋计算公式为：

$$f_c A \geqslant N \tag{12-4}$$

式中 f_c——混凝土轴心抗压强度设计值；

A——混凝土截面面积；

N——单桩承载力。

b. 桩基承台抗冲切验算和封桩混凝土承压力计算。

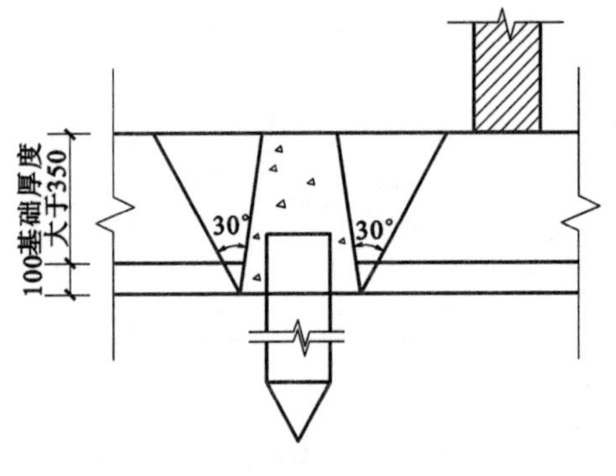

图 12-4 抗冲切计算示意图

(a) 抗冲切验算。

桩对基础混凝土的抗冲切破坏模式按 30°或 45°扩散(图 12-4),对锥形体的抗冲切验算公式为:

$$A_1 = \pi R_1 D - \pi R_2 d \tag{12-5}$$

式中 A_1——锥形侧面积;

R_1——孔口半径;

R_2——孔底半径;

D——孔口直径;

d——孔底直径。

查得混凝土轴心抗拉强度标准值为 f_{tk},根据锥体抗拉力 $F=A_1 f_{tk}>$设计桩承载力,确定计算结果是否满足要求。

(b) 承压力计算。

按压桩孔上小下大的截头锥体形式,封桩孔内的混凝土仅承受压力,计算结果如下:

压桩孔内封桩混凝土抗压面积为桩的截面面积 A_2,查得混凝土轴心抗压强度标准值为 f_{ck},根据承压力 $N=A_2 f_{ck}>$设计单桩承载力,确定计算结果是否满足要求。

c. 已有基础厚度的抗冲切验算。当基础混凝土抗冲切力不能满足设计要求时,桩顶应设置桩帽梁。桩帽的厚度为 150~200 mm,利用 4 根锚杆焊接交叉钢筋 2Φ16 或 2Φ18,桩帽梁长 200 mm、宽 400 mm,如图 12-5 所示。

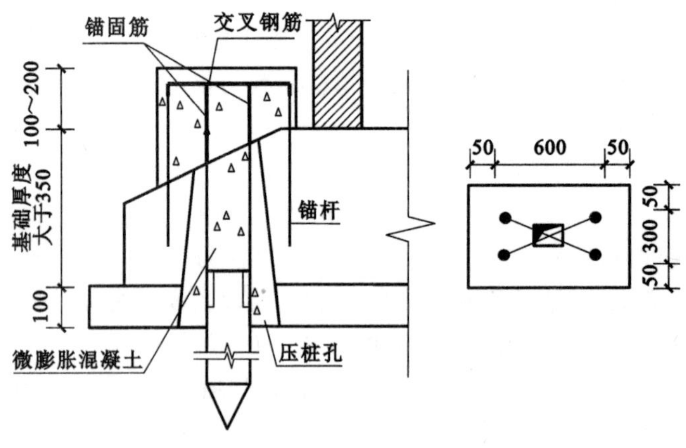

图 12-5 桩帽梁示意图

⑧ 抗拔锚杆的计算。

a. 抗拔锚杆的形式:光面带头锚杆、带螺纹锚杆、带爪式锚杆(用于预埋式),见图 12-6。

b. 后埋式抗拔锚杆采用的黏结胶有:硫黄胶泥、植筋胶。

c. 抗拔锚杆的埋设深度。

现场抗拔试验和有限元理论分析表明,抗拔锚杆埋置深度为(8~10)d(d 为锚杆直径),由于基础混凝土的强度不一致和含筋率的不同,对锚杆抗拔强度有明显影响,为此,M20 锚杆的埋入深度为 12d,抗拔力大的大直径锚杆植筋和埋入深度应经计算确定。

⑨ 封桩材料。

压桩孔内封桩应用 C30 或 C35 微膨胀混凝土。

⑩ 预加反力封桩法。

对沉降有严格要求的既有建(构)筑物，为减少压桩施工时引起的附加沉降，可采用预加反力封桩法，详见图 12-6，桩顶预加反力值取(1.1～1.3)R_d。

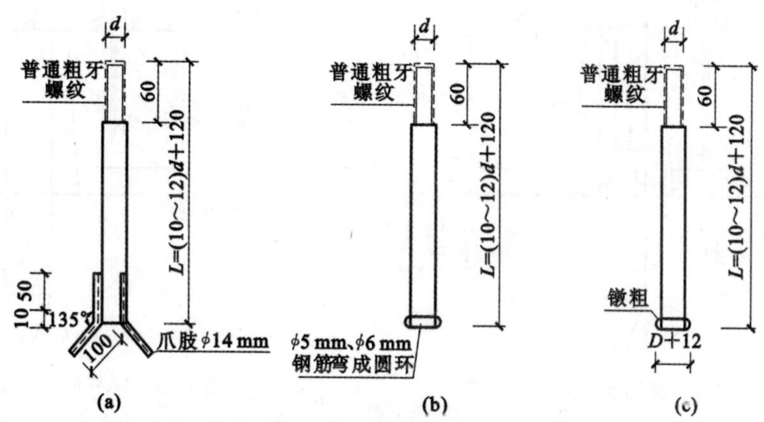

图 12-6 锚杆构造图

(a) 爪肢锚杆；(b) 焊箍锚杆；(c) 镦粗锚杆

对于既有建筑物的不均匀沉降工程和倾斜工程，采用锚杆静压桩进行基础托换加固，在压桩施工处于地基高应力情况下压桩，土体一旦受到扰动强度就会降低，根据上百项工程的实践经验，不采取预加反力封桩的基础托换工程附加沉降量可达 4～5 cm，而采取压完桩后立即封桩和采取预加反力封桩技术的基础托换工程，附加沉降量可减少 50%，仅为 1～2 cm。预加反力封桩见图 12-7。

(2) 施工

锚杆静压桩施工工艺比较简单，但对每一道工序有严格的要求，施工人员必须严格遵守，如桩的垂直度、焊接质量必须满足要求，封桩前必须将封桩孔清洗干净并排除积水，焊接交叉钢筋经检查合格后方可浇捣 C30 微膨胀混凝土。

① 锚杆静压桩设备装置。

锚杆静压桩设备装置如图 12-8 所示。

a. 压桩架：为满足设计要求和穿透砂层需要，要加工制作 yz-50 型、yz-100 型、yz-150 型、yz-250 型、yz-500 型压柱桩架；

b. 千斤顶：可选用 50 t、100 t、150 t、250 t、500 t 千斤顶；

c. 锚杆：可选用 M20、M25、M30、M42 锚杆；

d. 锚杆孔成孔机：混凝土基础底板厚度小于 400 mm 时，采用人工开凿，大于 400 mm 时则采用施工机具，开凿压桩孔和锚杆孔可用风动凿岩机、金刚石薄壁钻或大直径钻机；

e. 压桩机：可采用 yz-(50～500)型锚杆静力压桩机；

f. 辅助机具：空气压缩机、钢筋切割机、电焊机、熬制胶泥用专用设备。

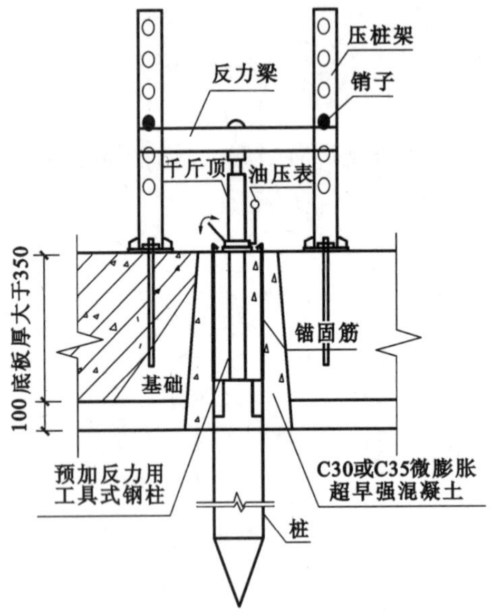

图 12-7 预加反力封桩示意图

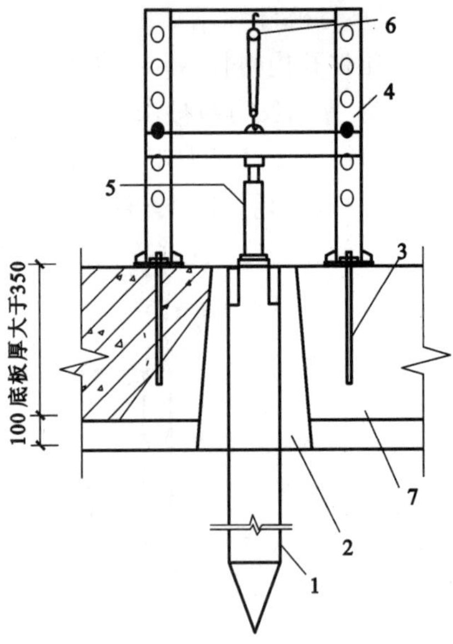

图 12-8 锚杆静压桩的装置示意图

1—桩；2—压桩孔；3—锚杆；4—压桩架；5—液压千斤顶；6—手拉或电动葫芦；7—基础

② 压桩施工顺序。

压桩施工顺序如图 12-9 所示。

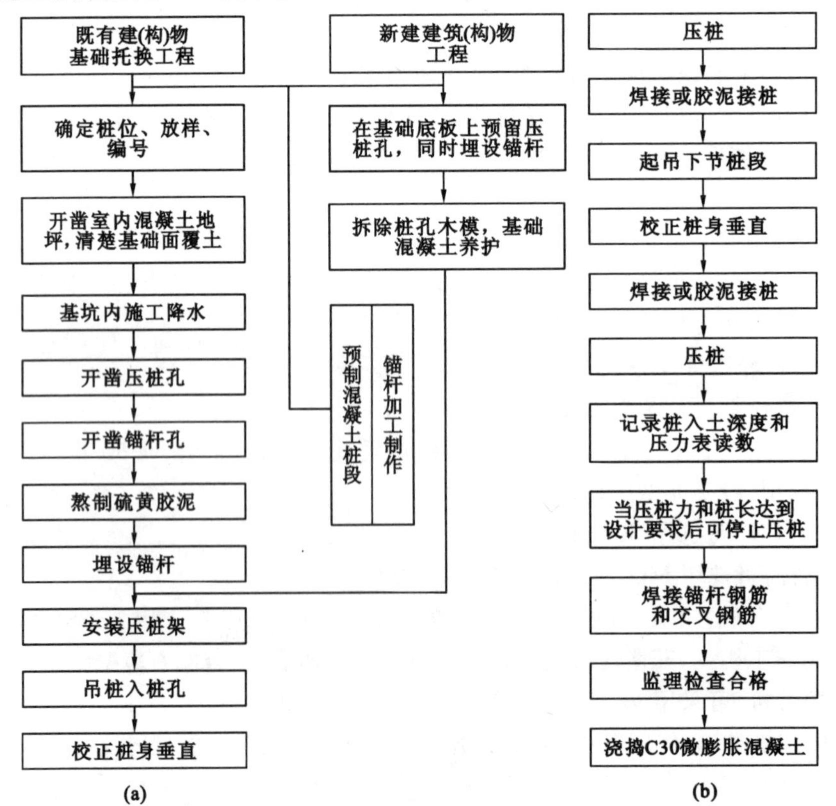

图 12-9 压桩施工流程图

③ 压桩施工规定。

a. 压桩架安装时应保持垂直，拧紧螺母，防止压桩架晃动。

b. 桩尖就位时必须保持垂直，桩段就位后必须加以校正，保持与上节桩在同一轴线上，可用吊垂法和水准靠尺法检查桩的垂直度。

c. 压桩时不得偏心加压，桩顶应垫麻袋加钢板，防止压坏桩头混凝土。

d. 数台压桩机同在一个独立基础上压桩施工时，要验算压桩力的总和，其不得大于该基础以上荷载的总重量；两台或两台以上压桩机在同一基础上压桩时，应保持对称压桩。

e. 压桩施工要求一次到位，如需中途停顿，桩尖可停留在软土中，停留时间不得超过24 h。

f. 用硫黄胶泥接桩时，硫黄胶泥的操作施工应按《建筑地基基础工程施工质量验收规范》(GB 50202—2002)的要求进行。

g. 压桩施工过程中，遇到砂层或障碍时，应采取相应措施，如高压射水引孔、高压喷旋引孔、钻机引孔等措施。

h. 认真做好封桩工作，对截桩、清孔、焊接交叉钢筋、浇灌 C30 微膨胀混凝土的每一道工序应严格控制施工质量。

④ 质量检验。

a. 压桩孔与设计位置的平面偏差不得大于±20 mm。

b. 压桩时桩段的垂直偏差不得超过 1.5%的桩段长。

c. 压桩力与桩入土深度应根据设计要求进行验收。

d. 桩与基础连接前，应对压桩孔进行认真检查，验收合格后方可浇捣混凝土。

e. 压桩施工验收时，施工单位应提供以下资料：

(a) 桩位施工平面图与桩位编号图；

(b) 桩材与封桩混凝土试块的强度报告及硫黄胶泥出厂检验报告；

(c) 压桩施工汇总表；

(d) 隐蔽工程自检记录。

f. 对需要进行试桩的工程，试桩数量不宜少于总桩数的 1%，在正常情况下不应少于3 根；试桩的最大加荷量不应小于单桩承载力设计值的 1.6 倍。间歇时间：黏性土、粉性土宜为 4 周，砂土宜为 2 周。试桩方法：宜采用慢速维持荷载试桩法或快速试桩法。

12.3 工程实例——锚杆静压加固在住宅楼改造工程中的应用

(1) 概况

上海市宝山区友谊路某公房建于 1974 年，为五层混合结构房屋，墙体为大型硅酸盐砌块，楼面为预制空心板。该房屋共 5 层(檐口高度为 15.38 m)，底层为商业用房，上面 4 层为居住用房，建筑物长 74.1 m、宽 8.5 m，共 3 个单元。改造前内部设施较差，居民 6 户或 8 户共用一个简易卫生间，公用厨房窄小。为改变此现状，经政府有关部门批准，决定对该房屋实施“成套改造”，即每户都有独立的卫生间和厨房。

该住宅楼改造要求十分苛刻，底层商业店铺不能停业，上部住宅楼居民不搬迁，不能停水、停电，保持上下楼交通畅通，为此给设计和施工带来极大困难。

(2) 副楼设计中的几个技术问题

① 副楼宽度的确定。

副楼设计曾提出4套方案，在征求有关部门及居民意见的基础上，采取在原房北侧扩建计宽3.0 m(局部为4.5 m)的副楼，作为每户的卫生间和厨房，并对原平面进行适当调整，使每户独立成套的方案。

② 结构抗震问题。

副楼结构与原房屋结构如按刚性连接，根据上海地区的规范规定，应按整体房屋进行抗震加固，这样必然会增加费用，同时居民需要搬迁才能进行施工。经研究，上述整体抗震设计方案无法实施。为此，应将副楼与原房屋结构分离考虑，副楼按7度抗震设计，原房屋维持原状。

③ 差异沉降的控制。

原有建筑建成至今已有近30年之久，建筑物沉降已经稳定，然而新建的副楼为钢筋混凝土框架结构，荷重较大。如采用天然地基，必然会引起地基变形，预估沉降量为250 mm，会产生新旧建筑物之间的差异沉降。如果沉降过大，新旧楼之间将会出现台阶，从而给使用带来不便。根据以往工程经验，新旧楼之间的差异沉降量不宜大于50 mm才能满足使用要求，为控制副楼沉降，使满足设计要求，必须采取桩基。

④ 选择地基加固方案——锚杆静压加固。

该住宅楼改造新建副楼所处位置有以下特点：a. 新建副楼与原建筑贴得很近，新老基础叠合在一起，无法加以区分；b. 打桩拟建场地狭窄，北侧地下管线多；c. 无法选择常规打桩机械进行打桩施工，因为机械无法靠近墙边，同时也不允许打桩有振动，否则会造成原有建筑产生附加沉降；d. 下卧层土质较差，不能用浅层加固方法(如注浆法、旋喷桩法等)进行加固，这两种加固方法都会造成施工过程中的拖带沉降，无法解决下卧层的沉降问题。

经过多方案比较，决定采用锚杆静压加固和桩基逆作施工新技术。

桩基逆作施工新技术的工作原理：该技术是通过在基础板上预留压桩孔并在孔口附近埋设好锚杆，将压桩架固定在锚杆上，以建筑物的自重作为反力，用千斤顶将桩段从基础预留孔或开凿的压桩孔内逐段压入地基土，再将桩与基础连接在一起，从而达到提高基础承载力和控制副楼沉降的目的。由于施工时需要利用房屋的自重去平衡压桩力，因此在上部结构完成两层并拆除底层支撑后才能进行压桩，由于先施工上部结构，再施工桩基，故称之为桩基逆作法。此方法施工时无振动、无噪声、无污染，不占用有效工期。

⑤ 新老基础的联系。

为防止新老结构由沉降差引发的危害，新老基础也完全脱离。脱开的缝隙为150 mm，中间填充泡沫塑料板(图12-10)。

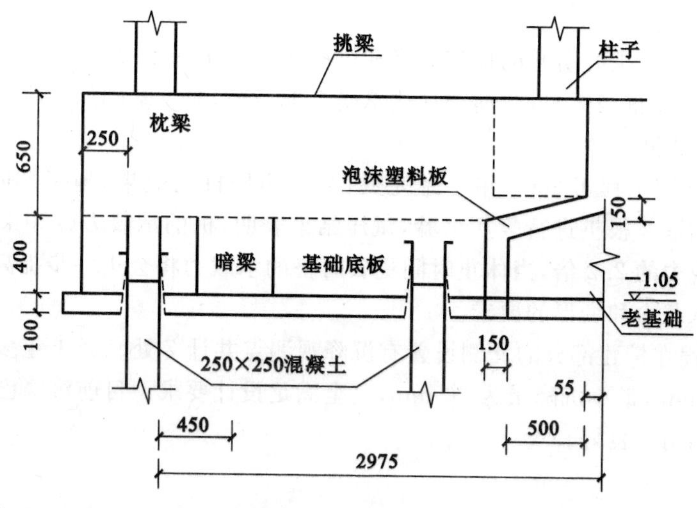

图 12-10 基础剖面图

(3) 锚杆静压桩设计

① 设计参数。

桩数为 81 根,桩长 22.5 m,桩尖进入黏土层,桩截面尺寸为 250 mm×250 mm,桩段长 2.5 m。按桩形式:上部 4 节为焊接接桩,其余为硫黄胶泥接桩,采用 C30 微膨胀混凝土封桩。

② 桩位布置图。

桩位布置如图 12-11 所示。

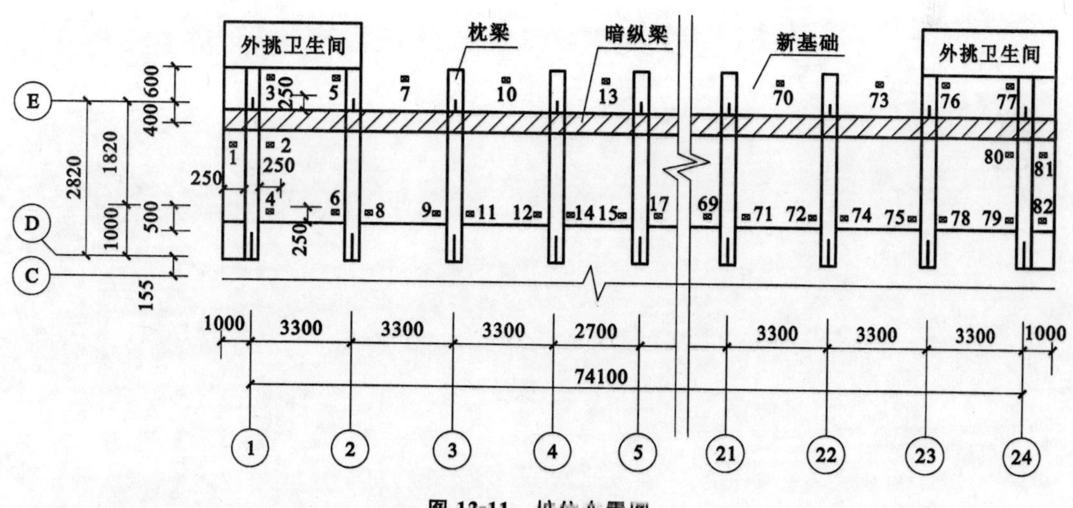

图 12-11 桩位布置图

(4) 压桩施工

① 压桩施工工艺流程。

压桩施工工艺流程为:基础底板上预留压桩孔→预埋锚杆→安装压桩架→桩段就位→压桩→接桩→记录压桩力和桩长→桩长或压桩力达到设计要求即可停止压桩→焊接锚筋→焊接交叉钢筋→浇捣 C30 微膨胀混凝土。

② 压桩措施。

为减少压桩施工时引起的拖带沉降和进一步引起的锅底变形，采取中间向两侧间隔压桩，并要求当天压桩当天封桩，使桩尽快承受上部荷载，减少基础的沉降量。

(5) 加固效果

① 补桩加固工程于 2001 年 4 月完成，为检测压桩的效果，施工期间对压入的桩休止 5 d后，任意抽取 2 根桩进行复压试验，试压结果表明，桩的承载力(250 kN)有明显恢复，已超过设计承载力的 2.2 倍，当休止时间更长时桩的承载力将会进一步提高，说明压入的桩完全满足设计承载力和变形的要求。

② 本工程在扩建部分的北侧设置有沉降观测点共计 7 处。经 1 年多时间的观测，最大沉降量为 46 mm，最小沉降量为 20 mm，完全满足设计要求。目前沉降已趋于稳定，改造后的住宅楼使用情况良好。

说明：本章的工程实例源自专著《岩土工程治理新技术》(周国钧. 北京：中国建筑工业出版社，2010)。

独立思考

12-1 简述锚杆静压桩工法的适用范围。

12-2 简述锚杆静压桩工法的施工顺序。

13 新奥法与监控量测

13.1 新奥法的发展 >>>

新奥法是1957—1965年间发展起来的，是米勒(L. Muller)、腊布希维兹(L. V. Rabcewicz)、帕赫(F. Pacher)等人在20世纪50—60年代的研究成果。1963年由腊布希维兹正式命名为“新奥法”，是“New Austrain Tunnelling Method”(缩写为NATM)的简称。其译名常为“新奥地利隧道施工法”，也有人主张译为“新奥地利隧道工程法”。

新奥法实质上既非隧道掘进法，又非隧道支护法，而是隧道工程的一种概念。它包括一系列应遵循的基本思想原则，是一种把设计和施工凝为一体的技术方法。

新奥法是根据岩体力学和岩体工程地质力学的基本原理制定的。它的出发点与归宿点就是致力于调动围岩的自支承能力，主要依靠围岩自身维护隧道，以便获得隧道工程最安全、最经济的效果。

奥地利土木学会地下工程专门委员会曾下过一个定义：新奥法是岩体或土体中设置的地下空间使周围岩体能形成圆环状承载结构的设计施工方法。

腊布希维兹的比喻性说法是：新奥法就是用岩石本身做支护的方法。

新奥法提出后，引起世界各国工程界的普遍注意和重视，并首先在西欧各国逐步得到应用。新奥法在世界各国的隧道和地下工程建设中获得了极为迅速的发展，特别是在困难地层条件下修建隧道以及控制围岩的高挤压变形方面，显示了很大的优越性。我国也成功地应用新奥法修建了许多隧道工程。

新奥法的理论研究和工程实践，仍处在蓬勃发展之中。它是一个开放的系统。随着理论研究的深入和工程经验的积累，它将更加完善，人们将更容易把握和应用它。

13.2 新奥法的基本思想与主要原则 >>>

米勒认为：“新奥法是隧道工程建设与维护的新概念，是具有一系列应努力遵循的原则，不能把它称作一种施工方法”“新奥法的概念乃是按照科学并已为时间所证明的原则和思想去修建隧道的，其主要思想意图是发挥岩体的承载能力，以获得隧道施工最安全和最经济的效果”。

米勒把这个思想原则归纳为 22 条：

① 隧道支护的主要部件是围岩。

② 在开挖过程中尽最大可能保持原岩强度是最主要的基本原则之一。

③ 尽可能地防止岩体松动，因为岩体松动必然导致其强度降低。

④ 一维和二维应力条件对岩体不利，应尽量予以防止。

⑤ 应恰当地控制岩体变形，要求是一方面通过岩体向孔洞内侧的收缩变形成岩石支撑圈，而另一方面，同时却将岩体的强度降低保持最小。这一努力愈有效，则隧道工程将愈安全和经济。

⑥ 为此，应适时地进行支护，既不太早，又不太晚；支护结构刚度也应适合，即初期支护和最终支护均不宜太硬，也不宜太软。

⑦ 应该正确地确定岩体或岩体支护系统特定的时间因素。

⑧ 确定时间因素时，可以依据室内初步试验、野外现场试验以及隧道变形观测等成果。此外，围岩的裸露时间、变形速度和岩石分类也可以为确定这一重要数据提供依据。

⑨ 如果预计开挖时将发生很大的岩石变形或松动，所采用的支护应能覆盖全部开挖岩面，并能与岩石良好结合；使用喷射混凝土能最好地达到上述两点要求。

⑩ 初期支护应薄而有柔性，以便最大限度地限制弯矩和由弯矩引起的拉裂。

⑪ 当需要加强初期支护时，正确的做法并不是加大支护的厚度，而是加设钢筋网、锚杆和钢支撑等。

⑫ 初期支护的形式及其设置时间，应根据所测得的岩体变形确定。

⑬ 从静力学的观点看，隧道可视为一个由岩石圈和初期支护（或永久支护）组成的厚壁圆筒。

⑭ 一个圆筒只有在筒体内没有切缝的情况下才能相应受力，因此，当底拱岩石不能完全受力时，密封隧洞底拱的时间是至关重要的因素。

⑮ 岩体的力学形态主要受底拱封拱时间的影响，过于仓促地推进工作面将延长封拱时间，使上拱圈承受不利的纵向弯矩，并使下拱圈的岩石承受很高的应力。

⑯ 从应力分布观点看，整个隧洞的横断面一次开挖是特别有利的，分期开挖将使应力重分布过程复杂化并损坏岩体。

⑰ 作业方法能够影响岩体的时间因素，因此对施工安全产生决定性的影响。一次掘进长度的变化、初期支护的设置时间、底拱的封拱时间、顶板上拱圈长度以及支护的反力等，均应系统地予以调整，以便控制围岩-支护系统（岩体与初期支护或永久支护）的稳定过程。

⑱ 应设法避免断面上的尖角以防止应力集中而破坏岩体，要力求采用光滑的圆形断面。

⑲ 当采取双层支护时，隧道内圈支护的厚度最好也应较薄，内外支护之间最好为黏结结合，而并非摩擦结合。

⑳ 由初期支护组成的围岩-支护系统应是基本稳定的。内圈衬砌的作用，在于进一步提高工程的安全性。渗水具有侵蚀性时，内圈衬砌应能独自充分保持稳定。锚杆只有在具有岩体条件所要求的足够防锈蚀保护时，才能成为围岩-支护系统的永久组成部分。

㉑ 混凝土应力测定、支护与围岩接触面应力测定以及在施工期内进行的变形观测，可用于整个工程的控制与设计。

㉒ 岩石中的渗流水压力以及作用于支护上的静水压力，可通过排水设施（如采用排水软管）消除。

上述各点并不是新奥法的作业程式，而是一系列思想的综合化和系统化，是一系列具有一致性和相互联系的设计原则。新奥法不仅是隧道施工的原则，还是隧道设计的原则。也有人将新奥法的思想原则归纳为7～8条，但其基本思想原则都是一样的，即认为，岩体不仅是施载物体，还是承载结构；岩石承载圈和支护结构是组成隧道的统一体，是一个力学体系；隧道的开挖和支护都要为保持、改善与提高围岩的自支承能力服务。

新奥法创造人之所以强调这不是方法而是原则，是因为隧道的开挖与支护都应适用于具体的岩体地质条件而不是作出死板的规定。

新奥法的特征应在于充分发挥围岩的自承作用。喷射混凝土、锚杆起加固岩体的作用，把岩体看作是支护体系的重要组成部分，并通过监控量测，实行信息化设计和施工，有控制地调节围岩的变形，以最大限度地利用围岩自承作用。

在隧道工程中，对于不稳定围岩，要使其不发生破坏，必须限制其变形的发展，这就需要在洞壁上施加一定的支护抗力，以使围岩达到新的平衡状态。

图13-1表示隧道围岩变形（Δr）与支护抗力（P_i）之间的关系曲线。它清楚地表明，要使围岩所产生的变形越小，需提供的支护抗力就越大。如果允许围岩产生较大的变形，则可施加较小的支护抗力。当围岩变形超过允许值时，围岩出现破坏，形成作用于支护体上的“松散压力”。这样，支护结构上所受的荷载反而增大了。因此，理想的支护设计应当以最小的支护抗力 $P_{i,\min}$ 来维护围岩的稳定。此时支护特性曲线在 K 点处与围岩特性曲线相交。通常支护设计应有一定的安全度，因此可设计成支护特性曲线在 K' 点处与围岩特性曲线相交。新奥法的成功之处就在于它能通过合理采用喷射混凝土锚杆支护方法与适当的支护时机，使支护特性曲线在接近 $P_{i,\min}$ 处与围岩特性曲线相交，取得平衡，以充分发挥围岩的自支承作用。

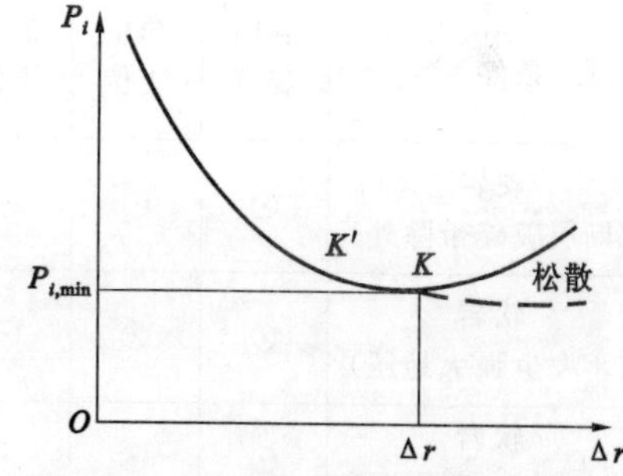

图13-1　隧洞围岩变形与支护抗力之间的关系曲线

喷射混凝土、锚杆和现场量测，被认为是新奥法的三大支柱。实际上，新奥法只有在运用了锚喷支护的基础上才能实施。所以在以下的几节中将对现场量测作详细的介绍。

13.3 现场量测计划

现场量测计划是现场量测的蓝图和依据，必须在初步调查的基础上，依据工程的地质条件、工程概况、量测目的、施工进程和经济效果来制订。

（1）量测项目的确定和量测手段的选择

量测项目的确定主要是依据围岩条件、工程规模及支护方式。《锚杆喷射混凝土支护技术规范》(GB 50086—2001)规定，Ⅳ、Ⅴ级围岩及Ⅲ级围岩中的大跨度洞室应进行监控量测。监控量测中的应测项目是必须量测的，选测项目则视工程要求及工程地质等具体情况选择部分内容进行量测。对某些特殊工程有时还要增测一些项目，如浅埋工程应增测地表沉降观测，塑性流变地层应增测底鼓位移观测，对需要进行理论分析的重大工程，还要进行岩体力学参数及地应力等的观测。选择量测项目时，最好还要考虑不同项目所测结果的相互印证。日本《新奥法设计施工指南》（草案），根据围岩条件确定量测项目的重要性，见表 13-1。表中 A 类量测为必须进行的量测项目，B 类量测为根据情况选用的量测项目。

表 13-1 **各种围岩条件量测项目的重要性**

项目 围岩条件	A 类量测				B 类量测					
	洞内观察	净空变位	拱顶下沉	地表和围岩内下沉	围岩内部位移	锚杆轴力	衬砌应力	锚杆拉拔试验	围岩试件试验	洞内测弹性波
硬岩（断层破碎带除外）	⊙	⊙	⊙	△	△*	△*	△	△	△	△
软岩（不发生强大地压）	⊙	⊙	⊙	△	△*	△*	△*	△	△	△
软岩（发生强大塑性地压）	⊙	⊙	⊙	△	⊙	○	○	△	○	△
土砂	⊙	⊙	⊙	⊙	○	△*	△*	○	⊙（土质试验）	△

注：1. ⊙为必须进行的项目；
2. ○为应进行的项目；
3. △为必要时进行的项目；
4. △* 为此类项目的量测结果对判断设计是否保守有重要意义。

量测手段应根据量测项目及国内量测仪器的现状来选用。一般应选择简单、可靠、耐久、成本低的量测手段，并要求选择的被测物理量概念明确、量值显著、量测范围大，测试数据便于分析，易于实现对设计、施工的反馈。通常情况下，将选择机械式手段与电测式手段相结合使用。

(2) 测试断面(量测间隔)的确定

进行测试的断面有两种,一是单一的测试断面,二是综合的测试断面。在工程测试中,各项量测内容与手段,不是随意布设的。把单项或常用的几项量测内容组成一个测试断面,以了解围岩和支护在这个断面上各部位的变化情况,这种测试断面即为单一的测试断面。把几项量测内容有机地组合在一个测试断面里,使各项量测内容、各种量测手段互相校验,综合分析测试断面的变化,这种测试断面称为综合的测试断面。

应测项目按一定间隔而设置的量测断面,常称为一般量测断面。由于各量测项目的要求不同,其量测断面间隔也不相同。在应测项目中,原则上净空位移与拱顶下沉量测测点应布置在同一断面上。《锚杆喷射混凝土支护技术规范》(GB 50086—2001)对应测项目与选测项目的量测间隔已有规定,见表 13-2。

表 13-2 **净空位移、拱顶下沉量测测点的间距**

条件	量测断面间距/m
洞口附近	10
埋深小于 $2D$	10
施工进展 200 m 前	20(土砂围岩减小到 10)
施工进展 200 m 后	30(土砂围岩减小到 20)

注:D 为洞室跨度。

选测项目一般都布置在综合的测试断面上,该断面常称为代表性测试断面,它的位置与数量视具体需要而定。一般围岩条件下,间隔 200~500 m 设一个断面,有的选测项目的量测断面间隔又有一些具体要求,如地表下沉量测测点间距与埋深关系很大,其量测断面间距见表 13-3。

表 13-3 **地表下沉量测测点的纵向间距**

埋深 h 与洞室跨度 D 的关系	测点间距/m
$2D<h$	20~50
$D<h<2D$	10~20
$h<D$	5~10

(3) 量测仪器(测点)的布置

在测试断面上仪器(测点)的布置,主要是依据断面形状、围岩条件、开挖方式、支护类型等因素进行的。在测试中,可根据具体情况确定布置数量,并进行适当的调整。

① 净空位移的测线布置。

由于观测断面形状、围岩条件、开挖方式的不同,测线布置、数量也有所不同,没有统一的规定,可参考表 13-4 与图 13-2 所示的布置情况。

拱顶下沉量测的测点,一般可与净空位移测点共用,这样做既节省了安设工作量,更重要的是使测点统一在一起,测试结果能够互相校验。

表 13-4 净空位移量测的测线数

开挖方式＼地段	一般地段	特殊地段			
		洞口附近	埋深小于 $2D$	有膨胀压力或偏压地段	实施 B 项量测位置
全断面开挖	一条水平测线		三条或五条		三条、五条或七条
短台阶法	两条水平测线	三条或六条	三条或六条	三条或六条	三条、五条或六条
多台阶法	每台阶一条水平测线	每一台阶三条	每一台阶三条	每一台阶三条	每一台阶三条

注：D 为洞室跨度。

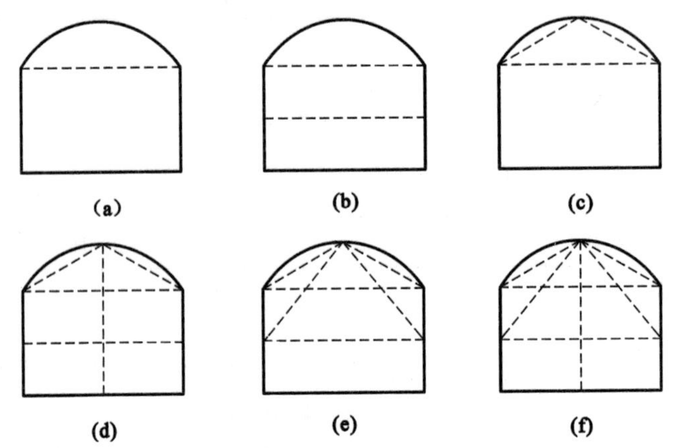

图 13-2 净空位移测线布置

(a) 一条测线；(b) 两条测线；(c) 三条测线；(d) 五条测线；(e) 六条测线；(f) 七条测线

② 围岩位移测孔的布置。

围岩位移测孔布置，除应考虑地质、洞室、开挖等因素外，一般应与净空位置测线相应布设，以便使两项测试结果能够互相印证，协同分析与应用。测孔布置见图 13-2。

③ 锚杆轴力量测测点的布置。

量测锚杆位置要根据具体工程中支护锚杆的安设位置、方式而定。若为局部加强锚杆，则要在加强区域内有代表性位置设量测锚杆；若为全断面安设系统锚杆（不包括底板），则其在断面上的布置位置可参见图 13-3 所示的围岩内部位移测孔布置方式。

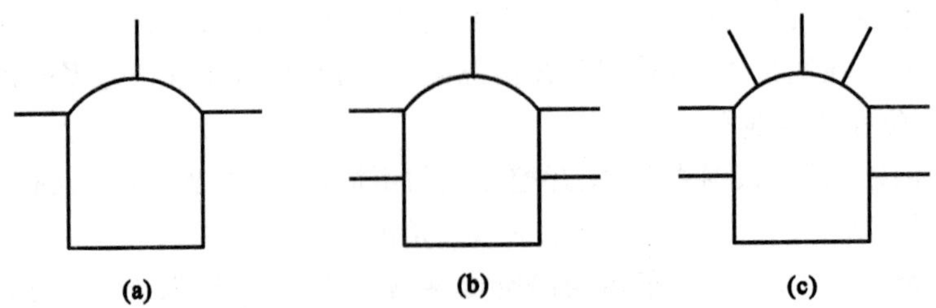

图 13-3 围岩内部位移测孔布置

(a) 三测线；(b) 五测线；(c) 七测线

④ 喷层(衬砌)应力量测测点布置。

喷层(衬砌)应力量测测点,除应与锚杆受力量测孔相对应布设外,还要在有代表性的部位设置,以便了解喷层(衬砌)在整个断面上的受力状态与支护作用,如图 13-4 所示。图 13-4 所示为一般情况下的布置方式,具体工程中,还要根据是否存在偏压、位移是否对称、有没有底鼓可能等因素,调整测点的位置与数量。

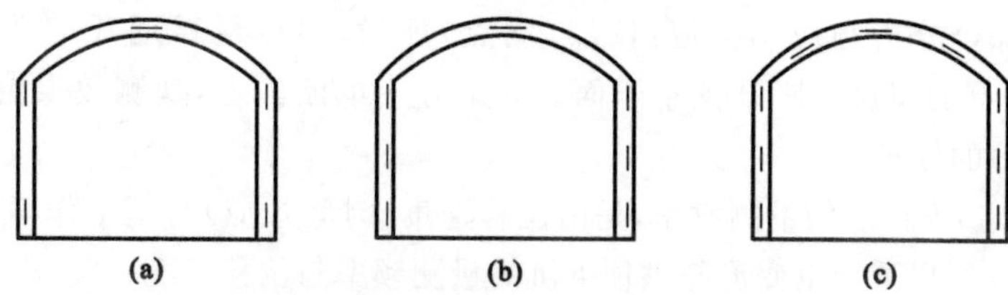

图 13-4 喷层(衬砌)应力量测测点布置

(a) 五测点;(b) 七测点;(c) 九测点

⑤ 地表、地中沉降测点布置。

地表、地中沉降测点,原则上应布置在洞室的中心线上,并在与洞室轴线正交平面一定范围内布设必要数量的测点,如图 13-5 所示,还应在有可能下沉的范围外设置不会下沉的固定测点。

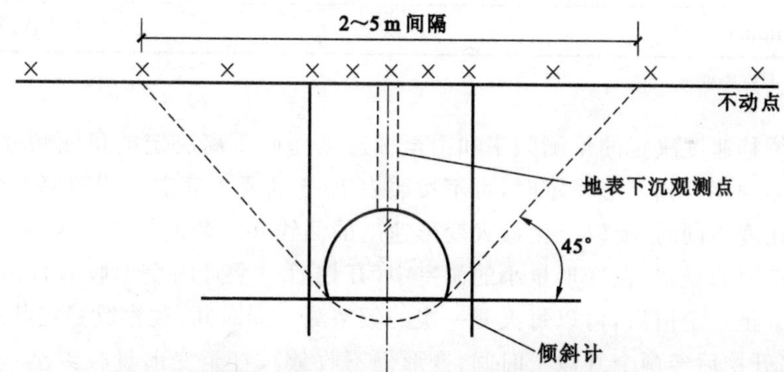

图 13-5 地表下沉量测范围及地中沉降测点布置

⑥ 声波测孔布置。

声波测试的目的,是测试围岩松动范围与提供分类参数验证围岩分类,要求测控位置具有代表性,如图 13-6 所示。在每个部位上的测孔位置,要兼顾单孔、双孔两种测试方法,还要考虑围岩层理、节理与双孔测试方向的关系。有时在同一个部位,可呈直角形布设三个测孔,以便充分掌握围岩构造对声测结果的影响。

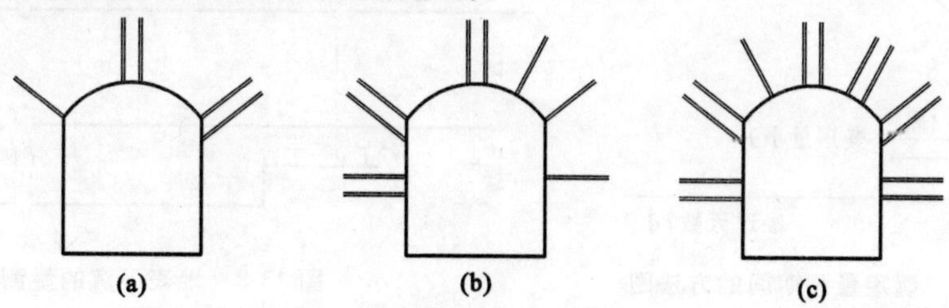

图 13-6 声波测试测孔布置

(a) 五测孔;(b) 九测孔;(c) 十三测孔

(4) 量测仪器(测点)的安设与量测频率

量测仪器(测点)的安设,一要快,二要近。快:要求在开挖爆破后 24 h(最好 12 h)内,在下一循环爆破前完成全部埋设,并测取初读数。在安设由多项内容、多种手段组成的综合的测试断面时,断面互相干扰大,安设时间拖长,对施工与测试结果都有不利影响。这时可把一个综合的观测断面分为几个亚断面分开安设,只要围岩沿洞轴变化不大,基本不会影响测试结果的综合分析与应用。近:仪器(测点)埋设,要尽量靠近开挖掌子面,要求不超过 2 m,实际上,有的安设在距开挖掌子面 0.5 m 左右的断面上,观测效果更好,不过需要加强对仪器(测点)的保护。

仪器(测点)安设后的量测频率,是由位移速度(时间效应)与至工作面距离(空间效应)决定的。表 13-5 给出了净空变形与拱顶下沉的量测频率与位移速度、至工作面距离的关系。

表 13-5 **净空变形与拱顶下沉的量测频率**

位移速度	至工作面距离	量测频率
10 mm/d 以上	(0～1)D	1～2 次/d
5～10 mm/d	(1～2)D	1 次/d
1～5 mm/d	(2～5)D	1 次/(2 d)
1 mm/d 以下	5D 以上	1 次/周

注:D 为洞室跨度。

在由位移速度决定的量测频率和由至掘进工作面距离决定的量测频率中,原则上应采用高的量测频率。当变形稳定时,可不按照表 13-6 的要求确定量测频率。当同一断面内各测线变形速度不同时,要以产生最大变形速度的测线确定断面的量测频率。

量测期间的规定:在变形量小的洞室中(开挖后一个月内变形收敛),由于变形收敛快,在变形收敛至一定值后,再以每天测一次的频率测一周时间,观察其稳定状态。在变形量大的洞室中(开挖后经两个月以上时间,变形仍不收敛),直至变形量收敛至一定数值后,再以每 2 d 测一次的频率测两周时间,以便确认变形是否稳定,见图 13-7。在塑性流变岩体中,如长期(两个月以上)变形不收敛,量测要进行到 1 mm/(30 d)为止。

在选测项目中,地表沉降量测频率,在量测区间内原则上是 1～2 d 一次,见图 13-8。

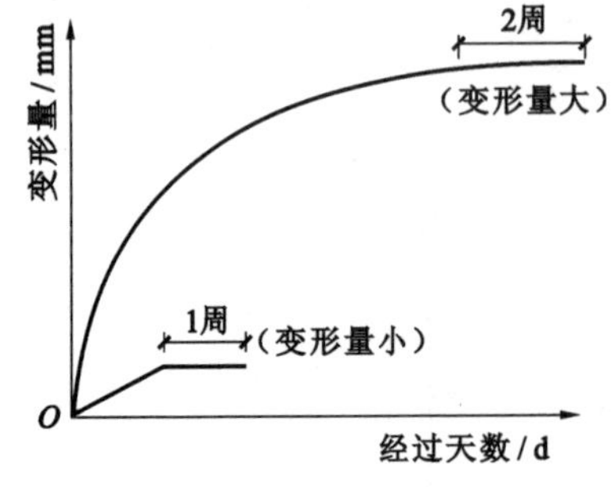

图 13-7 确定量测期间的方法图

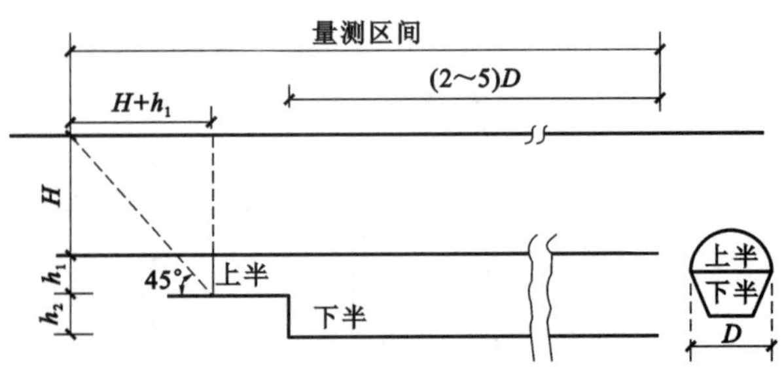

图 13-8 地表下沉的量测

围岩位移量测、锚杆轴力量测、喷层(衬砌)应力量测等的量测频率,原则上与同一断面内的应测项目量测频率相同。

13.4 现场量测 >>>

围岩的稳定状况、支护时机和效果都要依靠现场量测结果来判断，没有测量资料为依据，人们的实践将不得不带有一定的盲目性。当然，在获得围岩有关参数后，也可以运用有关理论来进行一定的计算，但由于地质条件的复杂性和多变性，人们暂时还不具备透视岩层的本领，很难选择真实反映围岩性质的计算指标和计算方法。这样，现场量测的结果就成为检验实践正确与否的唯一标准了。

(1) 现场量测的目的

① 及时掌握围岩变化动态及支护受力情况，为修改初步设计提供信息；

② 监视施工过程的安全程度，正确地指导施工；

③ 检验和评价隧洞的最终稳定性，作为安全使用的依据；

④ 校核理论，完善工程类比法；

⑤ 为地下工程设计与施工积累资料。

(2) 现场量测项目与内容

① 现场观察。

a. 开挖工作面附近围岩的稳定性；

b. 围岩构造情况；

c. 支护变形与稳定情况；

d. 校核围岩分级。

② 岩体(岩石)力学参数测试。

a. 抗压强度 R_b；

b. 弹性模量 E；

c. 黏结力 c；

d. 内摩擦角 φ；

e. 泊松比 μ。

③ 应力、应变测试。

a. 岩体原岩应力；

b. 围岩应力、应变；

c. 支护结构的应力、应变；

d. 围岩与支护和各种支护间的接触应力.

④ 压力量测。

a. 支架上的围岩压力；

b. 渗水压力。

⑤ 位移量测。

a. 围岩位移(含地表沉降)；

b. 支护结构位移。

⑥ 温度量测。

a. 岩体(围岩)温度；

b. 洞内温度；

c. 气温。

⑦ 物理探测。

a. 弹性波(声波)测试：(a) 纵波速度 v_P；(b) 横波速度 v_s；(c) 动弹性模量 E_d；(d) 动泊松比 μ_d。

b. 视电阻率测试：视电阻率 P_s。

上述监测项目，一般分为应测项目和选测项目。应测项目是现场量测的核心，为设计施工等所必须进行的经常性量测，《锚杆喷射混凝土支护技术规范》(GB 50086—2001)中对此有明确的规定。选测项目是在不同的地质、工程性质等具体条件下，为获得现场量测所需的数据类型而选择的测试项目。由于条件的不同和要取得信息的不同，在不同的工程中往往选取不同的监测项目。但对于一个具体工程来说，对上述列举的项目一般不会全部应用，只是有目的地选用其中的几项。《锚杆喷射混凝土支护技术规范》(GB 50086—2001)对应测项目和选测项目有具体的规定，见表 13-6。

表 13-6 **现场量测项目表**

项目名称		手段	布置	测试时间				备注
				1～15 d	16 d～1 个月	1～3 个月	3 个月以后	
应测项目	周边收敛	收敛计、测杆	20～50m 一个断面，一个断面 1～3 对测点	1～2 次/d	1 次/(2 d)	1～2 次/周	1～3 次/月	测点布置的数量与地质和工程性质有关。凡地质条件差和重要的工程，应从密布点
	拱顶下沉	水准仪、测杆	30～50m 1～3 个测点	1～2 次/d	1 次/(2 d)	1～2 次/周	1～3 次/月	
选测项目	围岩位移	单点、多点位移计	选择有代表性的地段测试	参照上述测试间隔时间进行				
	围岩松弛区	声波电阻率与多点位移计						
	锚杆和锚索内力及预拉应力	各种测力锚杆						
	接触应力	压力传感器						
	喷层切向应力	应变计、应力计						
	喷层表面应力	应变计						
	地表下沉	水准仪						

对某些工程，特别是大型且地层复杂的工程，由于特殊需要，还要增测一些一般不常用而对该工程又很重要的测试项目，如顶鼓量测，岩体物理、力学参数量测，原岩应力量测等。

(3) 量测手段

现场量测手段，按其仪器(表)物理效应的不同，可分为以下几种类型。

① 机械式：如百分表、千分表、挠度计、测力计等。

② 电测式：电阻型、电感型、电容型、差动型、振驰型、电压型、电磁型等。

③ 光弹式：光弹应力计、光弹应变计。

④ 物探式：弹性波法、电阻率法。

施工监测中的现场量测是作为施工中的一个必要环节出现的，因此要求量测手段简单，便于施工单位实施。同时要求量测的结果可靠，数据易于实现反馈。

(4) 对现场量测工作的原则和要求

现场量测是一项重要、细致的工作，同时必须与施工现场各作业环节相互配合。因此，对测试仪器(包括传感元件)的性能、安装和量测程序等，提出如下要求：

① 仪器(表)和传感元件的量程和精度要能满足要求，性能必须稳定，在潮湿环境下能长期正常工作，在高大洞室或有危险塌方的地段还要能够进行远距离测读而不失真。

② 能迅速安装并尽快投入使用，传感器及有关设备的尺寸应与施工机具相匹配，锚固装置要牢固并且具有一定的抗震能力，孔口部分应做好隐蔽或设有防止爆破冲击的措施。

③ 做好测试导线的防护，保证不被爆破或施工车辆所损伤，在观测期间应具有足够的绝缘度并避免受到过大的扰动。

④ 从安装到施测的全过程，应不影响(或尽量少地干扰)现场施工作业的正常进行。

13.5 量测数据的整理与处理 >>>

13.5.1 量测数据的整理

现场量测数据是随时间和空间变化的，一般称为时间效应和空间效应。在量测现场，要及时地用变化曲线关系图将其表示出来，即绘制量测数据随时间的变化规律曲线——时态曲线，量测数据与距离之间的关系曲线。下面介绍常用的几项观测内容的数据整理。

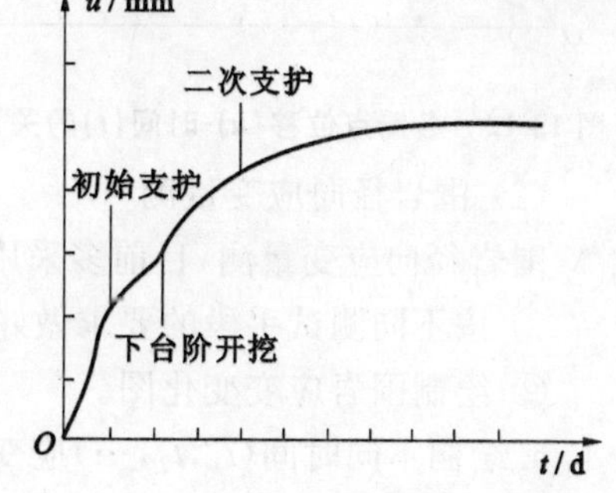

图 13-9 位移(u)-时间(t)的关系曲线

(1) 围岩与支护结构变形量测

① 净空位移量测。

a. 按要求做好量测记录，并及时进行整理。

b. 绘制各测线净空位移变化曲线。

(a) 绘制位移(u)-时间(t)的关系曲线，见图13-9。

(b) 绘制位移(u)-开挖面距离(l)的关系曲线,见图 13-10。

(c) 绘制位移速度(v)-时间(t)的关系曲线,见图 13-11。

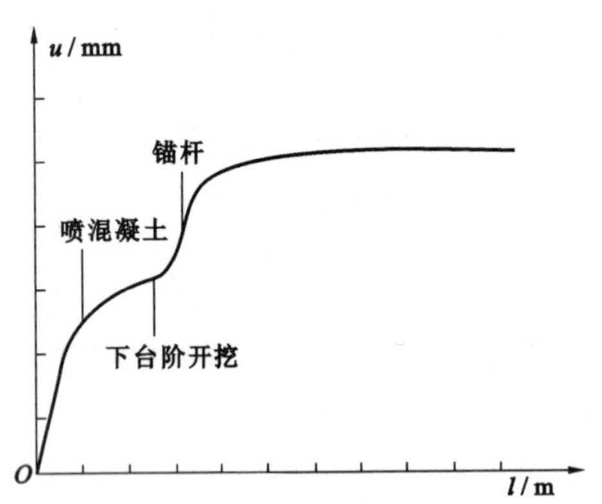

图 13-10 位移(u)-开挖面距离(l)的关系曲线

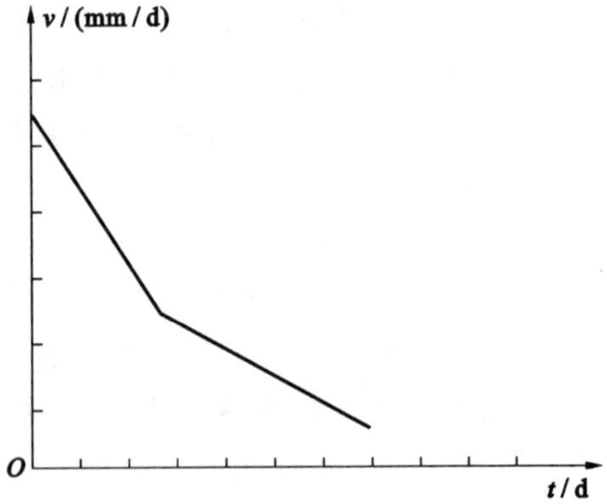

图 13-11 位移速度(v)-时间(t)的关系曲线

这三种变化曲线,不一定每条测线都要绘制。一般情况下,绘制第一条曲线就能满足要求。

② 围岩内位移量测。

a. 按不同测试手段的要求做好记录,并及时整理。

b. 绘制各测孔位移变化曲线。

(a) 绘制孔内各测点(L_1,L_2,…)位移(u)-时间(t)的关系曲线,见图 13-12。

(b) 绘制不同时间(t_1,t_2,…)位移(u)-深度(测点位置 l)的关系曲线,见图 13-13。

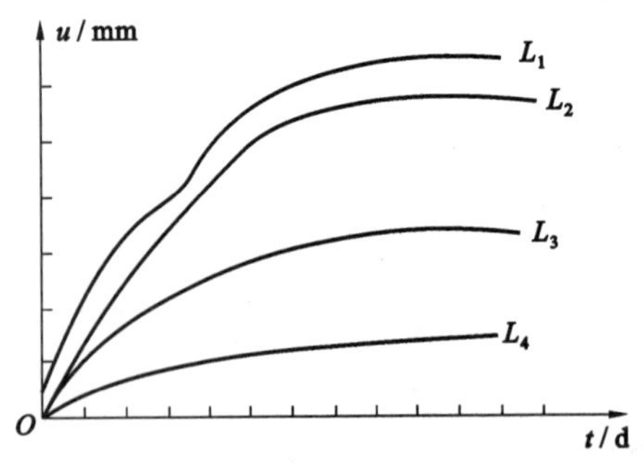

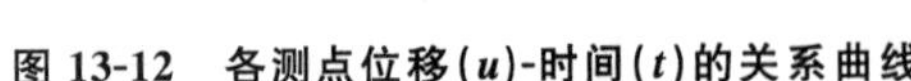

图 13-12 各测点位移(u)-时间(t)的关系曲线

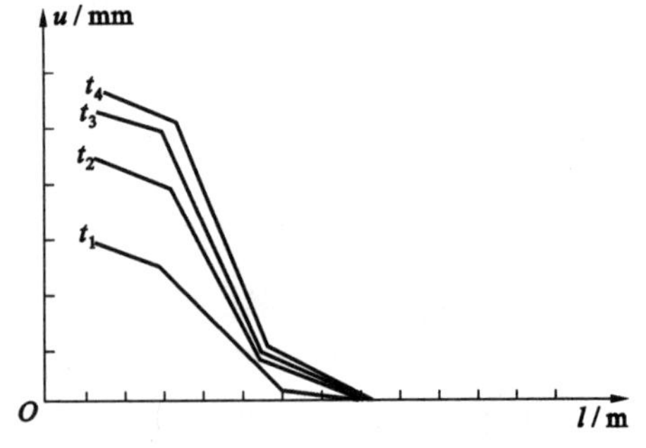

图 13-13 不同时间位移(u)-深度(l)的关系曲线

(2) 围岩径向应变量测

围岩径向应变量测,目前多采用空心量测锚杆和岩石型钢弦应变计。

① 按不同测试手段的要求做好记录并及时整理。

② 绘制围岩应变变化图。

a. 绘制不同时间(t_1,t_2,…)应变(ε)-深度(l)的关系曲线,见图 13-14。

b. 绘制围岩不同测点(1,2,…)的应变(ε)-时间(t)的关系曲线,见图 13-15。

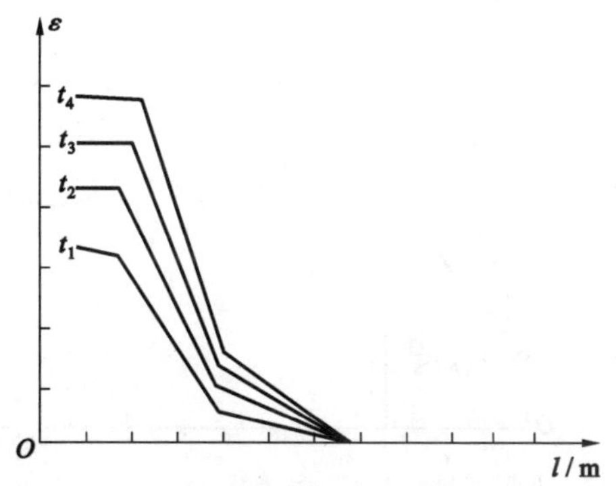

图 13-14 不同时间应变(ε)-深度(l)的关系曲线

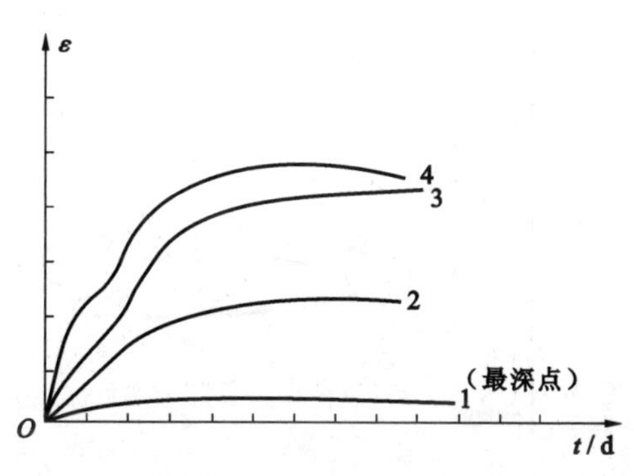

图 13-15 不同测点的应变(ε)-时间(t)的关系曲线

(3) 支护受力量测

① 锚杆轴力量测。

a. 按要求做好记录并及时进行整理。

b. 绘制锚杆轴力变化图。

(a) 绘制不同时间(t_1,t_2,…)锚杆轴力(应力 σ)-深度(l)的关系曲线,见图 13-16。

(b) 绘制各测点(1,2,…)轴力(应力 σ)-时间(t)的关系曲线,见图 13-17。

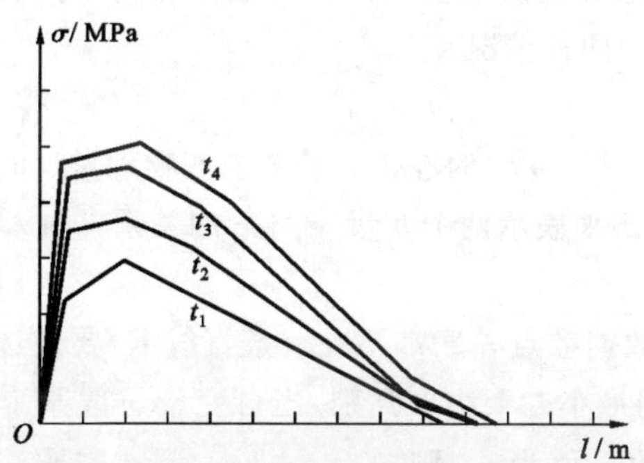

图 13-16 不同时间应力(σ)-深度(l)的关系曲线

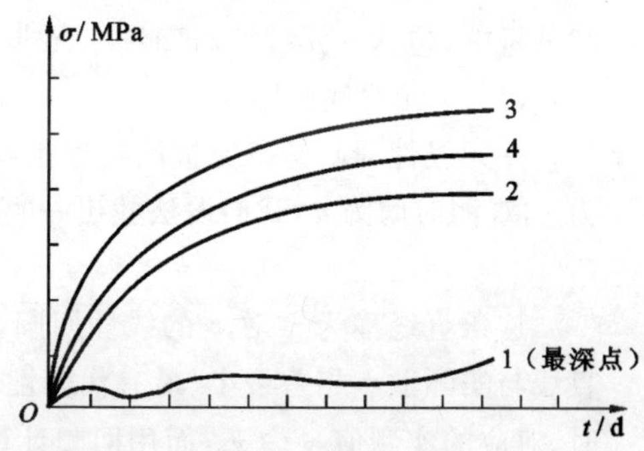

图 13-17 各测点应力(σ)-时间(t)的关系曲线

② 喷层应力、应变测试。

a. 按要求做好记录并及时进行整理。

b. 绘制应力(σ)-时间(t)或应变(ε)-时间(t)关系曲线,见图 13-18。

(4) 声波测试

声波测试数据较多,但整理较简单、方便。

① 测试数据及时整理并计算出 v_P 值。

② 绘制各测孔(或测段)的 v_P-l 关系曲线,如图 13-19 所示。

③ 在有代表性的测试断面图上,绘制各测孔的 v_P-l 关系曲线,并画出该断面的松动圈。

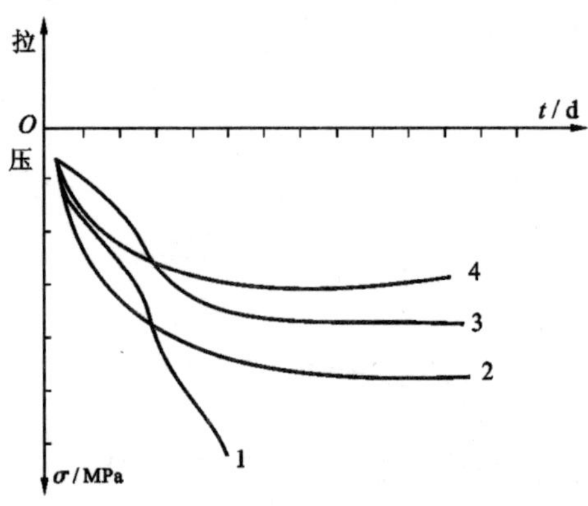

图 13-18 喷层应力(σ)-时间(t)关系曲线

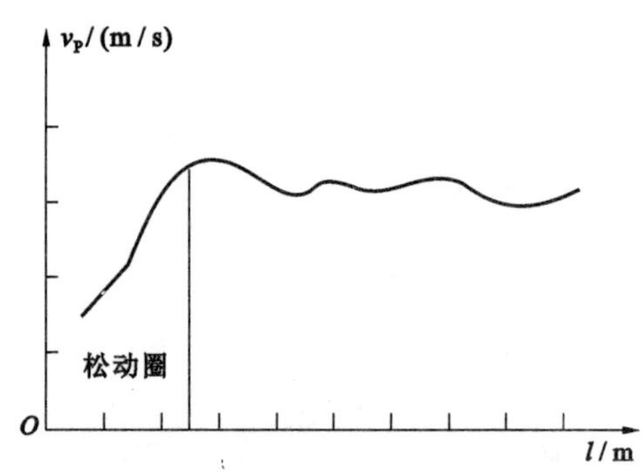

图 13-19 声波测试 v_P-l 关系曲线

13.5.2 量测数据的处理

在现场量测中，由于受测试条件、测试人员等因素的影响，测试数据会产生偶然误差，又由于偶然误差造成的离散性，根据实测数据绘制的散点图常是不规则的，应用时必须进行数学处理，以某一函数式来表示，才能获得较准确反映实际情况的典型曲线，找出测试数据随时间变化的规律，并推测出测试数据的极值，为监控设计提供重要信息。

在一般的现场测试中，所测数据大多数都是反映两个变量间的关系。在这类问题的回归分析中，包括一元线性回归和一元非线性回归两种情况。

(1) 一元线性回归

一元线性回归是研究被测物理量随时间呈线性变化的规律。若令被测物理量(如位移)为 y，观测时间为 x，我们设法找出一直线函数式来表示两个变量 y 与 x 的关系，即：

$$y = a + bx \tag{13-1}$$

这条直线称为 y 对 x 的线性回归。实测数据散点一般都不在一条直线上，要使选择的直线与实际散点相差最小、最有代表性，需要用最小二乘法来判别，当自变量 x 取某个值 x_i 时，对应的实测值 y 为 y_i，而用回归计算所得的 y 值为 y_t，则 $y_t = a + bx$。最小二乘法就是已有几个试验点$(x_i, y_i)(i=1,2,\cdots,n)$，使平方和为：

$$\sum_{i=1}^{n}(y_i - y_t)^2 = \sum_{i=1}^{n}(y_i - a - bx_i)^2 \tag{13-2}$$

达到最小的回归线为最理想回归线。

由微积分中求极值的方法推知，使上述平方和达到极小的回归线是存在的，a、b 分别为：

$$b = \frac{L_{xy}}{L_{xx}} \tag{13-3}$$

$$a = \overline{y} - b\overline{x} \tag{13-4}$$

其中

$$\overline{x} = \frac{1}{n}\sum_{i=1}^{n}x_i \tag{13-5}$$

$$\overline{y} = \frac{1}{n}\sum_{i=1}^{n} y_i \tag{13-6}$$

$$L_{xx} = \sum_{i=1}^{n}(x_i - \overline{x})^2 \tag{13-7}$$

$$L_{xy} = \sum_{i=1}^{n}(x_i - \overline{x})(y_i - \overline{y}) \tag{13-8}$$

另有：

$$L_{yy} = \sum_{i=1}^{n}(y_i - \overline{y})^2 \tag{13-9}$$

而在通常工程应用中，x，y 的离差平方和及 x 与 y 的离差乘积之和，用下列公式计算：

$$L_{xx} = \sum x^2 - \frac{1}{n}\left(\sum x\right)^2 \tag{13-10}$$

$$L_{yy} = \sum y^2 - \frac{1}{n}\left(\sum y\right)^2 \tag{13-11}$$

$$L_{xy} = \sum xy - \frac{1}{n}\left(\sum x\right)\left(\sum y\right) \tag{13-12}$$

这样可使计算得到简化，并满足回归分析的精度要求。

对两个变量 x 和 y 的任意一组测试数据，$(x_i, y_i)(i=1,2,\cdots,n)$，都可按上述方法得到一条数学上的最佳回归线，但实际上，这条回归线是否有意义，还必须用表示两变量 x 与 y 间线性关系的系数——相关系数 γ 来判别。

$$\gamma = \frac{L_{xy}}{\sqrt{L_{xx}L_{yy}}} \tag{13-13}$$

相关系数 γ 是反映实测数据线性关系好坏的指标。其绝对值越接近 1，说明数据 x 与 y 的线性关系越好；若 γ 接近于 0，则说明数据 x 与 y 之间无关或两者有非线性关系。

在实际应用中，γ 值究竟为多大时，才算线性较好，一般可用相关系数检验表（表 13-7）进行查对。此表中的数值为在两种精度要求下相关系数应达到的最小值。

相关系数 γ，只揭示了两变量间的相关性，为了揭示实测数据与回归线上相应值的波动情况，采用剩余标准差来衡量预测数据和实测数据的精度。

$$S = \sqrt{\frac{1}{n-2}\sum_{i=0}^{n}(y_i - y)^2} \tag{13-14}$$

从上面计算结果可以得到概率为 95.4%点的散落范围为 $y \pm 2S$，结合具体工程中观测数据的情况由 $\pm 2S$ 值的大小，可以判别回归线精度的高低。

表 13-7 相关系数检验表

$n-2$	5%	1%	$n-2$	5%	1%	$n-2$	5%	1%
1	0.997	1.000	11	0.553	0.684	25	0.381	0.487
2	0.950	0.990	12	0.532	0.661	30	0.349	0.449
3	0.878	0.959	13	0.514	0.641	35	0.325	0.418
4	0.811	0.917	14	0.497	0.623	40	0.304	0.393

续表

$n-2$	5%	1%	$n-2$	5%	1%	$n-2$	5%	1%
5	0.754	0.874	15	0.482	0.606	50	0.273	0.354
6	0.707	0.834	16	0.468	0.590	60	0.250	0.325
7	0.666	0.978	17	0.456	0.575	70	0.232	0.302
8	0.632	0.765	18	0.444	0.561	80	0.217	0.283
9	0.602	0.735	19	0.433	0.549	90	0.205	0.267
10	0.576	0.708	20	0.423	0.537	100	0.195	0.254

(2) 一元非线性回归

在现场量测与工程试验中，两个变量之间多数不是线性关系，而是某种曲线关系，选择恰当类型的曲线，进行一元非线性回归分析，可按下述步骤进行：

① 选择能代表两变量 x 与 y 之间内在关系的函数类型。在选择中，主要根据散点图的分布是否具有收敛性等变化特点对函数类型进行选择。

② 求出两变量 x 与 y 相关函数中的未知参数。欲求非线性函数关系中的未知参数，首先是把非线性的函数关系变换成为线性函数关系，然后按线性函数求未知参数的方法求出未知参数，再由参数变换式求得选定曲线函数的未知参数，最后得到曲线函数回归方程。

③ 经剩余标准离差分析，感觉精度不够理想时，可另选一种曲线函数按照上述步骤再重新进行分析。

13.6 量测数据的反馈与应用(经验法)

对于设计、施工，量测数据的反馈也是监控设计中的重要一环，但目前尚未形成完整的设计体系。当前采用的由量测数据反馈设计的方法主要是依据一些经验判据或经验准则将量测数据用于修正设计和指导施工。

量测数据中的反馈可用来评价围岩的稳定性，确定后期支护时间，调整施工方法与支护时机，以及锚杆支护参数和喷层厚度等。

(1) 量测数据的分析

根据量测获得的位移-时间曲线，即能看出各时间段的总位移量、位移速度及其速度变化的趋势等。但要衡量围岩的稳定性，除了要有量测值外，还必须有判断围岩稳定性的准则。这些准则可以用总位移量、位移速率或位移加速度等表示，其值一般根据经验或统计数据而定。

① 围岩壁面位移分析。

隧洞收敛一定要控制在允许的范围内，如图 13-20 所示，当支护特性曲线与围岩特性曲线在最大允许变形量处相交时，则所需提供的支护抗力最小。当平衡点位于 P_m 右侧曲线上时，则将引起变形急剧增大。当出现曲线②的变形-时间曲线时，围岩发生破坏，这是不容许发生的。因此，根据对变形-时间曲线的回归分析，当预计的变形量将要超过允许变形量时，要迅速采取增长、增密锚杆，设置仰拱等支护抗力的措施，使变形量控制在允许的范围内。围岩允许位移值通常是按经验确定的。它取决于岩质条件、原岩应力大小与方向、洞室断面尺寸及支护类型等因素。因此，其一般根据围岩级别、岩体变形性质、埋置深度及洞室跨度等因素确定。

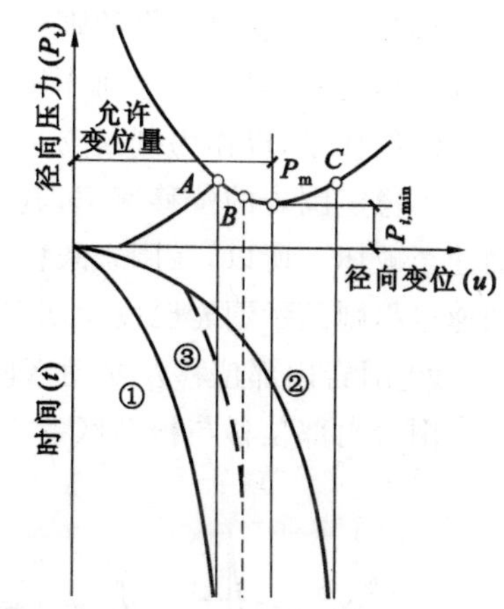

图 13-20 隧洞径向压力与允许变形量

《锚杆喷射混凝土支护技术规范》(GB 50086—2001)提出了以允许水平相对收敛值作为判断围岩稳定的依据之一(表 13-8)，拱顶下沉值也可参照应用。日本《新奥法设计施工细则》提出了以净空变化值(即收敛值)(表 13-9)作为判断围岩稳定的准则。

表 13-8 允许水平相对收敛值 (单位：mm)

围岩级别	埋深		
	<50	51～300	301～500
Ⅲ	0.1～0.3	0.2～0.5	0.4～1.2
Ⅳ	0.15～0.5	0.4～1.2	0.8～2.0
Ⅴ	0.2～0.8	0.6～1.6	1.0～3.0

注：1. 相对收敛值是指实测收敛值与两测点间距离之比。
2. 脆性岩体的隧洞取表中较小值，塑性岩体的隧洞取表中较大值。
3. 对于不同类别的围岩，适用范围(H—洞高，B—洞跨)如下。
Ⅲ类围岩：$B \leqslant 20$ m，$H/B=0.8\sim1.2$；
Ⅳ类围岩：$B \leqslant 15$ m，$H/B=0.8\sim1.2$；
Ⅴ类围岩：$B \leqslant 10$ m，$H/B=0.8\sim1.2$。
4. Ⅰ、Ⅱ、Ⅲ类围岩中的隧洞收敛测试应与工程地质分析相结合，特别注意对局部失稳岩块的观测。
5. 本表中所列数值可在施工过程中通过实测和资料积累作适当修正。

表 13-9 净空变化值 (单位：mm)

围岩级别	单线隧道	双线隧道
$Ⅰ_S$-特 S	>75	>150
$Ⅰ_N$	25～75	50～150
$Ⅰ_N$-$Ⅴ_N$	<25	<50

注：$Ⅰ_S$ 为Ⅰ类塑性围岩，特 S 为特殊类塑性围岩。

位移速率也是判断围岩稳定性的标志之一。如《锚杆喷射混凝土支护技术规范》(GB 50086—2001)提出以收敛速率为 0.1～0.2 mm/d，拱顶下沉速率为 0.07～0.15 mm/d 作为围岩稳定的标志之一。日本《新奥法设计施工细则》中规定，当位移速率大于20 mm/d

时，就需要特殊支护。有的则以初期位移速率，即开挖后 3～7 d 内的平均位移速率来确定允许位移速率，以消除空间作用及开挖方式的影响。有些工程部门常以初期位移速率来估算最终位移量，以作为判断支护类型及修正设计的基础。

不稳定围岩的位移速率，其规律大致与典型的蠕变曲线一致，即为先减速，后等速，最后加速至破坏。所以，在围岩未稳定前出现等速过程，可能是围岩不稳定的预兆。出现明显的加速过程则预示围岩已发生明显的破坏，需要及时加强支护。

② 围岩内部位移及松动区的分析。

围岩内部位移与松动区的大小一般应用多点位移计量测，按此绘制各位移计的围岩内部位移图（图 13-21）。由图即能确定围岩的移动范围与松动范围，根据理论分析，围岩洞壁位移与松动区的大小是一一对应的，相对于围岩最大允许变形量就有一个最大允许松动区半径。当围岩松动区半径超过此允许值时，围岩就会发生松动破坏，此时必须加强支护或改变施工方式，以减小松动区范围。

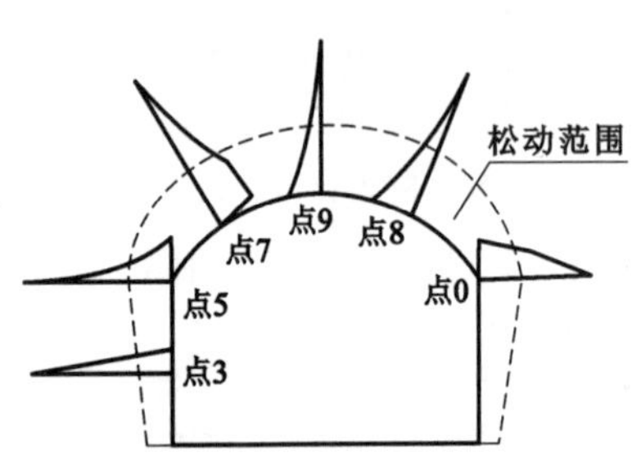

图 13-21　围岩内部位移图

③ 锚杆轴力量测分析。

根据量测锚杆测得的应变，即能算出锚杆的轴向力。计算公式如下：

$$N=\frac{\pi}{8}D^2E(\varepsilon_1+\varepsilon_2) \tag{13-15}$$

式中　N——锚杆轴力；

D——锚杆直径；

E——锚杆材料的弹性模量；

$\varepsilon_1,\varepsilon_2$——由对称的一组应变片量得的两个应变值。

锚杆轴力是检验锚杆效果与锚杆强度的依据，其大小根据锚杆极限抗拉强度与锚杆应力的比值 K_1（锚杆安全系数）大小即能作出判断。锚杆轴力越大，则 K_1 值越小。当实测的锚杆轴力较大，接近或超过锚杆设计强度，同时围岩变形又很大时，则必须及时增设锚杆；当实测的锚杆轴力较小或出现压应力，同时围岩变形又很小时，则可适当减少锚杆数量。

④ 围岩压力量测分析。

根据围岩压力分布曲线即可知围岩压力的大小及其分布状况，围岩压力的大小与围岩壁的位移量及支护刚度有密切关系。围岩压力大，表明支护结构受力大。这可能有两种情况，一是围岩压力大但围岩变形量不大，这表明支护时间，尤其是仰拱的封底时间过早，此时需延迟支护时间，让围岩应力有较多的释放；二是围岩压力大，且围岩变形量也大，此时应加强支护，以限制围岩变形。当测得的围岩压力很小但变形很大时，则还应考虑是否发生围岩失稳。

⑤ 喷层应力量测分析。

喷层应力与围岩压力密切相关。喷层应力量测可以掌握沿洞室周边喷层应力分布状态及其随时间的变化，从而监视喷层的安全程度，为是否需要调整支护参数提供信息。

当初始喷层厚度较小，测得的喷层应力大，并出现明显裂缝时，则应适当增加喷层厚度或适当增加锚杆数量或长度。

从国外地下工程喷层应力量测结果分析，可以得到以下规律性的认识。

a. 切向应力一般比径向应力大一个数量级，二者的最大值通常发生在拱的对应两边。奥地利陶恩隧道 202.5 m 和 255 m 两个测面处切向压力和径向压力分布图见图 13-22。

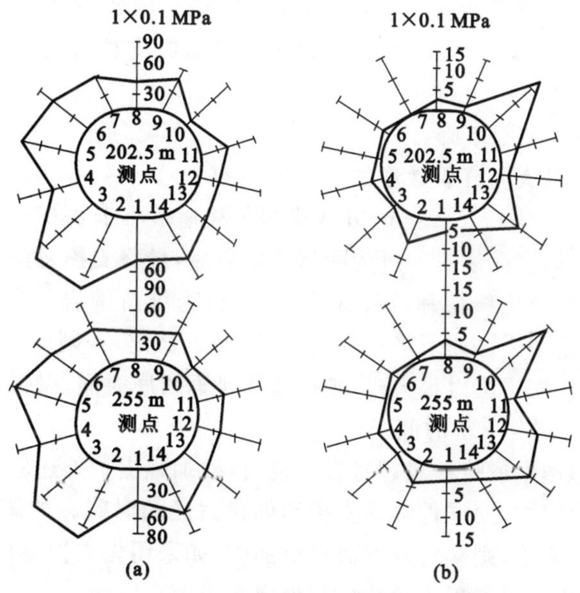

图 13-22 奥地利陶恩隧道周边压力分布图

b. 浅埋段软弱地层隧道，这里指的是覆盖层小于 20 m 的软弱地层隧道，则无论地层条件如何，有无锚杆或跨度大小，平均径向应力均不超过 0.15 MPa，平均切向应力均不超过 1.5 MPa。图 13-22(a)所示为支护三个月后的切向压力分布，图 13-22(b)所示为支护三个月后的径向压力分布。

c. 高应力塑性地层的隧道，包括联邦德国的累根斯堡、巴基斯坦的塔贝拉、奥地利的陶恩和墨西哥的墨西哥市隧道，无论喷层的径向应力还是切向应力都是很高的，即平均径向应力常达 0.4～0.5 MPa，而且不能很快达到平衡。

⑥ 地表下沉量测分析。

地表下沉量测主要用于浅埋洞室，是为掌握地表产生下沉的影响范围和下沉值而进行的。地表下沉曲线可以用来表征浅埋洞室围岩的稳定性，同时也可用来表征对附近地表已建建筑物和其他设施的影响。

横向地表下沉曲线左右不对称，下沉值显著不同，多数是由偏压地形、相邻隧道的影响以及滑坡等引起的，故应施加其他量测，仔细研究地形、地质构造等的影响。

(2) 量测数据在监控设计中的应用

① 评价围岩的稳定性。

评价围岩稳定性主要是应用围岩位移、位移速率及围岩位移加速度(由位移-时间曲线看出)等数据进行。《锚杆喷射混凝土支护技术规范》(GB 50086—2001)规定，当隧道支护上任何部位的实测相对收敛值达到表 13-8 中所列数值的 70%，或用回归分析进行预报的总相对收敛值接近表 13-8 所列数值时，必须立即采取措施，加强初期支护，并修改原支护设计参数。从监视施工中围岩稳定程度的角度看，尤其应注意围岩位移加速度的出现，若出现应采取加固措施。对于浅埋隧道则应根据地表下沉量来判断围岩稳定性。

② 评价围岩达到稳定的标准，确定最终支护时间及仰拱灌注的时间。

在分期支护的条件下，收敛-时间曲线可用来确定施作最终支护的时间。《锚杆喷射混凝土支护技术规范》(GB 50086—2001)规定，隧道最终支护时间应为围岩达到稳定以后，即应满足以下几个条件：

a. 围边收敛速率明显下降；

b. 收敛量已达最大允许收敛量的 80%～90%；

c. 收敛速率小于 0.1～0.2 mm/d 或拱顶位移速率小于 0.07～0.15 mm/d。

一般软弱围岩仰拱灌注时间可为围岩稳定以后，最终支护之前；而对于稳定性极差的围岩及塑性流变地层，当位移量和位移速率很大时，为维持围岩稳定，仰拱灌注应尽早进行。通常，封底后位移速率会迅速下降，围岩会逐渐趋于稳定，否则应加强支护。当围岩变形量不大，而围岩压力与喷层应力很大时，则应适当延迟封底时间，以提高支护的柔性。

③ 调整施工方法与支护时间。

当测得的位移速率或位移量超过容许值时，除加强支护外还应调整施工方法，如缩短台阶长度和减少台阶层数，使试件喷锚支护和仰拱封底的时间。如调整施工方法仍未能使变形速度降至容许值之下，则应对开挖面进行加固，如采用先支护(斜插锚杆、钢筋、钢插板等)稳定顶部围岩，再用喷射混凝土及锚杆等稳定掌子面。

④ 调整锚杆支护参数。

锚杆参数包括锚杆长度、直径、数量、间距及钢材种类等。

当围岩位移速率或位移量超过容许值时，一般应增加锚杆数量和长度。当拉拔力足够时，增加锚杆直径也能起到一定效果，而且施工方便。

锚杆长度应大于测试所得的松动区范围，并留有一定富余量。当量测显示锚杆后段的拉应变很小和出现压应变时，可适当减小锚杆的长度。

当锚杆轴力大于锚杆屈服强度时，应优先考虑改变锚杆材料，采用高强度钢材。增加锚杆数量或直径也可获得降低锚杆应力的效果。

根据质量检验中所进行的锚杆抗拔力试验，当抗拔力小于锚杆屈服强度时，可考虑改变锚杆材料或缩小其直径。但要注意，设计安全度也会由此降低。

⑤ 调整喷层厚度。

初始喷层厚度一般为 5～10 cm。当初始喷层厚度较小，喷层应力大或围岩压力大，喷层出现明显裂损时，应适当加大初始喷层厚度。当喷层厚度已选得较大时，则可增加锚杆数量，调整锚杆参数或调整施工方法，改变仰拱封底时间以改善初始喷层受力状况。

当测得的最后喷层内的应力较大，而达不到规定安全度时，则必须增加最后喷层的厚度或改变二次支护的时间。

⑥ 调整变形余裕量，修改开挖断面尺寸。

根据测得的收敛值或位移值，调整变形余裕量。当收敛值超过允许值，但喷射混凝土未出现明显开裂时，可增大变形余裕量。

13.7 工程实例——隧道工程监控量测数据非线性回归分析

以沪昆客运专线长昆湖南段姚家隧道为例，拱顶沉降观测数据如表 13-10 所示。现对该组观测数据进行一元非线性回归分析。

表 13-10 拱顶沉降实测值

x_i	1	2	3	4	5	6	7	8	9	10	11	12	13	14	15	16
y_i	1.9	4.5	6.2	7.7	8.5	7.3	8.3	7.2	8.0	8.7	8.1	7.3	7.9	8.7	9.4	8.9

(1) 按实测数据作出散点图

实测值散点曲线如图 13-23 所示。由图 13-23 中的实测值散点曲线可知，隧道开挖初期，拱顶沉降位移速率较大，曲线较陡，随着时间的推移，拱顶沉降值-时间曲线趋于平缓。从现场施工情况来看，隧道开挖后施作锚喷支护，由于围岩受力状态得到调整，围岩变形渐趋稳定。

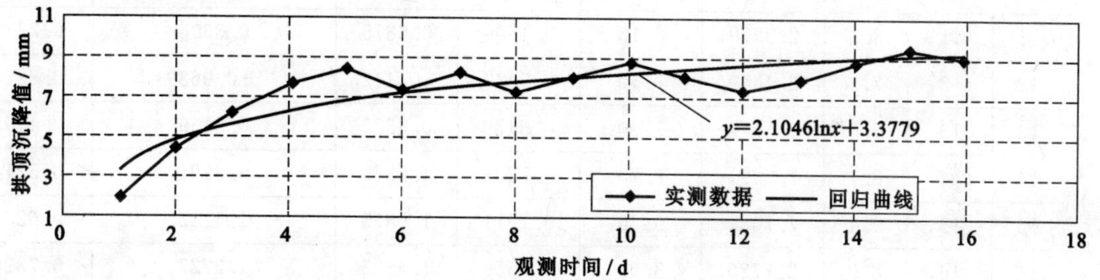

图 13-23 实测值散点曲线和回归函数曲线

因此，选择对数函数对拱顶沉降值-时间曲线进行回归分析。拟选取的对数函数为：

$$y = a + b\ln x$$

(2) 确定回归系数 a、b

① 变量替换。

令 $x' = \ln x$，$y' = y$，则

$$y' = a' + b'x'$$

② 采用最小二乘法确定线性回归系数 a' 与 b'。

$$b' = \frac{\sum_{i=1}^{n}(x'_i - \overline{x'})(y'_i - \overline{y'})}{\sum_{i=1}^{n}(x'_i - \overline{x'})^2} = \frac{19.6606}{9.3416} - 2.1046$$

$$a' = \overline{y'} - b'\overline{x'} = 3.3779$$

计算过程如表 13-11 所示。

③ 确定回归系数 a 与 b。

$$a = a' = 3.3779$$

$$b = b' = 2.1046$$

则选取的对数函数方程为：

$$y = 3.3779 + 2.1046\ln x$$

表 13-11 拱顶沉降回归计算表

编号	x_i	y_i	$x_i'=\ln x_i$	$y_i'=y_i$	$x_i'-\overline{x'}$	$y_i'-\overline{y'}$	$(x_i'-\overline{x'})(y_i'-\overline{y'})$	$(x_i'-\overline{x'})^2$
1	1	1.9	0.0000	1.90	−1.9170	−5.5125	10.5675	3.6749
2	2	4.5	0.6931	4.50	−1.2239	−2.9125	3.5645	1.4978
3	3	6.2	1.0986	6.20	−0.8184	−1.2125	0.9923	0.6698
4	4	7.7	1.3863	7.70	−0.5307	0.2875	−0.1526	0.2816
5	5	8.5	1.6094	8.50	−0.3076	1.0875	−0.3345	0.0946
6	6	7.3	1.7918	7.30	−0.1252	−0.1125	0.0141	0.0157
7	7	8.3	1.9459	8.30	0.0289	0.8875	0.0257	0.0008
8	8	7.2	2.0794	7.20	0.1624	−0.2125	−0.0345	0.0264
9	9	8.0	2.1972	8.00	0.2802	0.5875	0.1646	0.0785
10	10	8.7	2.3026	8.70	0.3856	1.2875	0.4964	0.1487
11	11	8.1	2.3979	8.10	0.4809	0.6875	0.3306	0.2313
12	12	7.3	2.4849	7.30	0.5679	−0.1125	−0.0639	0.3225
13	13	7.9	2.5649	7.90	0.6479	0.4875	0.3159	0.4198
14	14	8.7	2.6391	8.70	0.7221	1.2875	0.9296	0.5214
15	15	9.4	2.7081	9.40	0.7911	1.9875	1.5722	0.6258
16	16	8.9	2.7726	8.90	0.8556	1.4875	1.2727	0.7320
$\sum$							19.6606	9.3416

(3) 实测值与回归值的比较

为检验曲线拟合效果，采用剩余标准差来描述拟合曲线偏离原始数据的程度。剩余标准差越小，拟合效果越好。剩余标准差的表达式为：

$$S = \sqrt{\frac{1}{n-2}\sum_{i=1}^{n}(y_i - a - b\ln x_i)^2}$$

计算过程如表 13-12 所示。经计算，$S=0.8034$，拟合效果较好。

表 13-12 剩余标准差的计算过程表

x_i	1	2	3	4	5	6	7	8	9	10	11	12	13	14	15	16
y_i	1.9	4.5	6.2	7.7	8.5	7.3	8.3	7.2	8.0	8.7	8.1	7.3	7.9	8.7	9.4	8.9
$a+b\ln x_i$	3.38	4.84	5.69	6.30	6.77	7.15	7.47	7.75	8.00	8.22	8.42	8.61	8.78	8.93	9.08	9.21
$(y_i-a-b\ln x_i)^2$	2.18	0.11	0.26	1.97	3.01	0.02	0.68	0.31	0.00	0.23	0.11	1.71	0.77	0.05	0.10	0.10
S	0.8034															

由图 13-24 可知，除个别点外，拱顶沉降实测值与回归值相差较小，一方面表明选取的回归函数拟合效果较好，另一方面也说明在现场量测中操作得当，偶然误差较小。由剩余标准差分析可知，用该曲线函数预测拱顶沉降，有 93.8% 散点的误差在 1.5 mm 以内，基本满足工程预测精度的要求。

需要强调的是，针对不同的隧道，甚至同一隧道不同的围岩地段，采用的回归方程类型应有所不同。在实际应用中，可采用不同的回归方程对围岩变形监测数据进行回归分析，选取剩余标准差最小的回归方程为最佳回归方程。

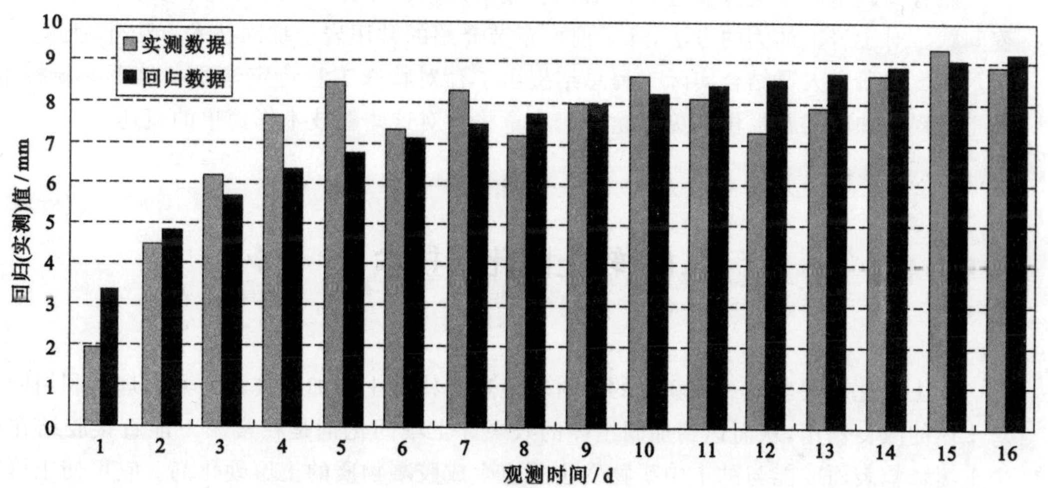

图 13-24 拱顶沉降实测值与回归值的比较柱状图

独立思考

13-1 简述新奥法的基本思想。

13-2 监控量测的内容包括哪些？

13-3 对量测数据如何进行整理和处理？

14 岩土加固新技术与方法概述

随着我国基础设施建设进程的加快和城市规模的不断扩大，出现了多种多样的岩土工程问题。对于岩土加固的方法，除了前面章节介绍的常用岩土加固技术方法外，大量的工程技术人员和研究人员结合实际工程总结提出了针对特殊工程特定地质条件下的新技术，为岩土工程的加固问题提供了更多途径。本章将针对这些新技术作简单的概述。

14.1 软土固化新技术 >>>

软土固化新技术是一种新兴的针对软土这类特殊土的加固技术。其原理是利用固化剂对土体的改良作用，从而达到加固土体的效果。土壤固化剂是在常温下能直接胶结在土体中土壤颗粒表面或能与黏土中矿物发生反应生成胶凝物质的土壤硬化剂。它可使土壤颗粒凝结从而形成整体、坚实、稳定、持久的板块结构，大大增加了软土基层的抗裂性能。土壤固化剂具有以下特点：无毒，无害，无污染，渗透性好，与土的和易性好，便于施工；高浓缩，用量少，运输费用低；供应半径大，应用领域宽；易于储存，不易燃，不爆炸，室温下可存放 3 年以上。正是由于土壤固化剂具有水泥不具备的一些特点，美国称之为 20 世纪的伟大发明之一，日本称之为 21 世纪的新材料。

随着我国工程建设的发展，我国于 20 世纪 90 年代初开始引入国外的高性能土壤固化剂。目前，其已在宁夏、青海、山东、广东、北京等铁路、公路工程中使用，加固效果良好，取得了较好的经济、社会及环保效益。推广软土固化新技术，对于资源优化配置、节约国家投资、促进经济发展、提高环保意识均具有重要意义。

14.2 墩式强夯置换新技术 >>>

本节主要通过两项大能量强夯置换法的工程实践加以说明。

深圳机场二期扩建停机坪建造在 30 万立方米面积的超软弱地基上，软基加固技术已在一期工程中成功应用，因受条件限制在二期工程中无法应用。经多种处理方案的比较，最终决定采用墩式强夯置换法，这是国内首次在机场工程中使用这项新技术。

为了验证宝钢马迹山港铁矿转运码头矿石堆场软基加固采用墩式强夯置换法的可行性，宝钢建设指挥部与设计单位联合攻关，在现场已施工的强夯块石墩上进行了大面积堆载试验，区域区域尺寸达到 44 m×44 m，堆石高度达到 10 m，最大加载量将近 30000 t，这是国内较大规模的现场堆载试验。试验结果表明，在滨海滩涂上完全可以采用大直径的强夯块石墩进行堆矿场软基处理。其在以后的工程施工中也获得了成功，取得了良好的技术经济效果。

14.3 高真空击密工法 >>>

关于高真空击密工法，有人简单地理解为降水法加强夯法的组合技术。其实，高真空击密法是在软土地基中施加数遍的高真空强制抽水，并结合数遍适合的变能量密实（强夯）技术，用于加固高含水量、低强度的粉细砂、粉土、淤泥质黏质粉土、粉质黏土等软土地基。目前，国内外已有近百项工程，超过 6000 万立方米的面积采用了这项新技术对软土地基进行加固，取得了良好的技术经济效果。

14.4 高能量冲击压实和全液压快速夯实新技术 >>>

本节介绍两种全新概念的高能量冲击压实和全液压快速夯实技术。

虽然高能量冲击压实技术在形式上是将传统的圆形压实轮改为非圆形的三边或多边形压实轮，但是实际上已具有冲击压实、揉压、碾压等多重作用，因此可以获得深层压实的效果。这种冲击压实机械被国际工程机械行业视为压实机械发展史上的重大革命。目前，我国已有两百多项软基加固工程中采用了这项新技术。这些项目涉及公路、机场、水坝、码头、厂房地基等众多领域。

全液压快速夯实技术则是英国 BSP 公司首先开发的一种快速夯实机械及其施工技术。它是将全液压打桩机的锤头部分从桩架上移到地面，并且搭载在全液压的大型装载机上，利用装载机液压工作站的油压驱动锤头沿着导向架作上下冲击运动。由于不同型号锤头的质量不同，加上夯击频率可调以及夯锤落距可调，因此每击的夯击能和总夯击能可以随土质不同、加固要求不同而任意调节。这种夯实设备在施工中对环境的振动影响比强夯法要小得多，因此近年来在国内开始得到推广应用。

14.5 柱锤冲扩桩新技术 >>>

柱锤冲扩桩技术是在土桩、灰土桩、强夯置换等工法的基础上发展起来的。实施柱锤冲扩桩复合地基主要是将直径为300～500 mm、长2～6 m、质量为1～8 t的柱状细长锤(长径比$L/d=7\sim12$,简称柱锤)提升到5～10 m高处,让其自由下落时对地基土层冲击成孔,反复多次夯击,达到设计深度后,边填料(主要为渣土或碎砖三合土)边用柱锤夯实形成扩大桩体,并与桩间土共同作用形成复合地基。

14.6 无填料振冲加固粉细砂新技术 >>>

利用水平振动和水冲加固土体的方法称为振冲法。该法最初是用来振密松砂地基的,由于具有施工工艺简单和加固效果显著等优点,在世界各地得到了广泛的应用。目前,用振冲法加固砂土类地基主要有两种施工工艺,即有填料(主要是碎石)加固和无填料振冲加固。以往对于无填料振冲加固法,国内外一般均认为仅适用于处理黏粒含量小于10%的中粗砂等粗粒土;而对于粉细砂地基,一般教科书或有关规范中都明确规定不宜采用或不能采用无填料振冲加固法。所以,目前在工程中遇到粉细砂土,人们都是采用边加入碎石等填料边进行振冲加固,因此在加固粉细砂土的同时要耗用大量的优质碎石料。上海港外高桥港区四期和洋山深水港一期码头全部都是吹填粉砂形成陆域,河北曹妃甸南堡石油基地上百平方千米的场地也都是由新近吹填极为松散的粉细砂所形成的。由于工期紧迫,在这种新吹填的粉细砂土地基上,马上要施工码头设施或道路堆场。首先遇到的施工难点就是要快速加固松散的粉细砂,以便让施工人员和施工机械尽快进场,振冲法则是首选的地基加固方案,但是施工点附近近百千米范围内根本不产石料,填料严重影响了施工进展。同济大学、江苏地基工程总公司上海第一工程处的工程技术人员组成试验小组深入第一线,经过反复试验,终于开发出一套采用组合振动水冲机、不加填料加固粉细砂的振冲新技术,从而大大加快了洋山港和渤海油田的建设步伐。

14.7 高喷插芯组合桩新技术 >>>

本节介绍一种由两种技术成熟的桩型组合形成一种新桩型的新技术。高喷插芯组合桩是在高压旋喷水泥土桩的桩身插入预应力混凝土管桩作为芯桩而形成的一种新型组合桩。

利用旋喷工艺加固桩侧土、穿透硬土夹层或对桩端土进行加固，可提高桩侧摩擦力和端阻力，使芯桩具有足够的桩身截面强度，能满足承载力要求，通过高压旋喷水泥土桩和钢筋混凝土芯桩的有效结合，使单桩承载力显著提高。因此，本组合桩具有工程造价低、桩体承载力高的显著特点。本项新技术已经申请国家专利（专利号：ZL 031O9768.5），其施工技术也被批准为我国国家级工法。

本节内容与劲芯水泥土桩复合地基的区别在于两种技术的主体不同。前者以芯柱为主体，旋喷水泥土桩的作用就是提高桩侧摩阻力或桩端阻力，降低沉桩时的阻力，所以仍属于桩基范畴；后者则以水泥土搅拌桩为主体，后插入的刚性桩可用于提高桩身材料强度，以充分发挥土的抗力，所以是一种复合地基。

14.8 三岔双向挤扩灌注桩新技术 >>>

三岔双向挤扩灌注桩是采用三岔双向多功能液压挤扩装置完成的一种新型桩，简称DX桩。DX桩是在地基预钻孔内，放入专用的三岔双向多功能液压挤扩装置，按承载力要求和土质条件在桩身适当部位，通过挤扩装置内外活塞的相对运动带动三对等长挤扩臂对土体进行水平向挤压。一次挤扩形成三岔形夹角为120°、上下对称的扩大楔形腔，或经n次（为同一水平面上的转位挤扩次数）挤扩形成上下对称，近似双圆锥盘状的扩大头腔，成腔后取出挤扩装置，放入钢筋笼，灌注混凝土，便制成一根由桩身、扩径体组成的变径桩。多年的工程实践证明，DX桩技术具有工艺独特、技术先进、设备操作灵巧、盆腔成型稳定、成桩差异小、单桩承载力高的特点。

14.9 基础工程逆作法 >>>

所谓基础工程逆作法，是针对传统的基础工程顺作法而提出的新施工技术。简而言之，逆作法施工第一步是打设支护工程的排桩墙或地下连续壁（但均可兼作地下结构的外墙或其一部分外墙）；第二步再根据柱网的布置和一柱一桩的要求进行钻孔，抵达桩尖打设深度后浇筑高承载力桩身混凝土（在地下室结构底板以上的桩身上还兼作地下室的柱子），同时浇筑完成地下室结构的顶板（即地面结构一层的底板）；第三步通过顶板的预留孔向下挖土，当开挖到地下一层底板标高后，绑扎梁板钢筋，打设混凝土；第四步从该层板的预留孔再向下挖土直至地下室结构底板底部标高，绑扎底板钢筋，处理底板防水、底板和桩顶以及侧墙接头的防水，打设底板混凝土。在实施上述第三步工序时如有需要，也可同时进行上一层及以上楼层结构的施工；同样，在实施上述第四步工序时，可以同时进行上部结构的施工。对于高层建筑，在完成地下二、三层地下室的逆作施工的同时，一般可完成上部六、七层裙房的结构施工。因此,在完成建筑装饰工程后,便可以一期工程的形式交付商业运营,加快建设资金的回笼。然后以二期工程的形式进行上部主楼结构的续建工作。这样既可大大缩短整个高层建筑的建设周期,又可降低整个建筑工程的造价,大大减小地下工程施工对周围环境的影响,增加地下工程施工的安全性。地下室工程逆作法施工在20世纪30年代中叶,第一次在日本得到实施以来,迅速在世界各地得到了广泛的应用。我国于20世纪80年代初在上海首次应用后,至今全国已在一百多项工程中推广使用,均取得了良好的技术经济效果。

在以往的技术文献中,大部分均是从三合一地下连续墙、分层挖土、分层打设楼板的角度来研究逆作法施工技术的。而本节在国内首次将逆作的地下室结构以一个体系进行研究,该体系包括:① 高承载力桩;② 三合一地下连续墙;③ 钢管混凝土叠合柱;④ 大跨度、等高井式梁板(密肋)楼盖结构。对这种体系的研究也可比照桩筏(箱)及上部结构共同作用理论的研究成果,进行系统分析。

14.10 桩基承载力检测的自平衡试验法 >>>

目前,大直径高承载力桩基是高层建筑、大跨度桥梁、重型码头工程中常用的一种基础工程形式。而规范规定的桩基承载力检测方法,通常为静荷载试桩法(锚桩反力架法、堆重平台法)、高应变动测法等。当加载总量超过100 MN或试桩位于江、河、湖或海面上或者位于山坡斜面上时,上述的检测方法就难以实施。因此,以我国东南大学的博士生导师龚维明教授和戴国凉博士为首的团队,在引入美国西北大学Osterberg-Cell荷载试验方面资料(在国外是专利技术)的基础上,从1996年开始进行实用性应用研究,与大量的传统静荷载试验结果对比后,开发出一种称为桩基承载力检测的自平衡试验法,并获得两项国家专利。1999年,制定出我国第一本地方试验规程《桩承载力自平衡测试技术规程》(DB 32-T291—1999)。2002年,中华人民共和国建设部、科技部将本试验法立为重点推广项目;2003年本法被纳入《建筑基桩检测技术规范》(JGJ 106—2003),2004年又被纳入《公路工程基桩动测技术规程》(JTG/T F81-01—2004)。2009年,形成中华人民共和国交通运输行业标准《基桩静载试验自平衡法》(JT/T 738—2009)。目前,国内较大型桩基静荷载试验多采用自平衡试验法,而国内外超过100 MN级的静荷载试验几乎都是采用本法的。我国自平衡试桩技术已居于世界领先水平。

14.11 土工格栅新技术 >>>

随着石油化工产品的不断增加,聚丙烯类、高密度聚乙烯类化工材料已大量应用于岩土工程中。其中,土工格栅作为土体的加筋材料形成了柔性加筋土挡墙的土工结构。土工格栅柔性挡墙在非地震区的应用已有大量成熟的经验;但在地震区的应用,工程技术人员仍对其存在疑虑。根据日本资料分析后得出的结论是:钢筋混凝土重力式挡墙(特别是在无桩基的情况下)在地震发生后倒塌严重,而由土工格栅加筋的柔性挡墙则震害较轻。我国四川锦屏电站采用青岛旭域土工材料股份有限公司生产的单向土工格栅,建造了目前国内最高的(高达 52～62 m)公路高填方边坡柔性挡墙,投入使用三年后,经历了 2008 年“5·12”四川汶川八级特大地震,但目前挡墙结构良好,仍在安全使用中。

目前我国大城市中,五六层的平顶住宅仍是经济型住房中的基本形式,屋顶绿化工程则是我国今后城市绿化中一个重要的方面。平屋顶结构中均有防水层和保温层,结构施工完成后最怕遭到破坏,因为修复甚为困难。而绿化植物的根系具有极强的穿透性,如果直接种植在屋顶上,经年累月植物根系势必突破屋顶结构层。因此,意大利泰力斯集团新开发成功一种复合的土工格栅,其既有防根刺、隔根作用,又具有孕水蓄肥功能,且能旺根发根,绿化效果良好。

14.12 三维地质成像新技术 >>>

岩土工程是以地下岩土体为研究对象的。例如,地下洞室的设计与开挖施工、大坝坝基的设计与开挖施工、建筑地基基础和深基坑工程的设计与开挖施工、大型土石方工程回填和开挖工程的设计计算等,都需要对工程场地内的地下介质(岩土体)有清晰的了解。但地下岩土体是非常复杂的介质组合,人们都是通过钻探取样等措施才能得到隐藏的地下地质构造的离散信息。关键的问题是如何通过这些离散信息来真实地反映地下地质及构造的空间分布特征。三维地质成像技术是计算机技术在地质工程中应用的结果,是认识岩土工程中复杂地质体的空间关系和特征的强有力的工具。

14.13 大直径现浇混凝土薄壁筒桩新技术 >>>

大直径现浇混凝土薄壁筒桩简称筒桩,是谢庆道教授在长期从事深基础工程研究中以及在大量工程实践的基础上,充分吸收了钻孔灌注桩、沉管灌注桩和预应力管桩的优点,创造性发明的大直径薄壁筒桩,于 1998 年申报国家专利(专利号:ZL 981-130704)。随着筒桩技术的不断推广应用,目前在国外的一些海洋工程中也将采用中国筒桩技术。联体筒桩于 2004 年申请获得美国专利(专利号:US 6-749-372B2),这项技术目前已在全球范围内展开广泛的推广应用。

所谓大直径现浇混凝土薄壁筒桩,其外径一般为 1000～1500 mm,壁厚 150～200 mm,目前正在进行外径为 2000 mm 或更大直径筒桩的施工设备研究。筒桩的成桩工艺:筒桩成孔器为内外两层圆形钢管,底部装有预制的环形桩靴。通过专用的夹持器,在顶部加以高频振动锤的激振,将成孔器和桩靴一起沉入地基土中,直至达到设计标高。在沉管过程中,内管的部分土芯从成孔器排土孔中排出,以释放土芯应力;然后移开夹持器并放入钢筋笼(素混凝土筒桩无此施工步骤),在成孔器外层钢管的浇筑口中灌入混凝土;之后边振动边拔管,一方面密实钢管中的混凝土,另一方面将钢质成孔器拔出重复利用,直至形成一根大直径筒桩。

筒桩根据有无设置钢筋分为钢筋混凝土薄壁筒桩和素混凝土薄壁筒桩。在承受较大水平力的情况下,应设置钢筋笼;在承受竖向力不大的情况下(如作为复合地基的增强体),则可采用素混凝土薄壁筒桩。钢筋的设置及混凝土强度等级应视具体工程情况而定。

筒桩根据布置可分为单体筒桩和联体筒桩。以单体分散布置的筒桩称为单体筒桩,在两根单体筒桩之间以联体的方式紧密咬合在一起形成连续墙的筒桩称为联体筒桩。联体筒桩的直径通常为1000～1500 mm,咬合厚度为50～100 mm,形成的空心连续墙既可抗水平力,又可用作防渗墙。这种联体筒桩在海洋工程中或深基坑支护中具有广泛的应用前景。

独立思考

14-1 列举目前新兴的岩土加固技术。

14-2 针对某一项新技术,对其加固原理和施工工艺进行说明。

参考文献

[1] 中国工程建设标准化协会. CECS 22:2005 岩土锚杆(索)技术规程[S]. 北京:中国计划出版社,2005.

[2] 中华人民共和国国家质量监督检验检疫总局,中华人民共和国建设部. GB 50086—2001 锚杆喷射混凝土支护技术规范[S]. 北京:中国计划出版社,2001.

[3] 国家质量技术监督局,中华人民共和国建设部. GB 50290—1998 土工合成材料应用技术规范[S]. 北京:中国计划出版社,1998.

[4] 中华人民共和国国家质量监督检验检疫总局. GB/T 5224—2014 预应力混凝土用钢绞线[S]. 北京:中国标准出版社,2014.

[5] 中华人民共和国住房和城乡建设部,中华人民共和国国家质量监督检验检疫总局. GB 50007—2011 建筑地基基础设计规范[S]. 北京:中国建筑工业出版社,2011.

[6] 中华人民共和国住房和城乡建设部. JGJ 79—2012 建筑地基处理技术规范[S]. 北京:中国建筑工业出版社,2013.

[7] 中华人民共和国交通部. JT/T 528—2004 公路边坡柔性防护系统构件[S]. 北京:人民交通出版社,2004.

[8] 中华人民共和国铁道部. TB 10025—2006 铁路路基支挡结构设计规范[S]. 北京:中国铁道出版社,2006.

[9] 中华人民共和国铁道部. TBT 3089—2004 铁路沿线斜坡柔性安全防护网[S]. 北京:中国铁道出版社,2004.

[10] Brochu M, Zimmerly T, Ajdelsztajn L, et al. Dynamic consolidation of nano-structured Al-7.5% Mg alloy powders[J]. Materials Science and Engineering: A, 2007, 466(1-2): 84-89.

[11] Chernyakov A V. Evaluation of dynamic loads on underground structures during horizontal jet grouting of a saturated soil[J]. Soil Mechanics and Foundation Engineering, 2009, 46(3): 108-116.

[12] Chloé Arson, Benjamin Juge. Homogenization of cemented soil stiffness and application to the study of arching effects between jet-grouted columns[J]. KSCE Journal of Civil Engineering, 2014, 18(7): 2072-2079.

[13] Cho Daegu, Cho, Hunhee, et al. Automatic data processing system for integrated cost and ontrol of excavation works in NATM tunnels[J]. Journal of Civil Engineering and Management, 2014, 20(1): 132-141.

[14] Chu J, Yan S W, Yang H. Soil improvement by the vacuum preloading method for an oil storage station[J]. Geotechnique, 2000, 50(6): 625-632.

[15] Dayal Umesh. Soil improvement by dynamic consolidation[J]. Indian Geotechnical Journal, 1988, 18(3): 289-297.

[16] Gotman A L, Khurmatullin M N. Performance of piles installed by jet-grouting method in clayey soils[J]. Soil Mechanics and Foundation Engineering, 2012, 49(4): 139-143.

[17] Graziani A, Boldini D, Ribacchi R. Practical Estimate of Deformations and Stress Relief Factors for Deep Tunnels Supported by Shotcrete[J]. Rock Mechanics and Rock Engineering, 2005, 38(5): 345-372.

[18] Hardin B O, Black W L. Closure to vibration modulus of normally consolidated clay[J]. ProcASCE, 1969, 95(SM6): 1531-1537.

[19] José Leitão Borges, Ricardo Gomes Pinto. Strutted excavation in soft soil incorporating a jet-grout base slab: Analysis considering the consolidation effect[J]. Geotechnical and Geological Engineering, 2013, 31(2): 593-615.

[20] Kandaris P M. Use of gabion for localized slope stabilization in difficult terrain [A]. In: Rock Mechanics for Industry[C]. Rotterdam: A. A. Balkema, 1999:1221-1227.

[21] Malinin A G, Malinin D A. Adhesive strength of reinforcing elements during anchor-pile installation[J]. Soil Mechanics and Foundation Engineering, 2011, 48(2): 58-61.

[22] Menard L, Broise Y. Theoretical and practical aspects of dynamic consolidation [J]. Geotechnique, 1975, 25(1): 3-18.

[23] Merrifield C M, Davies M C R. A study of low-energy dynamic consolidation: Field trials and centrifuge modeling[J]. Geotechnique, 2000, 50(6): 675-681.

[24] Scott R A, Pearce R W. Soil compaction by impact[J]. Geotechnique, 1975, 25(1): 19-30.

[25] Shang J Q, Tang M, Miao Z. Vacuum preloading consolidation of reclaimed land: A case study[J]. Can Geotech Journal, 1998, 35(7): 740-749.

[26] Stevens P. NATM: Tunnelling into the future[J]. Colliery Guardian Redhill, 1999,239(3): 64-69.

[27] Yazizi S, Kaiser P K. Bond strength of grouted cable bolts[J]. Rock Mech. Min. Sci. and Geomech., 1992, 29(3): 73-85.

[28] 艾德武,李刻铭,吴步旭.换填法在软土地基处理中的应用[J].建筑技术开发,2007,34(7):28-29.

[29] 白冰,徐华轩,刘海波,等.强夯法加固铁路松软土地基现场试验研究[J].中国铁道科学,2010,31(4):1-6.

[30] 陈昌斌,张剑峰.加芯水泥土复合桩的工程应用[J].电力勘测,2000(4):1-3.

[31] 陈江,夏雄.金温铁路危石治理中柔性防护技术应用研究[J].岩石力学与工程学报,2006,25(2):312-317.

[32] 陈一平,张季超,陈小宝.地基处理新技术与工程实践[M].北京:科学出版社,2010.

[33] 陈运新.深层搅拌加固法在软土地基中的应用[J].中外建筑,2005(6):146-147.

[34] 代高飞,应松,夏才初,等.高速公路隧道新奥法施工监控量测[J].重庆大学学报:自然科学版,2004,27(2):132-135,166.

[35] 董庆祝,刘永和.深层搅拌加固法在吹填土层地基处理中的应用[J].港工技术,2000(3):40-42.

[36] 杜嘉鸿,张士旭.高压喷射注浆技术应用现状及新进展[J].探矿工程:岩土钻掘工程,1995(4):4-6,10.

[37] 方彦.超前加固支护技术在夹活岩特长隧道中的应用[J].铁道建筑,2008(4):41-43.

[38] 郜玉兰,周永昌.地质工程病害处治应用技术——以山西大运高速公路雁门关段隧道及高边坡为例[M].北京:地质出版社,2005.

[39] 宫必宁,李淞泉.软土地基水泥深层搅拌加固土物理力学特性研究[J].河海大学学报:自然科学版,2000,28(2):101-105.

[40] 谷德振.岩体工程地质力学基础[M].北京:科学出版社,1979.

[41] 郭军杰,孙光中.锚喷支护巷道围岩承载结构研究[J].矿业安全与环保,2010,37(3):38-40,43.

[42] 韩立军,张茂林,贺永年,等.岩土加固技术[M].徐州:中国矿业大学出版社,2005.

[43] 何世秀,李斌.排水固结法处理软土地基的效果预估[J].土工基础,2008,22(5):44-45.

[44] 洪开荣,杨朝帅,李建华.超前支护对软岩隧道空间变形的影响分析[J].地下空间与工程学报,2014,10(2):429-433,440.

[45] 侯斌,刘永立.锚喷支护的特点及应用[J].煤炭技术,2008,27(6):54-55.

[46] 胡益良,林启辉.大吨位预应力锚杆静压桩在某基础加固工程中的应用[J].广东建材,2014(5):54-56.

[47] 黄少强.公路边坡病害治理的轻型支挡结构[J].路基工程,1999(2):58-61.

[48] 贾坚.土体加固技术在基坑开挖工程中的应用[J].地下空间与工程学报,2007,3(1):132-137.

[49] 江强,朱建明,张忠苗,等.水泥土复合桩的作用机理及使用效果分析[J].工程地质学报,2004,12(z1):386-389.

[50] 蒋鹏飞,李志勇,舒安平,等.公路边坡防护技术[M].北京:人民交通出版社,2011.

[51] 鞠恩林.换填法在公路软土地基处理中的应用研究[J].交通标准化,2009(2-3):22-27.

[52] 赖世荣.锚杆框架及锚喷混凝土在山区高边坡病害治理加固中的应用[J].华东公路,2004(4):90-91.

[53] 李伟,王安林,叶全明.高压喷射注浆技术在复杂场地条件下的应用[J].路基工程,2007(6):144-146.

[54] 李志军,孙万林.深层搅拌加固法在粉土地基中的应用[J].岩土工程界,2004,7(1):36-37.

[55] 梁恩茂,周亦唐,陶宏亮.某高速公路边坡病害治理工程效果评价[J].福建建材,2010(2):52-54.

[56] 梁合诚,周爱国.锚杆静压桩在加固加层危房地基中的应用研究[J].工程勘察,2003(1):46-48,66.

[57] 林富财.深层搅拌加固法在软土地基处理中的应用[J].中国新技术新产品,2014(4):36-37.

[58] 刘金砺,刘金波.水下干作业复合灌注桩试验研究[J].岩土工程学报,2001,23(5):536-539.

[59] 刘小兰,汪益敏.南宁膨胀土工程特性及化学加固试验研究[J].路基工程,2010(3):26-28.

[60] 刘佑荣,唐辉明.岩体力学[M].武汉:中国地质大学出版社,1999.

[61] 刘毓氚,陈福全.锚杆静压桩在危险建筑物加固中的应用研究[J].岩石力学与工程学报,2002,21(1):130-132.

[62] 娄炎.真空排水预压法加固软土技术[M].北京:人民交通出版社,2002.

[63] 马海龙,陈云敏.水泥土群桩承载力特性的原位试验研究[J].浙江大学学报:工学版,2004,38(5):73-77.

[64] 孟庆山,汪稔,王吉利.动力排水固结法处理软土地基孔压和变形问题研究[J].岩石力学与工程学报,2003,22(10):1738-1741.

[65] 秦之富,唐健.高速公路隧道监控量测及应用[J].公路交通技术,2006(2):99-104.

[66] 石蹈波.强夯法加固地基机理分析[J].中国农村水利水电,2006(9):98-99,102.

[67] 史佩栋.日本的高压与超高压喷射注浆技术现状[J].建筑施工,1996,18(1):45-46.

[68] 宋修广,李英勇,韩军.强夯法加固地基的多重耦合分析[J].岩土力学,2003,24(3):471-474.

[69] 苏清洪,李梅贤,陈永福,等.石灰粉体深层搅拌法处理软土地基的应用[J].岩土工程学报,1993,15(5):96-101.

[70] 孙广忠.岩体结构力学[M].北京:科学出版社,1988.

[71] 孙学毅.边坡加固机理探讨[J].岩石力学与工程学报,2004,23(16):2818-2823.

[72] 谭文辉,任奋华,苗胜军.峰值强度与残余强度对边坡加固的影响研究[J].岩土力学,2007,28(S1):616-618.

[73] 童小东,蒋永生,龚维明,等.强夯法加固地基的三维有限元动力分析[J].建筑结构,2000,30(5):46-48.

[74] 王驰,徐永福,庞建国,等.路堤荷载下混凝土芯水泥土搅拌桩复合地基现场试验研究[J].岩土工程学报,2013,35(5):974-979.

[75] 王恩远,刘熙媛.水泥土搅拌法加固软弱地基的应用[J].住宅科技,1999(1):21-27.

[76] 王国新,侯少华,王洪彦,等.南水北调张河倒虹吸基底换填土碾压试验研究[J].人民黄河,2012,34(8):137-138.

[77] 王金华,魏景云,宁宇,等.巷道围岩化学加固理论及其实践[J].煤炭学报,1996,21(5):35-40.

[78] 王平.强夯法加固地基[J].中国勘察设计,2002(11):38-41.

[79] 王生俊.化学加固法在黄土地区高速公路中的应用[J].中外公路,2003,23(4):93-95.

[80] 王涛.强夯法加固地基机理及设计方法[J].工程建设与设计,2011(5):124-127.

[81] 吴波,高波,关宝树.锚喷支护弹塑性设计理论及其工程应用[J].铁道工程学报,2002,5(4):82-85.

[82] 吴高中.路基软土地基处理施工技术[J].长安大学学报:建筑与环境科学版,2004,21(1):24-28.

[83] 吴立,张天锡.岩体的损伤断裂特征与机械破碎[J].凿岩机械气动工具,1994(3):40-43.

[84] 徐宏,邓学均,齐永正,等.真空预压排水固结软土强度增长规律性研究[J].岩土工程学报,2010,32(2):285-290.

[85] 徐林生.东门关隧道出口新奥法施工监控量测研究[J].重庆交通学院学报,2006,25(1):24-26.

[86] 徐玉胜,赵有明.强夯置换法处理软土地基的设计参数研究[J].铁道建筑,2009(2):83-85.

[87] 徐则民.基于失稳机制的岩质路基边坡加固方案优化[J].中国公路学报,2008,21(6):7-13.

[88] 薛国强,方磊,刘萌成.市政道路碎石换填软基工作性状数值模拟[J].公路,2011(11):25-30.

[89] 薛茹,李广慧.动力排水固结法加固软土路基的模型试验研究[J].岩土力学,2011,32(11):3242-3248.

[90] 阳友奎.坡面地质灾害钢丝绳网柔性防护系统[J].路基工程,2000(4):35-39.

[91] 杨志法,张路青,尚彦军,等.边坡工程加固需求度评价及其应用[J].工程地质学报,2004,12(1):12-20.

[92] 杨志法,张路青,祝介旺.四项边坡加固新技术[J].岩石力学与工程学报,2005,24(21):30-36.

[93] 叶观宝,叶书麟.地基加固新技术[M].2版.北京:机械工业出版社,2002.

[94] 尹光志，刘能铸，张东明，等. 渝湘高速公路隧道新奥法施工监控量测[J]. 湖南科技大学学报：自然科学版，2006，21(4)：67－69.

[95] 郁伟，方志杨. 高压喷射注浆技术在软土地基加固中的应用[J]. 中国新技术新产品，2011(4)：97.

[96] 曾令卫. 高压喷射注浆技术及其在软土地基处理中的应用研究[J]. 中国高新技术企业，2009(13)：32-33.

[97] 张红利. 高边坡病害预加固设计中的若干问题[J]. 中国西部科技，2007(11)：41-42.

[98] 张连福. 新型锚喷支护技术及其在桃园矿区的应用[J]. 岩石力学与工程学报，2006，25(11)：2208-2212.

[99] 张小龙，刘宝臣，吴名江，等. 短程超载真空预压动力排水固结法加固深厚淤泥软基工法研究[J]. 工程地质学报，2012，20(1)：109-115.

[100] 张倚逾. 超前预支护技术在不良地质隧道施工中的应用[J]. 企业技术开发，2005，24(11)：31-33，59.

[101] 张玉芳，王春生，张从明. 边坡病害及治理工程效果评价[M]. 北京：科学出版社，2009.

[102] 张子云，田远平. 新奥法监控量测在梅岭隧道工程中的应用[J]. 长沙交通学院学报，1998，14(2)：39-43.

[103] 赵建华，陈晓斌. 动力排水固结软基处理模型试验研究[J]. 地下空间与工程学报，2009，5(1)：60-66，73.

[104] 郑刚，姜忻良. 水泥搅拌桩复合地基承载力研究[J]. 岩土力学，1999，20(3)：46-50.

[105] 郑俊杰. 地基处理技术[M]. 2 版. 武汉：华中科技大学出版社，2009.

[106] 郑颖人，刘怀恒，顾金才. 均质地层中锚喷支护理论与设计[J]. 岩土工程学报，1981，3(1)：57-69.

[107] 周国钧，胡同安，沙炳春，等. 深层搅拌法加固软粘土技术[J]. 岩土工程学报，1981，3(4)：54-65.

[108] 周国钧，周志道. 软弱地基处理新技术[J]. 勘察科学技术，1986(3)：32-35.

[109] 周国钧. 岩土工程治理新技术[M]. 北京：中国建筑工业出版社，2010.

[110] 周健，史旦达，贾敏才，等. 低能量强夯法加固粉质黏土地基试验研究[J]. 岩土力学，2007，28(11)：2359-2364.

[111] 周健，张思峰，贾敏才，等. 强夯理论的研究现状及最新技术进展[J]. 地下空间与工程学报，2006，2(3)：510-516.

[112] 周捷，漆泰岳，旷文涛，等. 大断面隧道地层超前预加固及开挖支护过程稳定性的数值模拟[J]. 隧道建设，2009，29(2)：185-188，201.

[113] 周桥，陈怀利. 破碎带斜坡道超前锚杆加固技术应用[J]. 西部探矿工程，2010(7)：93-95.

[114] 《滑坡文集》编委会. 滑坡文集：第十四集[M]. 北京：中国铁道出版社，2000.

[115] 周玉新,孙其国,房定旺.矿山边坡加固中的稳定性综合分析[J].水文地质工程地质,2004(3):72-75.

[116] 周云武,周迎庆,刘明章,等.SNS柔性安全防护系统在酒钢矿山崩塌落石防护中的应用[J].中国地质灾害与防治学报,1998,9(1):101-104.

[117] 朱超,张季超,刘晨.真空预压处理广州南沙区软基的加固深度探讨[J].岩土工程学报,2010,32(S2):422-425.

[118] 朱中全.隧道浅埋段的超前地质预报与监控量测[J].土工基础,2014,27(5):102-105.

[119] 祝介旺,庄华泽,李建伟,等.大型边坡加固技术的研究[J].工程地质学报,2008,16(3):78-83.

[120] 左名麒.震动波与强夯法机理[J].岩土工程学报,1986,8(3):55-62.